Zu diesem Buch

Philosophie entspringt einem Grundbedürfnis des Menschen nach Gewißheit im Wissen und Sicherheit im Handeln. Sie stellt fundamentale Fragen, aber gibt, getrieben von der Hoffnung nach endgültigen Lösungen, oft nur unbefriedigende Antworten. Zudem gilt sie als schwierig, unzugänglich, ja unnütz, eifersüchtig bewahrt in einer Sprache, die keiner versteht. Und doch fasziniert sie jeden, der sich einmal auf sie eingelassen hat, stets aufs neue. Absicht dieses Bandes ist es, die Kluft, die zwischen allgemeinem philosophischem Interesse und der Fachphilosophie besteht, zu überbrücken. Gerade weil sich diese Einführung auf einen Aspekt – die Erkenntnistheorie – beschränkt, können die Positionen der ausgewählten Philosophen von der Antike bis zur Gegenwart ausführlich entwickelt werden.

Das Buch referiert nicht einfach, sondern zieht den kritischen Leser in den Prozeß des philosophischen Fragens ein. Es stellt Zusammenhänge her, so daß einsichtig wird, warum sich die Frage nach dem Wissen gerade so stellt, welche Lösungen sie findet, was daran unbefriedigend und wie das philosophische Fragen weiterzutreiben ist.

Dank einer klaren Sprache ist das Buch gut lesbar, so daß der Leser nachvollziehen kann, warum uns Philosophen von Parmenides bis Wittgenstein so viel zu sagen haben.

Der Autor

Freimut Hauk, geboren 1939 in Apatin (Jugoslawien). Studium der Germanistik, Romanistik, Philosophie und Kunstgeschichte in Tübingen, München, Bologna, Toulouse. 1965 Staatsexamen in Tübingen. Lehrer am Gymnasium. Tätigkeiten in der Lehrerfortbildung (Philosophie, Ethik). Artikel in Fachzeitschriften.

Freimut Hauk

Faszination Philosophie

Stationen der Erkenntnis
von der Antike
bis zur Gegenwart

rororo
Rowohlt

meiner Frau
für ihre Hilfe und für ihr Verständnis
meiner Tocher Dorothee
zur Anregung
einem B.A. of Philosophy
meiner Tochter Esther

Originalausgabe
Veröffentlicht im Rowohlt Taschenbuch Verlag GmbH,
Reinbek bei Hamburg, Oktober 1998

Umschlaggestaltung Ingrid Albrecht
Satz aus der Aldus PostScript PageOne
Gesamtherstellung Clausen & Bosse, Leck
Printed in Germany
ISBN 3 499 60347 0

Inhalt

II
Die Natur des Erkennens – die Vermessung der Vernunft 101

III

Im Bann der Sprache 229

Die Frage nach dem gesicherten Wissen

Dies ist der Zustand eines gar sehr die Weisheit liebenden Mannes, das Erstaunen; ja es gibt keinen anderen Anfang der Philosophie als diesen.
Platon

Die Verwunderung ist es, durch die die Menschen wie ehedem, so auch jetzt noch zu philosophieren beginnen.
Aristoteles

Philosophie ist keine Ansammlung von Wissen. Wissen erwirbt man unter anderem durch Lehrbücher, die den Wissensstoff aufbereiten. Wer glaubt, den Zugang zur Philosophie zu finden, indem er Äußerungen der Philosophen registriert, der öffnet die Tür zu einem sehr reichen, aber verwirrenden Kuriositätenkabinett, in dem es vor Absonderlichkeiten nur so wimmelt. Wer Philosophie als eine Ansammlung von Wissen versteht, wird sie nicht verstehen. Sich für Philosophie interessieren, sich ein philosophisches Wissen aneignen, Philosophie verstehen wollen, heißt bereits selbst philosophieren. Philosophieren ist ein Prozeß, bei dem es kein Zuschauen gibt, höchstens und häufig ein Wegschauen. Man ist in den Prozeß des Philosophierens einbezogen, sobald man ihn denkend nach- und mitvollzieht.

Wer philosophiert, ist engagiert. Man philosophiert, weil man spürt, daß es einen angeht, weil man sich Fragen gegenüber findet, die einen nicht mehr loslassen. Der Ursprung der Philosophie liegt in einer existentiellen Betroffenheit. Die Antike staunte über die Gesetzmäßigkeit und Schönheit des Kosmos.

Platon, dessen Philosophie um den Tod des Sokrates kreist, konnte es nicht verstehen und überwinden, daß ein Staatswesen den redlichsten und rechtschaffensten Menschen zu Tode verurteilt, und suchte ein Leben lang nach einer Ordnung, die den Menschen in ihrem Gemeinwesen ein gerechtes Leben ermöglicht. Pascal, Kierkegaard, Nietzsche wurden von der Angst oder der Verzweiflung zum Philosophieren getrieben. Sokrates, Descartes und Hume begannen mit dem Zweifel. Philosophie findet ihren Rohstoff im Leben.

Ein Anfang des Philosophierens kann die Begegnung mit der philosophischen Tradition sein. Sie ist wesentlich, sollen die existentiellen Ansätze sich nicht im Persönlichen verfangen. Doch ein unvoreingenommener, von philosophischen Vorkenntnissen nicht belasteter Leser, der neugierig und erwartungsvoll ein philosophisches Buch zur Hand nimmt, kann in ein ganz anderes Staunen geraten als das Staunen, das Platon und Aristoteles meinen. Was für Verschrobenheiten und Absurditäten wurden und werden nicht als der Weisheit letzter Schluß behauptet! Und es kann sein, daß dieser Leser sich verwundert fragt, ob nicht wegen des Unsinns Philosophen als große Geister verehrt werden. Ein solches Staunen wäre kontraproduktiv. Es läßt sich vermeiden, wenn es gelingt, den Prozeß des philosophischen Fragens und Denkens nachzuvollziehen und nachvollziehbar zu machen. Es wäre schön, wenn dieses Buch zeigt, was für eine leidenschaftliche, faszinierende Sache Philosophie sein kann, auch und gerade dort, wo die Fragestellungen abwegig erscheinen.

Eine Leitfrage wird uns führen und die Auswahl der behandelten Philosophen bestimmen. Diese Leitfrage soll uns – wie ein an einer Felswand gespanntes Seil dem Bergwanderer – Sicherheit geben, um bei dem gewiß manchmal mühevollen und schwindelerregenden Anstieg und den noch schwindelerregenderen Ausblicken nicht abzuheben und abzustürzen. Die Leitfrage lautet: *Gibt es ein gesichertes Wissen?* Mit dieser Frage stellt die Philosophie den nicht gerade bescheidenen Anspruch, die Fundamente des Wissens und damit die der Wissenschaften zu finden.

Um bei unserem Vergleich zu bleiben, wir können uns das philosophische Gelände als eine Gebirgslandschaft vorstellen. Wir versuchen, den höchsten Gipfel zu besteigen, der wie der Olymp immer von Wolken umhüllt und vielleicht tatsächlich unbezwingbar ist. Dennoch werden wir nicht im Gelände herumirren oder einfach dahin laufen, wo unsere Nase hinzeigt. Wir werden planmäßig vorgehen, und unsere Methode wird sich im Lauf der Zeit verbessern. Wir werden fähig sein anzugeben, ob wir eine Richtung einschlagen, die zum Gipfel führt oder von ihm wegführt, daß und welche Umwege nötig sind, um Hindernisse zu umgehen, ob wir einen anderen Gipfel, den wir mangels klarer Sicht für das Ziel hielten, bestiegen oder ob wir uns geirrt haben usw. Auch wenn es in der Philosophie keinen Fortschritt im Sinne einer endgültigen Lösung der Probleme gibt, so gibt es durchaus Fortschritt in der Philosophie. Dank der sich verfeinernden Methode können wir Antworten verwerfen, können wir bestimmte Probleme als Scheinprobleme eliminieren, können wir sagen, daß wir bestimmte Fragen nicht mehr oder zumindest so nicht mehr stellen dürfen.

Die Methode der Philosophie, wenn sie auch nicht einfach zu bestimmen ist, kennt dennoch eine ihr spezifische Strenge, stellt ihr besondere Anforderungen: die der Rationalität. Philosophisches Argumentieren setzt sich einer rationalen Kritik und Überprüfung aus und vollzieht sich in ihr. Philosophieren ist nicht unkontrolliertes Spekulieren, es ist gebremste Spekulation, gebremst durch den analytischen Apparat, der sich im Lauf ihrer Geschichte herausbildete und verfeinerte. Einige mögen die analytische Schärfe als unfruchtbar beiseite schieben, sie mögen die mitreißende Kraft und die Verheißung, die Weltprobleme und die Probleme der Menschheit im Handstreich zu lösen, vermissen, kurz die imperiale Geste. Doch konnten und können Philosophen der großen Gebärde nicht halten, was sie versprechen, sie verdunkeln mehr als sie klären. Solche Philosophen – wir können sie die «raunenden» nennen – fanden und finden immer wieder Anhänger. Sie scheinen ein Bedürfnis nach Tiefe zu befriedigen, die ein begeistertes Engagement für eine angebliche höhere Wahrheit geradezu fordert. Diese Philosophie gibt es erst seit der Romantik, und ihr Erscheinen läßt sich historisch erklären. In dem Prozeß der Säkularisierung glaubte Philosophie, Rollen besetzen zu müssen, und sie hat auch Rollen besetzt, die die Religion nicht mehr erfüllen und die die Philosophie nur erfüllen konnte, indem sie auf Klarheit in ihren Aussagen verzichtete, vieldeutig und dunkel wurde. Diese Philosophie wurde Weltanschauung, Ideologie, Heilslehre. Da es uns um Problemlösung geht, um Erhellung, Klärung und Klarheit – Philosophie war und ist in ihren bedeutsamen Momenten immer Aufklärung –, sollte keiner überrascht sein, hier solche Philosophen behandelt zu sehen, die man in einem weiten Sinn *analytisch* nennen kann. Natürlich bedarf die Philosophie des spekulativen Aufschwungs; doch sie hebt die Flügel, um sie sich selbst zu stutzen. Genannt seien hierfür Platon und Kant, in unserem Jahrhundert Wittgenstein.

Wir finden uns in einer Welt vor, in der wir uns bewegen, zurechtfinden, handeln. Dies ist möglich, weil wir Welt immer schon als eine gedeutete Welt, d. h. als eine strukturierte, gegliederte, verstandene Welt, erfahren. Diese Erfahrung ist so selbstverständlich, daß sie uns als Erfahrung nicht bewußt ist. Bewußt werden uns Brüche in diesem Selbstverständnis durch Erfahrungen, die beunruhigen, denen sich keiner entziehen kann. In radikalen Situationen wird unserer Grunderfahrung der Grund entzogen. Das Selbstverständliche geht nicht mehr, das Verständnis erweist sich als Scheinverständnis, als Unverständnis, die Orientierung als eine Desorientierung. ‹Hätten wir dies gewußt, dann …› Mangelndes Wissen bringt uns in Situationen der Rat- und Hilflosigkeit. In alltäglichen Situationen, in denen wir Entscheidungen treffen müssen, glauben wir, daß ein Wissen unsere Entscheidung erleichtern würde. Deshalb suchen wir Rat, gehen wir mit uns zu Rat, erfinden z. B. die Institution der Sachverständigen. Der Glaube, daß ein rechtes Wissen Sicherheit gibt im Handeln und Tun, ist durch die Lebens- und Welterfahrung der Menschheit gerechtfertigt. Unser Handeln wird, soweit wir rational handeln, von Kenntnissen und Wissen geleitet. Wenn der sogenannte Primitive zu wissen glaubt, daß bestimmte Götter den Regen senden und Götter durch bestimmte Handlungen beeinflußbar sind, dann wird er durch entsprechende Handlungen (Regentänze) den gewünschten Regen herbeiführen wollen. Hierin unterscheidet er sich gar nicht so sehr von uns. Der Regentanz ist für Naturvölker eine rationale Technik zur Herbeiführung des Regens wie für uns Bewässerungsanlagen. Daß letztere wirksamer sind als ersteres, liegt an der Kenntnis der Zusammenhänge, am größeren Wissen. Ein fundiertes Wissen erleichtert vieles – verständlich, daß wir danach suchen.

Unsere Weltorientierung wird geleitet durch Orientierungssysteme. Diese «steuern» unser Verhalten, sie entlasten uns, indem sie uns Entscheidungen abnehmen und uns in konkreten Situationen zum Handeln befähigen. Solche Orientierungssysteme sind Erfahrung, Religion, Wissenschaft, Moral, bei Naturvölkern und in archaischen Zeiten der Mythos. Alle diese Systeme erweisen sich als unvollkommen. Sie reichen nicht aus. Sie müssen verbessert, transformiert, bisweilen ersetzt werden. Wird die Diskrepanz zwischen dem Anspruch, den sie stellen, und der Leistung, die sie erbringen, zu groß, dann setzt dieser Prozeß ein. Die Ersetzung eines dieser Systeme, des Mythos, vollzog sich bei den Griechen und wird mit der berühmten Formel «vom Mythos zum Logos» bezeichnet. Dies bedeutet nicht den Schritt von einem vorrationalen zu einem rationalen Denken. Auch der Mythos war eine Form rationalen Denkens, er wird erst im Lichte anderer Formen rationalen Denkens irrational. Er war ein globales Orientierungssystem, das die Deutung der Welt und das nichtmoralische wie moralische Handeln leitete, affektive Bedürfnisse befriedigte und der Welt, der sozialen Gemeinschaft, dem Leben einen Sinn gab. Er wird nicht ersetzt, weil sein Versagen in Hinblick auf einzelne Leistungen eklatant wurde, sondern weil die Frage nach dem Grund, dem Ursprung, der *arché* gestellt wurde. Mythen sind nicht begründbar, es sind geglaubte wahre Geschichten; sollen sie ihre Wahrheit ausweisen, fallen sie in sich zusammen. Mythen können transformiert werden, ihre Wahrheit kann darin gründen, daß sie als das Wort einer unbezweifelbaren Autorität, als das Wort Gottes ausgewiesen werden, man kann dies die Rettung des Mythos durch Religion nennen. Dies war aber nicht der Weg der Griechen: Sie fragten nicht nach einer unbezweifelbaren Autorität, sondern nach dem Grund, dem Prinzip, nach dem Anspruch auf Gültigkeit, nach der Wahrheit, die sich vor der Vernunft, dem Logos ausweisen. Damit eröffnete sich der Weg zu ausdifferenzierten und hochspezifizierten Systemen wie den Wissenschaften, die nicht mehr globale, sondern in ihrem Bereich beschränkte, aber sehr wirkungsvolle Orientierungen leisten. Der historische Ursprung der Wissenschaften liegt in der Philosophie.

Unsere Frage nach dem gesicherten Wissen führt uns zu drei Wende- und Brennpunkten der Philosophie. Dementsprechend gliedert sich dieses Buch in drei Teile.

Schein und Sein: Einblicke in die «Hinter»-Welt. Die Frage nach der Natur des Seins, die ontologische Frage im griechischen Denken ist nicht mehr die Fragestellung des Mythos. Homer und Hesiod und wohl auch noch die ionischen Naturphilosophen (für Thales z. B. war Wasser nicht die Urmaterie, sondern der Ursprung von allem) erklären die Genesis, die Entstehung der Welt (des Seins). Die griechische Philosophie fragt nicht mehr nach der Genesis, sondern sie fragt nach der Beschaffenheit der Welt. Wie muß die Welt beschaffen sein, daß von ihr Wissen möglich ist? Ihr Interesse gilt dem Sein oder Seienden als dem Objekt der Erkenntnis. Philosophie ist Ontologie, die Lehre vom Sein (griech. *to on* das Sein) und vom Seienden.

Die Natur des Erkennens: die Vermessung der Vernunft. Die erkenntnistheoretische (epistemologische) Fragestellung der Neuzeit wendet den Blick vom Objekt der Erkenntnis, vom Sein des Erkenntnisgegenstandes zum erkennenden Subjekt. Wie muß das Subjekt, sein Erkenntnisapparat, beschaffen sein, damit Erkenntnis von Gegenständen möglich ist? Philosophie wird Erkenntnistheorie, Epistemologie. Das Subjekt konstituiert den Gegenstand der Erkenntnis.

Im Bann der Sprache. Die sprachphilosophischen Analysen logischer und grammatischer Strukturen der Sprache zu Beginn unseres Jahrhunderts führten zu der Erkenntnis, daß viele philosophische Probleme Scheinprobleme sind. Philosophen vermuten dort Sachprobleme, wo die Sprache ihnen Probleme vorgaukelt. Damit wird zur zentralen Frage, welche Rolle die Sprache für unsere Erkenntnis und für unser Handeln (z. B. in der Ethik) spielt. Subjekt (erkenntnistheoretische Fragestellung) und Objekt (ontologische Fragestellung), Wissen und Welt sind sprachlich vermittelt. Philosophie wird Sprachanalyse.

Jedesmal handelt es sich um einen Paradigmawechsel. Jedesmal erfolgt dieser Wechsel, weil man geglaubt hat, genauere Antworten zu finden. Für Kant kann man die Frage nach dem Sein nicht stellen, weil es von dem *Ding an sich* keine Erkenntnis geben kann, die phänomenale Welt ist Welt für uns, Ding für uns. Das Ding an sich erkennen zu wollen, ist eine Anmaßung der Vernunft. In der linguistischen Wendung wird die Frage nach dem Sein zu einer sinnlosen Frage, die entstand, weil man die Grammatik des Verbs «sein» nicht verstanden hat, weil man den Strukturen der Sprache aufgesessen ist. Bei Wittgenstein wird die Sprachanalyse zur Therapie, die von der Krankheit Philosophie heilen soll. Sie soll diesen Stachel nie ruhender Fragen, auf die es keine Antworten gibt, ziehen. Vergeblich, denn in seinem Versuch, den Stachel zu ziehen, bestätigt Wittgenstein, daß das, was ihn umtreibt, gerade dieser Stachel ist. In seinem Versuch, von Philosophie zu heilen, ist er heillos der Philosophie verfallen.

Noch einige Bemerkungen zur Vorgehensweise. Die folgenden Darstellungen sind problemorientiert. Dies heißt, es geht nicht um eine historische Darstellung, die die Philosophen und ihr Werk im Kontext und aus dem Zusammenhang ihrer Zeit zu erklären versucht. Dies besagt ferner, daß auch nicht der Versuch unternommen wird, die «Systeme» der Philosophie beschreibend zu erläutern. Das Interesse richtet sich nicht auf die jeweiligen philosophischen Systeme, sondern auf die Frage, welche Probleme führen Philosophen zu einer bestimmten Fragestellung, welche Antworten finden sie, und warum erscheinen diese Antworten den nachfolgenden Philosophen ungenügend, so daß sie weiter getrieben werden, neue Lösungen zu suchen. Eine problemorientierte Darstellung steht in einem Spannungsbogen. Einmal muß sie die jeweiligen «philosophischen Theorien» adäquat beschreiben. Zum andern soll sie diesen Theorien im Rückbezug auf die Antworten der Vorgänger eine «Anschaulichkeit» verleihen, die zu einem vertieften Verständnis führt und das Absonderliche, das philosophischen Theoremen anhaftet, auflöst. Zum dritten wird sie die Antworten der einzelnen Philosophen im Lichte der späteren Erkenntnisse sehen und von daher kritisieren. Dies soll nicht heißen, daß ein endgültiger Standpunkt, ein Standpunkt der Besserwisserei eingenommen wird, indem wir die Philosophen der Vergangenheit kritisieren aus dem Bewußtsein heraus, wie herrlich weit wir es gebracht haben. Im Gegenteil, ich bin der Überzeugung, daß eine problemorientierte Vorgehensweise die Größe der vergangenen Leistung heraushebt, denn sie macht uns diese in ihrer Einmaligkeit wie in ihrer historischen Bedingtheit erst recht bewußt und ist somit eine Einübung in die Bescheidenheit.

Bis in die jüngste Vergangenheit, bis ins 19. Jahrhundert hatte die Philosophie die Tendenz, Systeme zu bilden. Systeme sind insofern geschlossen und dogmatisch, als sie behaupten, endgültige Antworten gefunden zu haben. Neuansätze werden als unmöglich erklärt. Die einzige Arbeit, die zu tun bleibt, ist die, das System auszuarbeiten. Es ist kein Zufall, daß im 20. Jahrhundert die Philosophie (weitgehend) den Systemcharakter verloren hat. Philosophie wird offener, sie wird weniger dogmatisch.

Dieser Spannungsbogen gibt dem folgenden eine systematische Einheit. Denn es gibt so etwas wie den Gang der Ideengeschichte – nicht in dem Sinn, daß z. B. auf Hume Kant (womöglich noch notwendig) folgen mußte. Aber in dem Sinn, daß die Problemlösung, die Kant bietet, eine konsequente Antwort auf

Hume ist. Diese Antwort hätte nicht erfolgen müssen. Aber daß sie so erfolgte, führt zu einem vertieften Verständnis von Hume, von Kant und von späteren Lösungsvorschlägen. In dem Maße, wie Philosophie ‹technischer› wird – dies gilt für Kant und insbesondere für den Zweig der Philosophie des 20. Jahrhunderts, die sich selbst als analytisch bezeichnet –, gewinnen Detailuntersuchungen an Gewicht. Diese Analysen erscheinen oft langwierig, umständlich und mühselig. Der Zusammenhang (Spannungsbogen) scheint verlorenzugehen. Doch sie sind nicht leerer Selbstzweck. In ihnen geht es immer noch – auch wenn dies nicht gleich offensichtlich ist – um die Klärung der Hauptprobleme der Philosophie: hier um die Frage des Erkennens.

Hume ist. Diese Antwort [illegible] Aber [illegible]
[illegible] Mechanismus von Hu-
[illegible] In dem Maße
[illegible] Kant [illegible]
[illegible] den Zweck [illegible]
[illegible]
[illegible]
[illegible] Der Zusammenhang [illegible]
[illegible] Doch [illegible] Selbst
[illegible] auch wenn [illegible]
[illegible] der Hauptprobleme der Phi-
[illegible]

I

Schein und Sein
Einblicke in die «Hinter»-Welt

In Wirklichkeit wissen wir nichts,
denn die Wahrheit ist in der Tiefe.
Demokrit (Diogenes Laertios 9,72)

1 Das Sein oder die Unmöglichkeit der Welt – Parmenides

Erkennt der Erkennende etwas oder nicht? – Er erkennt etwas. – Etwas Seiendes oder Nicht-Seiendes? – Etwas Seiendes, denn wie könnte etwas, das nicht ist, erkannt werden?
Platon

Erfahrung und Denken – zwei Wege zur Erkenntnis

«*Sein ist*» und «*Es kann niemals erwiesen werden, daß das Nichtseiende ist*». Dies ist die erste unerschütterliche Gewißheit, die in der Philosophie behauptet wird, mit einer sehr eigenartigen Konsequenz: das Bestreiten der Existenz der sich zeigenden, der phänomenalen Welt. Die Alltagswelt, in der wir leben, die Erscheinungen, die wir wahrnehmen, Raum, Zeit, Bewegung, Veränderung, kurz, das, was wir als Realität erfahren, existiert nicht, ist purer Schein. Was existiert, ist allein das Sein, und dieses ist eines, unteilbar, ohne Anfang und Ende, nicht entstanden und nicht vernichtbar, ein unbewegliches, einheitliches, zusammenhängendes Ganzes, in einem Raum, den es ganz einnimmt und ausfüllt. Der dies behauptet, ist Parmenides (540–480 v. Chr.), einer der Philosophen, die man, weil sie vor Sokrates lebten, als Vorsokratiker bezeichnet. Diese ungeheure Behauptung dürfte bei seinen Zeitgenossen nicht nur Unverständnis und Kopfschütteln hervorgerufen haben, sondern auch Spott und Gelächter.

Wir befinden uns an einem Knotenpunkt des philosophischen Denkens. Parmenides verwirft die Antworten seiner Vorgänger, und er stellt die Frage, die die philosophische Reflexion bis zu

Descartes bestimmen wird. Das Sein oder das Seiende, das Objekt des Erkennens, wird ins Zentrum des philosophischen Fragens gerückt. Wie muß der Gegenstand der Erkenntnis beschaffen sein, daß es von ihm Erkenntnis geben kann?

Parmenides beschreibt in seinem Lehrgedicht zwei Wege, die zu Erkenntnis und damit zu Wissen führen können: der Weg des Denkens (der Vernunft) und der Weg der Erfahrung. Letzterer ist der Weg der urteilslosen Menge. Sie begeht ihn taub und blind, der vielerfahrenen Gewohnheit folgend. Dieser Weg führt zu einer Vielfalt von angeblichem Wissen (*doxa*, Meinung). Doch gesucht wird nicht ein vermeintliches Wissen, sondern wahres Wissen, das den Namen Wissen *(episteme)* auch verdient. Der Weg der Erfahrung ist ein Irrweg. Es gibt nur *«einen Weg zum Wissen, den des Denkens»*.

Wenn in den frühesten Epen die Dichter (Homer, Hesiod) die Musen anrufen, so sagen sie damit, daß sie nicht Geschichtenerfinder sind, sondern Künder göttlicher Wahrheiten. Auch Parmenides wird von einem göttlichen Pferdegespann und von göttlichen Wagenlenkern in das Haus des Lichts geführt, um dort von der Gottheit persönlich die Wahrheit zu erfahren. Aber selbst wenn auch die Wahrheit aus göttlichem Mund verkündigt wird, fällt allein die Vernunft die Entscheidung in der Frage der Wahrheit. Die Wahrheit gilt nicht, weil sie eine Gottheit verkündet hat, sondern weil sie einer unerbittlichen Logik gehorcht.

Die Erfahrung zeigt uns, daß sich die Welt ständig verändert. Bewegung, Wechsel des Ortes und der Zeit, der Farben und der Gestalt setzen Vergangenheit und Zukunft voraus. Folglich müssen die Gegenstände (das Sein) eine Geschichte haben. Es muß etwas geben, aus dem sie entstanden sind, das sie jetzt aber nicht mehr sind. Und es muß etwas geben, das sie jetzt noch nicht sind, aber einst sein werden. Ohne ein «Nichtseiendes» gibt es kein Werden. Nichtseiendes zu denken ist aber nicht möglich. Vom Sein (Seienden) kann denknotwendig nur das Prädikat «ist» ausgesagt werden. *«Sein ist.»* Wenn man sagt, daß es ein «Nichtsein» (ein Werden) gibt – diese Annahme ist die notwendige Voraussetzung der Erfahrungswelt –, wird «Nichtsein», d. h. etwas, das nicht ist, als existierend angenommen. Dies kann nicht gedacht werden, kann in sinnvoller Rede nicht einmal gesagt werden. Wer so etwas sagt, behauptet eine Denkunmöglichkeit: die Existenz des «Nichtseins». Er behauptet: «das Nicht-Ist ist». Doch das einzige Prädikat, das dem Nichtsein zukommen kann, ist das Prädikat «ist nicht». Das «Nicht-Ist ist nicht». Was denkunmöglich ist, kann nie und nimmer existieren. Es ist «realunmöglich». Denn Denken kann sich nur auf Seiendes beziehen: «*Denn dasselbe ist Denken und Sein.*» Empirische Beiträge zur Wahrheitsfindung – der zweite Weg, der Weg der Erfahrung – werden damit nicht nur irrelevant, sondern sie führen in die Irre: Das Sein hat keine Geschichte, ein Werden gibt es nicht.

Die Natur der Wirklichkeit

Die Sicht der Naturphilosophen

Kein Denken beginnt neu, aus dem Nichts. Auch Parmenides hatte Vorgänger. Seinen Ansatz kann man als eine Antwort auf deren unbefriedigende Erklärungsversuche verstehen.

Der Mythos erklärt alles Geschehen dieser Welt, den Wandel, das Werden durch den Eingriff göttlicher Wesen. Im Wechsel der Jahreszeiten, im Wachstum, in Geburt und Tod, in Liebe und Krieg, überall zeigt sich ein Göttliches, ja alles ist von diesem Göttlichen verursacht und bewirkt. In jedem, der liebt, ist Aphrodite, in jedem, der Krieg führt, Ares. Die mythischen Götter sind noch nicht rein personale Gottheiten. Es sind keine «Individuen», die durch Eigennamen identifiziert werden, denn sonst könnte Ares nicht gleichzeitig in Achilleus und Hektor sein. Die Götter sind so etwas wie «mythische Substanzen», die die Vielfalt der Erscheinungen auf etwas Gemeinsames zurückführen, das diese Vielfalt erklärt. Die Freude der Demeter über die Rückkehr ihrer Tochter Persephone aus der Unterwelt ist das «Prinzip», das die Pracht des Blühens erklärt. Der «Geist» des Ares das Prinzip, das die Kriegswut und die Kriegslust der Griechen und Trojaner verständlich macht.

Thales (625–545), mit dem die abendländische Philosophie beginnt, erklärt die Vielfalt der Erscheinungen nicht mehr aus einer Vielzahl mythischer Substanzen. Nach ihm ist das Wasser der Ursprung und das Wesen aller Dinge. Dieses Wasser ist nicht reine «materiale» Stofflichkeit. Es hat noch bzw. vor allem Eigenschaften, die das rein Physikalische überschreiten. Aber es ist kein göttliches Wesen mehr wie bei Homer der Okeanos, der Vater der Welt. Thales und die ionischen Naturphilosophen nach ihm verstehen die Frage nach dem Ursprung immer noch als eine Frage nach der Entstehung, nach der Genesis. Dennoch haben wir, beginnend mit Thales, etwas radikal Neues: die Zurückführung des Ursprungs der Welt auf natürliche Ursachen und die Erklärung der Vielfalt der Phänomene aus natürlichen Ursachen. Wasser ist das die Welt und die Erscheinungen dieser Welt strukturierende Prinzip.

Nach Aristoteles haben die Naturphilosophen nach Prinzipien gesucht und Prinzipien behauptet, doch hätten sie von diesen Prinzipien keinen angemessenen Gebrauch gemacht, sondern Geschichten erzählt, statt Begründungen zu geben. Wenn Aristoteles seinen Vorgängern auch eine Auffassung von «Prinzip» unterstellt, die sie noch gar nicht haben können, nämlich die seine, so charakterisiert er ihre Position doch treffend als eine Position zwischen Mythos und Wissenschaft. Der Mythos begründet nicht, er erzählt, und die Wahrheit seiner Geschichte gilt, ohne sich ausweisen zu müssen. Die Wissenschaft begründet, indem sie die zu erklärenden Phänomene auf Prinzipien zurückführt. Philosophie, so Aristoteles, ist die höchste Form der Wissenschaft, sie ist die Suche nach der Erkenntnis der Prinzipien. Die ionischen Naturphilosophen führen die zu erklärenden Phänomene auf Prinzipien zurück, aber sie stoßen nicht vor zur Erkenntnis der Prinzipien. Statt die Prinzipien selbst zu begründen, erzählen sie Geschichten. Nach Thales ist das Wasser der Ursprung, das Urprinzip alles Seienden, nach Anaximenes

(585–525) die Luft, nach Heraklit (544–483) das Feuer. Wie widersprüchlich und letztlich ungereimt die Prinzipien und damit die Erklärungsversuche der Naturphilosophen auch sein mögen, sie gehen zumeist auf Beobachtungen zurück und lassen sich durch empirische Annahmen stützen. Wasser ermöglicht Leben; aus dem Wasser scheint Leben zu entstehen. Wasser gibt es im festen, flüssigen und gasförmigen Zustand. Wasser und Eis sind Verdichtungen von Dampf. Erwärmung führt zur Ausdehnung, Abkühlung zur Zusammenziehung von Körpern. Der Schluß, daß aus dem Urstoff Luft durch Verdichtungen alle Dinge hervorgehen, ist spekulativ kühn, aber nicht unmöglich.

Die Aktualität der Naturphilosophen

Ferne Vorfahren sind die Vorsokratiker gewiß, aber sie sind von erstaunlicher Aktualität. Ihre inhaltlichen Aussagen können wir vernachlässigen, wesentlich sind ihre Fragestellung und ihre Vorgehensweise. Wenn wir verstehen, was die Vorsokratiker bewirkten, werden wir nicht nur ihre Nachfolger, sondern auch das, was wir heute noch tun, besser verstehen. Es ist die unwiederholbare Leistung der Vorsokratiker, dem philosophischen und wissenschaftlichen Denken Richtungen gewiesen zu haben, die es bis heute, zweieinhalbtausend Jahre später, noch nicht verlassen hat. Zunächst lassen sich drei dieser Richtungen – mit Parmenides wird eine vierte hinzukommen – so kennzeichnen:

1. Der Weg des Erkennens führt über die sinnlichen Wahrnehmungen hinaus.

2. Es muß eine Wahrheit gefunden werden, die hinter dem Sinnlich-Wahrnehmbaren liegt.

3. Die Methode, die zu der gesuchten Wahrheit führt, ist die der Reduktion.

Vom Zeugnis der Sinne

Was auch immer die ionischen Naturphilosophen, einander widersprechend, als den Urstoff angeben, sie alle haben zwei Annahmen gemeinsam: (1) Das Wesen der erscheinenden Dinge zeigt sich in der erscheinenden Welt nicht als das, was es ist, und (2) dieses Wesen ist in einem Urstoff zu suchen. Diese Annahmen schränken das Zeugnis der Sinne, die Bedeutung der sinnlichen Wahrnehmung ein. Sinnliches Wahrnehmen genügt nicht, um zu erkennen. Wenn man erkennen, verstehen will, muß man auf nicht sichtbare, d. h. verborgene Strukturen zurückgreifen, die bestimmten Erscheinungen zugrunde liegen.

Die Vorsokratiker könnten sich – sie tun es nicht, wir rekonstruieren – auf elementarstc Alltagserfahrung berufen. In unserer Umwelt, in unserem Leben machen wir die Erfahrung des Wandels, des Wechsels, der Vielfalt, der Geburt und des Todes, der Vergänglichkeit. Damit einher geht die Erfahrung der Identität von Verschiedenem. Trotz der Veränderungen, der Verschiedenheit, der Unähnlichkeit der Erscheinungen haben z. B. Same und Pflanze, Henne und Ei, Kind und Greis etwas Gemeinsames. Dieses Gemeinsame erscheint nicht, es ist nicht offensichtlich. Doch es muß vorhanden sein. Muß dieses Gemeinsame, entgegen der Erfahrung der Verschiedenheit, sich nicht immer gleichbleiben, selbstidentisch und damit eines sein? Diese Frage ist bereits eine philosophische, und sie führt zu dem Gedanken, die Vielfalt aus Einem zu erklären. Dieses «Eine», das Wesen der Dinge, ist nicht das, was wir sehen. Wenn das Zeugnis der Sinne uns dieses «Eine» nicht liefern kann, dann ist das, was wir sehen, nicht die volle Wirklichkeit. Die Erkenntnis, die die Sinne liefern, ist unsicher. Wir müssen, um zum Wissen zu gelangen, über die Sinne hinausgehen. Wir müssen das Erscheinende auf etwas reduzieren, das dieses Erscheinende konstituiert. Und gilt, was für das einzelne Erscheinende gilt, nicht auch für die gesamte Wirklichkeit? Wenn dies gilt, dann erscheinen die Annahmen der ionischen Naturphilosophen nicht abwegig: Allein die Urform des Stoffs ist wahre Wirklichkeit. Alle Formen der Erscheinungen müssen täuschende Sinnesbilder sein.

Die metaphysische Verdoppelung der Welt

Die Annahme, daß es ein wahres Wesen der Dinge gibt, das anders beschaffen ist, als es die gewöhnliche Erfahrung der Dinge nahelegt, führt zu der Behauptung, daß es eine wahre Wirklichkeit gibt, die von einer scheinbaren unterschieden ist. Die Welt wird metaphysisch verdoppelt in eine Welt der Erscheinungen und eine zweite «wahre» Welt, die hinter der Welt der Erscheinung liegt. In dieser zweiten Welt – Nietzsche wird sie ironisch die Hinterwelt nennen – liegt das Wesen der Dinge verborgen. Diese Welt ist die wahre Welt, die die Realität bestimmt. Sie ist das nicht weiter reduzierbare Fundament, der (Seins-)Grund, der phänomenalen Welt. Diese metaphysische Zweiweltenlehre ist etwas anderes als eine religiöse Zweiweltenlehre. Dort ist die zweite Welt als das Jenseits eine völlig andere Welt, die nicht die Erklärungsprinzipien für diese unsere Welt liefert. Im Christen-/Judentum muß z. B. die diesseitige Welt vernichtet bzw. erlöst werden; für die Griechen ist die jenseitige Welt nur ein Schatten dieser Welt.

Die metaphysische Verdoppelung des Erkenntnisobjekts (der Welt) führt nicht notwendigerweise, doch mit einer gewissen Folgerichtigkeit zu einer epistemologischen Spaltung auf der Seite des erkennenden Subjekts, zu einer Verdoppelung des Erkenntnisvermögens. Die Annahme einer wahren Welt führt zur Annahme eines besonderen Erkenntnisvermögens, das sich dadurch auszeichnet, daß es die wahre, hinter der Erscheinungswelt stehende Wirklichkeit als solche erkennen kann. Wir nehmen dank der Sinnesorgane die Erscheinungen der äußeren Welt wahr. Dank eines spezifischen Organs (bei Platon wird es «Seele» genannt) erfassen wir ganz analog in einer besonderen Schau die Wahrheit unmittelbar. Dabei unterliegen wir nicht der ständigen Gefahr des Irrtums wie bei dem Erkenntnisvermögen, das der gewöhnlichen Erscheinungswelt zugeordnet ist.

Das Prinzip der Reduktion

Die Denkansätze der Vorsokratiker versuchten wir aus zwei Voraussetzungen heraus verständlich zu machen: dem Mythos und der alltäglichen Erfahrung der Veränderung, des Werdens. Die Vorsokratiker sind die ersten Philosophen, weil sie das, was sie im Mythos und im Alltagsdenken vorfanden, radikalisierten, indem sie das Prinzip der Reduktion einführten. Dieses Prinzip wird sich als äußerst fruchtbar erweisen. Bis heute ist die Reduktion ein Grundverfahren wissenschaftlichen Erklärens. Etwas gilt als erklärt, wenn man es auf etwas Allgemeineres zurückführen kann, das dies erklärt. Fieber auf einen Bazillus, Stoffe auf Verbindungen von Molekülen, Moleküle auf Atome etc. Die tiefere Reduktionsebene hat eine größere Erklärungskraft. So fruchtbar sich die Reduktion erweisen wird, sie birgt in sich eine doppelte Gefahr: die Gefahr einer spekulativen, ja willkürlichen Reduktion (daher müssen sich Reduktionen als berechtigt ausweisen) und die Gefahr des Reduktionismus, nämlich die Tendenz möglichst viel, ja alles auf *ein* Prinzip zu reduzieren und es aus diesem zu erklären.

Doch alle Versuche eines wie auch immer gearteten Reduktionismus scheiterten. Man kann z. B. das Leben (Lebendiges) auf chemische Prozesse und diese auf physikalische reduzieren, doch es gelingt nicht zu erklären, wie aus lebloser Materie Leben entstanden ist und aus Leben Geist. Hier sind neue Qualitäten entstanden. Diese können durch keine gehirnphysiologischen Erkenntnisse, durch keine chemisch physikalischen Analysen (und eventuell Synthesen) lebender Zellen erklärt werden. Dennoch ist der Reduktionismus verführerisch, er liefert Patentrezepte, die anscheinend alles, in Wirklichkeit aber nichts erklären.

Die Vorsokratiker treiben die Reduktion in zwei Richtungen. Einige suchen das Wesen der Dinge in einem stofflichen Prinzip, andere in einem nichtstofflichen. Für Pythagoras ist die Zahl das Wesen der Dinge. Bereits in den ersten Stunden der Philosophie werden zwei große heuristische Leitideen* geboren, die die Wege des Suchens bis heute bestimmen: Stoff und Form. Für Thales und die, die ihm folgen werden, ist Materie (Stoff) ein generatives, formschaffendes aktives Prinzip, das aus sich selbst heraus Gestalt und Ordnungen erzeugt. Dies ist der Weg des Materialismus. Da der Materialismus mit einem einzigen Erklärungsprinzip auskommt, ist er gleichzeitig ein Monismus. Für Pythagoras (580–500) und seine Nachfolger ist Stoff (Materie) ein passives, amorphes, unbestimmbares Etwas. Damit Materie Gestalt gewinnt, bedarf es einer formgebenden Kraft. Der Logos, Ideen (z. B. platonische), der Geist geben der Materie Konturen und Ordnung. Dies ist der Weg des Idealismus/Spiritualismus. Da der Idealismus zwei Erklärungsprinzipien benötigt, ist er ein Dualismus. Monistische Vorstellungen herrschen in den Naturwissenschaften vor. Zwar mußte der klassische Materiebegriff aufgegeben werden, doch lehren nicht die Theorien der Elementarteilchen und des Urknalls, daß «Materie» aus sich heraus Formen generiert? Und gilt nicht das gleiche für die moderne Biologie: der genetische Code bestimmt die Formen des Wachstums? Wenn auch die dualistische Welterklärung nicht dieselbe Erfolgsbilanz aufweisen kann, so ist der Dualismus immer noch eine mächtige Leitidee in Fragen der moralischen Bestimmung des Handelns, in der Freiheitsproblematik, in der Leib-Seele-Problematik.

Die Antwort des Parmenides

Die Naturphilosophen reduzieren unsere Erfahrungswelt, das Zeugnis unserer Sinne, auf einen Ur-Stoff, der allen Erscheinungen zugrunde liegen soll. Sie führen die Vielfalt der sinnlichen Erfahrung auf einen einzigen sinnlich wahrnehmbaren Stoff zurück. Der Reichtum der sinnlichen Erfahrung verdeckt die wahre Gestalt des Seins, er verstellt geradezu die Erkenntnis. Zu dieser

* Heuristische Ideen sind Ideen, die man nicht beweisen kann, die aber insofern notwendig sind, als sie der Forschung die Richtung weisen. Ohne heuristische Ideen gäbe es keine Forschung.

wahren Gestalt des Seins gelangt man, wenn man die Bedeutung der durch die Sinne vermittelten äußeren Erscheinungen bestreitet, bis auf eine Ausnahme: Der jeweils ausgezeichnete Urstoff bleibt etwas sinnlich Wahrnehmbares. Aber indem die jeweiligen Annahmen der ionischen Naturphilosophen sich auf etwas Sinnliches beziehen, schließen sie sich gegenseitig in ihrem Wahrheitsanspruch aus. Ist der Urstoff das Wasser, dann kann es nicht das Feuer sein. Man kann diesen Widerspruch beseitigen, indem man alle vier Urstoffe (Erde, Wasser, Luft und Feuer) als das Prinzip der Welt auffaßt. Dann gelangt man zu der Lehre von den vier Elementen. Dies wird der Weg des Empedokles (483–422) sein.

Doch Parmenides geht nicht den Weg der Synthese, er geht gewissermaßen analytisch-reduktionistisch den Weg seiner Vorgänger weiter. Diese reduzierten die Vielfalt des sinnlich Erscheinenden auf ein Einziges, indem sie andere Formen bestritten, d. h. die Vielfalt der Erscheinungsformen negierten. Festes ist nicht fest, Gasförmiges ist nicht Gas. Alles ist eigentlich Wasser. Erscheint es nicht konsequent, die Negation weiter zu treiben, den Wert der Sinneszeugnisse insgesamt zu bestreiten? Spricht nicht für dieses Vorgehen, daß man mit diesem Schritt die Widersprüche, in die sich die Naturphilosophen verstricken, vermeidet? Parmenides bestreitet also radikal die Relevanz von Sinneszeugnissen. Wozu kommt man, wenn man das streicht, worin sich die Lehren von einem materiellen Urstoff widersprechen? Was bleibt, wenn das Prinzip des Seienden weder das Wasser noch das Feuer noch die Luft oder sonst etwas ist? Kommt man dann nicht zum Nichts? Nein, denn wenn ich in den Aussagen «Das Seiende ist Wasser» (Luft etc.) das Prädikatsnomen, das, was das Seiende angeblich sein soll, streiche, so erhalte ich die Aussage «Das Seiende ist». Zu dieser Erkenntnis führen keine Wahrnehmungen, zu ihr gelangt man allein durch das Denken. Parmenides beantwortet die Frage nach der eigentlichen Natur der Wirklichkeit, indem er sich auf Gesetze der Logik beruft. Die Reduktion des Parmenides ist eine logische Reduktion. Sie führt zu dem Satz «*Das Sein ist*». Und dieser Satz besagt, daß das Sein das Prinzip des Seienden ist.

Vor Parmenides haben bereits Anaximander (611–545) und Pythagoras Unsinnliches (das Apeiron, das Unbegrenzte bzw. die Zahl) als die Substanz der Welt angenommen. Diese Philosophen konnten sich bei ihren Annahmen nicht auf die Sinne berufen. Ihre Erklärungen waren rein spekulativ. Parmenides dagegen beruft sich – bei allem spekulativen Charakter seiner Annahmen – auf Denkgesetze, auf Denknotwendigkeiten, und dies ist etwas revolutionär Neues. Wenn Veränderung ein Nichtsein voraussetzt und wenn es unmöglich ist zu sagen (zu denken), daß das Nichtsein ist, dann kann es nur Seiendes geben. Sein kann nur von Seiendem ausgesagt werden, und damit gibt es nur eine einzige Wahrheit und eine einzige Erkenntnis: «*Sein ist.*»

Der Satz des Parmenides gründet auf dem Satz der Identität (auch wenn dieser erst später formuliert wird), auf der Tautologie A = A. Die Konsequenzen der Logik sind gewiß, was man von den Schlüssen aus der Wahrnehmung nicht behaupten kann; diese sind oft so widersprüchlich, daß sie sich gegenseitig ausschließen und damit aufheben, vor allem kann man auf ihrer Grundlage nicht zu einem sicheren Wissen gelangen.

Sein oder Werden

Der große Gegenspieler von Parmenides ist Heraklit, und dessen Lehre behauptet die Einheit der Gegensätze und damit die Unmöglichkeit der Identität, der Selbigkeit. Bekannt sind die Sätze «*Alles fließt*» und «*Der Krieg (Streit) ist der Vater aller Dinge*». Ein und derselbe Gegenstand ist einmal heiß, einmal kalt, einmal flüssig, einmal fest, einmal groß, einmal klein, einmal lebendig, einmal tot. In Wahrheit ist er beides, man hat ihn erfaßt, wenn man ihn in der Einheit seiner Gegensätze erfaßt hat.

> *Es ist immer dasselbe, was in den Dingen wohnt: Lebendes und Totes, Wachendes und Schlafendes, Junges und Altes. Denn dieses wird, sich wandelnd, zu jenem und jenes wieder, sich wandelnd, zu diesem.*

Es gibt keine unveränderbaren Gegenstände, kein unveränderbares Sein, in Wahrheit ist das, was uns als ein Ding erscheint, ein Prozeß. Dieser Prozeßcharakter bestimmt das Sein. All die anscheinend stabilen Dinge sind in einem ewigen Fluß, sie erscheinen uns stabil, weil sie, modern gesprochen, regelgeleiteten Prozessen (Gesetzmäßigkeiten) unterliegen.

Dagegen Parmenides: Man kann nicht *«Sein und Nicht-Sein für dasselbe halten und nicht für dasselbe»*. Wenn sich alles wandelt, gibt es keine gesicherte Erkenntnis, sondern nur Meinung. Meinen ist ein nicht gesichertes Wissen, Meinungen ändern sich wie der Wind. Meinungen sind wandelbar, während Wissen unwandelbar *«feststeht»*, gewiß ist. Wissen von der phänomenalen Welt, die der Veränderung unterworfen ist, ist Wissen von Veränderbarem und kann daher nicht unumstößlich feststehen. Denken ist immer auf Denkinhalte bezogen, ist immer Denken von etwas, *«du kannst das Denken nicht ohne das Seiende antreffen»*. Nun hat «Sein» bei Parmenides immer die starke Bedeutung von Existieren. Somit behauptet der zitierte Satz eine notwendige Beziehung zwischen Denken und Wirklichkeit: Was ist, läßt sich denken, und was sich denken läßt, das ist. Da das Nicht-Sein schlechthin denkunmöglich ist, gibt es nur einen Inhalt des Denkens: *das Sein*. Dieses Sein muß – wir haben es bereits gesagt – selbstidentisch und also unveränderlich und eines sein, denn Veränderung würde ja einen vorausgehenden bzw. einen nachfolgenden Zustand, ein Nichtsein, voraussetzen. Veränderung würde Wissen unmöglich machen. Wir blieben in Meinungen verhaftet, in der Welt des Scheins, und über diese läßt sich nichts Wahres aussagen.

Parmenides differenziert begrifflich nicht zwischen Wahrheit und Gewißheit. Man kann ihm dies nicht zum Vorwurf machen, verfolgen wir doch die ersten Gehversuche auf dem Feld der Logik. Natürlich läßt sich über Vergängliches Wahres aussagen. Man darf den Seinszustand eines Gegenstandes nicht mit dem Seinszustand der Aussage über diesen Gegenstand gleichsetzen. Die Vergänglichkeit eines Gegenstandes tangiert nicht die Wahrheit einer Aussage über diesen Gegenstand. Dies wird deutlich, wenn wir die Aussage mit dem Zeitindex *t* versehen. Die Aussage «Mein Mathematiklehrer hat zu dem Zeitpunkt *t* einen Schnupfen» ist genau dann wahr, wenn dies der Fall ist. Es ist genauso eine unabänderliche (ewige) Wahrheit, wie daß zwei mal zwei vier ist. Der Unterschied zwischen diesen beiden Aussagen liegt nicht in der Wahrheit, sondern in der Gewißheit. Die Formulierung «Die Aussage ‹zwei mal zwei ist vier› ist genau dann eine unabänderliche (ewige) Wahrheit, wenn dies der Fall ist» klingt absurd. Um gewiß zu wissen, daß «zwei mal zwei vier ist», braucht man nicht nachzuprüfen, was faktisch der Fall ist oder war, was der Fall sein könnte oder nicht sein könnte. Empirische und nichtempirische Sätze unterliegen verschiedenen Wahrheitskriterien, das ist der Unterschied zwischen den beiden Aussagen.

Parmenides und die Folgen

Parmenides ist sicher einer der folgenreichsten und erstaunlichsten Denker der Philosophiegeschichte. Wie kann man die Unmöglichkeit (Nichtexistenz) von Veränderungen zu beweisen versuchen, die Unveränderbarkeit einer einzigen Realität, der des Seins behaupten? Dies sind Absonderlichkeiten, die der gesunde Menschenverstand ins philosophische Raritätenkabinett verweisen möchte. Ist nicht das Gegenteil geradezu evident? Dennoch kann man nicht genug betonen, wie revolutionär Parmenides war.

Entscheidende Errungenschaften seines Denkens sind seine Theorie der kritischen Widerlegung, die Mißachtung der Erfahrung, die Zurückweisung des Empirismus und Sensualismus, das Ablehnen der anerkannten Meinungen (doxa), die auf Konventionen beruhen statt auf Wahrheit, die Unterscheidung zwischen Schein und der Realität hinter diesem Schein.

1. Platon und mit ihm die abendländische Philosophie werden bis in unser Jahrhundert den Weg des Parmenides weitergehen.

Die Suche nach einem gewissen (sicheren) Fundament der Erkenntnis, das jenseits der empirischen Erkenntnis liegt, wird die Philosophie nicht mehr loslassen. Auch für Platon ist Erkenntnis Vernunfterkenntnis und die Vernunft der einzige Weg zur Wahrheit. In der sinnlichen Erkenntnis gibt es keine Wahrheit. Die Sinne liefern kein Wissen, sondern nur Meinungen.

2. Mit Parmenides beginnt die Überbewertung des Rational-Logischen und die Abwertung des Sinnlich-Empirischen, eine Tradition, die das griechische und das abendländische Denken entscheidend prägen wird. Wenn bei den ionischen Naturphilosophen der naturwissenschaftliche Weg sich vielleicht andeutete, nämlich daß die Theorie bei all ihrem spekulativen Charakter sich durch empirische Befunde ausweisen muß, so werden in der Nachfolge des Parmenides diese Ansätze für zwei Jahrtausende fruchtlos, und der Weg des reinen Denkens wird beschritten. Mit der Überbewertung der Vernunft geht aber die Entdeckung des Logischen und die Bedeutung des Sprachlichen für das Denken einher. Bis heute sind Logik und Sprachanalyse bedeutende, ja fundamentale Zweige der Philosophie.

3. Mit Parmenides kann man die Ontologie, die Lehre vom Sein, beginnen lassen. Die Frage nach dem Sein gilt für viele als die eigentlich philosophische (alle Wissenschaften fragen nach den Gegenständen ihres Teilbereichs, die Philosophie fragt nach dem Sein als solchem), und sie hat die Philosophie (die Metaphysik) bis in unser Jahrhundert bewegt. Erst in unserem Jahrhundert hat sie der logische Empirismus mit dem scharfen Seziermesser der neu entwickelten logischen Analyse auseinandergenommen und als ein Scheinproblem identifiziert, das es zu entlarven gilt. Mit keiner durchgreifenden Wirkung, wird man einräumen müssen.

4. Der Seinsbegriff des Parmenides ist sicher unhaltbar. Aber wenn man dessen wesentliche Eigenschaften beibehält, dann hat man den folgenreichsten Begriff der griechischen und neuzeitlichen Philosophie: den Begriff der Substanz. Er wird von Aristoteles formuliert werden. Aber Parmenides kann als dessen Erfin-

der gelten. Die Substanz hat zwei ihr wesentlich zukommende Eigenschaften. Sie muß – wie das Sein des Parmenides – unzerstörbar und eine Einheit sein. Alle anderen Eigenschaften werden zu Attributen, die zu der Substanz hinzugefügt werden können, ihr aber auch fehlen können.

5. Parmenides ging den Weg der logischen Reduktion. Er liefert das erste Beispiel eines Arguments, das vom Denken und der Sprache auf die Welt als Ganzes geht. Da man im Griechischen jedes Wort durch den bestimmten Artikel substantivieren kann – eine sprachliche Besonderheit, die die Entwicklung der Philosophie sehr förderte –, kann man auch das Zeitwort «sein» zu einem Gegenstand machen, zu dem «Sein». Daß es damit tatsächlich einen solchen Gegenstand, nämlich das «Sein», geben müsse, daß dieses dann auch existiert («ist»), ist damit aber noch nicht ausgemacht. Mit Hilfe der logischen Reduktion kann man nicht zu substantiellen Aussagen über die Welt gelangen. Sie erweist sich nicht als tragkräftig genug. Verläßt man sich allein auf sie, dann gelangt man zu logischen Fehlschlüssen. Wohl aber ist die logische Reduktion ein eminent kritisches Programm. Parmenides und seine Schüler, vor allem Zenon, haben es zum erstenmal durchgeführt. Parmenides hat die Bedeutung des Sprachlich-Logischen entdeckt. Er ist aber gleichzeitig in die Falle der Sprache gefallen, *«den Verhexungen der Sprache»* (Wittgenstein) erlegen.

Die Fallen der Sprache – Kritik an Parmenides

Die erste Entdeckung logischer Strukturen konnte nur rudimentär sein. Schärfere logische Werkzeuge mußten erst entwickelt werden, so daß Parmenides gar nicht bemerken konnte, daß er der Mehrdeutigkeit des Wortes «Sein» aufgesessen ist. Ersetzen wir in der Aussage «Nichtseiendes ist nicht» den Subjektausdruck «Nichtseiendes» durch den Ausdruck «Dinge, die nicht sind», so erhalten wir die Aussage «Dinge, die nicht sind, sind nicht». Diese Aussage ist tautologisch – Tautologien erklären einen Begriff durch Ausdrücke gleicher Bedeutung – und damit logisch wahr. Was ist, wenn ich den Subjektausdruck konkretisiere, wenn ich von einem vergangenen Ereignis spreche? In der Sprache des Parmenides sind vergangene Ereignisse Dinge, die nicht sind. Eine solche Aussage ist nicht mehr tautologisch. Das Konzentrationslager Auschwitz gibt es heute nicht mehr. Es ist in der Sprache des Parmenides ein Nichtseiendes. Der Satz «Auschwitz ist nicht» (d. h., Auschwitz gibt es heute nicht mehr) hätte dann die Bedeutung «Auschwitz kann es nie gegeben haben; folglich hat es Auschwitz nie gegeben». Eine Logik, die den Anhängern der Auschwitzlüge die Beweisführung extrem leichtmachen würde. Dieser Konsequenz könnte man entgehen, indem man behauptet, Auschwitz sei kein vergangenes Ereignis – Vergangenes gibt es nach Parmenides nicht –, sondern ein Ereignis, das es immer gibt und gegeben hat. Aber wie und wo?

Der Satz des Parmenides *«Nicht-Seiendes ist nicht»* ist dann und nur dann logisch wahr, wenn «ist nicht» im Subjektausdruck und im Prädikatausdruck dasselbe bedeutet. Doch dies ist bei Parmenides und seinen Schülern nicht der Fall. Sie gebrauchen in dem Prädikatausdruck den Term «ist nicht» in der Bedeutung von «existiert nicht», von «gibt es nicht». Sie machen keine logische Aussage, sondern eine Existenzaussage. Doch die Logik kann nicht darüber befinden, was in der Welt existiert. Sie bemerken aber diese Verschiebung nicht und glauben, daß die logische Wahrheit «Dinge, die nicht sind, sind nicht» substantielle Schlußfolgerungen erlaubt, auf Grund derer der leere Raum, die Bewegung, die Veränderung nicht möglich seien.

Das Verb «sein» wird gebraucht (1) in Existenzaussagen (z. B. ‹Gott ist› = Gott existiert, es gibt einen Gott), (2) als Ausdruck der Identität (‹Platon ist der Autor sokratischer Dialoge›), (3) in der Prädikation (‹Sokrates ist krank›) und (4) zur Einordnung in eine Klasse (‹Sokrates ist ein Mensch›). In der Prädikation und in der Klassensubordination dient das Verb «sein» dazu, einem Gegenstand (dem Subjekt des Satzes) bestimmte Attribute (ein Prädikat) zuzuschreiben. In diesem Fall machen wir mit dem Wörtchen «ist» keine Existenzaussage, vielmehr ist es die Kopula (so der Fachausdruck), die zwei Gegenstandsbereiche miteinander verbindet. Einem Gegenstand ein Attribut abzusprechen (‹ist nicht›) bedeutet logisch keinen Widerspruch. Etwas, das zur Zeit *t* die Eigenschaft *E* hat, kann durchaus zu einem anderen Zeitpunkt *t'* die Eigenschaft *E* nicht haben. Logisch unmöglich ist nur, daß es zur gleichen Zeit die Eigenschaft *E* hat und nicht hat.

Wenn wir in dem Satz des Parmenides *«Sein ist»* den «Prädikatsausdruck» *«ist»* mit ‹existiert› übersetzen, der Subjektausdruck *«Sein»* aber die Klasse aller Gegenstände bezeichnet, über die etwas mit Hilfe der Kopula ‹ist› ausgesagt werden kann – zu dieser Klasse gehören auch Einhörner –, dann ist er nicht logisch wahr. Er ist nur dann logisch wahr, wenn wir ihn übersetzen ‹das Existierende existiert›. Vom Nicht-Existierenden zu sagen, es existiere, bedeutet dann einen logischen Widerspruch. Parmenides glaubt, unerbittlich die Konsequenz der von ihm entdeckten (noch rudimentären) Logik annehmen zu müssen. Was nicht widerspruchsfrei gedacht werden kann, kann nicht sein. Zwischen Nichtsein und Sein besteht ein logischer Widerspruch. Also ist es nicht möglich, daß das Nicht-Sein existiert. Aber er konnte nicht bemerken, daß er einem logischen Fehlschluß erlag, daß er von einer Bedeutung von «Sein» zu einer anderen gleitet. Auf der Grundlage logischer Argumente glaubte er, ein kosmologisches System errichten zu können: Die Welt unserer Sinne muß – denn sie setzt Veränderung und Nicht-Sein voraus – als nichtexistent behauptet werden.

Parmenides behauptet, Abwesendes kann es nicht geben. Entweder hat es es nie gegeben, oder es muß (irgendwie) existieren. Denn nur wenn es irgendwie (im Geiste) vorhanden ist, kann man über es sprechen.

> *Schau im Geiste das Abwesende, obwohl es abwesend ist, gleichwohl als ein beständig Anwesendes! Denn was ist, läßt sich nicht abschneiden, so daß es sich nicht an Sein hielte.*

Die Berufung auf ein geistiges Bild dient Parmenides als Beweis für die Einheit des Seins. Der Gedankengang des Parmenides läßt sich veranschaulichen, wenn wir die «Sprachtheorie», die ihm unausgesprochen zugrunde liegt, offenlegen. Nach dieser funktionieren Substantive wie Flugzeugtickets. Ein Flugzeugticket gilt nur für die Person, auf die es ausgestellt ist. Kann diese sich nicht identifizieren, ist ihr Ticket wertlos, und sie wird nicht befördert. Wie Flugscheine auf die Personen verweisen, die eine Fahrberechtigung erworben haben, so verweisen Substantive auf «Dinge», die in der Rede transportiert werden. Gibt es diese Dinge nicht, kann man sie nicht identifizieren, so sind die Substantive bedeutungsleer. Substantive sind dann Flugscheine, die in der Rede nichts befördern. Wer mit solchen Substantiven redet, redet Unsinn.

Die beschriebene Bedeutungstheorie ist die der Eigennamen. Sie ist wohl die elementarste Theorie der Bedeutung. Sie findet sich im Mythos und beeinflußte Platons Ideenlehre. Alle Substantive werden als Eigennamen angesehen. Ein Eigenname bedeutet nur dann etwas, wenn es einen Träger gibt, auf den er sich bezieht. Gibt es eine entsprechende Person dieses Namens nicht, dann hat der Name keine Referenz (Bezug) und damit keine Bedeutung. Rumpelstilzchen ist z. B. ein leeres Wort (natürlich nur in der realen Welt, nicht in der fiktiven Welt des Märchens). Nach Parmenides müssen die Bezeichnungen für die Gegenstandswelt wie auch für Abstrakta (also Wörter wie Haus, Baum, Werden, Vergehen, Sein, Nicht-Sein) als Namen betrachtet werden, d. h. auf exisitierende Einzeldinge (Individuen) verweisen. Wenn nicht, dann haben sie keine Referenz, dann sind sie bedeutungsleer.

Daher sind alles nur leere Namen, was die Sterblichen ‹durch die Sprache› festgesetzt haben, in dem Glauben, es liege ihnen eine Wirklichkeit zugrunde: ‹Entstehen› und ‹Vergehen›, bald ‹Sein›, bald ‹Nichtsein›, ‹Veränderung des Ortes› und ‹Wechsel der leuchtenden Farbe›.

Vergangenes existiert nicht. Ist es dann möglich, über ein vergangenes Ereignis sinnvoll zu sprechen? Ja, aber nur dann, wenn das Vergangene kein Nichtseiendes ist. Es darf also nicht nur in der Vergangenheit existiert haben, es muß auch jetzt noch irgendwie existieren. Aber wie?

Wir sprechen über Auschwitz und wissen, daß es das Konzentrationslager Auschwitz nicht mehr gibt. Wir sprechen über Sokrates und sind überzeugt, daß er tot ist. Für Platon, für die Freunde des Sokrates und für seine Feinde bezeichnete der Name Sokrates eine Person, die sie kannten. Sie sahen sie, sie kannten ihre Gewohnheiten. Sie wußten, daß sie um die Mittagszeit auf den Marktplatz gehen mußten, wenn sie Sokrates reden hören wollten. Sie konnten ihn anreden, und er hat geantwortet. Nach Parmenides hat der Name Sokrates Bedeutung dank der unmittelbaren Bekanntschaft mit dem Träger dieses Namens. Platon und andere Athener konnten daher noch von Sokrates sprechen, auch wenn dieser abwesend war, auch nach seinem Tod. Aber wir kennen Sokrates nicht. Zu uns hat keiner auf dem Markt von Athen gesagt: «Schau da, dies ist Sokrates.»

Dennoch können wir über Sokrates sprechen. Wir lernen Sokrates kennen aus den Dialogen Platons, den Berichten Xenophons, den Satiren des Aristophanes, den Statuen, die wir von ihm gesehen haben usw. Wir kennen Sokrates nicht aus unmittelbarer Bekanntschaft, sondern aus Beschreibungen, d. h. aus deskriptiven Sätzen. Jedesmal wenn wir den Namen Sokrates gebrauchen, können wir ihn ersetzen durch deskriptive Sätze, z. B. «der Mann, der den Schierlingsbecher trank» usw. Was wir über Sokrates wissen, wissen wir von Beschreibungen. Deskriptive Sätze können wahr und falsch sein. Daher können wir Wahres und Falsches über Sokrates wissen. Wahrheit prüfen wir nicht durch Bekanntschaft (Platon war noch dieser Meinung), sondern durch andere deskriptive Sätze. Namen (und Wörter) erhalten nicht ihre Bedeutung durch die Relation der Bekanntschaft. Die Bedeutung ist nicht das, worauf wir bei der hinweisenden Erklärung eines Namens zeigen, sie ist nicht der Träger des Namens.

Der Ausdruck ‹der Träger des Namens ‚N'› ist gleichbedeutend mit dem Namen ‹N›. Der Ausdruck kann an Stelle des Namens gebraucht werden. ‹Der Träger des Namens ‚N' ist krank› heißt: N ist krank. Man sagt nicht die Bedeutung von ‹N› sei krank. (Wittgenstein)

Ein Name verliert seine Bedeutung nicht, wenn sein Träger aufhört zu existieren, auch Substantive nicht, bezeichnen sie nun Dinge, Ereignisse oder Abstrakta. Über Nichtexistierendes kann man sehr wohl sinnvoll sprechen.

Wir können, wenn wir wollen, dem Sprachgebrauch des Parmenides folgen. Wir können berechtigterweise sagen, über Vergangenes haben wir keine «Kenntnisse». Tatsächlich haben wir nur Kenntnisse über jetzt Existierendes, denn wenn wir Kenntnisse über die Vergangenheit sammeln, so sammeln wir diese jetzt. Aber die Tätigkeit des Sammelns ist nicht identisch mit dem gesammelten Resultat. Das Sammeln liefert (existierende) Beschreibungen vergangener Ereignisse, und dies genügt, denn dank dieser Beschreibungen können wir über Vergangenes sprechen, ohne daß das Vergangene irgendwo bzw. irgendwie existieren müßte.

Parmenides erfand eine Form der metaphysischen Argumentation, die in Varianten die meisten Metaphysiker von Platon über Hegel bis zu Heidegger übernommen haben: den Schluß von der Sprache auf die Welt. Dabei fiel er in die Fallen der Sprache. Nachdem die sprachanalytische Kritik diese Art einer metaphysischen Argumentation zerstört hat, wird man sie nicht einfach weiterführen können.

Antworten auf Parmenides

Die ersten griechischen Philosophen stellten Fragen nach dem Ursprung (der arche). In dieser Frage verbergen sich zwei verschiedene Fragen. (1) die Frage nach dem Entstehen der Welt und dem Entstehen der Erscheinungen dieser Welt und (2) die Frage nach den Prinzipien, die die Strukturen der Welt erklären. Der Mythos gibt eine Antwort auf die Frage (1). Die ionischen Naturphilosophen sind der mythischen Tradition noch insoweit verbunden, als

Frage (1) und (2) noch ungeschieden sind. Bei Parmenides findet sich keine Spur der Fragestellung des Mythos. Parmenides stellt die Frage nach dem Ursprung nicht, denn – nach ihm – gibt es keinen Ursprung. Doch auch die Frage (2) wird nicht beantwortet. Die Welt der Wahrheit (des Seins) vermag die Welt des Scheins nicht zu erklären. Zwischen diesen beiden Welten besteht keine Beziehung. Die eine kann somit nicht zur Erklärung der anderen dienen. Dieser Bruch ist so radikal, daß er so nicht bleiben kann. Damit wird Parmenides zu einer Herausforderung, die nachfolgenden Philosophen müssen eine Antwort darauf finden. Sie stimmen mit Parmenides überein, daß es wahres Wissen geben kann nur von etwas, das unabänderlich und damit eine Einheit ist. Für das griechische Denken ist es eine selbstverständliche Annahme, daß es hinter der Welt der Erscheinungen eine wahre Welt des Seins gibt. Andererseits ist die Realität der Erscheinungswelt einfach zu evident, als daß die Sinneswelt als Schein abgetan werden könnte. Es gibt nicht nur das Sein, es gibt auch das Werden. Selbst der scharfsinnigste Verteidiger der Seinslehre des Parmenides, dessen Schüler Zenon, kann mit seinen dialektischen Beweisen die Realität der Sinneswelt nicht erschüttern. Die Kluft zwischen dem Sein und dem Schein muß überbrückt werden. Es gilt zu erklären, in welchem Zusammenhang die Welt der Erscheinung und die Welt des Seins stehen.

Das Problem lautet also, dieses unabänderlich Eine (das wahre Sein) zu finden. Nur es garantiert ein wahres Wissen. Dieses unabänderlich Eine muß aber so sein, daß es die Vielfalt der Sinneswelt (das Werden) erklärt. In einer moderneren Sprechweise kann man das Problem so formulieren: In der Welt, wie sie sich unseren Sinnen bietet, sind wir mit einer Vielzahl von Erscheinungen konfrontiert; es geht darum, eine kohärente Wirklichkeit zu entdecken, die der verwirrenden Vielfalt der Welt zugrunde liegt. In der Nachfolge von Parmenides werden zwei Wege beschritten: der Materialismus, die Atomlehre Demokrits, und der Idealismus, die Ideenlehre Platons. Beide sind Antworten auf Parmenides.

2 Das Atom oder die Rettung der physikalischen Welt – Demokrit

> (Demokrit) *sagt, daß er lieber eine einzige Erklärung der Ursache* (einer Naturerscheinung) *finden möchte als König von Persien werden: Und das sagt er, der töricht und ohne Grund Ursachen angibt, da er von einer nichtigen Grundlage und unsicheren Voraussetzung ausgeht und die Wurzel und die gemeinsame Notwendigkeit der Natur der Dinge nicht sieht, er, der für höchste Weisheit die Beobachtung der planlos und sinnlos geschehenden ‹Dinge› und den Zufall zum Herren und König der Welt und göttlichen Dinge macht.*
> Dionysios bei Eusebios

Atome und leerer Raum

Die ungeprüfte dogmatische Voraussetzung der gesamten griechischen Philosophie in der Nachfolge des Parmenides ist die Annahme, daß es Wissen (und damit Wahrheit) nur als Wissen von unabänderlich Seiendem gibt. Dieses unabänderliche ausgezeichnete Seiende gilt es auszumachen, das als Prinzip der wandelbaren phänomenalen Welt zugrunde liegt und sie erklärt. Für die Atomisten (Leukipp und Demokrit) ist dieses unwandelbare Seiende ein Materielles: das Atom (das Nichtzerschneidbare). Es ist ein unendlich kleines, unteilbares Eines. Die Atome bewegen sich in einem leeren Raum in aller Ewigkeit, indem sie aufeinanderstoßen, voneinander abprallen, sich miteinander verflechten. Die sichtbaren Körper bestehen aus nichts anderem als aus Gruppierungen der Atome im leeren Raum, sie unterscheiden sich, wie sich z. B. Buchstaben unterscheiden, nach

der Gestalt A + N
der Anordnung AN + NA
der Lage N + Z

Auf diesen Grundunterschieden beruht die Verschiedenheit der sinnlich wahrnehmbaren Dinge überhaupt, sonst haben die Atome keine Eigenschaften.

Beweise gegen die physikalische Welt – Zenon

Die Realität der phänomenalen Welt als der Welt unserer alltäglichen Erfahrung läßt sich nicht ohne weiteres widerlegen. Sie ist offenkundig. Was läßt sich gegen diese Evidenz des Augenscheins einwenden? Zunächst nichts – sie wirkt zu unmittelbar. Es gilt, sie zu distanzieren, zu zeigen, daß das unbezweifelt Gegebene zu Konsequenzen führt, die unakzeptabel sind, es gilt zu zeigen, daß sich der Alltagsverstand in Widersprüchlichkeiten und Paradoxien verfängt, aus denen es keinen Ausweg gibt, wenn man an seinen Grundannahmen festhält.

Ein Schüler des Parmenides, Zenon (etwa 490–430 v. Chr.), wird der Meister der Paradoxien. Die Vielheit der Dinge, die Bewegung, Raum und Zeit, in denen sich die Bewegung vollzieht, sind zwar anschaulich gegeben, sie führen aber begrifflich zu Widersprüchen und finden daher, in Zenons Ausdrucksweise, gar nicht statt. Zenons Beweise führen alle zu dem gleichen Ergebnis: Die Annahme, daß die reale Welt existiert, müsse wegen der unauflösbaren Widersprüche, die aus dieser Annahme folgen, aufgegeben werden. Zenon greift die Annahmen seiner Gegner nicht direkt an. Vielmehr versucht er sie zu widerlegen, indem er die logischen Konsequenzen aufzeigt, die sich aus ihnen ergeben und die die Annahmen ad absurdum führen. Er setzt die logische Kraft eines Beweises gegen die Kraft der Sinne, sei es auch nur die eines indirekten Beweises, als dessen Erfinder er gelten darf. Denken entkräftigt sinnlich Wahrgenommenes. Zenon geht immer auf die gleiche Weise vor. Er teilt eine Sache in zwei Teile, teilt die Teile wieder und immer wieder, bis er zu dem Begriff des Unendlich-Kleinen gelangt. Dann spielt er die logischen Konsequenzen dieser Zweiteilung durch und stürzt uns in Paradoxien, von denen wir uns einige ansehen wollen.

Der Beweis wider die Zeit

Nehmen wir einmal an, ein Läufer will eine Strecke A – B durchlaufen. Er wird nie – auch nach einer beliebig langen Zeit nicht – in B ankommen. Warum? Nach einer gewissen Zeit hat er die Hälfte der Strecke durchlaufen. Jetzt hat er noch die zweite Hälfte vor sich. Hat er die neue Teilstrecke zur Hälfte durchlaufen, so hat er wieder eine Teilstrecke vor sich, die er zur Hälfte durchläuft, und dann diese wieder bis zur Hälfte und so weiter und so fort bis ins Unendliche. Seine Rennstrecke sieht so aus:

A________C________C^1 C^2 B

Setzt man AB = 1, so erhält man $^1/_2 + {}^1/_4 + {}^1/_8 + {}^1/_{16} + \ldots = 1$

Wenn wir die Reihe betrachten, sehen wir, daß sie einerseits unbegrenzt zunimmt, doch andererseits nimmt die Reihe nicht bis ins Unbegrenzte zu, denn ihre Summe bleibt immer unter 1. Addieren wir $^1/_2 + {}^1/_4 + {}^1/_8$, so erhalten wir $^7/_8$. Der Abstand zu 1 ist $^1/_8$. Die Hälfte davon ist $^1/_{16}$, fügt man $^1/_{16}$ der Reihe hinzu, so ist der Abstand der neugebildeten Teilsumme zu 1 ebenfalls $^1/_{16}$ etc. Zenon fragt, wie ist es denkbar, daß man in einer endlichen, d. h. begrenzten Zeit eine Strecke durchlaufen kann, die aus unbegrenzt zu verkleinernden Teilstrecken besteht. Dies ist nicht denkbar, somit ist die Zeit nicht denkbar. Und wenn die Zeit nicht denkbar ist, wird auch der Raum nicht denkbar sein. Man versuche es einmal, indem man den berühmten Achilleus, den schnellsten Läufer Griechenlands, gegen eine Schildkröte, die einen gewissen Vorsprung hat, antreten läßt. Er wird sie nie einholen.

Der Beweis wider den Raum

Angenommen, die Schildkröte hat einen Vorsprung von 100 Metern und Achilleus läuft zehnmal so schnell wie die Schildkröte, dann hat Achilleus, wenn er 100 Meter durchlaufen hat, den

Startplatz der Schildkröte erreicht. Die Schildkröte hat unterdessen zehn Meter zurückgelegt. Hat Achilleus die zehn Meter durchlaufen, so ist die Schildkröte um einen Meter vorgerückt,

Achilleus	1 m	Schildkröte	0,1 m
	0,1 m		0,01 m
	0,01 m		0,001m

etc.

Wie kann Achilleus die Schildkröte einholen? Zwar wird einerseits der Vorsprung der Schildkröte immer kleiner, andererseits ist es nicht denkbar, daß in einer endlichen Zeit unendlich viele Teilstrecken durchlaufen werden können. Da dies nicht denkbar ist, ist der Raum nicht möglich.

Der Beweis wider die Vielfalt der Dinge

Wenn wir uns in der Welt der Erscheinungen umsehen, sehen wir viele Dinge. Einerseits kann es viele Dinge nur geben, wenn man die Dinge als einzelne Dinge identifizieren kann. Was man identifizieren kann, muß eine Einheit sein. Was eine Einheit ist, kann nicht teilbar sein, denn wenn es teilbar wäre, wäre es keine Einheit. Alles, was Teile besitzt, ist ausgedehnt, denn nur was ausgedehnt ist, ist teilbar. Die logische Voraussetzung dafür, daß es viele Dinge gibt, war, daß die Dinge eine Einheit sind. Wenn sie eine Einheit sind, können sie aber nicht ausgedehnt sein, denn wenn sie ausgedehnt wären, wären sie teilbar und damit keine Einheit. Folglich können die vielen Dinge keine Größe haben. Die Dinge müssen größenlos sein.

Andererseits muß jedes Ding, soll es existentieren, eine Größe besitzen. Wenn es eine Größe besitzt, so besteht das Ding aus Teilen. Diesen kommt ebenfalls eine Größe zu. Die Teile müssen voneinander getrennt sein, denn sonst wären sie ja keine verschiedenen Teile. Getrennt sein können sie nur, wenn Teile zwischen ihnen liegen. Diese dazwischen liegenden Teile müssen wiederum voneinander getrennt sein usw. Jeder Körper wird eine unendliche Anzahl von Teilen in sich bergen, von denen jedes eine gewisse Größe besitzt. Mit anderen Worten, jeder Körper wird unendlich groß sein. Die Dinge müssen also unendlich groß sein.

Die Annahme der durch die Sinneszeugnisse verbürgten Vielheit führt zu zwei einander widersprechenden Ergebnissen: Die vielen Dinge sind zugleich größenlos und unendlich groß.

Das Problem des Unendlichen

Wie Parmenides hypostasiert auch Zenon Begriffe zu Entitäten, zu «Gegenständen». Doch Einheit und Vielheit sind keine Dinge, sie sind nicht etwas, das an sich existiert. Sie sind nicht etwas Absolutes. Einheit bzw. Vielheit gibt es nur relativ auf einen «Kontext» bezogen. Was in einem Zusammenhang eine Einheit ist, kann in einem anderen aus vielen Teilen bestehen. Auch die Paradoxien von Raum und Zeit beruhen auf mangelnder sprachlicher Präzisierung und begrifflicher Verwechslung. So teilt Achilleus, indem er rennt, nicht eine Strecke in immer kleiner werdende Raumstrecken, sondern er überspannt Strecken und kann daher die Schildkröte, wenn er ihr nahe genug gekommen ist, mit einem Schritt überholen. Ferner sind «unendliche Teilbarkeit» und «endliche Größe» zwei verschiedene Begriffe. Eine Größe mag unendlich teilbar sein, sie bleibt aber eine endliche Größe. Zenon entdeckte die unendliche Reihe. Das Verhältnis einer unendlichen Reihe zu einer endlichen Größe ist für die Antike alles andere als durchschaubar. Wenn wir Achilleus' Wettlauf mit der Schildkröte in unserer Schreibweise als Reihe notieren, dann hat die Reihe folgende Gestalt:

$100 + 10 + 1 + {}^{1}/_{10} + {}^{1}/_{100} + {}^{1}/_{1000} + \ldots$

Es fällt uns nicht schwer, die Reihe fortzusetzen. Ihre Struktur ist transparent.

Ganz anders verhält es sich, wenn wir die Reihe in römischer Schreibweise notieren. Sie würde so aussehen:

$C + X + I + {}^{I}/_{X} + {}^{I}/_{C} + {}^{I}/_{M} + \ldots$

Sie ist nicht mehr transparent, sie muß undurchsichtig und rätselhaft erscheinen.

Die Paradoxien Zenons formulieren zum ersten Mal das Problem der Grenzwerte und des Unendlichen. Die Betrachtung der Grenzwerte wird sehr spät eine Lösung finden, in der Differentialrechnung und der Infinitesimalrechnung (Leibniz, Newton), und das Problem des Unendlichen sollte die Mathematik bis in unser Jahrhundert beschäftigen. Man kann wie Zenon eine Strecke unendlich teilen. Doch wenn man nicht teilt, sondern addiert, was dann? Man versuche, aus einer Unendlichkeit von Teilen eine endliche Größe aufzubauen. Es wird immer ein Rest übrigbleiben. Nie wird man an das Ende der Reihe (ans Ziel in der Rennbahn) gelangen: Das Unendliche ist nicht zu fassen. Die Mathematik hilft sich hier, indem sie das Unendlich-Kleine am Reihenende vernachlässigt. Doch dies sind Kunstgriffe, die pragmatisch notwendig sind, die aber zeigen, daß wir mit dem Begriff des Unendlichen nicht vollen Ernst machen dürfen, denn sonst geraten wir in die Paradoxien Zenons.

Die Rehabilitierung der Welt – Demokrit

Dem gemeinen Menschenverstand wie dem physikalischen Materialismus gilt als «real» nur, was eine Größe besitzt und somit ausgedehnt und teilbar, d. h. Materie ist. Doch eine der Materie (dem Urstoff der Welt) zugeschriebene unendliche Teilbarkeit bedeutet deren Annullierung, denn man kommt nie zu der absoluten, nichtteilbaren Einheit. Entweder besitzt die Materie Größe oder Ausdehnung, dann unterliegt sie der unendlichen Teilbarkeit, oder sie besitzt diese nicht, dann kann sie aber nicht der Baustein dieser Welt sein; denn diese Welt, so wie sie unseren Sinnen erscheint, besteht aus vielen «Gegenständen» und somit aus Teilbarem. Zenons Paradoxien sind nicht nur ein reines Gedankenspiel, sondern ihnen liegt eine ernstzunehmende Kritik zugrunde: die Kritik an dem Begriff der Materie, und zwar schon zu einem Zeitpunkt, als dieser Begriff noch nicht voll ausgebildet war. Diese Kritik fand, so könnte man sagen, ihre Bestätigung in der modernen Physik. Diese sah sich gezwungen, Zenon ernst zu nehmen: Aufgrund der Teilbarkeit der Atome mußte sie auf den (klassischen) Begriff der Materie als eines unvergänglichen und unveränderlichen Urstoffs verzichten. Die Vorstellung von singulären Materieteilchen, von eindeutig lokalen Elementen, die sich zu komplexen Strukturen kombinieren, ist sinnlos geworden. Die makrophysikalische Materie wird nicht mehr durch den Begriff eines stabilen Seienden, von irgendwelchen letzten Partikeln bestimmt, sondern als Wechselwirkungen von elektromagnetischen Feldern.

Zenons Zweiteilung bis ins Unendliche ist rein mathematisch gedacht, sie erweist sich in der wirklichen, d. h. der physikalischen Welt als undurchführbar. Will man an der realen physikalischen Welt und an dem Ergebnis der Einheitslehre des Parmenides, daß das Sein eines, unteilbar und beständig sein muß, festhalten, so kommt man unter dem Einfluß der Paradoxien Zenons zu der Annahme von unendlich kleinen Stoffteilen, die die geforderten Eigenschaften der Beständigkeit und Unteilbarkeit haben müssen und die als die Bestandteile, aus denen die Welt besteht, die Sinneswelt erklären können, zu der Annahme von Atomen. Um den Argumenten Zenons zu entgehen, müssen diese Teilchen völlig frei von irgendwelchem Leeren und damit nicht mehr zerlegbar sein, sie müssen alle ganz voll sein. Leukipp, der erste, der die Atomlehre konzipiert haben soll, kommt nicht zufälligerweise aus der Schule Zenons. Sein Schüler Demokrit (460–371) kann als der eigentliche Begründer gelten, denn nur durch dessen Schriften (erhalten blieben nur einige Fragmente) wurde die Atomlehre überliefert.

Man kann die Gedanken der Atomisten, die Ablehnung der unendlichen Teilbarkeit der Dinge (Zenon) etwa so rekonstruieren. Alles, was zerlegt werden kann, muß Hohlräume (d. h. ein «Leeres») enthalten. Um ein Ding bis ins Unendliche zerlegen zu können, müßte es bis ins Unendliche kleinste Hohlräume enthalten, da ohne ein «Leeres» in einem Körper eine Zerlegung undenkbar ist. Wäre eine solche Zerlegung bis ins Unendliche möglich, dann müßten alle sichtbaren Dinge ausschließlich aus Hohlräumen bestehen, so daß es außer den Hohlräumen überhaupt nichts Festes gäbe und alles gänzlich leer von Substanz wäre. Da die sichtbaren Dinge nicht ohne Substanz sein können, muß es bestimmte feste und nicht weiter teilbare Elementarteilchen geben.

Ohne Zweifel steht die Atomlehre im Einklang mit der Sinneswahrnehmung, denn sie bestreitet weder Entstehen noch Vergehen noch Bewegung noch die Vielheit der Dinge, ja sie vermag diese, was der Einheitslehre des Parmenides nicht gelang, zu erklären. Dennoch handelt es sich bei der Atomlehre nicht um eine empirische Hypothese, die von der sinnlichen Erfahrungswelt ausgeht und die aufgrund irgendwelcher Erfahrungstatsachen aufgestellt wird, um diese zu erklären (wie z. B. in der Chemie und modernen Physik bestimmte Tatsachen durch die Annahme von Atomen erklärt werden). Sie ist rein spekulativ. Angenommen werden ein kleinster Teil (Atom) und ein leerer Raum; beides wird als die wahre Wirklichkeit erklärt. Wirklich ist damit etwas Nicht-mehr-Sichtbares, aber dennoch Körperliches, die Atome, und etwas Nicht-Körperliches, der leere Raum. Wirklich ist damit etwas, das nur im und durch das Denken erfaßbar ist. Dies hat die Atomlehre bei allem diametralen Gegensatz mit der Ideenlehre (Platons) gemeinsam. Auch für die Atomisten gilt wie für die ganze griechische Philosophie das Primat des Denkens.

Eine einfache und elegante Lösung

Darüber hinaus liefert die Atomlehre eine elegante Erklärung der Welt. Sie bedarf nur dreier metaphysischer Axiome (Grundsätze, die man an die Spitze eines Systems stellt): (1) unteilbare, feste, wenn auch unendliche kleine Körperteile (die Atome), (2) den leeren Raum und (3) die Bewegung der Atome in diesem Raum. Alle Erscheinungen der physikalischen Welt, der psychisch-mentalen, selbst die Vorstellung von Göttern, vermag sie durch diese Annahmen zu erklären, und zwar mechanistisch:

1. Die Erscheinungswelt wird mechanistisch erklärt: Sie ist das Resultat der sich aus Druck und Stoß ergebenden Atomkonstellationen.

2. Die mechanistische Erklärung führt zu dem Begriff der Kausalität: «*Nichts ist zufällig, sondern alles geschieht aus einem Grund und mit Notwendigkeit*» (Demokrit).

Damit wird die Natur durch eine Ordnung gekennzeichnet, die mit Gesetzen beschrieben werden kann. Dadurch, daß man das Wirken einer (solchen durch Gesetze beschreibbaren) Ordnung anerkennt, entzieht man die Natur der Willkür launischer Gottheiten.

3. Auch die Wahrnehmungen (die Seele) werden als Wirkungen der Atome und damit mechanistisch erklärt. Durch Ausflüsse von Atomen aus den Dingen – modern könnten wir sagen durch Strahlen – werden Bilder erzeugt, die unsere Sinne treffen. Auch die Vorstellungen der Götter sind nichts anderes als Folgen solcher «Strahlen».

4. Die Bewegung der Atome ist nicht zielgerichtet. Sie stoßen zusammen, wie es der Zufall will. Zufall (die planlos sich bewegenden Atome) und Notwendigkeit (die Wirkungen dieser Zusammenstöße) ergeben unsere Welt, die Wirklichkeit. Mit dem Prinzip Zufall erklärt Demokrit die Bildung der Welt. Nach Entstehung der Welt herrscht das Prinzip Notwendigkeit. Die einzelnen Naturgeschehen werden auf die Wirkungen der Bewegung der Atome zurückgeführt. Sie werden kausal und, da auf Bewegung zurückgehend, mechanistisch erklärt.

5. Es sind unendlich viele Welten möglich, der Kosmos ist nicht abgeschlossen, sondern unendlich; denn anders ergäbe der Begriff des leeren Raums keinen Sinn. Ein endlicher Kosmos setzt einen abgeschlossenen Raum voraus.

Demokrits Wirkung

Dies klingt alles ziemlich modern, und so verwundert es nicht, daß Demokrit keinen unmittelbaren Einfluß auf seine Zeitgenossen hatte. Mit ihm ist ein Extrempunkt der griechischen Philosophie erreicht. Wir sind weit entfernt vom Mythos, aus dem das griechische Denken seinen Ursprung nahm. Ohne Rückgriff auf mythische Wesenheiten, wie Gottheiten oder eine mythische Seele, die zur Erklärung der Welt nötig wären, entwirft die Atomistik eine spekulative Welterklärung von großartiger Einfachheit und Stringenz. Hier gibt es kein Aufleben des Mythos (ohne Ausweis geglaubte Erzählungen) wie bei Platon. Demokrit ging wohl einen Schritt zu weit. Kein Wunder, daß die Atomlehre von Platon nicht beachtet, von Aristoteles bekämpft und vom Christentum unterdrückt wurde. So hat das Christentum den Epikurismus scharf attackiert. Dieser spätantiken Weltanschauung, die auf dem Atomismus aufbaut, wurde vorgeworfen, sie sei materialistisch und damit unmoralisch. Doch Demokrit wie auch Epikur haben, soweit aus den erhaltenen Fragmenten ersichtlich, eine Ethik von hohem Anspruch vertreten.

Kritik an Demokrits Atomlehre

Eine Schwäche der Atomlehre liegt darin, daß sie sich gegen das formallogische Argument, das schon Zenon vorbrachte und das sie zu entkräften versuchte, nicht verteidigen konnte. Um der der ins Unendliche getriebenen Zweiteilung Zenons zu entgehen, mußte Demokrit seinen Atomen Ausdehnung zubilligen. Wenn die Atome ausgedehnt sind, wie können sie dann unteilbar sein? Die Unteilbarkeit widerspricht der Ausdehnung. Die Annahme, die Atome seien letzte feste, beständige und unteilbare Teilchen, ist ein willkürliches Postulat, ein Trick sozusagen, durch den der Widerspruch zwischen Unteilbarsein und Ausgedehntsein vermieden werden soll. Die Annahme von Atomen ist schon allein aufgrund dieses Widerspruchs, d. h. eines formalen Arguments, zu verwerfen.

Muß das, was formal sich als ein gültiges Argument zu erweisen scheint, auch unbedingt inhaltlich gelten? Wenn ja, dann haftet der gleiche Widerspruch der heutigen Teilchenlehre an. Die Annahme, daß ein Ding unbedingt eine Ausdehnung hat, trifft zwar auf makrokosmische Körper zu, aber für die elementaren Partikel (was immer die sind) gibt sie keinen Sinn. In einem physikalischen Satz müssen die verwendeten Begriffe klar definiert sein, dies ist ein erkenntnistheoretischer Grundsatz. Wenn ein Begriff eine meßbare Größe bedeutet, muß seine Definition eine eindeutige Vorschrift haben, wie die Größe zu messen ist. «Elementare Partikel besitzen eine gewisse Ausdehnung.» Soll dieser Satz einen physikalischen Sinn gewinnen, müssen wir angeben, wie man deren Ausdehnung feststellen, d. h. messen, kann. Wir messen mit Hilfe eines Maßstabs. Voraussetzung dafür ist, daß sich an einem Körper bestimmte Punkte unterscheiden lassen, zwischen denen der Maßstab angelegt werden kann. Ein elementares Teilchen ist seinem Wesen nach völlig strukturlos, und an ihm lassen sich keine Teile und damit auch keine Punkte unterscheiden. Es ist unmöglich, an ihm künstliche Markierungen vorzunehmen, weil es auf jeden Eingriff als einheitliches Ganzes reagiert. Elementare Partikel widersetzen sich der Ausmessung, und das bedeutet, daß Begriffe wie «Ausdehnung» und «Gestalt» in der Anwendung auf sie jeden Sinn verlieren.

Auch inhaltlich erscheint der Antike die Atomlehre als unakzeptabel. Nach Aristoteles läßt sich die Annahme der Existenz eines leeren Raums nicht halten. In Analogie zum biologischen Wachstum interpretiert er Bewegung, wie jede Art von Veränderung, als einen Übergang von der Möglichkeit zur Wirklichkeit: Das Ei enthält bereits als seine Möglichkeit den Vogel, der Same die Pflanze. Der Prozeß des Werdens, der Veränderung erfordert das fortgesetzte Wirken einer Ursache. Hört die Ursache zu wirken auf, hört auch das Bewirkte auf, z. B. das Wachstum oder die Bewegung. Alle sich bewegenden Körper bedürfen eines Bewegers. Dieser kann entweder ein den Körpern innewohnender Beweger oder ein von außen kommender Beweger sein: das «natürliche» Prinzip der Bewegung – es heißt so, weil es die «natürliche» Bewegung der Körper veranlaßt – oder ein Stoß. Bei fallenden Körpern ist das Gewicht – der Begriff der Masse war noch nicht bekannt – die Kraft, die den Körpern innewohnt und im freien

Fall deren Bewegung bewirkt. Das Gewicht treibt den Körper an zu fallen. Eine von außen wirkende Kraft ist der Widerstand, den ihm das Medium bietet, in dem sich der Körper bewegt. Bewegung wird nach Aristoteles von zwei Faktoren bestimmt, einer inneren Kraft, dem «natürlichen» Prinzip, und einer äußeren Kraft, dem Widerstand des Mediums. Ein in einem leeren Raum sich bewegender fallender Körper würde mangels Medium keinen Widerstand erfahren, daher müßte seine Geschwindigkeit unendlich groß sein. Da dies nicht der Fall ist, ja unmöglich ist, ist die Existenz eines leeren Raums unmöglich.

Die Bewegungslehre des Aristoteles wird erst mit dem Beginn der Neuzeit durch die moderne Mechanik (Galilei) außer Kraft gesetzt. Für Aristoteles hat Demokrits mechanistische Bewegungslehre die entscheidende Schwäche, da zu versagen, wo es zu sagen gilt, woher die Bewegung kommt. Kausale Ursachen können zwar eine (mechanistische) Erklärung für viele Ereignisse liefern, aber die Bewegung selber müsse eine Ursache haben, und diese könne nicht eine kausale sein, denn die würde dann wieder eine kausale Ursache verlangen (und so ad infinitum). Sie müsse eine finale Ursache sein. Aristoteles unterscheidet (neben zwei weiteren Ursachen) zwischen Grund und Zweck. Durch eine kausale Erklärung wird das Eintreten eines Ereignisses als die Wirkung eines vorhergehenden Ereignisses erklärt, durch eine finale (teleologische) Erklärung als das Ergebnis eines beabsichtigten Zwecks. Finale Ursachen erklären das Wozu, kausale Ursachen das Woher.

Die Bewegung kann ihren Zweck nicht in sich selbst haben (nach Demokrit bewegen sich die Atome von selbst), sondern der Zweck muß von einer Intelligenz, einem denkenden Wesen gesetzt werden. Dieses entwirft den Plan (Zweck, Absicht, Telos), und die Realisierung vollzieht sich nach diesem Plan. Als Möglichkeit (Potentialität) ist das Ziel in der Wirklichkeit (Aktualität) gegeben, und der Zweck ist das Erreichen dieses Ziels. (Der Baum ist im Samen potentiell enthalten, und der Zweck des Samens ist es, sich zum Baum zu entwickeln.) Der Zufall ist eine *«nichtige*

Grundlage», und er kann nicht *«der Herr und König der Welt und der göttlichen Dinge»* (Cicero) sein.

Die Verurteilung des Demokrit

Die Finalursache rettet die Erhabenheit des Himmels. Man empfand es als einen Skandal, daß allein der Himmel und die göttlichsten unter den sichtbaren Dingen von selber, d. h. zufällig, entstanden sein sollen, während für alles andere eine Ursache der Entstehung (eine Kausalreihe) angegeben werden kann (Aristoteles). Und Cicero spricht von der

> *Ruchlosigkeit des Demokrit (...), daß es gewisse Körperchen gäbe (...) und daß aus ihnen Himmel und Erde gebildet seien, ohne den Zwang einer Natur, vielmehr infolge eines rein zufälligen Zusammentreffens (...)*

Eine Bewegung infolge gegenseitigen Stoßens ist eine von außen kommende gewaltsame Bewegung und daher nicht naturgemäß. Naturgemäß sind Bewegungen, die dem *«Zwang einer Natur»*, nämlich einer dem Körper innewohnenden Kraft folgen. Eine gewaltsame Bewegung, d. h. eine einem äußeren Zwang folgende Bewegung, aber ist später als die naturgemäße Bewegung. Die naturgemäße Bewegung bei unbelebten Körpern ist für Aristoteles die Kreisbewegung. Ein einmal in Bewegung gesetzter Körper vollzieht, wenn er nicht behindert wird, ewig die Bewegung eines Kreises. Naturgemäß ist diese Bewegung, weil wir sie bei Körpern beobachten, die ohne äußeren Antrieb sich von selbst bewegen, nämlich bei den Gestirnen. Darüber hinaus gilt der Kreis als die vollkommenste Figur und damit als die vollkommenste Form der Bewegung.

Demokrit war zu verurteilen. Bei ihm haben die Götter keine Funktion. Man braucht sie nicht, um die Welt zu erklären. Die Götter sind keine Prinzipien, um etwas zu erklären, sondern sie werden selbst erklärt, rationalistisch mechanistisch: Götter und Dämonen sind «Bilder», die an die Menschen herankommen und sie bedrängen. Die Bilder (Idole) selbst werden als Atomkonstellationen angesehen. Wahrnehmung und Denken sind *«Veränderungen des Körpers»*. Epikur erklärt sie psychologisch: Furcht vor Naturerscheinungen, vor Donner und Blitz, habe zum Götterglauben geführt. Demokrit mache *«die Gottheit überhaupt so völlig zunichte, daß er keine Vorstellung von ihr übrigläßt»* (Cicero).

3 Die unveränderliche Wahrheit der Ideen – Platon

Sokrates: *Wer nun eine Meinung hat, meint der nicht ein Etwas?*
Theaitetos: *Notwendig.*
Sokr. *Und wenn dies, dann doch etwas Seiendes?*
Theait. *Sicherlich.*
Sokr. *Wer also Nichtseiendes meint, meint nichts.*
Theait. *So scheint es.*
Sokr. *Aber wer nichts meint, bei dem kann von Meinung überhaupt nicht die Rede sein.*
Theait. *Das scheint ganz klar.*
Sokr. *Es ist also nicht möglich, daß Nichtseiendes Gegenstand einer Meinung sei, weder in bezug auf irgendein Ding noch an und für sich.*
Platon

Die Forderung der Rechtfertigung – Sokrates

Eine mechanistische Erklärung der erhabensten Dinge, sei es des Himmels, der Götter oder der Seele, kann tief verwurzelte religiöse Gefühle und Vorstellungen verletzen. Doch wir dürfen die Gründe, die die Stoa (Cicero) zur Ablehnung und das Christentum – gewissermaßen eine Synthese des jüdischen Erlösungsglaubens und des stoischen Weltbildes – zur Unterdrückung und Verfolgung des Materialismus der Atomisten führten, nicht den Zeitgenossen und unmittelbaren Nachfolgern Demokrits unterstellen. Damals brannte die spekulative Leidenschaft, über die erfahrbare Wirklichkeit hinaus zu mutmaßen, noch stark, und es gab kein gefestigtes Weltbild, das die spekulativen Funken mit dem Mantel des Dogmatismus hätte ersticken können. Hätten die Griechen, ein in Wettkämpfe verliebtes Volk, sich der sportlichen und musischen Wettkämpfe (olympische Spiele und attische Tragödie) erfreuen und sich des Genusses der intellektuellen Wettkämpfe berauben sollen? In einem Klima, in dem die vielfältigsten und abweichendsten Theorien gedacht und gelehrt werden konnten, war die Toleranz zu groß, als daß man ungewohnte Gedanken einfach deshalb diskriminiert hätte, weil sie kühn waren. Im Gegenteil, das griechische Denken war bis zu seinem Rückzug vom Marktplatz in den geschlossenen Raum der Schulen, bis zu seiner Stabilisierung bei Aristoteles und seiner Erstarrung in der Stoa und dem Epikurismus nichts anderes als die Entdeckung der Freiheit des Denkens und der Kraft kühner Gedanken. Daß der Atomlehre des Demokrit letztlich nicht der Erfolg der komplizierteren und mit Widersprüchen behafteten und gewiß weniger eleganten Ideenlehre Platons zuteil wurde, liegt an ihrem eigenen Ungenügen: Sie war rein spekulativ. Ihr fehlte ein tragendes Fundament.

Mit Sokrates kam nämlich etwas entschieden Neues, das spekulatives Denken erst zur Philosophie macht: die Forderung, daß philosophisches Denken sich als begründet ausweisen muß, der Rechtfertigung also. Die Suche danach, was dieses Begründende sein kann und wie diese Begründung erbracht werden kann, wird von nun an Kennzeichen weiterführender Philosophie. Die Tatsache, eine schöne und elegante Theorie der Veränderung zu liefern, die das Problem des Parmenides löst, reicht als Begründung nicht aus, um die Atomlehre annehmbar zu machen. Die Atomlehre liegt sozusagen noch im Vorhof der Philosophie, jenseits der Schwelle, die Sokrates errichtet hat und über welche man das Gebäude der Philosophie betritt.

Sokrates (469–399) interessierte sich nicht speziell für Fragen der theoretischen Philosophie, sein Interesse galt der praktischen Philosophie: der Ethik. Es ist nicht zufällig, daß sich zuerst in der Ethik und dort in aller Schärfe die Frage der Begründungsproblematik stellte. Wenn sich ethische Normen nicht auf irgendwelche Autoritäten, sei es die der Tradition oder die der Götter, berufen können und wenn es als unannehmbar erscheint, ethische Normen als beliebig zu akzeptieren, dann müssen ethische Normen ihre Geltung einem Begründungsprozeß verdanken, der ihren verpflichtenden Charakter auszeichnet. Dieser Begründungsgedanke läßt sich auch auf die theoretische Philosophie übertragen. Wenn man sich mit der Erscheinungswelt nicht begnügen kann, so wie sie erscheint – und das kann man nicht, weil dann so elementare und existentielle Ereignisse wie Geburt, Wachstum, Krankheit, Tod nicht erklärt werden können –, und wenn die Erscheinungswelt auf etwas zurückgeführt werden soll, das sie als deren Erklärungsgrund und Fundament begründet, so genügen nicht irgendwelche spekulativen Annahmen, mögen sie auch noch so kühn und schön erscheinen, sondern nur Annahmen, die einer kritischen Prüfung standhalten.

Sokrates hat zwei normative Kriterien als Maßstab für die Akzeptanz von Prinzipien eingeführt: (1) die Rationalitätsannahme und (2) die Notwendigkeit der begrifflichen Klärung. Die Rationalitätsannahme (1) besagt, daß nur der Satz (das Prinzip) anerkannt wird, der sich bei der Untersuchung in einer von allen Gesprächspartnern gemeinsam vollzogenen Prüfung als der beste zeigt. Die besondere Situation, jegliches Interesse muß außer Betracht bleiben, und keine Autorität (Götter, Herkommen, Tradition, die öffentliche Meinung) kann kraft ihrer Autorität Geltung beanspruchen (Kriton 46b). Die kritische Instanz ist allein der Logos, die Vernunft bzw. das vernünftige Wort, d. h. die prüfende und damit rationale Diskussion unter gleichwertigen Gesprächspartnern. Die Berufung auf eine an-sich-seiende universale Vernunft und auf deren Autorität findet sich noch nicht bei Sokrates.

Die Notwendigkeit der begrifflichen Klärung (2) entspricht (modern) der analytischen Forderung, daß zur Lösung der Sachprobleme die sprachlich-logische Analyse notwendig sei und daß diese den Sachfragen vorausgehen müsse. Natürlich findet sich bei Sokrates noch nicht die Scheidung in logische und inhaltliche

Fragen. Beide sind bei ihm – da er der erste ist, der diese Art von Fragen stellt – unentwirrbar verbunden. Seine Was-ist-Frage stellt sprachlogisch die Frage nach der Definition des Begriffs *(was bedeutet x)* wie metaphysisch die Frage nach dem Wesen des Begriffs *(was ist das Wesen von x)*. Wenn die Gespräche des Sokrates zu keinem Ergebnis führen, in einer Aporie (Ausweglosigkeit, man weiß nicht wie die Suche nach der Lösung weitergehen soll) enden, dann heißt dies, daß die sprachanalytische Klärung noch nicht gelungen ist. Und wenn Sokrates trotz der Vergeblichkeit seiner Klärungsversuche seine Gesprächspartner bittet, mit ihm weiterzusuchen, so drückt sich darin die Überzeugung und Hoffnung aus, daß nur durch und über die Sprachfrage die Aporien aufgehoben und damit die Sachfragen gelöst werden können. Und tatsächlich wird die sprachlogische Analyse sich als ein wirksames Mittel zur Lösung von unentwirrbaren Problemen erweisen.

Die Welt der Ideen

Wissen, so Sokrates, ist gerechtfertigt, wenn es begründet ist. Die Begründung vollzieht sich in einem rationalen dialogischen Prozeß. Am Ende dieses Prozesses steht nicht das Verfügen über eine unerschütterliche Wahrheit. Wahrheit ist kein Besitz. Sie ist nicht etwas, das sich enthüllt, das einem offenbart wird, sondern etwas, das einem aufgegeben ist. Die Gesprächspartner des Sokrates vermeinen zu wissen, doch ihr Wissen erweist sich im Scheidebad des sokratischen Dialogs als ein Nichtwissen und damit als Scheinwissen. Sokrates weiß. Aber nicht in dem Sinn, daß er über eine unverrückbare Wahrheit verfügt, sondern in dem Sinn, daß er um seine Unwissenheit weiß. *«Ich weiß, daß ich nichts weiß.»* Seine Devise *«Erkenne dich selbst»* fordert uns auf einzusehen, wie wenig wir wissen, um dadurch zu diesem produktiven Nichtwissen zu gelangen, das den Dogmatismus als vermeintliches sicheres Wissen zerstört und den Weg zur Wahrheit freilegt, die wir als beschränkte Menschen nie erreichen werden, um die wir uns aber fragend und suchend zu bemühen haben. Sokrates ist ein Philosoph der Bescheidenheit. Diese Bescheidenheit war so ungewohnt und damit so unverschämt, daß man Sokrates vielleicht auf Grund seiner Bescheidenheit, die er nicht ohne eine gewisse Arroganz an den Tag legte, zum Tod verurteilte.

Auch für Platon (427–347) ist Wissen nur dann gerechtfertigt, wenn es begründet ist. Begründet ist es – und dies ist der neue Schritt –, wenn es auf einen Grund zurückgeführt wird. Die rechtfertigende Instanz liegt jetzt außerhalb bzw. jenseits der rationalen, kritischen Prüfung im Dialog (Sokrates). Damit Wissen sicheres Wissen *(episteme)*, wird, muß der Grund etwas sein, das unabhängig von menschlicher Einsicht existiert. Ideen können nur dann die Grundlage der Erkenntnis sein, wenn sie ein Seiendes sind, das erkenntnisunabhängig existiert. Erkenntnis wird ontologisch fundiert. Aber damit erhebt sich das Problem, wie das Wissen um dieses Fundierende erlangt werden kann. Die dialogische Vernunft reicht dazu nicht aus. Es wird so etwas wie eine seiende (objektive) Vernunft gefordert, als das Organ dieser fundamentalen Erkenntnis.

Platon unterscheidet neben dem Wissen und der Unwissenheit ein Drittes, die richtige Meinung, die es auch «*ohne Bewußtsein* (d. h. Wissen) *der Gründe gibt*». Die «*richtige Meinung ist weder ein Wissen – denn wie könnte etwas ein Wissen sein, von dem man sich nicht Rechenschaft geben kann? – noch Unwissenheit – denn wie könnte etwas Unwissenheit sein, das mit der Wahrheit zusammenstimmt*». Nicht dadurch wird richtiges Wissen zu einem fundierten Wissen, daß es ein Wissen ist, das mit der Wahrheit zusammenstimmt, sondern dadurch, daß es ein Wissen der Gründe ist. Und damit stellt sich das Problem, wie kann ich um diesen Grund wissen, wie gelangt man zu seiner Erkenntnis? Der Grund des Wissens – das Fundament, auf dem das Wissen gründet und das es daher begründet – ist die unveränderliche Wahrheit der Ideen. Im praktischen Leben sind richtige Meinungen, da sie wie die richtige Einsicht (Erkenntnis) zum Ziele führen, von großer Bedeutung, ja, man wird sich oft mit ihnen begnügen müssen. Doch sind sie als Meinungen unbeständig und daher *«doch nicht viel wert, bis daß man sie bindet durch begründendes Denken». «Nachdem sie aber gebunden werden, werden sie zuerst auch Kenntnisse und dann auch bleibend.»* Diese Bindung geschieht durch die Erinnerung. Die unsterbliche Seele, das nichtsinnliche Organ für die nichtsinnlichen Ideen, hat in ihrer vorkörperlichen Existenz die unvergängliche Wahrheit der Ideen geschaut, die durch die Geburt verdunkelt, aber nicht ausgelöscht wurde. Durch Wiedererinnerung (anamnesis) könne das einst Geschaute wieder ins Bewußtsein gerufen, zur Erkenntnis werden. Eine berühmte Stelle im *Menon* soll diese These der Wiedererinnerung beweisen. Ein unwissender Sklave findet allein dank der helfenden Fragen des Sokrates ein Theorem des Pythagoras. Wenn der Sklave, so Sokrates, nicht schon im Besitz des Wissens wäre, könnte seine Fragetechnik nicht zum Ziel führen. Diese Demonstration ist nicht überzeugend – Sokrates legt dem Sklaven die Antworten regelrecht in den Mund; doch für Platon zeigt sie, daß man nicht durch Lernen, sondern durch Wiedererinnerung zu Erkennen und Wissen gelangt.

Mit Platon beginnt die Suche nach dem gesicherten Fundament des Wissens, die die theoretische Philosophie bis ins 20. Jahrhundert hinein bestimmen wird. Doch Platon verzichtet auf den bequemen Weg, die Existenz der Ideen durch einen Rekurs auf unmittelbare Einsicht, auf Evidenz zu behaupten. Ihre Existenz ist alles andere als evident. Die Ideenannahme muß – dies ist sein sokratisches Erbe – argumentativ ausgewiesen und also plausibel gemacht werden. Der unmittelbare Zugang zu den Ideen, die Schau der Ideen ist uns verwehrt, und wenn man sie auch nicht argumentativ im rationalen Dialog beweisen kann, so müssen sie sich immer noch sprachlich in der Dialektik (Gesprächsführung, die den Widerstreit der Meinungen überwindet) ausweisen. Platon müht sich – weil es keinen direkten Zugang zu den Ideen gibt und wissend, wie schwer es ist, die Ideenannahme akzeptabel zu machen – beinahe rührend mit einer Vielzahl von Argumenten, Erzählungen und Mythen.

Wahrnehmung und Erkenntnis

Im Dialog Theaitetos diskutiert Sokrates die Frage *«Was ist Erkenntnis»*. Theaitetos vertritt die These des Protagoras (480 bis 410) *«Erkenntnis ist Wahrnehmung»*, die zusammen mit dessen These *«Der Mensch ist das Maß aller Dinge»* diskutiert wird. Protagoras gehört zu den Sophisten. Er gilt in der Ethik wie in der Erkenntnislehre als ein Vertreter des Relativismus und als der erste Vertreter des Subjektivismus. Seine These kann man etwa wie folgt rekonstruieren. Wir als Menschen können nicht die Welt aus der Perspektive Gottes betrachten. Aus der Sicht Gottes mögen die Gegensätze (wie bei Heraklit) eins sein, oder es mag (wie bei Parmenides) nur ein einheitliches Sein geben. Aber ein reines, göttliches Wissen ist uns unzugänglich. Für uns gibt es keinen außermenschlichen Standpunkt und damit keinen außermenschlichen Maßstab, sondern nur einen menschlichen. In diesem Sinn ist der Mensch das Maß aller Dinge, und da wir nur über die Existenz oder Nichtexistenz der Dinge dank unserer Sinnesorgane entscheiden können, ist Erkenntnis gleich Wahrnehmung.

Protagoras vertritt einen rein sinnesbezogenen (sensualistischen) Standpunkt und attackiert den Antisensualismus des Parmenides. Doch wenn man nur die Sinne als Quelle der Erkenntnis zuläßt, dann wird Wahrheit rein subjektiv. Eine solche Auffassung kann Platon unmöglich akzeptieren. Daher deckt Sokrates – in den mittleren und späten Dialogen verbirgt sich hinter dieser Gestalt Platon selbst – die Schwierigkeiten auf, zu denen der Sensualismus unweigerlich führt. (1) Es gibt sowohl das Phänomen des Traums wie den Wahnsinn. Nun ist es unbestreitbar, daß beide, der Träumende wie der Wahnsinnige, Wahrnehmungen haben. Welchen Wert hat in diesen Fällen die Wahrnehmung? Sie müßte nach Protagoras auch Erkenntnis sein. (2) Nicht nur Menschen nehmen wahr, sondern auch Tiere, daher müßten auch Schweine und Affen das Maß aller Dinge und damit

Maßstab der Wahrheit sein. (3) Keiner könnte mehr wissen als ein anderer, und damit gäbe es keinen Unterschied zwischen dem Weisen und dem Narren. (4) Wie kann es Kenntnis aus der Erinnerung geben, da Erinnern kein Wahrnehmen ist? (5) Die Dinge, die dem Fluß des Werdens unterworfen sind (Heraklit), ändern sich dauernd und mit ihnen auch die Wahrnehmungen. Was ich jetzt gerade wahrnehme, ist nicht mehr das, was ich vorher wahrnahm. Ja, wir können nicht einmal sagen, daß etwas weiß ist; denn es kann aufgehört haben, weiß zu sein, bevor wir nur unseren Satz beendet haben. (6) Wir können nicht einmal sagen, wir sehen ein Ding, denn Sehen verwandelt sich dauernd in Nichtsehen (wir sehen ein Detail dann, wenn wir das Ganze nicht mehr sehen). Sehen mag daher genauso ein Nicht-Sehen genannt werden, Wahrnehmen ein Nicht-Wahrnehmen. Wenn wir sagen, Erkenntnis ist Wahrnehmung, so könnten wir genausogut sagen, Erkenntnis ist Nicht-Wahrnehmung.

Wahrnehmung kann nicht dasselbe sein wie Erkenntnis. Die Welt ändert sich und mit ihr die Wahrnehmungen. Wenn wir über diese Welt eine Aussage machen wollen, müssen wir auf etwas zurückgreifen, das sich nicht ändert. Es ergibt sich also die Notwendigkeit eines Nichtveränderbaren zur Beschreibung des Veränderbaren. Dies, was sich nicht ändert, müssen die Begriffe sein, mit denen wir das Veränderbare beschreiben. Begriffe sind Beschreibungswerkzeuge und dürfen daher die Veränderungen der Erscheinungswelt nicht mitvollziehen. Die Bedeutung der Begriffe ist also dem Fluß des Werdens entzogen. Parmenides behält (wenigstens teilweise) Recht gegen Protagoras.

Doch müssen deshalb *Erkennen und Sein dasselbe sein*? Platon übernimmt ungeprüft dieses Dogma des Parmenides und macht Begriffe zu existierenden Wesenheiten, die er Ideen nennt. Natürlich müssen Wörter feste Bedeutung haben, damit ein Beschreiben der Welt möglich ist; doch Platon ist zu absolut, Begriffe müssen nicht ewig existierende Entitäten sein, es reicht, wenn die Bedeutungen der Wörter sich langsamer verändern als die Dinge der Welt, die wir mit den Wörtern beschreiben. Die Unveränderbarkeit der Bedeutung ist keine notwendige Voraussetzung, um wahre Aussagen über die Welt machen zu können, d. h., um zu Erkenntnissen zu gelangen.

Wege zu den Ideen

Demokrit wie Platon geben eine Antwort auf die Probleme, die sich aus den Lehren des Heraklit (der Fluß des Werdens) und denen des Parmenides (das unveränderliche Sein) ergeben. Der eine postuliert die Existenz von Atomen, ewigen kleinsten unteilbaren materiellen Teilchen, der andere die Existenz von Ideen, ewigen unwandelbaren nicht materiellen Teilchen. Die Veränderung, das Werden erklärt sich dadurch, daß die phänomenale Welt unvollkommen an der Welt der Ideen teilhat. Die Ideen spiegeln sich in der Welt des Werdens wie der Himmel in einem fließenden Fluß. Platon bringt seine Ideenannahme nicht als eine spekulative, dogmatische Behauptung vor, sondern er will uns argumentativ von der Richtigkeit seiner Ideenannahme überzeugen. Wegen ihrer immateriellen Natur kann er uns die Ideen nicht zeigen. Doch er versucht, Wege zu zeigen, die zu den Ideen führen und damit die Ideenannahme bestätigen. Solche Wege zu den Ideen sind: (1) die Begriffe, (2) die Mathematik, d. h. die Möglichkeit einer reinen, nicht auf Wahrnehmung rückführbaren Erkenntnis, (3) die Kunst und (4) die Liebe zur Schönheit.

1. Begriffe sind, modern gesprochen, Universalien, in platonischer Redeweise das Allgemeine, an dem jedes Einzelne teilhat. Der historische Sokrates stellt die Frage «*Was ist ...*» Sein Gesprächspartner antwortet mit einem Einzelbeispiel. Doch Sokrates verlangt nicht einzelne Beispiele, sondern er verlangt das, was allen Beispielen gemeinsam ist. Seine Frage zielt nach dem Begriff, genauer dem Gattungsbegriff. Auf die Frage «*Was ist Tapferkeit*» kann man nicht antworten, indem man auf ein tapferes Verhalten oder auf einen Tapferen hinweist. Der Tapfere kann einmal feige sein, der Gerechte ungerecht. Beide können sich ändern, doch die Tapferkeit, die Gerechtigkeit sind diesen Änderungen nicht unterworfen. Einzelne tugendhafte Handlungen sind

nicht die Tugend. Tugend gibt es, weil die Tugenden teilhaben an der Tugend. Wenn wir heute noch, umgangssprachlich unreflektiert oder einige auch philosophisch, von *der* Gerechtigkeit, von *der* Gleichheit, von *der* Freiheit usw. sprechen, dann glauben wir platonisch, daß es so etwas wie *die* Gerechtigkeit, so etwas wie *das Wesen* der Gerechtigkeit gibt, das es zu erreichen, zu verwirklichen gilt.

Die diesem Denken zugrundeliegende Struktur kann man etwa wie folgt analysieren. So wie das Wort «Tisch» auf etwas verweist, d. h. etwas bezeichnen muß, das existiert, um zu bedeuten, so auch das Wort «Gerechtigkeit». Das, auf was es verweist, was es bezeichnet, sind zwar nicht konkrete Gegenstände, wohl aber abstrakte Dinge, die ebenfalls existieren müssen, denn sonst könnten Abstrakta nicht etwas bedeuten. Und die Konkreta? Das Wort «Tisch» bezeichnet nicht den Tisch hier, auf dem ich schreibe, sondern alle möglichen Tische. Es ist kein Name, sondern ein Gattungsbegriff, eine Universalie. Es bezeichnet nicht einen konkreten Tisch, sondern etwas Abstraktes, die ‹Tischheit›, die nach Platon unabhängig von den einzelnen Tischen existiert, und die einzelnen konkreten Tische verdanken ihre Existenz nur der Tatsache, daß sic an der Idee ‹Tischheit› Anteil haben.

Direkt anschaulich wird das, was Platon meint, wenn wir die Lebewesen betrachten. Die einzelnen Hunde, Katzen usw. sind dem Werden und Vergehen unterworfen, aber die Gattung scheint unvergänglich zu sein, sie behauptet sich. Der Übergang zu der Vorstellung, daß die stofflichen Erscheinungen nur existieren, weil sie teilhaben an einem Unstofflichen, den Ideen, erscheint sich von selbst zu ergeben.

Neben den Abstrakta gibt es noch andere Begriffe, die etwas bezeichnen, das nicht sinnlich ist, nicht mit einem Sinnesorgan wahrgenommen werden kann, die Relationsbegriffe wie Gleichheit, Ähnlichkeit, Einheit usw. Auch hier muß es nach Platon *die* Gleichheit, *die* Ähnlichkeit, *die* Einheit geben. Die Annahme eines Nichtveränderbaren findet gerade ihre stärkste Stütze in der Tatsache, daß es Erkenntnisse gibt, die nicht auf Sinnesdaten rekurrieren, mit Sinnesorganen nicht in Verbindung gebracht werden können. Dazu gehören die Erkenntnis der Gleichheit und Ungleichheit, der Ähnlichkeit und Unähnlichkeit. Wir wissen, daß Töne und Farben sich nicht gleichen, obwohl es kein einheitliches Sinnesorgan gibt, mit dem wir beide wahrnehmen. Die Töne nehmen wir mit dem Ohr wahr, die Farben mit dem Auge. Aber mit welchem Sinnesorgan nehmen wir wahr, daß sie sich gleichen bzw. nicht gleichen? Es gibt kein spezielles Sinnesorgan für Gleichheit und Ungleichheit, für Ähnlichkeit und Unähnlichkeit, für Einheit und Vielfalt, für die Zahlen, für Sein und Nichtsein, für Gut und Böse. Die Seele (der Geist) betrachtet einige Dinge mit je eigenen Instrumenten, andere mit denen des Körpers. Wir nehmen Hart und Weich wahr, aber daß es das Harte und das Weiche gibt, daß sie existieren, daß sie Gegensätze sind, dies ist eine Erkenntnis (Urteil) des Geistes.

Erkenntnis entsteht in der Reflexion und nicht im Sinneseindruck. Folglich erkennt nur der Geist das Sein und Nichtsein, und wenn wir das Sein nicht erreichen, können wir die Wahrheit nicht erreichen. Wahrnehmung ist nicht Erkenntnis, denn sie trägt zur Erfassung der Wahrheit nichts bei, da sie zur Erfassung des Seins nichts beiträgt. So kommt Platon zu der Annahme von Seiendem, das ohne das Zeugnis unserer Sinne existiert, eben die Ideen. Das, was uns unsere Sinne bezeugen, kann nicht Sein haben, denn es ist ein ewig Sich-Veränderndes, ein Werden.

2. Das beste Beispiel für eine Erkenntnis, die nicht auf Sinnesdaten rekurriert und damit modellhaft für die Ideenannahme wurde, ist die Erkenntnis, die wir durch Arithmetik und Geometrie erlangen. Tatsächlich entsprechen gezeichnete Figuren nicht den geometrischen Definitionen, sie können diese Definitionen im strengen Sinn nie erfüllen; sie sind Demonstrationsobjekte, die der Anschauung dienen, die wahren Objekte der Geometrie sind der «ideale» Kreis, das «ideale» Dreieck usw. Es sind Gegenstände, die zu sinnlichen Gegenständen gewisse Analogien aufweisen, die aber niemals sinnlich gegeben werden können und deren Erkenntnis eine rein geistige ist.

3. Eine weitere sinnlich anschauliche Analogie für die Teilhabe an den Ideen liefert die Kunst. Eine Statue z. B. besteht aus Stein, doch nicht der Stein erregt Wohlgefallen, sondern die in den Stein gehauene Gestalt. Durch ihre Gestalt hat die Statue am Schönen teil. Die Gestalt aber wurde dem Stein vom Künstler verliehen. Die Idee ist die Gestalt, die dem Künstler vorschwebt. Und wie das Kunstwerk von den Betrachtern angeschaut wird (Idee, Eidos gleich das Angeschaute), so wird die Idee geschaut, doch nicht vom sinnlichen Auge, sondern vom Seelenauge des Künstlers, der sie in die Gestalt des Kunstwerks überführt.

Was hier in einem speziellen Fall für die Kunst gilt, gilt für die Ideen im allgemeinen. Die Ideen sind nicht eines logischen Beweises fähig, sie müssen geschaut werden. Das Denken (die Mathematik oder die Begriffsdefinitionen z. B.) mag zur Idee führen, beweisen kann es sie nicht. Philosophie ist Annäherung an die Ideen, zur reinen Schau der Ideen vermögen wir sterblichen Menschen nicht zu gelangen.

4. Und nicht zuletzt gibt es den Weg des Eros. Liebe ist Liebe zu den Ideen, konkreter zu der Idee des Schönen (Symposion). Das Schöne haftet an den physischen Gegenständen, wir erfahren es durch physische Gegenstände. Doch Schönheit ist die Teilhabe eines Unvergänglichen am Vergänglichen. Die Schönheit erweckt den Eros. Liebe ist das Begehren von etwas, das ihr fehlt, nämlich von Schönheit. Die sinnliche Schönheit macht sensibel für die wahre Schönheit, die nicht mehr an Körperliches gebunden ist. So führt nach Platon Eros von der sinnlichen Liebe zur Liebe zur Wissenschaft, zur Mathematik, zum Wahren und zum Guten, denn die Ideen des Schönen, des Guten, des Wahren sind eins.

Einwände gegen Platon

Führen die Wege zu den Ideen zu einem Ziel, oder sind es Holzwege? Die Antwort ist ein Sowohl-Als-auch. Platons Ideenlehre enthält einen doppelten Aspekt: einen logischen und einen metaphysischen. Man kann und wird heute wohl den metaphysischen Aspekt ablehnen, den logischen wird man anerkennen müssen. Beide erwiesen sich als äußerst fruchtbar und folgenreich. Beide sind bei Platon verschlungen. Ein Weg zu der Ideenlehre war die Entdeckung bestimmter logischer Strukturen der Sprache. Der metaphysische Aspekt erweist sich als deren Grundlegung: Ohne Metaphysik (die reale Existenz von Ideen) gäbe es keine Logik (das Funktionieren von Allgemeinbegriffen).

Der logische Aspekt z. B. besagt, daß Allgemeinbegriffe (Universalien) keinen raum-zeitlichen Ort haben; sie sind «ewig». Der metaphysische Aspekt geht darüber hinaus. Er besagt, daß die Universalien existieren müssen und daß sie als substanzielle Wesenheiten tatsächlich an einem raum-zeitlosen Ort existieren. Natürlich bedeutet das Wort «Kater» Kater, aber da es als allgemeiner Begriff weder den *Kater Murr* noch den *gestiefelten Kater* bezeichnet noch den Kater Maunz, kann es nur einen idealen Kater bezeichnen, der einzig und unvergänglich ist und an dessen Natur die individuellen Kater teilnehmen, aber in unvollkommener Weise, und nur dank dieser Unvollkommenheit gibt es viele Kater. «Der» Kater ist wirklich, die individuellen Kater sind nur Erscheinungen (Schein).

Während Platon die wichtige Entdeckung machte, daß Begriffe keine Eigennamen sein können, sondern Universalien sein müssen, wenn allgemeine Erkenntnisse, eine Beschreibung der Welt möglich sein sollen, fiel er gleichzeitig in die Fallen der Sprache. Er hypostasierte (verdinglichte) Begriffe zu Entitäten, zu real existierenden Ideen, eine Tendenz, die um so näher lag, als man im Griechischen wie im Deutschen einfach durch den Artikel die einzelnen Wortarten substantivieren kann. Das Verb «sein» wird so zu *dem Sein*, das Zahlwort «eins» zu *das Eine*, das Adjektiv «gleich» zu *dem Gleichen*. Wenn Konkreta wie das Haus, das Fenster auf wirkliche Gegenstände als ihre Referenz verweisen, so müssen Abstrakta und Substantivierungen auch auf etwas verweisen. Platon kam zu der Metaphysik der Ideen – und dies wird man ihm sicher nicht vorwerfen können –, weil er die sprachlichen Strukturen nicht durchschaute, weil er dort Entitäten annahm, wo die Grammatik sie ihm vorgaukelte. An drei Beispielen soll dies gezeigt werden.

Da der logische Apparat, zu dessen Ausbildung Platon einen entschiedenen, nicht zu unterschätzenden Anstoß liefert, noch nicht ausgebildet war, konnte Platon die logische Struktur z. B. der Relationsbegriffe nicht erfassen. Und gerade diese Begriffe lieferten ihm eines seiner Hauptargumente für die Ideenannahme, so die Tatsache, daß es etwas wie Gleichheit und Ungleichheit gibt.

Ich sehe vom Schreibtisch auf, zum Fenster hinaus. Ich sehe den Apfelbaum in Blüte. Ich sage ‹der Apfelbaum steht in Blüte›. Diese Aussage mache ich aufgrund von Sinneseindrücken: Ich habe etwas wahrgenommen, aber diese Aussage ist nicht etwas Wahrgenommenes, sie ist eine Aussage (ein Urteil) über Wahrnehmungen. Das Wahrgenommene ist etwas, was sich ereignet, und kann als Ereignis weder wahr noch falsch sein. Wohl aber das Urteil über die Wahrnehmungen: Es kann wahr oder falsch sein. Der erwähnte Satz des Protagoras «*Erkenntnis ist Wahrnehmung*» kann interpretiert werden als *Erkenntnisse sind Urteile über Wahrnehmungen*. Dieser Satz ist nicht mehr so absurd, wie Platon unterstellt. Er bedeutet, ohne Wahrnehmung gibt es keine Erkenntnis. In diesem Ausschließlichkeitsanspruch ist dieser Satz sicher falsch. Logik und Mathematik scheinen Beweise für eine reine, d. h. von Sinneswahrnehmungen unabhängige Erkenntnis zu sein. Wie weit diese reine Erkenntnis reicht, wird das Problem Kants. Sicher reicht sie nicht so weit, wie Platon meint. Für diesen ist jede Erkenntnis, die diesen Namen verdient, die also *episteme* ist und nicht *doxa*, von Sinneswahrnehmungen unabhängige reine Erkenntnis. Die Behauptung, daß A und B gleich sind, kann sich nach Platon nicht auf Wahrnehmung stützen, da wir keine Sinnesorgane für Gleichheit und Ungleichheit haben. Erkenntnis der Gleichheit muß demnach reine Erkenntnis sein.

Daß Gleichheit bzw. Ungleichheit sich dennoch auf Sinnesdaten beziehen müssen, zu den Sinnesdaten «gehören», kann man folgendermaßen begründen. Wenn wir nur unser Urteil hätten, dann wäre dies rein willkürlich und damit weder wahr noch falsch. Da wir aber annehmen, daß unsere Urteile über Gleichheit und Ungleichheit wahr oder falsch sind, wie die über einen Apfelbaum, der in Blüte steht, so muß diesem Urteil, da es nicht willkürlich ist, etwas entsprechen. Nach Platon ist es etwas Geistiges, die Idee. Wir können Platons Annahme nur verwerfen, wenn das, was dem Urteil entspricht, in den Sinnesdaten liegt, denn sonst wäre unser Urteil rein willkürlich. Wenn wir die Gleichheit zwischen zwei Formen A und B behaupten, stellen wir eine Beziehung zwischen A und B fest, und diese Beziehung kann durchaus Teil der Sinnesdaten sein. Das Urteil ‹A gleicht B› ist dann und genau dann wahr, wenn A und B sich gleichen, genauso wie das Urteil ‹A steht in Blüte› dann und nur dann wahr ist, wenn A in Blüte steht. Wenn wir zwei Gegenstände vergleichen, stellen wir eine Beziehung zwischen ihnen her. Gleichheit bzw. Ungleichheit können wir mit dem Begriff der Relation erklären, ohne auf die Annahme der Existenz von Ideen zurückzugreifen.

Ist Existenz eine Voraussetzung der Wahrheit? Platon jedenfalls unterstreicht, daß nur Dinge, die existieren, wahr sein können. Zur Wahrheit gehöre notwendig Existenz. Eine Analyse der logischen Syntax zeigt die Unhaltbarkeit von Platons Argumenten. Nehmen wir die Aussagen (1) ‹Ein Löwe ist gefährlich› und (2) ‹Eine Sphinx ist gefährlich›. Jedesmal haben wir ‹S ist P›. Einem Subjektbegriff wird ein Prädikatsbegriff zugesprochen. Nun könnten wir (platonisch) meinen, (2) ist falsch, es gibt keine Sphinx. Eine Sphinx könnte uns nur gefährlich werden, wenn es sie gibt. Also scheint die Wahrheit der Beispielsätze von der Existenz abhängig zu sein. Wir sind geneigt, von der Wahrheit des Gewußten auf die Existenz des Gewußten zu schließen. Der erste Satz ist wahr, weil wir wissen, daß es Löwen gibt. Nun sind aber «Löwe» und «Sphinx» Begriffe, Prädikatoren in der Sprache der Logik. Ein Prädikator ist ein Ausdruck, den man einem Einzelding zusprechen kann, z. B. ‹x ist ein Haus›, ‹x ist rot›, ‹x läuft› usw. Die Begriffe «Löwe» und «Sphinx» dienen wie der Begriff «gefährlich» zur Beschreibung. Wie wir nicht sagen können, der Begriff «gefährlich» existiert, so können wir auch nicht sagen, der Begriff «Löwe» existiert. Wenn Begriffe existieren würden, müßte man z. B. sagen können, ‹x ist gefährlich, und gefährlich existiert› oder ‹x ist ein Löwe, und Löwe existiert›. Der Satz ‹Es existieren Löwen› entspricht nicht dieser Transformation, sondern er bedeutet ‹Es gibt (mindestens) ein x, von dem gilt, x ist ein Löwe›. Dieser Satz ist genau dann wahr, wenn es ein passendes x gibt.

Logisch gesehen wird in einer Existenzaussage behauptet, daß es einen Gegenstand (Namen, Individualbegriffe) bzw. einen Gegenstandsbereich (Gattungsbegriffe) gibt, auf den ein bestimmter Prädikator zutrifft. Die Aussage wird an einen Gegenstandsbereich gebunden; daß dieser Gegenstandsbereich real existiert, ist damit nicht gesagt. Ob es ein passendes x gibt oder nicht, kann ich nicht den Begriffen entnehmen, dies muß ich empirisch herausfinden. Der Satz ‹Die Sphinx ist gefährlich›, ist dann wahr, wenn ich ihn an den Gegenstandsbereich «Welt des Mythos» binde; er ist dann falsch, wenn ich ihn an den Gegenstandsbereich «unsere Erfahrungswelt» binde. Existenz ist nicht notwendig, sondern kontigent, d. h. zufällig. Die Wahrheit des Satzes ‹Der Löwe ist gefährlich› ist nicht eine notwendige Wahrheit, sondern eine kontigente Wahrheit. Es müßte nicht sein, daß Löwen gefährlich sind. Es könnte sein, daß es in unserer Erfahrungswelt keine Löwen gibt, wie es keine Sphinx gibt. Es könnte sein, daß Löwen zahm sind. In der empirischen Erkenntnis gibt es keine notwendige Wahrheit. Empirisches Wissen ist nie notwendiges und gewisses Wissen. Es ist *doxa,* in der Sprache Platons, wahre Meinung, aber nicht *episteme,* wahres Wissen. Platon unterscheidet nicht zwischen dem, «was existiert», und dem, «was ist wahr». Wenn es nur ein Wissen geben kann als ein Wissen von Gegenständen, die existieren, wenn daher die Existenz eine Voraussetzung für Wahrheit ist, kann man von der Wahrheit auf die Existenz schließen, d. h., man kann allein aus Begriffen mit Hilfe der Logik substanzielle Aussagen über die Beschaffenheit unserer Welt gewinnen. Ein Verfahren, das für die Metaphysik typisch wird: Mit Hilfe des metaphysischen Fehlschlusses lassen sich, wie der in Oxford lehrende Philosoph Hare sagt, *«substanzielle Kaninchen aus logischen Hüten zaubern»*. So zieht Platon aus der logischen Wahrheit, daß Leben und Tod einander ausschließen, den substanziellen Schluß, daß die Seele als das Prinzip des Lebens unsterblich sei.

Eine der schwierigsten Aporien, in die Platon seine Ideenlehre gebracht hatte und um deren Lösung er sich vergeblich müht, nämlich die Frage, ob es das Eine (Einheit) gibt und wie eine Teilhabe an dem Einen möglich sei, stellt sich nur unter der Existenzvoraussetzung der Ideen. Wenn etwas an dem Einen teilhat, dann ist das Eine nicht mehr Eins. Einheit existiert dann nicht. Auch diese Aporie beruht auf einer Verkennung der logischen Struktur der Begriffe. «Eins» ist nicht auf Dinge anzuwenden, sondern nur auf Klassen. Im Satz ‹Da hast du einen Apfel› bezeichnet «ein» nicht eine Eigenschaft des Apfels, sondern ein Gegenstand wird einer Klasse zugewiesen. Man kann sinnvoll sagen ‹Die Erde hat einen Satelliten›, aber nicht ‹Der Mond ist eins›, denn was bedeutet diese Behauptung? Genausogut könnte man sagen ‹Der Mond ist viele›, denn er hat viele Teile. Zu sagen ‹Es gibt einen Gegenstand G (den Mond), so daß ‚x ist ein Satellit der Erde' wahr ist und nur dann wahr ist, wenn x G ist›, ist eine astronomische Wahrheit. Wenn man den Ausdruck ‹x ist ein Satellit der Erde› durch den Ausdruck ‹Mond› ersetzt (‹Es gibt einen Gegenstand G, so daß G›), wird der Satz bedeutungslos oder tautologisch. Der englische Philosoph Bertrand Russell verdeutlicht die platonische Verwechslung plastisch: «‹Die Erde hat einen Satelliten, nämlich den Mond, deshalb ist der Mond eins› ist genauso, wie wenn man argumentiert, ‹Der Apostel waren zwölf, Petrus war ein Apostel, deshalb ist Petrus zwölf›.»

Der Unterschied zwischen Meinung und Wissen mag am Anfang der griechischen Philosophie stehen. Er begegnet uns ausdrücklich bei Parmenides und Heraklit. Doch Platon ist der erste, der, modern gesprochen, den Unterschied zwischen empirischem Wissen und reinem Wissen herausarbeitet und den Unterschied in den verschiedenen Arten des Wissens selbst begründet. Empirisches Wissen, da es sich auf Erfahrung bezieht, ist ein Hypothesenwissen, es kann niemals den Charakter der Gewißheit erlangen. Gewiß und notwendig wahr kann nur ein formales Wissen sein, dessen Gewißheit aus zwingenden formalen Schlußverfahren resultiert. Platon setzt in dem Versuch, eine kohärente Wirklichkeit für die verwirrende Vielfalt unserer Welt zu erhalten, auf Mathematik und Logik. Denn wenn man von sinnlichen Daten ausgeht, läßt sich diese kohärente Wirklichkeit nicht finden.

Aber Platon bezieht zugleich eine antiempiristische Extremposition. Da weder Logik noch Mathematik zu inhaltlich substantiellen Aussagen über die Welt führen und die gesuchte Wirklichkeit substanzieller Natur sein muß, wird er zu einem Metaphysiker. Für Platon, der entdeckte, daß es ein Wissen a priori, d. h. ein von Erfahrung unabhängiges Wissen gibt, wird jedes Wissen zu einem apriorischen Wissen: Substanzielle (sachhaltige) Aussagen über die Welt sind als apriorisches Wissen möglich. Doch damit vollzieht er einen metaphysischen Fehlschluß.

Bei Platon gibt es keine Ideenlehre im Sinne eines geschlossenen Systems. Sein Philosophieren wandelt sich von den frühen Dialogen zu den Spätschriften. Selbst der zentrale Terminus Idee findet sich bei ihm noch nicht in einem ausgezeichneten Sinn. Platon bezeichnet das, was wir heute platonische Ideen nennen, mit einer Vielzahl von Ausdrücken.

Wir können uns nicht in einer Sprache ausdrücken, die nur aus Eigennamen besteht. Wir brauchen Allgemeinbegriffe (Universalien) wie «Mensch», «Tier», «Schmerz», «Liebe» und Relationsbezeichnungen wie «ähnlich», «vorher», «Vater von ...», «verliebt in ...» usw. Diese können nicht auf gleiche Weise ihre Bedeutung erhalten haben wie ein Eigenname, der die konkrete Person benennt, auf die er hinweist. Platon, der die naive Namenstheorie der Bedeutung (jedes Wort bezeichnet einen individuellen Gegenstand) verwirft, löst das Problem der Bedeutung der Universalien auf eine eigenartige Weise, nämlich dadurch, daß er nichtsinnliche Gegenstände (die Ideen) einführt, deren Namen die Universalien sind. Man könnte sagen, er verwirft die naive Namenstheorie, indem er an einer Namenstheorie auf zweiter Ebene festhält. Dies mag daher rühren, daß das Griechische keine verschiedene Bezeichnungen für Wort und Name hat. Wie dem auch sei, Platon hat durch die Entdeckung der Universalien eine entscheidende Frage gestellt, die bis heute kontrovers diskutiert wird. Vor allem hat Platon erkannt, daß es eine begriffliche Erkenntnis gibt, die von der naturwissenschaftlichen verschieden, aber genauso wichtig wie diese ist.

Die platonisch-sokratische Frage nach einem gerechtfertigten Wissen ist eine normative Frage. Darin liegt das Entscheidende bei Platon, daß er Geltungsfragen als normative Fragen behandelt. Normen sind Festsetzungen und verdanken ihre Geltung nicht einfach einem Verweis auf Fakten: Daß etwas ist, bedeutet nicht, daß es sein soll. Nun wird bei Platon unser empirisches Wissen (die wahre Meinung) durch ein richtiges Wissen von Ideen begründet. Doch die Ideenannahme kann das nicht leisten, was sie leisten soll: eine normative Rechtfertigung unseres Wissens zu liefern. Wenn unsere reale Welt nichts anderes ist als eine (wie immer geartete) Spiegelung von Ideen, dann haben wir unsere Welt nicht erklärt, sondern verdoppelt. Hinter den (Klassen von) Gegenständen dieser Welt existiert in metaphysischer Verdoppelung ein entsprechender Gegenstand in der nichtsinnlichen Welt der Ideen.

Aber worin besteht die Rechtfertigung dieser nichtsinnlichen Welt, muß ich nicht als Grund der Existenz der Ideen die Existenz der Ideen von Ideen annehmen usw. ad infinitum? Platon hat in seinem Dialog *Parmenides* diese Aporie gesehen und sie in das Argument vom dritten Menschen gebracht. Der erste Mensch, die Menschen dieser Erscheinungswelt, existiert nur aufgrund der Idee «Mensch», diese «Idee Mensch», der zweite Mensch, nur aufgrund eines dritten Menschen der «Idee der Idee Mensch» usw. Der Erklärungswert einer solchen Ideenannahme ist gleich

Null, statt einen Grund (ein Fundament) unseres Wissens zu erlangen, verlieren wir uns in einer unendlichen Anzahl strukturgleicher Welten. Das Faktum, daß es Ideen gibt, kann zur Begründung unseres Wissens nicht herangezogen werden. Platon hat dies wohl gespürt. Doch Platon hat das normative Problem im Rahmen der Ideenlehre einer Lösung zugeführt, die die Aporie vom dritten Menschen vermeidet. Die Welt der Ideen ist nicht eine Verdoppelung unserer Welt, die durch eine weitere Welt gerechtfertigt werden müßte. Die Welt der Ideen und damit unsere reale Welt als deren unvollkommene Spiegelung sind strukturiert von der Idee des *Guten* und finden ihre Rechtfertigung in der Idee des Guten. Nicht nur, daß die Idee des Guten alles Seiende hierarchisiert, sie verleiht dem Seienden die Existenz und das Wesen, so wie die Sonne dem Sichtbaren das Werden, das Wachstum und die Nahrung verleiht. Eine normative Idee, das Gute, strukturiert und begründet bei Platon die ganze Wirklichkeit. Als Idee hat sie den Status einer existierenden Entität, eines Daseins.

Wir wollen Platon nicht etwas unterstellen, was sich bei ihm nicht findet, nämlich die Unterscheidung zwischen deskriptiven (beschreibenden) und präskriptiven (vorschreibenden) Sätzen. Doch findet sich nicht bereits hier der entscheidende Gedanke, daß es eine Erkenntnislehre auf der Grundlage von bloß deskriptiven Sätzen nicht gibt? Rechtfertigen ist eine normative Aufgabe, und sie stellt vor das schwierige Problem, die auszeichnenden Kriterien zu finden, die die rechtfertigende Kraft haben. Platon glaubte, erkenntnistheoretische Fragen, die Frage nach dem Wissen, mit Hilfe von praktischen Fragen nach dem Guten lösen zu können. Wir werden heute mit Kant scharf zwischen einer theoretischen und praktischen Vernunft unterscheiden. Wir werden nicht durch eine Konzeption des Guten (welche?) unsere Erkenntnislehre steuern wollen. Denn dann kämen wir zu autoritären Vorstellungen. Platon hat solche entwickelt, und wir verwerfen sie mit Recht.

Aus der Höhle ins Licht

Für Platon sind, wie gesagt, erkenntnistheoretische Fragen Vorfragen zur Lösung von ethischen Fragen. Um das Gute verwirklichen zu können, muß man es erkennen. Das Gute, die den Dingen zukommende Ordnung (der gute Staat ist der wohlgeordnete Staat) ist als das Wohlgeordnete das Schöne und als das Erkannte das Wahre: Das Wahre, das Schöne und das Gute sind eins. Nach Sokrates folgt unmoralisches Handeln aus einem Nichtwissen, keiner handelt wissentlich schlecht. Richtiges Wissen garantiert das Gute, daher ist das Hinführen zur richtigen Erkenntnis ein Hinführen zum Guten. Dieser Weg zur Erkenntnis wird in dem berühmten Höhlengleichnis in Platons *Staat* beschrieben.

Wir Menschen leben gefesselt in einer Höhle, so daß wir nur in eine Richtung schauen können. Hinter uns werden Gegenstände vorbeigetragen, die von einem von schräg oben hereinfallenden Licht an die Höhlenwand in unserem Gesichtsfeld projiziert werden. Diese projizierten Schatten halten wir für die Realität. Wir beobachten sie, vergleichen sie, klassifizieren sie, stellen Regelmäßigkeiten und bestimmte Gesetzmäßigkeiten fest, die uns zukünftige Ereignisse voraussehen lassen. Kurz, wir erwerben Kenntnisse, betreiben Wissenschaft. Die Basis dieser Wissenschaft ist das sinnlich Wahrgenommene. Da es aber, ohne daß wir es wissen, ein Wahrnehmen von projizierten Schatten ist, führt die sich darauf stützende Wissenschaft nicht zur wahren Erkenntnis. Der Weg der Erkenntnis muß aus der Höhle herausführen, weg von den Schatten, zu den «Sachen selbst» und zu dem Ursprung alles Erkennbaren, nämlich der Idee des Guten (die Sonne im Gleichnis).

Doch der Weg zur richtigen Erkenntnis ist so beschwerlich, daß man ihn gar nicht gehen will. Man muß entfesselt und auf diesen Weg gezwungen werden. Derjenige, der sich gezwungenermaßen umdreht und gegen das Licht sieht, erkennt vor Schmerzen und vor flimmerndem Glanz jene Gegenstände, deren Schatten er vorher sah, nicht recht, und er wird die vorher gesehenen Schatten für wirklicher halten als das, was er jetzt sieht. Gegen anwachsenden Widerstand muß er auf den Weg zum Licht genötigt werden, denn der Aufstieg aus der Höhle ist steil und unwegsam, der Schmerz steigert sich bis zur völligen Blendung, *«und er wird nicht das Geringste sehen können von dem, was ihm nun für das Wahre gegeben wird»*. Durch Gewöhnung wird sein Auge allmählich die einzelnen Dinge außerhalb der Höhle unterscheiden und zuletzt erst die Quelle des Lichts, die Sonne, anschauen können. Dann aber wird er nichts anderes mehr als das Wahre sehen wollen, und er muß wieder genötigt werden, hinabzusteigen zu den Gefangenen in der Höhle, und sich gewöhnen, das Dunkle zu schauen, denn er wird *«tausendmal besser als die Dortigen sehen und jedes Schattenbild erkennen, was es ist und wovon, weil (er) das Schöne, das Gute und Gerechte selbst in Wahrheit gesehen»* hat.

Im Besitz der Wahrheit ist er zum Führer der anderen bestimmt. Deshalb sollen in Platons Staat die Philosophen herrschen, sie sind die Garanten dafür, daß das Gute verwirklicht, der Staat wohlgeordnet wird. Die Erkenntnislehre des *Menon*, die man eine optimistisch demokratische nennen könnte – prinzipiell war jedem der Weg zur Erkenntnis offen –, weicht jetzt einer pessimistisch elitären. Nicht nur ist die Wahrheit nicht mehr jedem zugänglich – nur wenige werden, nachdem ihre Fesseln gelöst wurden, aus der Höhle geführt –, sondern das Streben nach und Verkünden der Wahrheit ist auch gefährlich. Die Menge der an die Schatten Gewohnten werde den Verkünder der Wahrheit auslachen und sagen, daß man *«jeden, der sie* (die Gefesselten) *lösen und hinaufbringen wollte, wenn man seiner nur habhaft werden und ihn umbringen könnte, auch wirklich umbringen»* müsse. Der hier geäußerte Pessimismus hinsichtlich der Wahrheit ist wohl realistischer als der Optimismus im *Menon* – wird bei dieser Textstelle nicht auf das Schicksal des Sokrates angespielt? Eine neue Erkenntnis wird immer auf Widerstand stoßen. Doch berechtigt diese Erfahrung zu einer elitären Wahrheitsauffassung? Die «Wahrheit» in der Hand von Auserwählten ist das wirksamste Mittel, sich gegen Kritik abzuschotten: Die «Herrschaft der Philosophen» führt unweigerlich zur Diktatur. Da kein Mensch im Besitz der absoluten Wahrheit sein kann, da wir alle der Gefahr des Irrtums ausgesetzt sind, kann Wahrheit nur gefunden werden und sich bewähren im Medium der Kritik.

4 Vom Wesen der Dinge – Aristoteles

Vor allem aber wird man sich fragen müssen, was denn die Ideen nützen sollen, sei es bei den ewigen Dingen in der wahrnehmbaren Welt, sei es beim Entstehenden und Vergehenden. Sie können ja weder Bewegung noch Veränderung verursachen. Außerdem tragen sie auch zu der Wissenschaft von den übrigen Dingen nichts bei; denn sie stellen nicht deren Wesen dar; sonst wären sie in ihnen drin. Ebensowenig tragen sie zu ihrer Existenz bei, da sie im Teilhabenden nicht vorhanden sind. (...) Endlich zu behaupten, daß sie Urbilder seien und daß das andere in diesem Sinne an ihnen teilhabe, ist nichts als ein leeres Gerede und dichterische Wendung. (...) Weiterhin erscheint es unmöglich, daß die Wesenheit abgetrennt sein soll von dem, dessen Wesenheit sie ist. Wie können also die Ideen die Wesenheit der Dinge und gleichzeitig von ihnen abgetrennt sein?
Aristoteles

Die Aufwertung der Erfahrung

Platons Lehre lautet: *Wahres Wissen ist als Ideenwissen von der Erfahrung unabhängig, ist apriorisch.* Wahre Erkenntnis hat es nicht mit Wahrnehmung zu tun, sondern mit Begriffen. Empirische Erkenntnis, die sich auf sinnlich Wahrnehmbares bezieht und von sinnlich Wahrnehmbaren ausgeht, verdient noch nicht den Namen der Erkenntnis. Die unsterbliche Seele hat in ihrem vorirdischen Zustand die Ideen geschaut und in ihrer körperlichen Gefangenschaft auf der Erde dunkle Erinnerungen an das Geschaute bewahrt. Sie ist also in einem wenn auch getrübten Besitz des Ideen-Wissens. Menschliche Erkenntnis ist Wiedererinnerung (Anamnesis). Ziel und Aufgabe der Philosophie ist es, das, was in der Seele verschüttet liegt, zur Klarheit zu entwickeln, wenigstens soweit dies möglich ist; denn nicht in allen Bereichen menschlicher Erkenntnis kann Klarheit erreicht werden. Empirische Erkenntnis wird immer unsichere Erkenntnis bleiben. Wahre Erkenntnis ist nie empirisch, sondern immer geistig. Platon ist Spiritualist*, er setzt etwas «Geistiges» (die Ideen) als Existenzgrundlage und Erklärungsgrund der materiellen Welt voraus. Er ist *Idealist*, als Idealist aber Realist, denn die Ideen sind real existierende Entitäten, die in einer anderen Welt, in einer rein intelligiblen Welt existieren.

Dieser universale, alle Wissensbereiche umfassende Apriorismus – ein partieller würde eine Erkenntnis aus Erfahrung nicht leugnen – belastet Platon mit einem unlösbaren *Brückenproblem*: Wie kann die Kluft zwischen den beiden radikal geschiedenen Welten überbrückt werden? Zur Beantwortung dieser Frage benötigt Platon einige starke, höchst problematische Annahmen, die, statt die angestrebte Gewißheit eines wahren Wissens zu liefern, uns in einen dichten spekulativen Nebel tauchen.

Setzte Demokrits Lösung des Problems des Parmenides die nicht beweisbare Existenz kleinster, unteilbarer Materieteilchen (Atome) voraus, so beruht Platons Lösung gleich auf mehreren nicht beweisbaren Voraussetzungen, nämlich (u. a.)

– daß es unabhängige geistige Formen (die Ideen) gibt und daß diese in einer zweiten, rein intelligiblen Welt (dem Ideenhimmel) existieren;

– daß die Seele unsterblich ist;

– daß der Aufenthaltsort der unsterblichen Seele vor deren irdischer Existenz diese intelligible Welt war (sie hätte auch in einer anderen Welt wohnen können);

* Im Gegensatz zum Materialismus erblickt der Spiritualismus das Wesen des Seins im Geistigen. Der Idealismus ist ein Form des Spiritualismus, das Wesen des Seins sind die Ideen, d. h. ein Geistiges.

– daß durch den Akt der Geburt für die Seele nicht ein völlig neuer Zustand eintritt, sondern daß Beziehungen zu dem vorherigen Zustand weiterbestehen;

– daß der Weg zu den Ideen (die Methoden der Aufhellung der Erinnerung) und damit auch der Erziehungsauftrag der Philosophie klar anzugeben sei.

All diese Annahmen bereiten große Schwierigkeiten, die Platon sehr wohl sieht und um deren Aufhebung er sich erfolglos müht – und die Aristoteles dazu brachten, Platons Lösung zu verwerfen.

Platons Entwurf erscheint wie der des Demokrit als eine rein spekulative Kopfgeburt. Demokrit war nicht akzeptabel, da er dem «Himmel» keinen Raum ließ. Platon siedelt zwar seine Lösung im «Himmel» an, doch erweist sich sein Weg der Erkenntnis – Verbannung der Seele auf die Erde, Wiederaufstieg zum Himmel, Wiederabstieg zur Erde – als unbegehbar. Wie, wenn man den umgekehrten Weg von unten nach oben ginge, statt des Abstiegs den Aufstieg versuchte? Genau dies wird der Leitpfad des Aristoteles: Er geht von der Welt unserer Erfahrung aus, vom gesunden Menschenverstand und nicht von kühnen Thesen. Es gilt, *«den Erscheinungen folgsam zu sein»*, das unmittelbar Gegebene zu respektieren, bei dem anzufangen, was für jeden offenkundig ist. Daß die phänomenale Welt in ihrer Vielgestalt und in ihrem Wandel existiert, ist eine offensichtliche Tatsache. Das Evidente läßt sich vernünftigerweise nicht bestreiten, und wer es beweisen will, produziert nicht nur Überflüssiges, sondern geradezu Unsinn.

Diejenigen, die sich bemühten, evidente Dinge zu beweisen, (...) würden genauso handeln wie Leute, die den Ehrgeiz hätten, mit Hilfe einer Kerze die Existenz der Sonne zu beweisen.

Aufgabe der Philosophie ist es nicht, Paradoxa zu schaffen, sondern die Erscheinungen zu erklären. Zwischen den wahrnehmbaren Erscheinungen und der unsichtbaren Wirklichkeit kann es keinen Widerspruch geben. Wir können und dürfen unseren Wahrnehmungsorganen, auch wenn sie nicht vollkommen sind, trauen. An Hand der konstatierbaren Erscheinungen und mit Hilfe unserer geistigen Fähigkeiten müssen wir in der Lage sein, den inneren Bau der Natur zu erkennen. Jede Theorie, die den Erscheinungen widerstreitet, richtet sich selbst.

> *Jene* [die Platoniker] *wollen doch über die konstatierbaren Erscheinungen sprechen und stellen Hypothesen auf, die mit den Erscheinungen gerade nicht übereinstimmen.*

Die Spekulationen über das Unsichtbare haben sich dem Sichtbaren anzupassen und nicht umgekehrt. Auch Aristoteles gelangt im Himmel an, *seine Ontologie wird zur Theologie*: Gott ist das im höchsten Sinne notwendig Seiende. Aristoteles hält wie Platon daran fest, daß es wahres Erkennen nur vom Notwendigen, Unveränderlichen und Allgemeinen geben könne. Doch zum Allgemeinen und Notwendigen gelangt man vom Konstatierbaren aus. Der sichtbare Kosmos umspannt alle Stufen des Seins, vom vergänglich Zufälligen bis zum unveränderlich Notwendigen und Göttlichen. Bei Aristoteles gibt es sozusagen eine «sinnliche Theologie», die uns das Universum der Sterne liefert.

Der Weg der Erkenntnis – Umkehr des Höhlengleichnisses

Im ersten Buch der *Metaphysik* beschreibt Aristoteles den Gang der Erkenntnis wohl im bewußten Gegensatz zu Platon. Während für Platon die in die Höhle verbannte Seele auf den Weg zur Erkenntnis gezwungen werden muß, entspringt für Aristoteles das Streben nach Wissen der natürlichen Veranlagung aller Menschen. Das Streben nach Wissen verliert seine transzendente Verankerung, es wird rein immanent erklärt, biologisch aus seiner lebensdienlichen Funktion. Um überleben zu können, braucht der Mensch als biologisches Wesen wie alle Lebewesen ein gewisses «Wissen» (Erfahrung). Ein Mehr an Wissen kann die Lebenschancen erhöhen. Wissenserwerb und Wissenserweiterung sind sozusagen ein pragmatisches Problem des «Lebens». Der Prozeß des Wissenserwerbs führt bei Aristoteles zunächst dynamisch zu neuem Wissen. Bei Platon dagegen vollzieht er sich statisch in einer Kreisbewegung, denn Wissenserwerb ist kein Zuwachs an neuem Wissen, sondern ein Wiedererinnern an altes Wissen. Doch darf man Aristoteles nicht im Sinne eines Fortschrittsgedankens einen evolutionären, offenen Wissensbegriff unterstellen. Das Wissen findet seine Vollendung in einem vollkommenen, dem göttlichen Wissen.

Auf einer Stufenleiter führt der Weg von der elementarsten Form des Erkennens zu der höchsten. Die Basis alles Erkennens ist die sinnliche Wahrnehmung (aisthesis). Sie *«ist den lebenden Wesen von Natur eigen»* und die Voraussetzung dafür, daß Lebewesen Umwelteindrücke registrieren und darauf reagieren, ihre Nahrung finden und vor Feinden fliehen können. Ohne die Möglichkeit der sinnlichen Wahrnehmung gäbe es keine Lebewesen. Beim Menschen hat sich diese lebensnotwendige Basis, die wir mit jedem animalischen Leben teilen, von ihrem unmittelbaren Lebensbezug befreit. Sie ist nicht mehr ausschließlich Mittel zu dem Zweck des Überlebens, sondern sie kann zum Selbstzweck werden, was sich in unserer Freude an sinnlichen Wahrnehmungen zeigt (wir lieben die sinnliche Wahrnehmung *«um ihrer selbst willen»*). Indem wir uns im ästhetischen Genießen von dem unmittelbaren lebensdienlichen Nutzen des Wahrnehmens distanzieren, werden wir frei für etwas Neues. Von diesem Absehenkönnen vom unmittelbaren Nutzen nimmt unser Streben nach Wissen seinen Ausgang. Sinnliche Wahrnehmung führt über das Staunen zum Streben nach Erkenntnis. Im Staunen liegt für Aristoteles wie Platon der Ursprung der Philosophie.

Aufgrund der Wahrnehmung können die Lebewesen unmittelbar auf Veränderungen in ihrer Umwelt reagieren. Wenn aber Wahrnehmungen durch die Herausbildung eines Gedächtnisses gespeichert werden, erscheint nicht mehr jeder Umwelteindruck als absolut neu. Das Gedächtnis klassifiziert die Sinneseindrücke, es führt dazu, daß die Lebewesen nicht bloß reagieren, sondern daß sie agieren, z. B. günstige Nahrungsplätze wieder aufsuchen. Durch Erinnerung sind Lernprozesse möglich. *«Die vielfache Erinnerung an dieselbe Sache erzeugt die Kraft einer einheitlichen Erfahrung»; «der Mangel an Erfahrung aber liefert das Leben dem Zufall aus»*.

Gedächtnis und Erinnerung sind Voraussetzung der Erfahrung (empeiria). Auch einige Tiere gewinnen Erfahrungen, sind lernfähig. Erfahrung befreit von vorgegebenen Reaktionsmustern. Daß die Erfahrung des Menschen die der Tiere bei weitem übersteigt, liegt vor allem darin, daß der Mensch über Mittel verfügt und Mittel erfand, die Schranken des individuellen Gedächtnisses zu sprengen und zu einem kollektiven «zeitlosen» Gedächtnis zu erweitern. Dank Sprache und Schrift vermag er, gewonnene Erfahrung auch anderen mitzuteilen und zu tradieren, so daß nicht jeder einzelne selbst, um zu lernen, solche Erfahrungen gewinnen muß. Ohne unmittelbare Erfahrungen gesammelt zu haben, kann der Mensch aus der Überlieferung, aus dem Erfahrungsschatz der gesamten Menschheit lernen. Seine Lernfähigkeit wird befreit von der Situationsgebundenheit animalischen Lebens und weitet sich so sehr, daß ihre Grenzen nicht anzugeben sind. Naturgebunden und abhängig von der Natur vermag der Mensch, sich von der Natur zu befreien und die Naturgegebenheiten zu seinem Vorteil zu ändern.

Dies vollbringt er durch die Kunstfertigkeit (techné). Sie ist ein höherer Grad des Wissens als das Wissen aus Erfahrung und setzt neben der Fähigkeit, aus Erfahrungen zu lernen, die Fähigkeit zu Kommunikation voraus. Sie hat etwas Allgemeineres zum Inhalt. Daß ein bestimmes Mittel einem bestimmten Kranken hilft, ist Sache der Erfahrung. Daß ein bestimmtes Mittel allen Kranken hilft, die an einer bestimmten Art von Krankheit leiden, ist Sache der Kunstfertigkeit. Mit der Kunstfertigkeit erreichen wir eine höhere Stufe der Abstraktion. Sie steht zwischen Erfahrung und Wissenschaft. Ohne Erfahrung ist sie nicht möglich, setzt aber in einem höheren Grad als die Erfahrung Wissen und Verstehen, d. h. abstrakte Kenntnisse voraus.

Die nächsthöhere Form des Wissens ist die Wissenschaft (episteme), weil sie die Ursache, die Prinzipien kennt. Die Wissenschaft weiß um das ‹Warum›, die Erfahrung um das ‹Daß› und die Kunstfertigkeit um das ‹Wie›. Ohne Erfahrung kann die wissenschaftliche Theorie in der Praxis fehlgehen. Aber indem die wissenschaftliche Theorie nicht nur wie die Kunstfertigkeit sagt, wie man etwas machen muß, sondern erklärt, warum man es so machen muß, steigert sie die Effizienz der Kunstfertigkeit und führt zu einer weiteren Befreiung von der Naturgebundenheit.

Die reinste Form des theoretischen Wissen und die höchste Form des Wissens überhaupt ist aber die Philosophie und unter den Disziplinen der Philosophie die Metaphysik (prima philosophia). Ihr Gegenstand sind nicht bestimmte einzelne Ursachen, sondern die letzten (bzw. ersten) Ursachen und Prinzipien.

Das Wissen und Verstehen um seiner selbst willen findet aber im höchsten Grade bei derjenigen Wissenschaft statt, die es mit der höchsten Erkenntnis zu tun hat. (...) Gegenstand der höchsten Erkenntnis aber sind die ersten Ursachen; denn vermöge dieser und aus diesen erkennt man das übrige, nicht umgekehrt.

Als Theorie (theoria, Schau) der ersten Prinzipien ist sie die höchste Erkenntnis. Sie ist Wissenschaft um ihrer selbst willen und kann sich erst entwickeln, wenn die unmittelbar notwendigen Bedürfnisse befriedigt sind. Sie ist ohne unmittelbaren Lebensbezug und damit die höchste Stufe der Befreiung von der animalischen Gebundenheit des Menschen. Sie führt zu einem freien und befriedigten Leben, einem Leben in Glückseligkeit.

Die ersten Prinzipien liefern den Erklärungsgrund des Seienden. Zu ihnen steigt man auf immer höheren Stufen der Abstraktion empor. Aristoteles braucht nicht zu erklären, wie die Welt unserer Erfahrung möglich ist, die Welt unserer Erfahrung ist die Basis des Wissens, der Erkenntnis. Weil Platon diese Basis nicht anerkennt, verfehlt er die eigentliche Aufgabe der Philosophie zu erklären, was die ersten Ursachen sind.

Überhaupt haben wir Platoniker dasjenige außer acht gelassen, was die eigentliche Aufgabe der Philosophie ist, nämlich die Ursache des Sichtbaren aufzusuchen: denn von der Ursache, aus der der Ursprung der Veränderung abzuleiten ist, sagen wir nichts. Statt dessen sagen wir, in der Meinung, das Wesen der Dinge anzugeben, nur dies, es gebe noch andere Wesen; über die Art aber, in welcher die letzteren die Substanz der ersteren sind, bringen wir nur leere Worte vor, denn mit dem ‹Teilnehmen› ist nichts gesagt.

Statt eine Erklärung zu liefern, erfand Platon ein von den Sinnesdingen unabhängiges Sein der Wesenheiten, das die Wahrnehmungswelt zu einem bloßen Schein entwertete. Zwar hat für Aristoteles auch weiterhin das Allgemeine, das nur im Geist erfaßbare Wesen der Dinge, Vorrang vor dem konkret-sinnlich Erfahrbaren; aber vom Konkreten ausgehend, gelangt Aristoteles zum Allgemeinen: von den Dingen zum Wesen der Dinge. Auf diese Weise überwindet er (anscheinend) den platonischen Dualismus, ohne in einen Monismus zu verfallen wie z. B. die Atomisten, die die Materie zum Wesen aller Dinge erklären, auch des Psychischen, Geistigen, Göttlichen. Aristoteles holt Platon auf die Erde und stellt ihn auf solide Füße: Mit Hilfe von vier Grundprinzipien bzw. Ursachen (arché), dem Stoff, der Form, der Wirkursache und der Zweckursache, und mit Hilfe des Begriffs der Substanz entwickelt Aristoteles eine Stufentheorie des Seins – wie die Erkenntnis ist das Sein nach Stufen geschieden –, die das Parmenides-Problem zum Abschluß brachte, indem sie eine akzeptierbare und akzeptierte Lösung bot. Das Wesen des Seienden ist die Substanz. Doch was ist Substanz? Die allgemeinste Bestimmung lautet: das Zugrundeliegende.

Logischer Ansatz – Subjekt und Prädikat

Platon hat das Problem der Prädikation entdeckt. Er fragte sich, wie ist es möglich, einem «Gegenstand» Eigenschaften zuzusprechen? Wie ist es möglich zu sagen, ‹Sokrates ist weise›, ‹Platon ist weise›? Die Antwort auf dieses Problem liefert innerhalb der Ideenlehre die Theorie der Teilhabe. Jeder, der an der idealen Wesenheit ‹Weisheit› teilhat, ist weise. Sokrates wie Platon müssen also an dieser Wesenheit teilhaben, sonst könnten sie nicht weise sein. Aber Sokrates ist nicht nur weise, er ist Athener, Grieche, verheiratet, er ist derjenige, den die Athener zum Tode verurteilt haben, der den Schierlingsbecher trank usw.

Sind all diese Sätze wahr, weil Sokrates teilhat an idealen Wesenheiten? Entspricht die Menge der möglichen wahren Prädikate der tatsächlichen Menge der Teilhabe? Dann müßte Sokrates, als er jung war, bereits teilhaben am Altsein, wenn er hungrig ist, am Sattsein, als er lebte und lehrte, am Zu-Tode-Verurteilt-Sein usw. Oder wird die Teilhabe im Laufe der Zeit erworben? Wie und wodurch gelangt man dann in den «Besitztitel eines Teilhabers»? Das Problem der Prädikation wird nicht erklärt, es wird auf eine andere Ebene verschoben. Die Theorie der Teilhabe kompliziert das Problem ins Undurchschaubare.

Platons Lösung ist nicht akzeptabel. Die Prädikation funktioniert nicht wie Aktiengesellschaften, an denen man Anteile erwerben kann. Wenn verschiedene Individuen ein gleiches Prädikat haben, dann nicht wegen der Beziehung zu etwas, das genau so ist wie sie, nur etwas idealer. «*Das Wahre und das Falsche sind nämlich nicht in den Dingen, so etwa, daß das Gute wahr und das Böse falsch wäre, sondern im Denken*», und zwar im Verknüpfen der Gedanken, denn «*die Gedanken treten in der Seele auf, ohne wahr oder falsch zu sein*». Nach Aristoteles sind Wahrheit und Falschheit nicht Eigenschaften von Dingen oder Gedanken, sondern von Aussagen (Propositionen). Wahr und falsch gibt es nur in der Rede, und zwar nur in der Aussage, in moderner Terminologie, nur in deskriptiven und nicht in präskriptiven oder emotiven Sätzen *(«so ist die Bitte zwar eine Rede, aber weder wahr noch falsch»)*.

Wenn für Aristoteles auch die Wahrheit unabhängig von uns, d. h. von unserem Urteil ist, so kommt es zum Wahren und Falschen nur durch unser Handeln, *«denn Wahrheit und Falschheit sind an Verbindung und Trennung geknüpft»*, indem wir im Aussagesatz einem Subjekt ein Prädikat zu- oder absprechen. Wir müssen nicht Ausschau halten in ein unzugängliches Reich des Intelligiblen, sondern schauen, was wir tun, wenn wir reden. In der Prädikation sprechen wir einem Subjektbegriff *S* einen Prädikatbegriff *P* zu, sie hat die Struktur *S ist P*. Das Subjekt ist das der Prädikation Zugrundeliegende. *«Das Zugrundeliegende ist das, von dem das andere ausgesagt wird, das aber selbst nicht von anderem ausgesagt wird.»*

Ist das Subjekt Substanz? ‹Subjekt› ist ein grammatikalischer Begriff, mit dem wir eine Funktion im Satz beschreiben. Durch was bzw. durch wen wird die Funktion des Subjekts besetzt? Nehmen wir die Prädikate ‹… ist weise›, ‹… ist ein Mensch›, ‹… ist ein antikes Möbel›. Diese Prädikate können von vielem ausgesagt werden, von Sokrates, dem Leser dieses Buchs, von meinem Schreibtisch. Die Begriffe ‹weise›, ‹Mensch›, ‹antikes Möbel› können auf Verschiedenes angewendet werden, sie sind Universalien. Die Ausdrücke ‹Sokrates›, ‹der Erfinder des Fahrrads›, ‹mein Schreibtisch› können nur für einen einzigen Gegenstand angewendet werden. Sie bezeichnen Einzeldinge, und zwar genau die Sache, für die die Bezeichnung zutrifft, sie sind Namen, oder sie werden (wie die Ausdrücke ‹der Erfinder des Fahrrads›, ‹mein Schreibtisch›) wie Namen gebraucht, sie bezeichnen Einzeldinge. Die Namen bezeichnen ein ‹dieses›, das selbständig existiert, Adjektive und Gattungsbegriffe als Universalien ein ‹so› bzw. ein ‹solches› (‹dieses ist so›, ‹dieses ist ein solches›). Universalien können nicht wie Einzeldinge selbständig existieren, sondern es gibt sie nur in den einzelnen Dingen.

Natürlich gibt es Weisheit, Röte, Fußballspiel, doch sind es keine Substanzen (platonisch Ideen); denn es ist Unsinn zu sagen, es gibt das Fußballspiel, ohne daß es Fußballer gibt, es gibt Weisheit, ohne daß es weise Menschen gibt, Röte, ohne daß es rote Gegenstände gibt. Es verbleiben also die Einzeldinge. Von ihnen wird etwas prädiziert, sie sind dasjenige, was der Prädikation zugrunde liegt, sie sind Substanz. Substanz ist das, was selbständig existieren kann. Die einzelnen Dinge existieren selbständig, sie sind Einzelsubstanzen.

«Denn betrachten wir das All als Ganzes, so ist die Einzelsubstanz sein erster Teil; betrachten wir das Seiende nach seiner Aufeinanderfolge, so ist auch dann die Einzelsubstanz das Erste, und erst nach ihr kommt das Qualitative und dann das Quantitative. Außerdem ist alles Übrige außer der Einzelsubstanz nicht einmal, genau genommen, ein Seiendes, (…) wir legen ihm zwar ein Sein bei, aber in demselben Sinne, in welchem wir vom Nichtweißen sagen, es sei. Ebenso hat das Übrige auch keine Sonderexistenz.

Aristoteles nennt diese Substanzen primäre Wesenheiten.

Wenn es primäre Wesenheiten gibt, müßte es noch weitere Wesenheiten geben. Und tatsächlich hat die logische Analyse den Substanzbegriff noch nicht erschöpft. Universalien liegen der Prädikation zugrunde, sie können aber auch die Stelle des Subjekts besetzen (z. B. ‹Der Mensch ist sterblich›) und sind dann das Zugrundeliegende. Sie sind daher für Aristoteles eigene Wesenheiten zweiter Ordnung. Doch in welchem Sinn läßt sich von unabhängigen Wesenheiten zweiter Ordnung sprechen, ohne in einen Platonismus zu verfallen? In anderen Worten, was ist der ontologische Status dieser Substanz?

Ontologischer Ansatz 1 – vom Wesentlichen und Zufälligen

Gattungsbegriffe können in der Prädikation sowohl die Stellung des Subjekts wie die des Prädikats einnehmen. Wenn sie neben den Individualbegriffen Wesenheiten bezeichnen, also das sind, was Aristoteles Substanz nennt, dann kann ihr «Substanzsein» nicht von der grammatisch-logischen Funktion abhängen, die sie in der Aussage besetzen. Daß man es bei ihrem Gebrauch in der Prädikation tatsächlich auch mit Substanzen zu tun hat, zeigt eine genauere Betrachtung der Prädikate. Aristoteles folgend, lassen sich die Prädikatbegriffe in zwei Klassen einteilen. Nehmen wir als Beispiel die beiden Aussagen

(1) ‹Sokrates ist krank›.

(2) ‹Sokrates ist ein Mensch›.

Was sagt das Prädikat im Beispiel (1) über Sokrates aus? Es sagt aus, *wie er ist*. Es nennt eine Eigenschaft, die man ihm zuschreiben kann oder absprechen kann. Das Prädikat bezeichnet ein Attribut im engen Sinn, eine Eigenschaft, die einem zukommt oder nicht, eine Modalität, die einem angehört. Es bezeichnet das, was man hat (eine Krankheit z. B.), nicht das, was man ist. Es bezeichnet Eigenschaften, die nicht zum Wesen gehören. Diese Klasse von Prädikaten sind in der Terminologie von Aristoteles Akzidenzien. Akzidenzien (das Zufallende) nennt Aristoteles das, *«was einem Gegenstand zwar zukommt (...), aber weder notwendig noch in den meisten Fällen»*. Es ist die Bezeichnung für Eigenschaften, die anders sein können, nicht zu dem Wesen eines Gegenstandes gehören. So ist Sokrates manchmal fröhlich, manchmal traurig, manchmal krank, dann wieder gesund. All diese Eigenschaften ändern sich, ohne daß sich Sokrates ändert.

Im Beispiel (2) aber ist das Prädikat Bestandteil des Wesens, es gehört zu der Definition von Sokrates, daß er Mensch ist. Er ist nicht manchmal ein Mensch und dann kein Mensch. Wenn man die Natur von Sokrates so ändern würde, daß er kein Mensch mehr wäre, dann wäre er nicht mehr Sokrates. Das Prädikat sagt nicht, wie Sokrates ist, es sagt, was er ist. Wesen ist das, was man von Natur aus ist, *«das, wodurch etwas ist, was es ist»*. Zum Wesen, der Essenz, der Natur eines Gegenstandes gehören die Eigenschaften, die man nicht verlieren kann, die nicht geändert werden können, ohne daß die Identität verlorengeht. Eigenschaften existieren nicht selbständig. Sie sind Eigenschaften von etwas. Doch Eigenschaften, die zum Wesen eines Dinges gehören, sind, obwohl nicht konkret wie das materiale Ding, Substanz, und zwar in einem höheren Sinn Substanz als die Einzeldinge; denn hätten Dinge keine essentiellen Eigenschaften, dann hätten sie keine Identität, in anderen Worten, dann gäbe es keine Dinge. Das Wesen, obwohl nicht als ein konkretes Seiendes wahrzunehmen, hat ontologisch den Status eines selbständig Seienden: Es ist Substanz. Das, was die Gattung ausmacht, gehört zum Wesen. Die Definition einer Gattung besteht in der Nennung des Wesens, d. h. in der festgelegten Menge von Eigenschaften, die allen Gegenständen einer Art zukommen. Gattungsbegriffe sind unabhängig von ihrer logischen Funktion Substanzen.

Ontologischer Ansatz 2 – Materie und Form

Der Substanzbegriff kompliziert sich: Einzeldinge, die Gattung und das Wesen sind Substanzen. Doch damit sind wir noch nicht am Ende. Das Einzelding als Träger von Eigenschaften ist selbst nicht letzte Substanz. Es ist zwar in der logischen Analyse ein Zugrundeliegendes, das selbst nicht prädiziert werden kann, aber eine weitere Analyse zeigt, daß es kein Letztes ist. Es gilt, die Prinzipien und letzten Gründe der Einzeldinge aufzusuchen. Einzeldinge lassen sich zurückführen auf den Stoff, aus dem sie gemacht bzw. entstanden sind, der ihnen also zugrunde liegt, und auf die Form, die den Einzeldingen ihre spezifische Gestalt verleiht und die damit ebenfalls ein den Einzeldingen Zugrundeliegendes ist. Folglich sind auch Materie und Form Substanzen.

Die Bestimmungen von Substanz als Gattung und Wesen weisen auf die sokratisch-platonische Bemühung um die Logik zurück und führen diese weiter. Beim jetzigen Ansatz nimmt Aristoteles die Tradition der ionischen Naturphilosophen auf, wonach die Dinge aller Art durch einen allen Dingen gemeinsamen materiellen Bestandteil konstituiert (bestimmt) werden. Doch während die Naturphilosophen diesen materiellen Bestandteil sehr konkret bestimmten, vom Wasser des Thales als sinnlich wahrnehmbarer Urstoff bis zu den sinnlich nicht wahrnehmbaren Atomen des Demokrit, bleibt der Materiebegriff des Aristoteles eigenartig unbestimmt. Materie ist negativ bestimmt. Sie ist rein strukturierbares Material, das keine weiteren Eigenschaften hat außer der, unter bestimmten Umständen eine Ursache dafür zu sein, daß es materielle Gegenstände gibt. Materie bleibt *«an sich unerkennbar»*. Sie ist ein Gedachtes, ein begrifflich Allgemeines. Sie gehört – eines der wenigen Paradoxa der Aristotelischen Philosophie – dem Bereich des immateriellen Seins an.

Materie ist ein Grenzbegriff, der der Welt des Körperlichen, dem unveränderlich ewigen Sein des Kosmos wie dem vergänglichen irdischen Sein zugeschrieben wird. Obwohl Substanz und damit ontologisch ein Existierendes, ist Materie nicht ein konkretes Baumaterial der Welt. Sie ist das zugrundeliegende «Material», damit überhaupt etwas werden kann. Materie wird erst sinnlich faßbar als Stoff, wenn sie durch eine bestimmte Form geprägt ist. Wenn auch Holz, Stein, Erz Stoff sind für eine Statue, so sind sie bereits doch geformt: Nur als Geformtes wird Materie wahrnehmbar.

Substanz wurde formal bestimmt als das Zugrundeliegende. Dies führt in ontologischer Bestimmung (1) zu dem Einzelding, das selbständig existiert, oder (2) zu dem Wesen, das als die Bedingung selbständiger Existenz existieren muß. Doch Materie existiert nicht selbständig, sie ist an Form gebunden. Materie (an sich) und Form (an sich) sind nicht wahrnehmbar. Sie sind ein begrifflich Gedachtes. Sind sie ontologisch existent? Man wird es wohl annehmen müssen. Sie sind Substanzen und unter den Substanzen insofern ausgezeichnet, als sie zu den vier ersten Ursachen, Grundprinzipien (arché), gehören, die nach Aristoteles das Seiende erklären.

Der letzten Ursachen gibt es vier. Die eine nennen wir (...) Form (...). Als zweite Ursache setzen wir die Materie (...), als dritte die bewegende Ursache [= Kausalursache], *als vierte die (...) Zweckursache.*

Eine Ursache ist etwas Bewirkendes. Jedes Bewirken ist ein Bewegen, und zu jeder Bewegung gehören vier Komponenten: ein Ausgangspunkt, ein Zielpunkt, eine antreibende und eine richtunggebende Kraft. Betrachten wir diese Komponenten, dann sind die vier Grundursachen Materie, Form, Kausalursache, Finalursache. Die Materieursache liefert die Sache, an der etwas geschieht, die Formursache die Gestalt, in die die Materie gebracht werden soll, die Kausalursache (Bewegungsursache) bringt den Prozeß der Gestaltung in Gang, und die Zweckursache gibt dem Prozeß die Richtung auf die zu verwirklichende Gestalt. Die ersten beiden Ursachen charakterisieren das Seiende, die letzten beiden das Werden.

Durch die beiden Substanzprinzipien, Materie und Form, und durch die beiden Wirkungsprinzipien, Kausal- und Finalursache, vermag Aristoteles das wahrnehmbare Seiende in seiner Stoff-Gestalt zu erklären. Veränderungen, wie Entstehen und Vergehen, erfährt es durch die beiden Wirkursachen, die von außen wirkenden Kausalursachen und die von innen wirkenden Finalursachen.

Theologischer Ansatz

Die ontologische Analyse des Substanzbegriffs, die vom Einzelding ausging, führte Aristoteles zu nicht-materiell Seiendem, zu Materie und Form. Materie ist unbestimmt, rein passiv. Sie wartet darauf, gestaltet zu werden. Sie ist in der Terminologie des Aristoteles reine Möglichkeit (Potentialität). Form dagegen ist gestaltgebende Kraft. Sie ist das Wirkende und Bewirkende. Sie ist reine Wirklichkeit (Aktualität). Je geringer die Potentialität, je geringer der Anteil der Materie an einem Seienden, desto größer seine Aktualität. Je größer der Anteil an Form, desto wirklicher (wirkender) ist ein Seiendes. Den höchsten Grad an Wirklichkeit wird also das Seiende erreichen, das reine Form ist. Dieses Seiende ist Gott. Als reine Form bedarf er weder der Materie noch einer weiteren Ursache.

Vier Ursachen (Prinzipien) sind die Bedingung dafür, daß es Sein und Werden gibt. Gott aber bedarf keiner Ursache. Er muß die Ursache seiner selbst sein. Er kann seinen Ursprung in nichts anderem haben als in sich selbst und ihn keiner Bewegung verdanken. Er ist der unbewegte Beweger und als unbewegte Substanz das höchste selbständig Seiende. Alles andere Seiende ist bedingt, Gott ist unbedingt, ein unbedingt Selbständiges, erste und letzte Substanz.

Philosophie ist die Wissenschaft von ersten bzw. letzten Prinzipien. Sie ist deshalb die allgemeinste Wissenschaft. Es ist ihre Sache, das Seiende als Seiendes zu betrachten, sowohl, was es ist, als auch, was ihm als Seiendem zugehört. Metaphysik (= prima philosophia) ist somit Theologie. Der Weg des Denkens führt, wenn wir uns auf das verlassen, was wir wahrnehmen, wenn wir vom Evidenten ausgehen, vom Sinnlichen, von den konkret erfahrbaren Einzeldingen in Stufen der Abstraktion zum Übersinnlich-Geistigen, zu Gott.

Vorläufiger Abschluß – offene Fragen

Aristoteles hält mit Platon uneingeschränkt daran fest, daß wissenschaftliche Erkenntnis Erkenntnis von Formen (Ideen) ist. Was er ablehnt und als inakzeptabel verwirft, ist das Erbe des Parmenides, das Dogma, daß es eine eigentliche Erkenntnis von werdenden, veränderlichen Gegenständen und damit eine konsistente (stimmige) Beschreibung dieser Welt nicht geben könne. Mit seiner Lehre der vier Ursachen, mit der Entfaltung des Substanzbegriffs und vor allem des Formbegriffs liefert Aristoteles eine Lösung des Problems des Werdens und der Bewegung, die der phänomenalen Welt keine Gewalt antut.

Zwar zerfällt das Seiende weiterhin in den Bereich des Ewigen, rein Geistigen und deshalb auch nur geistig Erfaßbaren sowie in den Bereich des Vergänglichen, des sinnlich Wahrnehmbaren, des Materiellen. Doch zwischen diese beiden Bereiche schiebt Aristoteles vermittelnd einen dritten Bereich, den des Ewig-Materiellen, den Bereich der Himmelskörper. Als wahrnehmbare Körper gehören sie dem Materiellen an. Da sie aber ewig die gleichen Bewegungen vollziehen, gehören sie zum Göttlichen. Sie sind Beweger von Seiendem der niedrigeren Stufe. Sie bedurften aber eines Bewegers, der ihnen den Anstoß gab, denn ohne einen Anstoß kann es für Aristoteles keine Bewegung geben. Doch nach diesem Anstoß bewegen sie sich selbsttätig ewig auf ihren Kreisbahnen weiter; da der Kreis kein Ende kennt, kann auch die Kreisbewegung kein Ende finden. Der Mond als der sich wandelnde Himmelskörper bildet dabei die Scheidelinie zwischen dem Göttlich-Ewigen und dem Irdisch-Vergänglichen. Die Vorherrschaft des Geistigen (Gott, Form) wird behauptet, ohne daß Aristoteles in einen Dualismus verfällt und sich ein Brückenproblem aufhalst. Die Verbindung zwischen Geistigem und Materiellem liegt sozusagen in den «Dingen» selbst; sie wird hergestellt durch den Formbegriff.

Das Seiende ist unterwegs von der Möglichkeit zur Wirklichkeit; das Werden der Prozeß, in dem Anlagen, die im Seienden (in der Materie) liegen, realisiert werden. Eine solche Erklärung kann sowohl ontologisch als auch erkenntnistheoretisch überzeugen; und sie hat überzeugt, bis in die Neuzeit. Doch der Substanz- und der Formbegriff sind bei Aristoteles komplex und mehrdeutig. Seine Darstellung kann nicht befriedigen, und einige Punkte der Kritik sollen angeführt werden.

Statt das Seiende tatsächlich zu erklären, entläßt uns die Metaphysik, indem sie zur Theologie wird, mit einem Paradoxon. Die erste Substanz, das höchste Sein, der Ursprung alles Seienden ist Gott. Doch Gott ist Sein für sich, er ist reine Form und damit reine Wirklichkeit. Da er nichts Potentielles enthält, muß er nicht zur Wirklichkeit gebracht werden wie die Materie, die reine Potentialität ist und der erst die Form eine aktuelle Gestalt verleiht.

Gott ist reine Aktualität, als reine Form kennt er kein Werden. Er ist ewig und unveränderlich und greift nicht in diese Welt ein.

Wenn er reine Aktualität, vollkommene Form ist, was bringt oder brachte ihn dazu, Ursprung von weniger vollkommenem Sein zu sein, in die Welt einzugreifen, und sei es auch nur ein einziges Mal? Wenn das Seiende einen göttlichen Ursprung hat, dann mußte in Gott mindestens eine Möglichkeit (Potentialität) gelegen haben, nämlich die, Ursprung eines niederen Seins zu werden. Und dann läßt sich Gott nicht mehr als reine Aktualität, als reines Sein bestimmen. Wieso hat oder mußte Gott überhaupt etwas bewegen? Und wie kann er Bewegung in Gang bringen, ohne sich selbst zu bewegen? Bewegung in Gang bringen ist ein Handeln. Der Handelnde bringt Bewegung in Gang, indem er sich selbst bewegt. Handeln ist ein Eingreifen auf ein Ziel hin. Doch Gott kennt kein Ziel, er hat als vollendete Form sein Ziel in sich. Hat Gott als unbewegter Beweger etwas bewegt, ohne sich selbst zu bewegen? Gehandelt, ohne ein Ziel zu haben – und wie könnte er ein Ziel außerhalb seiner selbst haben, da er sein Ziel in sich hat? Dann hätte er zufällig etwas bewirkt. Wie kann Gott, der keinen Zweck außer sich kennt, Finalursache alles Seins werden? Bleibt bei Aristoteles die Bewegung, statt auf die höchste aller Ursachen, ein Telos, reduziert zu werden, nicht weiterhin zufällig, kausal, mechanistisch? Geistiges (Gott) als Prinzip der mechanischen Welt kann die mechanische Welt nicht erklären. Vielmehr entsteht das Rätsel, wie Geistiges, das sich jenseits des Bereichs der kausalen Gesetzlichkeiten befindet, kausale Bewegungen verursachen kann. Das Brückenproblem taucht an dieser Stelle neu auf. Aristoteles hat es nicht vermieden, er hat es verdeckt und verschoben.

Nicht nur auf der höchsten Ebene, der des göttlichen Seins, ist der Substanzbegriff mit Schwierigkeiten behaftet. Im nichttheologischen Sinn wird er ein Zentralbegriff der Metaphysik bis ins 19. Jahrhundert hinein. Doch kann auf ihn – wie die moderne Naturwissenschaft zeigen wird – verzichtet werden. Er führt zu mehr Schwierigkeiten als zu Lösungen.

Dennoch bedeutet Aristoteles einen Fortschritt gegenüber Platon. Das Problem der Universalien, das bei Sokrates zum ersten Mal in den Blick kam, fand bei Platon in der Ideenlehre eine metaphysische Lösung. Aristoteles gibt ihm eine «sprachliche» Lösung, durch die er zum Begründer der klassischen Logik wird. Eine geniale Leistung, die durch keine Kritik geschmälert wird. Daß nicht die letzte Eindeutigkeit erreicht wird, wird keinen erstaunen.

Es ist vor allem die metaphysische Behandlung des Problems, die viele Unklarheiten enthält. Nach Aristoteles sind Einzeldinge und Universalien Substanzen. Sie sind das selbständig Existierende, das unserer Rede zugrunde liegt. Doch können Universalien selbständig existieren? Die Gattung «Baum» existiert nur dank konkreter Bäume, die Eigenschaft «Grün» nur dank grüner Gegenstände. Mit dem Begriff Substanz erhebt Aristoteles eine linguistische Gegebenheit, nämlich die Tatsache, daß jeder Satz ein Subjekt hat, zu einer metaphysischen Entität («Ding»). Das Subjekt ist Substanz. Substanz ist, so wird angenommen, der Träger von Eigenschaften. Sie ist damit etwas, was von allen Eigenschaften verschieden ist. Doch wenn wir die Eigenschaften wegnehmen, bleibt dann das Einzelding übrig oder nicht vielmehr nichts? Anders formuliert: Was unterscheidet eine Substanz von der anderen, wenn nicht die Unterschiede in den Eigenschaften? Verschiedenheit in den Eigenschaften setzt, nach der Logik des Substanzbegriffs, zahlenmäßige Verschiedenheit in den betreffenden Substanzen voraus. Da aber Eigenschaften nicht die abweichenden Bestimmungsmerkmale von Substanzen sein können, müssen zwei Substanzen zwei sein, ohne daß sie in irgendeiner Weise voneinander verschieden sind. Wie können wir dann finden, daß sie zwei Seiende sind?

Die syntaktische Differenz zwischen dem Satzgegenstand und dem Prädikat, zwischen Individualbegriffen und Universalien ist, wie wir bereits ausgeführt haben, nicht eindeutig. In vielen, ja in den meisten Fällen wird das Subjekt von Universalien besetzt. So macht die Wissenschaft allgemeine Gesetzesaussagen und nicht

Aussagen über Einzeldinge, z. B. über das Verhalten von Kupfer im allgemeinen und nicht über ein Stück Kupferdraht. Weil wir allgemeine Aussagen machen, sah sich Aristoteles genötigt, Gattungsbegriffe und diejenigen Eigenschaften, die das Wesen bezeichnen, zu den Substanzen zu zählen. Aber damit wird Substanz mehr als ein selbständig Existierendes.

Dieser Substanzbegriff ist völlig unklar. In dem Beispiel ‹Sokrates ist ein Mensch› gehört nach Aristoteles das Menschsein wesentlich zu Sokrates, in dem Beispiel ‹Sokrates ist krank› ist das Kranksein eine akzidenzielle (zufällige) Eigenschaft, die nicht wesentlich zu Sokrates gehört. Aber wie sieht es in folgendem Beispiel aus? ‹Sokrates ist ein Philosoph.› Gehört das Prädikat zum Wesen des Sokrates, oder ist es ein Akzidenz und bezeichnet somit eine Eigenschaft, die Sokrates zukommen kann oder auch nicht? Wir sind geneigt zu sagen, das Philosoph-Sein gehöre zum Wesen des Sokrates, denn wir haben Sokrates als Philosophen kennengelernt. Wenn Sokrates nicht der Philosoph wäre, der er war, dann könnte er noch immer Sokrates heißen – wie schließlich manche Papageien Sokrates heißen –, aber er wäre nicht mehr Sokrates in unserem Sinn. Was aber wäre, wenn es den historischen Sokrates gegeben hätte, er aber nicht Sokrates, sondern Timokrates geheißen hätte? Wenn der Name beliebig ist, dann haben wir die Tautologie: ‹Das Wesen des Philosophen ist es, daß er Philosoph ist›. Wenn er nicht beliebig ist, was ist dann das Wesen des Sokrates und des Timokrates? Die Unterscheidung zwischen der Essentia und den Akzidentia ist undefinierbar. Der Essentialismus ist absonderlich und führt zu bizarren Ergebnissen. Es gehört zum Wesen eines Mathematikers, daß er rational ist; daß er zweibeinig ist, ist eine akzidentielle Eigenschaft. Für einen Radfahrer ist die Zweibeinigkeit wesentlich und die Rationalität akzidentiell. Wie verhält es sich aber bei einem radfahrenden Mathematiker?

Wir müssen den Essentialismus verabschieden. Wir verwenden denselben Namen bei verschiedenen Gelegenheiten für verschiedene Ereignisse, die wir als Manifestationen einer einzigen

Person oder Sache ansehen können. Dies ist eine bequeme, rein linguistische Konvention. Linguistisch könnte man definieren: ‹Das Wesen von Sokrates besteht in den Eigenschaften, bei deren Fehlen wir den Namen Sokrates nicht gebrauchen würden.› Die Frage nach dem Wesen ist eine sprachliche Frage; wir können sie beantworten, ohne daß wir ein metaphysisches «Wesen» ergründen müssen.

Schwierigkeiten bereitet auch der Begriff der Materie. Materie ist die Substanz, die allem Materiellen zugrunde liegt. Aber macht es einen Sinn, den Begriff der Materie so zu gebrauchen, daß er nur die negative Eigenschaft bezeichnet, ‹Träger möglicher Eigenschaften zu sein›? Wie kann Materie Substanz sein, wenn sie nicht zu fassen ist? In dem Augenblick, in dem man der Materie keine Eigenschaft zuschreiben kann, verschwindet sie.

Mit Hilfe des Materie- und des Formbegriffs gelingt Aristoteles eine Erklärung des Werdens (das Zentralproblem der theoretischen Philosophie der Antike). Form, so wird gesagt, ist dem jeweiligen Seienden immanent. Das Werden wird nun gedeutet als das Streben der Form zur Verwirklichung. Die Form wird so zu einer etwas bewirkenden Kraft. Diese Erklärung mag metaphysisch befriedigen. Sie erwies sich allerdings als ein Hemmschuh des naturwissenschaftlichen Fortschritts. In der Nachfolge der Aristotelischen Philosophie galt bis ins späte Mittelalter ein Phänomen als wissenschaftlich erklärt, wenn man es auf die in den Dingen wirkenden Kräfte zurückgeführt hatte. Dieses Verfahren hat zur «Erfindung» von unübersehbar vielen Kräften geführt, was der Tendenz einer wissenschaftlichen Erklärung, nämlich der Reduktion, gegenläufig ist. Noch Molière verspottet die aristotelische Methode der Schulmedizin seiner Zeit. Der eingebildete Kranke, der zum Doktor promoviert werden soll, wird gefragt, aus welchen Gründen das Opium einschläfernd wirke. Seine Antwort lautet, in ihm sei eine einschläfernde Kraft, deren Natur es ist, die Sinne zu besänftigen. Sicher keine weiterführende Erklärung.

Der Formbegriff des Aristoteles wiederholt nur auf einer anderen Ebene die Schwierigkeiten von Platons Ideenlehre. Form wohnt zwar der Materie inne und nicht mehr einem Ideenhimmel, aber wenn Form eine Substanz ist, dann existiert sie unabhängig von Materie, und damit setzt sich die Form-Substanz des Aristoteles den Argumenten aus, die er selbst gegen Platon hervorgebracht hat. Führt die Substanz «Form» nicht ebenso wie Platons Ideen zu einer Verdoppelung der Welt?

Wie problematisch der Formbegriff ist, zeigen bereits einige der Beispiele des Aristoteles. Das Wasser ist Stoff, die Welle Form, damit ist die «Form» Welle die Substanz des «Dinges» Welle. Daß die Verdoppelung der Welt nicht so offensichtlich ist wie bei Platon, liegt darin, daß die Form als wirkende Kraft interpretiert wird, und Kräfte scheinen ja nicht eine Verdoppelung der Dinge zu sein.

Aristoteles hat sich nur halb befreit von Platon, bei ihm finden sich immer noch Platon-Reminiszenzen. So ist die Form wirklicher als die Materie. Aristoteles unterliegt Platons Neigung zur Hypostasierung (Begriffe zu Seiendem zu machen). Die Formen haben wie die Ideen eine eigene metaphysische Existenz, die alle Einzeldinge bedingen. Wenn auch Aristoteles die Herkunft der «Form» aus der Erfahrung herleitet, so verwandelt er sie dennoch von einem logischen Produkt des menschlichen Denkens zu Zeichen einer suprasensiblen und supranaturalen Welt.

Dem theoretischen Denken der Griechen ging es um das Sein. Das zentrale Problem, das sich aus der Frage nach dem Sein ergab, ist das der Veränderung, konkret der Bewegung, denn jede Bewegung ist ein Verändern. Ist Seiendes, das sich verändert, Seiendes? Wie muß Seiendes beschaffen sein, wenn es Bewegung gibt und dennoch Seiendes möglich sein soll? Die griechische Philosophie fragt nach den Seinsbedingungen der phänomenalen Welt. Diese Fragestellung hat dem philosophischen Denken und den Wissenschaften ihren Weg gewiesen und sich damit als äußerst fruchtbar erwiesen. Was die Substanzlehre des Aristoteles anbelangt, so kann man, trotz aller Kritik, nur unterstreichen, daß sie philosophiegeschichtlich von allergrößter Bedeutung war.

[illegible] Lehre, die Schwierigkeiten, [illegible]

[illegible]

[illegible] der Welt.

[illegible]

[illegible] und [illegible] der Welt.

Den epikureischen Denkern [illegible]

[illegible]

II

Die Natur des Erkennens – die Vermessung der Vernunft

Diejenigen, die sich in die Praxis ohne Wissenschaft verlieben, sind wie der Seemann, der ohne Steuer und Kompaß das Schiff besteigt und also nie Gewißheit besitzt, wohin es geht.
Leonardo da Vinci

1 Die Selbstgewißheit der Vernunft – Descartes

Nichts außer einem festen und unbeweglichen Punkt verlangte Archimedes, um die ganze Erde von ihrer Stelle zu bewegen. So dürfte auch ich mich berechtigt fühlen, Großes zu erhoffen, wenn es mir gelingt, nur eine Sache zu finden, die gewiß und unerschütterlich ist.
Descartes

Die neuen Wissenschaften

Als Archimedes (287–212 v. Chr.) die Hebelgesetze entdeckt hatte, soll er gesagt haben: Gebt mir einen festen Punkt, und ich hebe die Welt aus den Angeln. Descartes suchte den Punkt des Archimedes, und seine Absicht war es, die Welt der wissenschaftlichen und philosophischen Tradition aus den Angeln zu heben: die Scholastik.

Die Scholastik versuchte, das Verhältnis von Glauben und Wissen zu bestimmen, indem sie die orthodoxe theologische Tradition mit dem der Antike entstammenden wissenschaftlichen Weltbild zu versöhnen suchte. Die Werke des Aristoteles wurden nach und nach aus der arabischen Überlieferung bekannt. 1210 wurde zwar die Lektüre des Aristoteles kirchlich verboten, doch bald darauf wurde die Philosophie des Aristoteles in der schulmäßigen Auf- und Ausarbeitung (daher der Name Scholastik) durch Albertus Magnus (1197–1280) und Thomas von Aquin (1225–1274) zur Grundlage der von der Kirche anerkannten Lehre. Charakteristisch für die Scholastik ist einmal die Unterordnung der Philosophie und der Wissenschaften unter die Theologie. Die Philosophie war die Magd der Theologie: Ihre Aufgabe war es, die Lehre des christlichen Glaubens für die Vernunft einsichtig zu machen. Die göttliche Wahrheit entzieht sich der kritischen Prüfung durch die Vernunft. Sie ist ein Geschenk der Gnade und wird von den Theologen treuhänderisch verwaltet. Daher garantiert allein die Autorität der Kirche deren Unverfälschtheit.

Das göttliche Licht wird nicht jedem zuteil. Aber jeder verfügt über das natürliche Licht der Vernunft. Wenn auch die Vernunft an die göttliche Wahrheit nie heranreicht, so kann die göttliche Wahrheit nicht vernunftwidrig sein, denn auch die Vernunft ist ein Geschenk Gottes. Die Aufgabe der Philosophie ist es, das aufzuzeigen, was die Vernunft einsehen kann. Das dieser Auffassung entsprechende Verfahren ist die «disputatio». Fragen werden nach den Regeln der Syllogistik* unter Berücksichtigungen von Einwänden im Rückgriff auf Autoritäten entschieden. Die Berufung auf Autoritäten führt nicht zur Entdeckung neuer Wahrheiten, und auch der Syllogismus ist dazu untauglich, da die Gültigkeit eines allgemeinen Obersatzes vorausgesetzt wird und die Konklusion nichts anderes zeigt, als daß ein Einzelfall unter die (vorausgesetzte) Wahrheit fällt. Wenn die 1. Prämisse gilt ‹Alle Menschen sind sterblich› und wenn die 2. Prämisse gilt ‹Sokrates ist ein Mensch›, dann gilt auch die Konklusion ‹Sokrates ist sterblich›. Doch damit erfahren wir nichts, was über die Prämissen hinausgeht.

Auch die aristotelische Physik ist in einem gewissen Sinn untauglich zur Entdeckung neuer Wahrheiten. Sie verfährt beschreibend und klassifizierend, und ihr Hauptbegriff ist der Begriff der Substanz. Ihr gelang – und darauf beruht ihr Erfolg – eine Beschreibung der Welt, die den Vorstellungen des natürlichen Menschenverstandes entspricht. Danach besteht die physikalische Welt aus einer Vielzahl von körperlichen Dingen. Diese

* Syllogismus: von Aristoteles begründete und von der Scholastik ausgebaute Lehre vom richtigen Schließen.

werden von der aristotelischen Physik durch die beiden Substanzen Stoff und Form erklärt. Da die Form als die Kraft aufgefaßt wird, die den Gegenständen der physischen Welt ihre aktuale Gestalt verleiht, gilt die Vielfalt der Erscheinungswelt erklärt, wenn man sie auf entsprechende Kräfte zurückführt. Die Physik des Mittelalters und auch die der Renaissance «erfand» daher eine Unzahl verborgener Qualitäten und Kräfte. Unerklärt bleibende und letztlich unerklärliche Kräfte bewegen die Welt, die als der Kampfplatz dieser Kräfte erscheint. Das Geschehen in der Natur wird aus dem Wesen tätiger und Einwirkungen erleidender Substanzen erklärt. Doch eine solche Physik ist unfruchtbar. Sie führt zu einer unüberschaubaren und unnötigen Vermehrung von Entitäten (Wesenheiten), deren erklärende Kraft gleich Null ist.

Scheint es nicht auch, daß [die Gelehrten] *magische Worte aussprechen voll Dunkelheit und jenseits des menschlichen Begriffvermögens, welche sagen ‹die Bewegung› – eine Sache, die jeder ganz genau kennt – ‹sei der Akt eines potentiellen Seins, sofern es Potenz ist›? Denn wer versteht diese Worte?* (Descartes)

Bereits der spätmittelalterliche Nominalismus wandte sich gegen die Annahme der Existenz von abstrakten realen Wesenheiten, und Wilhelm von Ockham (um 1300–1349) wird ein Prinzip zugeschrieben, das als Ockhamsches Rasiermesser bekannt wurde: Die Wesenheiten sind nicht unnötigerweise zu vermehren – und das heute noch kritisch gegen eine unnötige Vermehrung erklärender Begriffe eingewendet wird. Solange die Wissenschaft aristotelisch – d. h. beschreibend klassifizierend und damit konstatierend – blieb, kam es zu keinen schwerwiegenden Konflikten mit der Autorität der Kirche. Aber in dem Augenblick, in dem die Wissenschaft begann, Neues zu entdecken, nicht mehr deskriptiv, sondern konstruktiv wurde, war der Konflikt mit der Kirche vorprogrammiert. Dieser gipfelte im Fall Galilei, der 1636 gezwungen wurde, seine Lehre zu widerrufen.

Um den Erfolg der sich entwickelnden empirischen Wissenschaften zu befördern, ging es also darum, die Wissenschaft von der Unterwerfung unter die kirchliche Autortät zu befreien, in anderen Worten: der Wissenschaft ihre Autonomie zu sichern, indem die Theologie in ihre Grenzen verwiesen wurde. Dazu mußte der Nachweis erbracht werden, daß die Wissenschaft kraft ihrer Methode fähig ist, definitive Wahrheiten zu finden, die nicht – und folglich auch nicht von theologischen Lehrmeinungen – erschüttert werden konnten. Beides leistete Descartes.

Bei aller Radikalität kam Descartes' Neuansatz nicht zufällig. Die Umbrüche der Renaissance, die Abwendung vom Jenseitig-Geistlichen und die Hinwendung zum Diesseitig-Weltlichen, die Entdeckung neuer Reiche und Kontinente, der Nutzen praktischer Erfahrung im Gegensatz zu unbrauchbaren Lehrmeinungen, die überwältigenden Erfolge der neuen Physik (Kepler und Galilei) verlangten geradezu nach einer systematischen Neubegründung des Wissens. Von Francis Bacon (1561–1621, englischer Philosoph und Staatsmann) stammt das Programm einer wissenschaftlich-technischen Weltbewältigung. Ist nach der platonisch-aristotelischen Tradition der Wissende derjenige, dem es gelingt, in weltabgehobener ruhender Betrachtung das Wesen der Dinge zu erschauen, so ist für Bacon der Wissende derjenige, dem es gelingt, im Experiment die Natur zu durchschauen und in der Folge zu unterwerfen. *«Wissen ist Macht.»*

Bacon glaubt – wie nach ihm Descartes -, gründlich mit den Vorurteilen aufräumen zu müssen. Die Wissenschaft muß von Beobachtungen ausgehen und empirisch wie induktiv zu abstrakt-allgemeinen Aussagen über das Wesen der Dinge gelangen. Es gilt, zuerst die konkreten Dinge (im Idealfall alle!) zu sammeln und zu sichten, z. B. alle Dinge, die warm sind, von den Sonnenstrahlen bis zum Kuhmist, dann in Klassen einzuteilen, von den zufälligen Besonderheiten abzusehen und schließlich die allgemeine Natur des Warmen auf dem Weg der Induktion zu bestimmen. Eine solche Physik ist immer noch rein deskriptiv und klassifikatorisch.

Nach dieser Methode hätte Galilei zuerst alle fallenden Körper klassifizieren müssen (was seine aristotelischen Gegner auch gefordert haben), um so (nie) die Fallgesetze zu finden. Man kann noch so viele Einzelheiten sammeln, sie klassifizieren, solange man will, auf dem Wege der Baconschen Induktion wird man kein einziges Naturgesetz finden. Bacon sieht nicht den konstruktiven Anteil des menschlichen Geistes an der Erkenntnis. Descartes wird ihn herausarbeiten. Mit ihm wird die Physik endgültig quantitativ und nicht mehr qualitativ. Bacon suchte noch die Erkenntnis des «Wesens» der Natur, aber erst als man auf die Erkenntnis ihres Wesens verzichtete, konnte sich das wirksame Verfahren entwickeln, das es gestattete, der Natur ihre Geheimnisse zu entreißen und sie zu unterwerfen. «*Das Buch der Natur ist in mathematischer Sprache geschrieben*» (Galilei).

Mathematik – die Sprache der Welt

Am 10. November 1619 entdeckte ich voll Enthusiasmus erfüllt, die Grundlage einer bewunderungswürdigen Wissenschaft. In aufmerksamer Erwägung dieser Dinge habe ich gefunden, daß alle Wissenschaften, die es mit der Erforschung der Ordnung und des Maßes zu tun haben, zur Mathematik gehören, gleichviel ob sie dieses Maß in Zahlen, Figuren, Gestirnen, Tönen oder ganz anderen Objekten aufsuchen, daß es daher eine Universalwissenschaft geben müsse, die abgesehen von jeder besonderen Anwendung, alles was sich auf Ordnung und Maß bezieht, ergründet. (Descartes)

Was ist an dieser Entdeckung so aufregend? Seit Euklid (300 v. Chr.) lag die Geometrie in voll entwickelter axiomatischer Form vor. Axiome sind nicht weiter beweisbare Aussagen, die als Grundsätze vorausgesetzt werden. Von diesen gelangt man durch rein logische Ableitungen zu neuen Aussagen, die logisch notwendig, d. h. zwingend gelten. Die in den euklidischen Axiomen formulierten Grundsätze beschreiben die einfachsten, der Anschauung entstammenden Beziehungen zwischen den geometrischen Grundbegriffen (Punkt, Linie, Ebene). Sie gelten als evidente, intuitiv gewisse, d. h. als unmittelbar und allgemein einsichtige Sätze, die von jedem für wahr gehalten werden müssen. So ist die Wahrheit des Satzes ‹durch zwei Punkte kann man eine und nur eine Gerade legen› ohne weiteres ersichtlich. Kraft der axiomatischen Methode wurde die euklidische Geometrie Vorbild für jede Wissenschaft, die streng deduktiv – more geometrico – vorgehen wollte (z. B. die Staatstheorie von Hobbes). Lieferte die euklidische Geometrie das Exaktheitsideal, so war sie doch andererseits in ihrer Anwendung beschränkt. Den Vorteil, von unmittelbar evidenten Wahrheiten auszugehen, bezahlte sie mit dem Nachteil der Methode der logischen Ableitung. Sie setzt voraus, was umständlich bewiesen werden soll. Dies zeigt die Formel, mit der die geometrischen Beweise abgeschlossen wurden: quod erat demonstrandum, was zu beweisen war.

Descartes spürte – nicht zuletzt aus praktischen Gründen – das Ungenügen der euklidischen Geometrie. Dieser gelang nur die Behandlung der «geometrischen» Figuren, die man mit Lineal und Zirkel konstruieren konnte und die als präzise und exakt galten, während sie bei der Darstellung «mechanischer» Kurven versagte. Nun beschreibt ein Wurfgeschoß z. B. eine solche mechanische Kurve, deren Berechnung von eminent praktischer Bedeutung war. Es galt also der Geometrie neue Aufgabenbereiche zu erschließen.

Descartes gelang diese Aufgabe. Er gilt – und dies ist seine größte wissenschaftliche Leistung – als der Begründer der analytischen Geometrie. Ihr Fortschritt besteht darin, geometrische Probleme mit den Mitteln der Algebra auszudrücken. Räumliche Beziehungen werden dadurch mathematisierbar und in Form von Gleichungen lösbar. Descartes' Vorschlag war ebenso einfach wie genial. Er bestand in der Einführung des Koordinatensystems. Die Punkte einer Ebene werden durch zwei reelle Zahlen festgelegt. Geometrische Sätze lassen sich so als Aussage über die Koordinaten von Punkten formulieren. Die Aufgabe, die Gleichung einer Kurve anzugeben, besteht darin, nach der Vorgabe des Koordinatensystems Beziehungen zwischen den Koordinaten und ihren Punkten aufzustellen. Auf diese Weise lassen sich beliebige Punkte berechnen und Kurven konstruieren. Die neue Methode ist analytisch: Sie besteht darin, das geometrische Problem in seine einfachsten Teile zu zerlegen (der Punkt ist der einfachste Teil) und den geometrischen Verhältnissen so viele Gleichungen zuzuordnen, wie Unbekannte vorhanden sind. Analytisch, d. h. durch Zerlegung, lassen sich die Kurven höheren Grades bewältigen. Sollte es gelingen, die analytische Methode, die die Welt der geometrischen Formen auf das Zahlenreich «abbildet», auf andere Zweige der Wissenschaft zu übertragen, dann ist die universale Methode gefunden, die die Chance zu einer Gesamtwissenschaft bietet und einen königlichen Weg zur Beherrschung der Natur eröffnet.

Die gesamte Philosophie ist also einem Baume vergleichbar, dessen Wurzeln die Metaphysik, dessen Stamm die Physik und dessen Zweige alle übrigen Wissenschaften sind.

Die Methode

Die Einheit dieser universalen Wissenschaft liegt nicht in ihrem Gegenstand. Sie postuliert nicht die Einheit des Seins, sondern eine einheitliche Methode. Aber kann diese universale Methode, wenn damit die Mathematisierbarkeit im strengen Sinn, d. h. die Reduktion der Phänomene auf Größen und deren Relationen gemeint ist, auf alle Wissenschaften angewendet werden? Die Annahme einer totalen Quantifizierbarkeit wäre absurd. Was in der Physik gelang, muß in den anderen Wissenschaften und in der Metaphysik, die nach Descartes die Grundlegung der Wissenschaften zu leisten hat, nicht notwendigerweise ebenfalls gelingen. Descartes schätzt, aber er überschätzte nicht die Mathematik. Die reine Mathematik dient der Schulung des Geistes. Sich mit bloßen Zahlen und eingebildeten Figuren zu beschäftigen, hält er für etwas Törichtes, die reine Mathematik würde sich mit der Erkenntnis von Nichtigkeiten begnügen. Der Nutzen der Mathematik liegt darin, daß sie als angewandte Mathematik die Hilfswissenschaft der Physik und daß sie das Modell für eine gesicherte, unbezweifelbare Erkenntnis liefert. Die Gewißheit der Mathematik liegt nicht darin, daß sie mit Zahlen hantiert, nicht in der mathematischen Formel, sondern in ihrer Struktur und in dem Aufbau, wie sie zu ihrem Wissen kommt. Die Mathematik ist exemplarisch, weil sie nicht der Erfahrung ausgesetzt ist und daher ihre Ergebnisse nicht durch Erfahrung aufgehoben werden können und weil sie rein rational ist, d. h. in verstandesmäßig abzuleitenden Folgerungen besteht.

Wer sich auf den Weg macht, die Wahrheit zu suchen, muß sich mit Gegenständen beschäftigen, von denen er imstande ist, eine den mathematischen Beweisen gleichartige Gewißheit zu erringen. Und er muß auf sie die analytische Methode anwenden. Diese gilt es zu verallgemeinern, wenn man zu einem Wissen gelangen will, das genauso fundiert ist wie die Mathematik. Wodurch ist diese analytische Methode ausgezeichnet? Dadurch, daß sie von evidenten, unbezweifelbaren Prinzipien ausgeht, daß sie das analytische Verfahren anwendet, die Rückführung des Komplexen auf das Einfache, die Ordnung (rationale Strukturierung) des Einfachen und den, wenn möglich, vollkommenen Aufbau des Wissens aus den gewonnenen einfachen Elementen. Damit erhalten wir die vier berühmten Regeln, die Descartes in seinem *Discours de la méthode* formuliert, das Prinzip der Evidenz, das der Zerlegung, das der Ordnung und das der Rekonstruktion und Vollständigkeit. Die analytische Geometrie ist «*spontane Frucht*» und Illustration dieser Methode.

> *So glaubte ich, statt einer großen Anzahl von Regeln, aus denen die Logik besteht, an den folgenden vier genug zu haben, (...).*
> *Die erste war: niemals eine Sache als wahr anzunehmen, die ich nicht als solche sicher und einleuchtend erkannte, (...) daß ich gar keine Möglichkeit hätte, daran zu zweifeln.*

Die zweite: jede Schwierigkeit (...) in so viele Teile zu zerlegen als möglich und zur besseren Lösung wünschenswert wäre.
Die dritte: meine Gedanken zu ordnen; zu beginnen mit den einfachsten und faßlichsten Objekten und aufzusteigen allmählich und gleichsam stufenweise bis zur Erkenntnis der kompliziertesten und selbst solche Dinge irgendwie für geordnet zu halten, von denen natürlicherweise nicht die einen aus den anderen hervorgehen.
Und die letzte: überall so vollständige Aufzählungen und so umfassende Übersichten zu machen, daß ich sicher wäre, nichts auszulassen.

Die Evidenz beruht auf der Intuition, einem unmittelbaren und nicht weiter zu reduzierenden Wahrnehmen. Dabei handelt es sich nicht um ein sinnliches Wahrnehmen, sondern um ein unmittelbares, *«über jeden Zweifel erhabenes Begreifen eines reinen und aufmerksamen Geistes, das allein dem Licht der Vernunft entspringt»*. Die Intuition unterliegt zwei Kriterien, daß die betreffenden Sachverhalte klar und distinkt sind und daß sie als Ganzes, auf einmal, auf einen Blick eingesehen werden. Eine solche, von jedermann einzusehende intuitive Gewißheit ist die Aussage, daß ein Dreieck von drei Seiten begrenzt wird.

Solche Intuitionen sind wahr. Doch auch Deduktionen sind wahr, weil die Schlüsse der Ableitung notwendig sind. Aber die durch Deduktion gewonnene Wahrheit ist nicht immer gesichert, da sie von der Wahrheit der Prämissen abhängt. Gesicherte Deduktionen bedürfen der gesicherten Voraussetzungen. Um zu gesicherten Prämissen zu kommen, gilt es, das Prinzip der Zerlegung anzuwenden, bis wir zu Evidenz gelangen. Das Komplexe muß zerlegt werden, analog dem Verfahren, das wir in mathematischen Gleichungen zur Bestimmung der Unbekannten anwenden. Es geht darum, die rechte Zusammensetzung des Unbekannten mit dem Bekannten zu finden, um das Unbekannte zu erklären. Dabei muß jeder Aspekt eines komplexen Problems sorgfältig und genau bestimmt werden, indem man sich auf das beschränkt, was etwas zur Lösung beitragen kann.

Die Zerlegung, das analytische Verfahren hat nach dem Prinzip der Ordnung vorzugehen. Schrittweise wird das Komplexe auf das Einfache reduziert, und schrittweise wird dann vom Einfachen zum Komplexen fortgeschritten, ohne daß man sich um die natürliche, logische oder chronologische Ordnung kümmert, die wirklich zwischen den betrachteten Gegenständen besteht, sondern nur darum, inwiefern durch diese Ordnung die Kenntnis des einen aus dem anderen erleichtert und ermöglicht wird. Descartes' Ordnungsbegriff ist nicht klassifikatorisch. Es geht nicht darum, die reale Ordnung des Seins abzubilden, es geht nicht um die Perspektive des Seins an sich, sondern um die des Erkennens, des Seins für uns. In anderen Worten, es geht darum, wie die Dinge im Erkenntniszugriff, in der Ordnung des Erkennens und Begründens voneinander abhängen. Die Ordnung ist der konstruktive Wurf, das Netz, mit dem der Kenntnissuchende die Wirklichkeit einfängt. In der neuen Konzeption der Ordnung liegt das Grundgeheimnis der cartesianischen Methode.

Die Gesamtheit der Gegenstände (läßt sich) in bestimmte Reihen einordnen, nicht zwar sofern diese Dinge sich auf eine bestimmte Art des Seins beziehen, wie die Philosophen sie in ihre Kategorien eingeteilt haben, sondern sofern die einen aus den anderen erkannt werden können.

Die Wichtigkeit der Ordnung unterstreicht die Rolle des erkennenden Subjekts. Koordinatensysteme sind nicht von Natur aus gegeben. Sie sind Konstrukte, mit deren Hilfe das erkennende Subjekt Probleme löst und meistert. So ermöglichte erst das über die Erde geworfene Koordinatensystem der Längen- und Breitengrade eine sichere Ortsbestimmung und eine «gesicherte» Navigation. Die Ordnung ist nicht eine vorgegebene, die man auffinden könnte, sie wird konstruiert. Das entscheidende Kriterium ist die Zweckmäßigkeit, d. h. die Frage, ob die Ordnung zur Lösung des Problems führt, indem sie die Sachverhalte, die das Problem konstituieren, klar zum Ausdruck bringt. Es gibt grundsätzlich mehrere Gesichtspunkte, unter denen sich die Teile eines Problems anordnen lassen. Statt einer absoluten göttlichen Ordnung haben wir perspektivisch mögliche Ordnungen. Die Dinge sind nur insofern zu betrachten, als der Verstand an sie heranreicht. Doch in diesen Ordnungen zeigt sich die produktive wirklichkeitserschließende Kraft des menschlichen Geistes. Erkennen ist eine menschliche Leistung.

Die Zerlegung soll zu «einfachen Naturen» führen, die durch Intuition (unmittelbare Einsicht) klar und deutlich erkannt werden. Von diesen aus gelangt man dann durch Rekonstruktion zu einer gesicherten – wenn auch etwas weniger sicheren – wahren Erkenntnis des Komplexen. Der Weg dazu ist die Deduktion. Deduktionen als Schlußfolgerungen werden nicht mehr vom Geist auf einmal begriffen, sondern nacheinander vollzogen. Die ersten Prinzipien, die allein durch Intuition erkannt werden, gelten als absolut gewiß. Die aus den ersten Prinzipien erschlossenen Sätze beruhen zwar auf gewissen und wahren Prämissen, haben aber, obwohl Deduktionen notwendig wahr sind, einen geringeren Grad an Gewißheit, weil bei dem Prozeß des Folgerns Fehler unterlaufen können. Diese Fehlerquelle vergrößert sich in dem Maße, wie Folgerungen komplexer werden, da man sich beim Folgern immer weiter von den einfachen, unmittelbar gewissen, intuitiven Wahrheiten entfernt.

Die Deduktion kann also wegen der menschlichen Unvollkommenheit nicht in jedem Fall eine absolut gesicherte Erkenntnis liefern. Sie kann es auch nicht aus einem weiteren Grund. Wenn die Kette der Deduktionen ins Unendliche reicht, muß sie abgebrochen werden, sie läßt sich nicht so lange fortsetzen, bis alle Phänomene, die z. B. unter eine bestimmte Gesetzmäßigkeit fallen, erfaßt wurden. Zwar muß die Rekonstruktion durch das Prinzip der vollständigen Aufzählung geleitet werden, doch das Prinzip der Vollständigkeit ist ein methodisches Ideal, das garantieren soll, daß wir, so weit wie möglich, ein gesichertes Wissen komplexer Sachverhalte erlangen. Daher verlangt Descartes nicht eine vollständige, sondern eine zureichende Aufzählung. Wissen hat für Descartes den Charakter der Gewißheit. Unbezweifelbar sind nur die unmittelbare Evidenz der Intuition und die logische Notwendigkeit der Deduktion. Um den Bereich des Wissens über die ersten Prinzipien und über die Wahrheiten, die aus diesen unmittelbar ableitbar sind, auszudehnen, um also über die unmittelbare Evidenz der Intuition und die einfachen und beinahe noch unmittelbar einsehbaren Deduktionen hinauszukommen, bedürfen wir der Regel der Aufzählung. Die Aufzählung ist nicht ein buchhalterisches Handeln (möglichst alles aufzählen, um zu sehen, ob ich nichts vergessen habe), sondern ein deduktives Verfahren. Descartes nennt die Aufzählung auch Induktion. Darunter versteht er nicht eine Verallgemeinerung aus der Erfahrung, den Schluß vom Einzelnen zum Allgemeinen wie Bacon und die Empiristen, sondern ein Fortschreiten in der Deduktionskette.

Außerdem ist anzumerken, daß wir unter der zureichenden Aufzählung oder Induktion nur diejenige verstehen, aus der die Wahrheit sich mit größerer Gewißheit erschließen läßt, als vermöge jeder anderen Beweisart, abgesehen von der einfachen Intuition. (...) Denn alle Sätze, die wir unmittelbar von einander hergeleitet haben, waren, wenn diese Ableitung evident gewesen, damit schon auf die wahre Intuition zurückgeführt.
Und es ist doch zweifellos da, wo man auch nur das geringste ausläßt, sogleich die Kette durchbrochen und damit die ganze Gewißheit des Schlusses hinfällig.

Schwebte Descartes so etwas wie das mathematische, rein deduktive Beweisverfahren der sogenannten vollständigen Induktion vor, wo man bei unendlichen Reihen durch die wiederholte Anwendung der logischen Regel ‹wenn A dann B› von $A(1)$ auf $A(2)$ auf $A(3)$ usw. und daher auf $A(n)$ schließt? Nur wird außerhalb der Mathematik die Induktion nie vollständig sein. Mit Hilfe des modus ponens – er besagt, ‹wenn A dann B›, ‹nun gilt A, folglich gilt B› – wird deduktiv von einigen bewiesenen Sätzen eines Gegenstandsbereichs auf den gesamten Gegenstandsbereich geschlossen. Die Induktion (Aufzählung) ist ein notwendiges Verfahren bei komplexen Sachverhalten. Sie verhindert, daß wir die Deduktionskette zu früh abbrechen, von einigen Fällen voreilig auf alle schließen und uns so mit einem nicht gesicherten Wissen zufriedengeben. Und sie soll methodisch sichern, daß wir, da wir in einer unendlichen Reihe nicht jede Stufe durchlaufen können, die Aufzählung abbrechen können.

Will ich (...) vermöge der Aufzählung zeigen, daß die Kreisfläche größer ist als die Fläche jeder beliebigen anderen Figur mit gleichem Umfang, so ist es nicht nötig, alle Figuren aufzuzählen, sondern es genügt dies von einigen im besonderen zu beweisen, damit dasselbe auf Grund der Induktion auch von allen andern geschlossen wird.

Intuition und Deduktion sind die einzigen Methoden, die wahres und gewisses Wissen liefern. Wissen ist Verstandeswissen. Descartes versteht Wissenschaft als ein System notwendig wahrer Sätze. Er erhebt den Anspruch, wissenschaftliche Gesetze formulieren zu können, die denselben Charakter wie mathematische Sätze haben. Er konzipierte die Physik als apriorische Wissenschaft. Physik ist aber eine empirische Wissenschaft, sie macht Aussagen über die Beschaffenheit der Welt. Damit ergibt sich das Problem der Entsprechung zwischen den Apriori-Prinzipien des Verstandes und der Welt. Dieses Problem läßt sich nur durch metaphysische Annahmen lösen. Metaphysik hat das Fundament der Wissenschaften zu liefern, ein äußerst problematisches Unternehmen, wie wir sehen werden.

Als Physiker operiert Descartes mit hypothetischen Erklärungsprinzipien, und zwar in einem solch reichen Maß, daß Newton, der die Physik Descartes' bald außer Kraft setzen wird, polemisch gegen Descartes in seinem physikalischen Hauptwerk die Maxime formuliert: *«Ich denke mir keine Hypothesen aus.»* Descartes hat gesehen, daß die Wissenschaften deduktiv vorgehen. Er hat die konstruktive und produktive Tätigkeit der Vernunft als erster herausgestellt. Nur hat er, unter anderem auch, weil er Wissen und Gewißheit gleichsetzt, den vernunftmäßigen

Anteil am Erkennen überbewertet. Wissenschaftliche Sätze sind nicht axiomatisch-deduktiv (notwendig wahr), sondern hypothetisch-deduktiv, sie müssen sich in der Erfahrung bewähren. Eine apriorische Physik ist eine Unmöglichkeit.

Radikaler Zweifel – absolute Gewißheit

Der methodische Zweifel

In der Ordnung liegt das Geheimnis der Methode, in der durch die unmittelbare Einsicht gewonnenen Evidenz ihr Kernpunkt. Die erste Regel des *Discours de la méthode* schreibt vor, Vorurteil und Übereilung zu meiden und nur das anzuerkennen, was sich klar und deutlich dem Geist darstellt, so daß keine Möglichkeit zum Zweifeln bestehe.

> *Klar nenne ich die Erkenntnis, welche dem aufmerksamen Geist gegenwärtig und offen ist, so wie wir sagen, wir sehen klar, wenn das Objekt dem anschauenden Auge gegenwärtig und der Gesichtseindruck stark und bestimmt genug ist. Deutlich aber nenne ich die Erkenntnis, welche klar und zugleich von allem anderen so geschieden und abgeschnitten ist, daß sie nur Klares in sich enthält.*

Was heißt aber klar und deutlich? Dem einen wird als einleuchtend klar und deutlich erscheinen, was dem anderen als höchst dunkel und verworren gilt. Sind das nicht völlig subjektive Kriterien? Propheten berufen sich auf klare und deutliche Einsicht. Doch religiöse Evidenz klammert Descartes aus, sie beruht auf unbezweifelbarer Offenbarung und ist Sache des göttlichen Lichts. Zum Wissen führt uns nicht das göttliche Licht, sondern das natürliche Licht der Vernunft.

Die ersten Grundsätze (Axiome) der euklidischen Geometrie gelten als einsichtig, doch auch solche Aussagen sind evident wie ‹Ich bin hier›; denn wenn ich hier bin, kann ich den Satz nicht sinnvoll verneinen. Die Verneinung führt zu einem unmöglichen

Selbstwiderspruch. Evident sind auch andere Aussagen in der ersten Person wie ‹Ich existiere› – denn wenn ich nicht existieren würde, könnte ich die Aussage ‹Ich existiere› nicht machen –, ‹ich atme›, ‹ich habe einen Körper›. Solche Aussagen werden normalerweise vom Alltagsverstand nicht bezweifelt; wer sie im Alltagsleben bezweifelt, würde für verrückt gehalten. Dennoch bezweifelt sie Descartes. Warum? Der Unterschied zwischen den Axiomen der Geometrie und diesen Sätzen ist der, daß die ersten notwendig wahr, die zweiten aber zufällig wahr (kontingent) sind. Wenn ich auch nicht bezweifeln kann, daß ich lebe, so kann dieser Satz in der dritten Person bezweifelt werden. Für einen gläubigen Christen mag der Satz ‹Christus lebt unter uns› gewiß (glaubensgewiß) sein, doch dies bedeutet noch lange nicht, daß er nicht bezweifelt werden kann, daß er von jedem akzeptiert werden muß.

Anders verhält es sich mit den Prinzipien der euklidischen Geometrie. Wenn es auch möglich, vorstellbar ist, daß Menschen nicht existieren – die Existenz von Menschen ist ein kontingentes Ereignis –, so ist denkunmöglich, daß der Satz ‹Zwischen zwei Punkten (in der Ebene) kann es eine und nur eine Gerade geben› von irgendeinem Wesen, das fähig ist, diesen Satz einzusehen, bezweifelt werden kann. Dieser Satz ist notwendig wahr, gilt unabhängig von jeder zufälligen Existenz. Was also die erste Regel verlangt, sind notwendig wahre Sätze. Wenn es wahres Wissen geben soll, muß ich also zweifelnd vorangehen, bis ich wenigstens einen notwendig wahren Satz finde. Nun könnten wir bei den ersten Sätzen der euklidischen Geometrie stehenbleiben, denn diese sind, wie wir gesehen haben, notwendig wahr und evident. Doch Descartes geht weiter. Zwar stimmt es, daß diese Sätze notwendig wahr sind, aber warum? Worin liegt die Fundierung solcher Sätze? Es könnte ja sein, daß wir diese Sätze deshalb für notwendig wahr halten, weil wir einer solchen Illusion erliegen, daß wir die Sätze (subjektiv) für notwendig wahr halten müssen. Damit lassen sich diese Sätze, solange wir nicht ihren objektiven Grund kennen, bezweifeln. Descartes' methodischer

Zweifel ist die Konsequenz, die sich aus der rigorosen Anwendung der ersten Regel ergibt, und er leitet ein durch und durch vernünftiges – und damit legitimes – Programm: das Programm eines unvoreingenommenen «reinen» Untersuchenden, objektive Wahrheit zu begründen.

Es gilt also ein Verfahren anzuwenden, das alle möglichen Quellen der Voreingenommenheit schrittweise eliminiert. Dieses Verfahren ist der systematische, daher methodische Zweifel. Er richtet sich gegen den universalen skeptischen Zweifel, der die Möglichkeit von Wahrheit überhaupt bezweifelt und aus dem es keinen Ausweg gibt. Der universale Skeptizismus führt zu einer äußerst widersprüchlichen Situation. Entweder bestreitet er die Möglichkeit von Wahrheit, dann behauptet er aber dogmatisch eine Wahrheit. Oder er bestreitet nicht die Möglichkeit, sondern nur die Beweisbarkeit von Wahrheit. Er darf aber für seine Behauptung keinen Beweis erbringen wollen, denn dann setzt er wieder die Beweisbarkeit von wenigstens einer Wahrheit voraus. Der methodische Zweifel ist eine Attacke gegen den Zweifel, ihm geht es um die Aufhebung des Zweifels.

Nicht daß ich deshalb die Skeptiker nachgeahmt hätte, die nur zweifeln, um zu zweifeln, und immer unentschieden sein wollen, denn meine Absicht war im Gegenteil darauf gerichtet, mir Sicherheit zu verschaffen und den schwankenden Boden und Sand beiseite zu werfen, um Gestein oder Schiefer zu finden.

Der methodische Zweifel ist eine Ausnahmesituation. Er läßt sich in der alltäglichen Lebenspraxis nicht durchführen. Sowohl im alltäglichen Leben, im moralischen Handeln etwa, wie in der wissenschaftlichen Praxis müssen wir Sätze akzeptieren, die wir nicht jedesmal auf ihre Gewißheit hin prüfen können. Wir können nicht erst zu leben anfangen, wenn wir unbezweifelbare moralische Prinzipien haben. Das Leben verlangt uns Entscheidungen ab, es zwingt uns immer und ständig zu handeln, und so tun wir gut daran, bestimmten Prinzipien zu trauen; sonst könnten wir vor lauter Suchen nach unbezweifelbaren Prinzipien das Leben verspielen. Auch in der wissenschaftlichen Praxis werden wir, ohne daß wir sie der Prüfung des Zweifels unterzogen haben, Resultate anderer Forscher übernehmen; denn sonst würden wir immer auf der gleichen Stelle treten, und ein effektives Forschen, eine Arbeitsteilung, durch die die Ergebnisse verschiedenster Disziplinen eingebracht werden, wäre unmöglich. Was wäre das für ein Arzt, der aus methodischem Skrupel nicht nur glaubt, alle Medikamente selbst testen, sondern auch die chemische Grundlagenforschung, die die medizinische Anwendung voraussetzt, betreiben zu müssen? Der methodische Zweifel klammert die Lebenswelt aus, er entspringt einer durch und durch artifiziellen Situation. Für den gesunden Menschenverstand handelt es sich wieder um eine dieser philosophischen «Absurditäten». Doch dieser Zweifel muß vollzogen werden, wenigstens einmal:

> *Da wir als Kinder auf die Welt kommen und über sinnliche Gegenstände urteilen, bevor wir den vollen Gebrauch unserer Vernunft erlangt haben, so werden wir durch viele Vorurteile an der Erkenntnis der Wahrheit gehindert, und es scheint kein anderes Mittel dagegen zu geben, als einmal im Leben sich zu entschließen, an allem zu zweifeln, worin man auch nur den geringsten Verdacht einer Ungewißheit antrifft.*

Dieses eine Mal genügt, wenn der methodische Zweifel sich als erfolgreich erweist, um skeptische Miesepeter ein für allemal zum Schweigen zu bringen und ein ungehemmtes optimistisches Vertrauen in die Kräfte der Vernunft zu begründen. Der Mensch ist der Wahrheit fähig: Auf den gewonnenen Resultaten läßt sich bauen und weiterbauen.

Der methodische Zweifel ist ein Programm der Reinigung. Keiner, der unvoreingenommen sich auf die Suche nach der Wahrheit begeben will, ist ohne Meinungen, ohne Wissen. Daher gilt es bei den Meinungen, bei dem (Schul-)Wissen anzufangen, dieses zu prüfen; denn es könnte sein, daß sich Richtiges und Falsches mischt.

Aber ich hatte schon auf der Schule erfahren, daß man sich nichts so Sonderbares und Unglaubliches ersinnen könnte, das nicht irgendein Philosoph behauptet hätte.

Doch die Prüfung erbringt für das tradierte Wissen kein günstiges Ergebnis. Zwar kann ich nicht hergehen und jeden Gegenstand des Wissens einzeln prüfen, da käme ich an kein Ende. Es genügt bereits die Tatsache, daß ich einige der überlieferten Wahrheiten als falsch erkenne, um alle zu verwerfen; denn die Tatsache, daß einige falsch sind, schließt die Möglichkeit ein, daß alle falsch sind. Das Operieren mit der Möglichkeit wird für Descartes das entscheidende Verfahren: Solange die Möglichkeit des Bezweifelns besteht, habe ich keine endgültige Gewißheit. Mit dem ersten Schritt hat Descartes jegliche Berufung auf die Autorität der Lehrmeinungen – opinio heißt damals nicht einfach Meinung, sondern Lehrmeinung, hinter der die kirchliche Autorität stand – ausgeschaltet.

Der zweite Schritt gilt dem Zeugnis der Sinne. Hier gilt bereits eine unmittelbar größere Evidenz. Denn wer wird bezweifeln wollen, daß ich, wenn ich mit meinem Auto auf den Baum am Straßenrand rase, einen Unfall baue, bei dem ich riskiere, mein Leben zu verlieren? Auf das Zeugnis der Sinne muß Verlaß sein, sonst könnten wir nicht leben. Trotzdem genügt die, wenn auch nicht häufige, Tatsache der Sinnestäuschung dazu, das Zeugnis der Sinne überhaupt zu bezweifeln. Was garantiert mir, daß ich, der ich in diesem Augenblick Auto fahre und diesen Baum vor mir sehe, nicht einer Sinnestäuschung unterliege oder träume? Praktisch wäre es in dieser Situation Wahnsinn, unter der Annahme der Sinnestäuschung die Realität des Baums zu testen, aber theoretisch hindert mich dies nicht am Zweifeln. Descartes unterscheidet eine moralische (praktische) Gewißheit, «*an der man, ohne überspannt zu sein, nicht zweifeln kann*», von einer metaphysischen Gewißheit. Auf der Suche nach dieser metaphysischen Gewißheit ist nicht unvernünftig zu zweifeln, sobald man einen Grund zum Zweifeln hat.

Wenn ein Traum mir lebendig die Situation des Autofahrens vorgaukeln kann, was sagt mir dann, daß die Evidenz des Satzes ‹ich habe einen Körper› gilt? Zwar könnte ich, wenn ich keinen Körper hätte, diesen Satz nicht sprechen, diesen Satz nicht schreiben. Aber alle meine Tätigkeiten, die ich ausführe, all die Gegenstände, die ich sehe, die ich in die Hand nehme, die mich umgeben, könnten das Ergebnis einer ungeheuren Illusion sein. Zwar glaubt jeder an die Realität der Außenwelt, aber die Möglichkeit, daß sie eine Traumvorstellung sein könnte, genügt, daß ich sie ausklammere. Mit dem Traumargument will Descartes nicht sagen, daß, gemäß der barocken Metapher, die Welt ein Traum ist oder daß wir uns in einem permanenten Traum befinden; denn dies wäre eine positive Aussage, deren Gültigkeit Descartes gemäß seiner Position des Zweifelns gar nicht behaupten könnte. Was Descartes damit zu verstehen geben will, ist dies: Wie die Objekte der Traumwelt Hervorbringungen des träumenden Subjekts sind, so könnten auch die Objekte der realen Welt Hervorbringungen eines Subjekts sein, denen keine objektive (Außen-)Realität entspricht.

Im Fortschreiten des methodischen Zweifels haben wir einen Bereich der Außenrealität nach dem anderen ausgeklammert und den Horizont des Fragens eingeengt auf den der Innenrealität, die Vorstellungen des Bewußtseins. Die Wahrheiten der Mathematik gelten uns als gewiß. Doch insofern wir sie durch Schlußverfahren gewinnen, können uns Irrtümer unterlaufen. Und wie oft ist dies uns nicht schon selbst bei einfachsten Rechenoperationen geschehen! Descartes genügt bereits die Tatsache eines möglichen Irrtums, um auch die mathematische Gewißheit auszuschalten. Doch selbst die unbezweifelbare Evidenz der einfachsten mathematischen Sätze wie der, daß $1 + 1 = 2$ ist oder daß das Dreieck drei Seiten hat, bezweifelt Descartes. Weil er sie nicht mehr direkt bezweifeln kann wie die Sinneswahrnehmungen oder die Richtigkeit von Schlüssen, führt er den hyperbolischen (übertriebenen) Zweifel ein, nämlich die Hypothese eines «böswilligen Geistes», der aus hämischer Freude daran, mich hereinzulegen, mich so geschaffen hat, daß ich mich immer täusche. Aber er mag mich betrügen und mich täuschen, sosehr er will, in einem kann er mich nicht beirren: in der Tatsache, daß ich zweifle. Mögen alle meine Denkinhalte falsch sein, die Tatsache, daß ich, der da zweifelt, eben indem ich zweifle, denke, ist unzweifelbar gewiß. Und damit führt der methodische Zweifel zu der ersten unmittelbaren Gewißheit: *Ich denke, also bin ich, je pense donc je suis, cogito ergo sum.*

Hat mit dieser Gewißheit Descartes den Hebel gefunden, mit dem er die Welt aus den Angeln heben könnte? Wenn das Cogito der Hebel sein soll, so ist da keine Welt, nichts, wo der Hebel ansetzen könnte. Wir verfügen weder über eine äußere Welt (die der Erscheinungen) noch innere Welt (die der Denkinhalte). Alles was dieses Cogito mit Gewißheit weiß, ist, daß es denkt, und zwar nur so lange, wie es denkt, daß es denkt. Es ist die punktuelle Selbstgewißheit des leeren Selbstbewußtseins, die reine Gegenwart eines ‹jetzt denke ich, also bin ich jetzt›, die permanent aufrechterhalten werden müßte, denn der Denkinhalt ‹ich habe gerade gedacht› ist nicht mehr gewiß. Er geht über die unmittelbare Evidenz der Gegenwart hinaus, setzt die Verläßlichkeit des Gedächtnisses voraus und kann damit bezweifelt werden.

Der methodische Zweifel führte zwar zu einer evidenten, nicht mehr bezweifelbaren Gewißheit, aber er läßt das «Ich» des Cogito einsam und verlassen zurück. Führte er in die Sackgasse des Solipsismus*? Soll dieser Ansatz fruchtbar werden, muß Descartes aus dem Solipsismus herausfinden.

* Solipsismus (zu lat. solus ‹allein› und ipse ‹selbst›): Extremposition des erkenntnistheoretischen Subjektivismus, der behauptet, daß nur das eigene Ich und seine seelischen Zustände reale Existenz haben; alles andere sei nur in der Vorstellung vorhanden.

Die Natur des Cogito

Der Satz ‹Ich denke, also bin ich› hat die Form einer Schlußfolgerung, was die Konjunktion ‹also› deutlich zu verstehen gibt. Was für eine Schlußfolgerung kann dies sein? Um einen Schlußsatz einer Deduktion kann es sich nicht handeln, denn als solcher würde er den als richtig erkannten Obersatz ‹alles, was denkt, existiert› voraussetzen, d. h. auf Voraussetzungen bauen, die Descartes unter der Bedingung des methodischen Zweifels nicht als wahr behaupten kann. Der fragliche Obersatz wäre nicht dem Zweifel entzogen, sondern müßte ihm unterworfen werden. Für Descartes ist die Verbindung zwischen dem Denken und der Existenz eine intuitiv erkannte notwendige Wahrheit, die nicht die ontologische Behauptung beinhaltet, eine Aussage über die Existenz eines Dinges (einer Substanz) zu machen. Die Notwendigkeit der Verbindung ist eine Denknotwendigkeit. Sie wird intuitiv eingesehen aus dem Fall, daß die Vorstellung denkunmöglich ist, daß ich nicht denken könnte, ohne zu sein.

Wir können ihre logische Struktur verdeutlichen, wenn wir der Prämisse, dem allgemeinen Obersatz, folgende Form geben: ‹Wenn etwas denkt, dann existiert es›, oder noch allgemeiner, ‹um etwas zu tun oder um ein Prädikat zu haben, ist es notwendig zu existieren›. Dieser Satz kann behauptet werden, ohne daß wir annehmen müssen, daß irgend etwas existiert. Er macht keine Existenzvoraussetzung; denn wenn ich diesen Satz behaupte, behaupte ich damit nicht, daß es tatsächlich etwas gibt, das diese Bedingung erfüllt. Das Cogito macht keine Aussage über die Wirklichkeit, sondern über das Denken. Es formuliert eine Wahrheit, die unabhängig von irgendwelcher Realität (Existenzannahme) gilt, da sie unabhängig von jeglicher Realitätsannahme gedacht und intuitiv erkannt werden kann. Dies ist wichtig, denn wenn dem nicht so wäre, könnte ich von der jetzigen Position des methodischen Zweifels aus (der progressiven Ausklammerung jeglicher Realität) zu keiner Wahrheit gelangen. Die Kritik Lichtenbergs und Schellings, daß nicht ich denke, sondern es in mir denkt, verfehlt den Ansatz von Descartes, denn sie beruht auf einer ontologischen Annahme (die Existenz eines Es, wie immer dieses Es dann beschrieben wird), während Descartes zu diesem Zeitpunkt keinerlei Aussagen ontologischen Inhalts macht. Das Cogito behauptet nichts anderes (und nur dies), daß für das Denken eine notwendige Verbindung zwischen dem Denken und der Existenz besteht. Die erste Wahrheit, die Gewißheit, zu der der methodische Zweifel führt, ist eine Wahrheit des Denkens, eine Vernunftwahrheit, d. h. eine Apriori-Wahrheit. Soll der Aufbau irgendeiner Realität und die Möglichkeit wahrer Aussagen über diese Realität gelingen, dann nur – so die Annahme Descartes' –, wenn man von Aprioriwahrheiten ausgeht.

Was ist dieses «Ich» des Cogito? Es kann nicht das konkrete Ich sein, das hier lebt, hier schreibt. Das Ich des Cogito kann keinen Körper haben; denn daß es einen Körper gibt, kann ich bezweifeln. Es kann auch nicht ein rein geistiges notwendiges metaphysisches Ich sein (das reine Ich, das absolute Ich), denn damit würde ich annehmen, daß etwas existiert, eine Annahme, die ich auf der jetzigen Stufe des Cogito gar nicht machen kann. Das Ich des Cogito ist nicht notwendig, es ist zufällig, es ist kontingent. Es könnte durchaus sein, daß es nicht existiert. Was im Cogito als notwendig behauptet ist, ist die Tatsache, daß man, wenn man «cogito» («ich denke») sagt, man auch notwendigerweise «ich» sagt, in anderen Worten, daß das «Ich» notwendig das (grammatikalische) Subjekt der Aussage «ich denke» ist, daß zu einer Aussage notwendigerweise ein Subjekt gehört. Dies ist eine grammatikalische Tatsache, aber läßt sich aus einer grammatikalischen Tatsache schließen, daß es tatsächlich und zwar unbezweifelbar so etwas wie ein Ich gibt? Kann man von ihr aus zu irgendeiner unerschütterlichen und unbezweifelbaren substanziellen Aussage gelangen?

Zu einer Tätigkeit gehört ein Subjekt, das diese Tätigkeit ausführt. Entsprechen sich das ‹ich denke› und das ‹er denkt›? Beide Sätze haben zwar ein Subjekt, doch der zweite Satz verliert jeden Anschein von Evidenz. Aussagen in der dritten Person beschreiben Sachverhalte. Diese können zutreffen oder auch nicht, können also wahr oder falsch sein. In anderen Worten, deskriptive Aussagen können ihr Ziel verfehlen, und dann müssen sie, wenn es tatsächlich um die Beschreibung eines Sachverhaltes geht, korrigiert bzw. revidiert werden. Die Aussagen ‹ich denke›, ‹ich existiere› müssen, wenn sie sinnvoll gebraucht werden, notwendig wahr sein, da sie ihr Ziel nicht verfehlen können. Ihre Verneinung wäre sich selbst aufhebend; denn in dem Augenblick, in dem ich sage ‹ich existiere nicht›, ‹ich denke nicht›, existiere bzw. denke ich und hebe damit die behauptete Verneinung der Sätze auf. Sätze, die nicht ohne Selbstwiderspruch negiert werden können, sind logisch und damit notwendig wahr. Gehören diese Sätze zu den logisch wahren Sätzen? Offensichtlich nicht. Obwohl es notwendig wahr ist, daß ich denken bzw. existieren muß, um den Satz ‹ich denke›, ‹ich existiere› äußern zu können, ist es doch keine notwendige Tatsache, daß ich denke, daß ich existiere. Die Vorstellung, daß ich nicht denken könnte, daß ich nicht existieren müßte, ist möglich, sie enthält keinen Denkwiderspruch, während es denkunmöglich ist zu denken, daß A gleich nicht A ist.

Logische Wahrheiten sind denknotwendige Wahrheiten. Sie sind in einem strengen Sinn notwendig. Das, was das Cogito behauptet, ist zwar unleugbar wahr, aber nicht logisch wahr. Es ist nicht notwendig, sondern kontingent. Das Cogito ist evident, doch es hat Eigenschaften, die nicht alle evidenten Sätze haben. Eine Behauptung ist dadurch für denjenigen, der sie behauptet, evident, daß er sie, wenn sie wahr ist, glaubt. Das Cogito ist darüber hinaus selbstverifizierend und unkorrigierbar. Wer ‹Ich denke› sagt, bestätigt durch diesen Satz, daß er denkt, und wenn er denkt, daß er denkt (oder existiert), dann hat er notwendigerweise eine wahre Überzeugung. Indem Descartes die Unkorrigierbarkeit des Cogito auf andere Formen der Evidenz überträgt, indem er nicht zwischen unkorrigierbar und evident unterscheidet, glaubt er, zu substanziellen evidenten Gewißheiten gelangt zu sein.

Bewußtsein (res cogitans) – Materie (res extensa) – Gott

Das Cogito liefert zwar die unkorrigierbare, selbstverifizierende und evidente Gewißheit, daß zu einem «Ich denke» ein «Ich», zu einem Denken ein Selbstbewußtsein gehört. Aber dieses Selbstbewußtsein ist leer, es kennt sich nur als denkend und sonst nicht. Normalerweise denke ich nicht, daß ich denke, sondern ich denke an etwas, z. B. daran, wo ich meine Ferien verbringen, womit ich jemanden eine Freude machen kann, wie die Lösung eines mathematischen Problems lautet, ob es mir gelingt, das Denken Descartes' verständlich und nachvollziehbar zu machen. Mein Denken hat Denkinhalte, d. h. bestimmte Vorstellungen. Zu dem unspezifischen Cogito tritt das spezifische Cogito der Cogitationes (der Denkinhalte). Im Cogito verfüge ich über Denkinhalte (Ideen, Vorstellungen), die für mich evident sind. Wenn ich eine Vorstellung von Gott habe, dann ist für mich wahr, daß ich eine Vorstellung von Gott habe. Aber diese Vorstellungen sind weder unkorrigierbar noch selbstverifizierend und damit nicht unerschütterlich gewiß. Descartes unterscheidet jedoch nicht zwischen Unkorrigierbarkeit und Evidenz. Einige Denkinhalte (die res cogitans, die res extensa und Gott) haben für ihn die unerschütterliche Gewißheit des (unspezifischen) Cogito.

Der Begriff des Denkens wird von Descartes sehr weit gefaßt. *«Ich bin ein Ding, das denkt, d. h. zweifelt, bejaht, verneint, einiges wenige erkennt, liebt und haßt, will und nicht will, auch bildlich vorstellt und empfindet.»* Denken ist nicht eine rein intellektuelle Tätigkeit, zum Denken gehören auch das Wollen, das Empfinden. Wenn ich nach dem Ursprung meiner Denkinhalte suche, so können sie vom Empfinden herkommen. Ich habe die Vorstellungen von Gegenständen (Bäume), von Tätigkeiten (lesen, gehen), von Zuständen (Wärme, Kälte). Doch diese Vorstellungen gilt es auszuschließen, denn sie beziehen sich auf etwas, das vom methodischen Zweifel ausgeklammert wurde, auf Körperlich-Räumliches. Die Vorstellungen des Empfindens kommen von außen, ich kann sie von mir abtrennen. Es gibt auch Ideen, die von innen kommen, deren Ursprung ist die Einbildungskraft. Ich habe viele Ideen, von denen ich, ohne den methodischen Zweifel zu bemühen, weiß, daß sie Phantasieprodukte sind: Ideen von Feen, von Kobolden und von Gnomen und Riesen usw. Alle Denkinhalte kann ich von mir abtrennen. Führte doch der methodische Zweifel zu der Annahme, daß die ganze Welt Produkt meiner Phantasie sein könnte. Allein die Vorstellung des Denkens kann ich nicht von mir abtrennen. Das Denken

> *allein kann von mir nicht abgetrennt werden. Ich bin, Ich existiere, das ist gewiß. Wie lange aber? Offenbar solange ich denke, denn es ist ja auch möglich, daß ich, wenn ich überhaupt nicht mehr denken würde, sogleich aufhörte zu sein. Ich lasse jetzt nichts gelten, als was notwendig wahr ist; demnach bin ich genaugenommen lediglich ein denkendes Ding, d. h. Geist bzw. Seele bzw. Verstand bzw. Vernunft. (…) Ich bin nun wirklich ein wahrhaft seiendes Ding. Was denn für ein Ding? Ich sagte es ja: ein denkendes.*

Wenn ich denke, denke ich etwas. Dieses Etwas ist der Inhalt meines Denkens. Was einen Inhalt hat, muß ein «Gefäß» haben. Also bin ich, der denkt, ein denkendes Etwas, res cogitans, Seele, Bewußtsein, Geist. Von der Existenz von Denkinhalten, von dem, was in meiner Vorstellung als meine Vorstellungen existiert, wird auf die Existenz einer Form geschlossen, die den Inhalten zugrunde liegt (wie bei Aristoteles). Dies ist ein substanzieller Schluß. Geht Descartes mit dem Schritt vom Cogito zur res cogitans nicht einen Schritt zu weit? Führt das Cogito notwendig zu einer res cogitans, zu einer Substanz, deren Attribut das Denken (d. h. auch der jeweilige Denkinhalt) ist? Für Descartes ist, wenn das Denken seine Vorstellungen untersucht, die Vorstellung einer res cogitans die erste Vorstellung, die ihren Ursprung allein im Denken hat. Als solche ist sie eine notwendige Wahrheit a priori, eine eingeborene Idee in seiner Terminologie, und die erste Substanz, auf die das Denken stößt.

Wenn ich die Vorstellungen von Körperlichem betrachte, die

ich in meinem Geist habe – dies zeigt Descartes' berühmte Analyse des Wachses, die keine Analyse der realen Eigenschaften des Wachses ist, sondern der Vorstellungen, die ich von Wachs habe –, wenn ich also die Ideen von Körperlichem betrachte, so sehe ich, daß die Vorstellungen von Körpern mit der Vorstellung bestimmter Attribute verbunden sind: Farbe, Geruch, Beschaffenheit, Form, Gestalt. Doch all diese Eigenschaften können sich ändern – eine Wachskerze kann man verformen, sie kann farblos sein, geruchlos sein, flüssig werden –, aber eine Eigenschaft wird, wann immer und wie immer ich mir Körper vorstelle, unveränderlich bleiben: die Ausdehnung.

> *Ich weiß jetzt, daß die Körper nicht eigentlich von den Sinnen oder von der Einbildungskraft, sondern von dem Verstand allein wahrgenommen werden, und zwar nicht, weil wir sie berühren und sehen, sondern lediglich, weil wir sie denken.*

Die Ausdehnung ist eine Vorstellung, die notwendigerweise mit der Vorstellung von Körpern verbunden ist. Und damit habe ich eine weitere klare und deutliche Vorstellung, eine reine Denkwahrheit: die res extensa, den Raum, der als das allen Körpern Zugrundeliegende die zweite Substanz ist. Die Ausdehnung ist nicht konzipiert als irgendwelche reale Eigenschaft eines Körpers, sondern sie ist etwas Gedachtes, etwas Geistiges, eine Idee, und zwar eine angeborene: Sie ist die Bedingung, unter der ein Geist sich überhaupt Körper vorstellen kann. Das sinnlich Wahrnehmbare, die sekundären Qualitäten, wie Farbe, Geruch, Festigkeit, werden durch Descartes' Materiebegriff (res extensa) aus der Physik eliminiert. Die Welt unserer Wahrnehmung, die des Alltagsverstandes, ist Erscheinung. Die Welt, so wie sie wirklich ist, die «reale» Welt, die der Physik bzw. der Wissenschaften, wird ausgedrückt in mathematischen Verhältnissen und Strukturen. Sekundäre Qualitäten lassen sich als deren Modi oder Zustände auf primäre reduzieren, auf die notwendigen Bestimmungen des Raums, auf Gestalt und Bewegung.

Das Denken findet a priori, allein durch die Analyse seiner Inhalte und ohne sich auf eine empirische Wirklichkeit zu beziehen, zwei Substanzen, die die Bausteine der Welt sein könnten, wenn es uns gelänge, den Raum des Bewußtseins zu verlassen. Bis jetzt bewegen wir uns immer noch im Rahmen unseres Denkens, d. h. im Rahmen der Vorstellungen, und es muß nicht unbedingt etwas geben, was diesen Vorstellungen entspricht. Es ist zwar nach Descartes unbezweifelbar gewiß, daß ich mir Körper nur als ein ausgedehntes Ding denken kann und daß ich, ein denkendes Ding, bin, aber diese Gewißheit ist nur punktuell. Sie gilt nur, solange ich denke. Wenn ich nicht denke, könnte es durchaus sein, daß ich nicht bin. Will ich zu welthaltigen Aussagen gelangen, muß ich versuchen, aus dem Kreis meines Denkens auszubrechen. Dies kann mir aber nur gelingen, wenn ich in meinem Denken eine Vorstellung finde, die diesen Ausbruch leistet, die mein Bewußtsein auf eine Realität außerhalb des Bewußtseins transzendiert. Diese Vorstellung ist die Idee «Gott».

Descartes nimmt an, daß der Inhalt jeder Idee «etwas» ist. Es stellt sich also die Frage, woher dieses «etwas» stammt. Wenn ich meine Denkinhalte in dieser Hinsicht überprüfe, dann stelle ich die Frage, ob ich selbst die Ursache (der Ursprung) meiner Ideen sein könnte. Diese Möglichkeit muß ich bei allen von außen kommenden oder von meiner Einbildungskraft herrührenden Ideen annehmen. Aber unter den Ideen finde ich eine, die Vorstellung eines Wesens, das *«ewig, unendlich, allwissend, allmächtig und der Schöpfer aller Dinge außer ihm»*, kurz vollkommen ist, auf die diese Möglichkeit nicht zutreffen kann. Ich kann nicht die Ursache dieser Idee sein, da ich endlich und unvollkommen bin (wäre ich vollkommen, müßte ich nicht zweifeln). Wirkursache kann nur das sein, was mindestens ebensoviel realen Gehalt enthält wie das von dieser Ursache Bewirkte.

Nun aber wird durch das natürliche Licht offenkundig, daß in der vollständig wirkenden Ursache mindestens ebensoviel Realität enthalten sein muß wie in dem von dieser Ursache Bewirkten. Denn woher, frage

ich, könnte die Wirkung sonst ihre Realität empfangen als von der Ursache? Und wie könnte die Ursache sie ihr geben, wenn sie sie nicht selbst hätte?
Daraus aber ergibt sich, daß weder etwas aus Nichts entstehen kann noch ein Vollkommeneres (d. h. mehr Realität Enthaltendes) aus einem weniger Vollkommenen.

Descartes beruft sich auf ein angeblich evidentes Prinzip, das natürliche Licht der Vernunft. Doch was heißt es denn, daß Ursachen eine Realität enthalten müssen, und was ist daran evident? Gibt es überhaupt ein Mehr oder Weniger an Realität? Die Realität, die eine Vorstellung an sich besitzt, d. h. allein aufgrund der Tatsache, daß sie eine Vorstellung ist, nennt Descartes formale Realität und die Realität, die sie aufgrund ihres Gegenstandes besitzt, objektive Realität. An formaler Realität sind alle Ideen gleich, sie sind alle Vorstellungen eines Bewußtseins, während es verschiedene Grade objektiver Realität gibt. So hätten ein Kentaur und ein Pferd die gleiche formale Realität, ein Pferd aber zusätzlich noch objektive Realität. Sollen nicht alle Ideen das Produkt meiner Erfindung sein, dann müssen zumindest einige Ideen objektive Realität besitzen: Sie müssen Abbilder von unveränderlichen Naturen bzw. Formen sein, die die wahre Wirklichkeit darstellen. Eine distinkte und klare Einsicht (Vorstellung) ist deshalb wahr, weil sie Erkenntnis unveränderlicher Naturen ist; alle anderen Vorstellungen sind dunkel und verworren.

Wir sehen, wie ein elementares Prinzip der Descartschen Methode, die Forderung nach Klarheit und Deutlichkeit der Begriffe, eine metaphysische Theorie zur Voraussetzung hat, die auf platonische Gedanken zurückgeht. Bei dem Versuch, über den methodischen Zweifel konstruktiv ein System gesicherten Wissens aufzubauen, bemüht Descartes ohne den geringsten skeptischen Vorbehalt metaphysische Prinzipien der philosophischen Tradition.

Das scholastische Prinzip von dem Realgehalt der Ursachen und den verschiedenen Stufen der Realität braucht Descartes, um

Gott als das evidenteste Prinzip – evidenter noch als das Cogito – einführen und so dem Solipsismus entrinnen zu können.

> *Der Satz, daß Gott, der dieses vollkommene Wesen ist, ist oder existiert, ist mindestens ebenso sicher, wie ein geometrischer Beweis es nur irgend sein kann (...) oder sogar noch einleuchtender.*

Descartes' Gottesbeweis sieht, knapp skizziert, in etwa so aus. Ich habe die Idee Gottes, zu dieser Idee gehört die eines vollkommenen Wesens. Die Idee der Vollkommenheit kann ihren Ursprung nicht in mir haben, da ich unvollkommen bin und das Unvollkommene wegen seiner geringeren Realität niemals die Ursache einer größeren Realität sein kann. Gott muß also die Ursache der Idee Gottes sein, und er kann diese Ursache nur sein, wenn er objektive Realität besitzt, also wenn es ihn gibt. Also gibt es ihn. Er ist der Schöpfer, die Ursache von allem, auch meiner selbst, denn ich kann nicht die Ursache meiner selbst sein. Diesen «empirischen» Gottesbeweis – empirisch insofern, als er von der Tatsache ausgeht, daß ich eine Idee Gottes habe – ergänzt Descartes durch einen apriorischen Gottesbeweis. Diese Variante des sogenannten ontologischen Gottesbeweises will ebenfalls, ausgehend von der Idee der Vollkommenheit, nachweisen, daß zu der Idee der Vollkommenheit die Existenz gehört; denn ohne die Existenz wäre die Vollkommenheit nicht vollkommen: «*Denn offenbar war es unmöglich, diese Idee* [die Idee Gottes] *aus dem Nichts zu ziehen. Daß das vollkommenste Wesen Folge und Zubehör des weniger vollkommenen sein solle, ist kein geringerer Widerspruch, als daß aus nichts etwas hervorgehe.*»

Existenz ist keine Eigenschaft, kein Attribut eines Seienden, sondern sie bezeichnet die Tatsache des Vorhandenseins eines Seienden. Ob ein vorgestelltes Seiendes gewisse Attribute hat oder haben müßte und ob es tatsächlich existiert, sind zwei verschiedene Fragen. Dies weiß auch Descartes. Aber im Fall Gottes soll es einen Fall geben, in dem die Existenz eine notwendige Eigenschaft (Attribut) eines vollkommen Wesens wäre.

Zur Idee Gottes gehören die Wahrhaftigkeit und Güte. Wenn Gott wahrhaftig und gütig ist, dann kann er mich nicht betrügen wollen. Also müssen mindestens einige Ideen, nämlich die klaren und deutlichen, wahr sein, d. h. wahren Gegebenheiten und nicht imaginären Vorstellungen entsprechen. Gott ist der Grund für die Gültigkeit und Unbezweifelbarkeit mathematischer Sätze, denn erst jetzt entsprechen die mathematischen Sätze den Sachverhalten, die sie beschreiben. Jeder wahre Satz bildet einen Sachverhalt ab. Um Sachverhalte abbilden zu können, müssen diese existieren. In eigenen Vorstellungen befangen, kann ich die objektive Gültigkeit bzw. den objektiven Grund von Sachverhalten nicht nachweisen. Die Auffassung einer «absoluten» Realität, einer unrevidierbaren objektiven Erkenntnis läßt sich nur halten, wenn der Nachweis einer Grundlage gelingt, die außerhalb der Subjektivität liegt. Der objektive Grund der Welt kann nur Gott sein. Gott führt das Ich über das Cogito hinaus, er verleiht dem Ich Identität und Körper. Gott ist Fundament der Welt und die Brücke des Ich zur Welt. Er ist erste Substanz, Substanz im eigentlichen Sinn, von dem die beiden anderen Substanzen, die res cogitans und die res extensa, ausgehen. Dank der Wahrhaftigkeit und Güte Gottes gibt es eine Entsprechung von der Vorstellung «Welt» und der Welt und damit Wissenschaft als gesichertes Wissen über die Welt.

Die Gewißheit, die Descartes suchte und die er gefunden zu haben glaubte, basiert auf einer für die Vernunft immer ungewiß bleibenden Annahme der Existenz Gottes. Kann dieser Gott in seiner Güte das Argument des «böswilligen Geistes» entkräften? Dieser Geist könnte so raffiniert sein, mir die Idee eines gütigen und wahrhaftigen Gottes deshalb einzugeben, um mich gerade dann zu täuschen, wenn ich mich vor Täuschung sicher wähne.

In seinem Bestreben, bei Null anzufangen, hat Descartes in seinem ersten Schritt die Tradition ausgeschaltet. Sein Ansatz ist zutiefst ahistorisch, ja anti-historisch. Die geschichtliche Überlieferung kann nicht Quelle der Wahrheit sein, denn für Vergangenes gibt es keine Evidenz. Die historischen Wissenschaften haben keinen Platz in dem Wissenschaftssystem von Descartes. Durch diese Einschränkung schuf er nicht nur das Ideal der exakten Wissenschaften, sondern er legte auch den Grund für den Optimismus der Aufklärung.

Die Metaphysik Descartes' befreit die Wissenschaft endgültig von der Vormundschaft der Kirche. Sie beweist die Existenz Gottes, um sich Gottes zu entledigen. Bereits Descartes' Zeitgenosse und Antagonist Blaise Pascal bemerkt: «*Ich kann Descartes nicht verzeihen. Am liebsten hätte er in seiner ganzen Philosphie auf Gott verzichtet. Aber er konnte nicht umhin, ihm einen Stups zu geben, damit er die Welt in Bewegung setze, danach hat er mit Gott nichts mehr zu tun.*»

In das Gebiet der Erkenntnis hat Gott sich nicht einzumischen. Er mußte in seiner Güte und Wahrhaftigkeit die Welt so schaffen, daß die menschliche Vernunft sie erkennen kann. «*Gott (...) als Urquell aller Wahrheit* [hat] *unseren Verstand nicht derart geschaffen, daß er sich in den Urteilen täuschen kann, die er über die Urteile fällt, die er in höchst klarer und distinkter Weise erfaßt.*»

Ungestört kann die Vernunft im Vertrauen auf sich selbst, sofern sie nur die richtige Methode befolgt, von Wahrheit zu Wahrheit, von Entdeckung zu Entdeckung weiterschreiten, kann erfolgreich Irrtümer und Mißstände beseitigen. Irrtum beruht auf dunklen, verworrenen Vorstellungen. Die Methode bringt Licht in unklare Meinungen. Ist die Arbeit der Aufklärung geleistet, dann kann ein Festhalten an alten «Vorurteilen» gegen die «Evidenz» der neuen Wahrheiten nur Verblendung und Böswilligkeit sein. Irrtum wird damit zu einem moralischen Vergehen und kann entsprechend geächtet werden. Die Methode kann eingesetzt werden, nicht nur um Wissen zu produzieren, das hilft, die Welt und das Leben in dieser Welt zu meistern, sondern dogmatisch auch gegen die, die die neuen Wahrheiten nicht akzeptieren wollen. In einem rationalistischen Fortschrittsglauben wird der Mensch zum Konstrukteur seiner Welt, nicht nur der technischen, sondern auch der sozialen. Doch der Glaube an die Macht der Vernunft wird sich als ein Irrglaube erweisen. Heute haben wir die technologische Zuversicht verloren. Ohne die Garantie einer Gewißheit, die einer unerschütterlichen ewigen Wahrheit, müssen wir versuchen, uns in einer Welt, in der die Orientierung nicht leichter geworden ist, vernünftig zurechtzufinden und einzurichten. Die Vernunft ist nicht die Herrin der Welt, hoffen wir, daß sie ihre bescheidene Rolle als Dienerin erfüllen kann.

Descartes hat dem sich anbahnenden wissenschaftlichen Zeitalter zum Durchbruch verholfen. Er hat zwar nicht die Welt aus den Angeln gehoben, aber immerhin die Welt der Philosophie. Bahnbrechend waren nicht so sehr die Ergebnisse seines Denkens als vielmehr die methodische Kehrtwendung und das Ziel, das er sich setzte. Sein Programm der systematischen Suche nach gewisser Erkenntnis war vernünftig und vielversprechend. Um herauszufinden, was es hält, mußte es ausgeführt werden. Daß es scheiterte, liegt nicht am Vorgehen Descartes', sondern daran, daß es undurchführbar ist. Gewißheit ist eine subjektive Kategorie. Liegt das Fundament des Erkennens im erkennenden Subjekt und nicht mehr im Objekt, dann erhebt sich das Problem der objektiven Erkenntnis. Erkenntnis ist nicht mehr unmittelbare Erkenntnis des Seins, sondern perspektivische Erkenntnis durch ein Subjekt.

Worin liegt dann die Geltung der Erkenntnis?

Wissenschaftliche Aussagen erheben einen Anspruch der Allgemeingültigkeit und damit der Objektivität, sie sind Aussagen in der dritten Person und nicht in der ersten. Wodurch erlangen dann wissenschaftliche Aussagen ihre Geltung? Descartes versuchte, dieses Problem zu lösen, indem er, trotz seines subjektivistischen Ansatzes, eine absolute Perspektive einforderte. Diese Perspektive der dritten Person ist die Perspektive Gottes. Kraft der von Gott errichteten Harmonie zwischen den Vorstellungen des Subjekts und der Welt gibt es Wahrheit, ist objektive Erkenntnis möglich, ist Wissenschaft objektiv. Wird mit dem Scheitern einer objektiven Wahrheitsbegründung Wahrheit rein subjektiv? Oder läßt sich Wahrheit intersubjektiv bestimmen? Sie würde für jeden einzelnen gelten und wäre damit in einem neuen Sinne objektiv.

2 Die Erschütterung der Vernunft – Hume

In allen Vorkommnissen des Lebens sollten wir jederzeit unseren Skeptizismus bewahren. (...) Vollends, wenn wir Philosophen sind, sollten es wir nur sein nach skeptischen Grundsätzen.

Ein richtiger Skeptiker wird seinen philosophischen Zweifeln ebenso sehr mißtrauen, wie seiner philosophischen Überzeugung.
Hume

Die Sinneswahrnehmung als Basis der Erkenntnis

Alle Formen des Rationalismus* versuchen den Nachweis zu erbringen, daß jegliches Wissen, wenn auch nicht ausschließlich, so doch in den entscheidenden Elementen in einem Verstandes- bzw. Vernunftwissen gründet. Die empirischen Elemente liefern lediglich das Material, das mit Hilfe der nichtempirischen Vernunftsbegriffe strukturiert und organisiert wird. Die Vernunft ist die ausgezeichnete Erkenntnisquelle, da sie uns gestattet, ohne Rückgriff auf irgendwelche Erfahrungstatsachen Apriori-Prinzi-

* Als Rationalismus im weiten Sinn wird der Glaube an die Vernunft, an die Kraft vernünftigen Argumentierens bezeichnet. Das Gegenteil dazu ist der Irrationalismus; nach diesem sind die grundlegenden Erkenntnisquellen irrationaler Natur, das Gefühl z. B., und bleiben der Vernunft verschlossen. Innerhalb der rationalistischen Bewegung des 17. und 18. Jahrhunderts stehen sich zwei Formen einer rationalistischen Haltung gegenüber: der Rationalismus (im engen Sinne) und der Empirismus.

pien zu entdecken, deren Gültigkeit die Intuition als evident zu erweisen vermag und die den Irrtum logisch ausschließen. In gegen Irrtum immunen Axiomen der Vernunft ist die Wahrheit gegeben, die ein verläßliches Wissen garantiert, das jedem skeptischen Zweifel standzuhalten vermag. Sicheres Wissen basiert allein auf einer durch die Vernunft zu erkennenden Wahrheit. Doch die «Vernunftanstrengungen» haben Descartes in eine Falle geführt, die das Cogito sich selbst schaufelte und in der das reine Bewußtsein, sich selbst und seinen Bewußtseinsinhalten überlassen, festsitzt. Daraus befreite es sich dank eines selbstimaginierten «deus ex machina», eines Gottes aus den Bewußtseinsinhalten, der die beiden eingeborenen Ideen, die res cogitans (Geist / Seele) und die res extensa (Materie), in die Substanzen der Welt transformiert. Der Rationalismus in der Nachfolge von Descartes wird versuchen, die Schwierigkeiten des Descartschen Ansatzes zu vermeiden und den scharfen Dualismus der Substanzlehre zwischen Geist und Materie immer noch im Rahmen einer Substanzmetaphysik aufzulösen.

Der Empirismus sucht unter Beibehaltung des Programms von Descartes, der Suche nach Gewißheit, und unter dem Eindruck des Siegeszugs der Newtonschen Physik die gesicherten Elemente des Wissens nicht im Verstand, sondern in der empirischen Erfahrung. *«Meine Absicht ist, den Ursprung, die Gewißheit und den Umfang der menschlichen Erkenntnis zu untersuchen»* (Locke).

Auch der Empirismus geht vom Primat des Bewußtseins vor der Existenz der Außenwelt, vom erkennenden Subjekt aus. Diesem ist, wie bei Descartes, die Welt nicht unmittelbar gegeben, sondern durch Vorstellungen (Ideen). Die Bewußtseinsinhalte, von denen es aber bei der Suche nach einer gesicherten Erkenntnis über die Welt auszugehen gilt, sind nicht die reinen Denkinhalte, sondern die Wahrnehmungsinhalte. Nun ist der Empirismus nicht ein naiver Realismus, der behauptete, daß die realexistierenden Gegenstände der Außenwelt sich einfach als Wahrnehmungsinhalte in unserem Bewußtsein spiegelten. Er bestreitet keineswegs das nicht zu leugnende Phänomen der Sinnestäuschungen, das Descartes dazu führte, das Zeugnis der Sinne zu verwerfen. Nicht irgendwelche Gegenstände der Außenwelt sind die letzten gegebenen Daten der Wahrnehmung. Im Gegenteil, die Wahrnehmung von Gegenständen ist ein höchst komplizierter Prozeß. Sie ist auf eine Tätigkeit des Geistes zurückzuführen, der ursprüngliche elementare Empfindungsdaten (Perzeptionen) interpretiert und zu Gegenstandswahrnehmungen zusammenführt.

Wahrnehmungen bzw. Empfindungen können an sich weder wahr oder falsch sein, sie sind so, wie sie sind. Wahr oder falsch sind erst die Urteile über Perzeptionen (Wahrnehmungen). Urteilen ist eine Tätigkeit des Geistes und damit dem Irrtum unterworfen. Es ist ein Zeichen der Unvollkommenheit des menschlichen Geistes, daß er sich sowohl bei der Verknüpfung logischer Relationen, z. B. bei mathematischen Aufgaben, wie bei Verknüpfungen von Perzeptionen irren kann. Sinnestäuschungen als das Resultat einer Geistestätigkeit beruhen auf einer falschen Interpretation, einem falschen Beurteilen der Daten, die die Wahrnehmung liefert. Die Möglichkeit des Irrtums reicht nicht aus, um ein Wissen als Scheinwissen zu verwerfen. Irrtum kann bedauerlich sein, Irrtum kann praktisch zu schlimmen Folgen führen; aber da die Möglichkeit besteht, den Irrtum zu erkennen und zu korrigieren, ist Irren kein erkenntnistheoretisches Verhängnis. Metaphysisches Wissen und nicht Erfahrungswissen ist Scheinwissen, denn es handelt von Gegenständen, über die wir nichts in Erfahrung bringen können. Es hebt vom Boden der Erfahrung ab und verliert sich in kühnem Aufschwung im spekulativen Nebel. Bei sachhaltigem Wissen gibt uns allein die Erfahrung die Möglichkeit, Irrtum zu erkennen und Irrtum vom Wissen zu unterscheiden, deshalb ist sie als Erkenntnisquelle ausgezeichnet. Nur Erfahrungswissen ist ein leidlich gesichertes Wissen. Bei metaphysischem Wissen können wir nicht einmal sagen, ob es Wissen ist, da wir keine Kriterien haben, es vom Irrtum zu unterscheiden. Die Metaphysik liefert weder Wissen noch Irrtum, sie liefert «*Hirngespinste*». Apriorische, auf reines Denken gestützte Aussagen über die Wirklichkeit sind nichts als «*Sophisterei und Blendwerk*»; «*über die Erfahrung können wir nicht hinausgehen*» (Hume).

Auf die ursprünglichsten kleinsten Sinneswahrnehmungen gilt es zurückzugehen. Wenn diese auch nicht absolut unbezweifelbar sind, so liefern sie doch eine gewissere Basis des Wissens als die angeblich reinen Denkinhalte des Verstandes, aus denen die Metaphysik ihr Gebäude konstruiert.

Der Empirismus beruft sich auf das Prinzip, daß nichts im Verstand ist, was nicht vorher in den Sinnen war. Dieses Prinzip «*nihil est in intellectu, quod non sit prius in sensu*» geht auf Thomas von Aquin zurück, der es Aristoteles zuschreibt. Es verwirft die Konzeption der reinen Vernunftsbegriffe, der Apriori-Begriffe, nicht die der Vernunftwahrheit. Wahrheit ist eine Eigenschaft von Sätzen und nicht von Gegenständen. Es liegt nichts Geheimnisvolles darin, daß ich allein durchs Denken, ohne auf irgendwelche Erfahrung zurückzugreifen, die Wahrheit von bestimmten Sätzen erkennen kann, während es unerklärlich ist, wie Begriffe ohne jeden Rückgriff auf Erfahrung gebildet werden können. Um den Begriff der Identität zu bilden, braucht man Erfahrung, nicht aber um die Wahrheit des Satzes zu erkennen, daß ‹A mit sich selbst identisch ist (‹A = A›)›.

John Locke (1632–1704), der als erster den erkenntniskritischen Ansatz formulierte und durchhält – bei Descartes führte der erkenntniskritische Ansatz zu einer Neubegründung der Metaphysik –, versucht nachzuweisen, daß das Postulat der eingeborenen Ideen (ideae innatae) überflüssig ist, da eingeborene Ideen nichts liefern, was nicht durch die Sinne erworben ist. Gott würde uns nicht mit Sinnesorganen ausgestattet haben, die im hohen Maße geeignet sind, uns Kenntnisse zu liefern bzw. zu erwerben, wenn diese Kenntnis eingeboren wäre. «Ideen» sind nach Locke das Material des Denkens. Der Begriff des Denkens und der Ideen ist wie bei Descartes sehr weit gefaßt und bezeichnet alle bewußten Denkgehalte: Vorstellungen, die wir durch äußere Sinneseindrücke von Eigenschaften der Gegenstände oder durch innere Sinneseindrücke (z. B. Schmerzempfindungen) oder durch Erinnerungsbilder gewinnen, aber auch abstrakte Begriffe, also Ideen im engeren Sinn, Vorstellungen wie die Gerechtigkeit.

Das Bewußtsein ist zunächst eine tabula rasa, in die durch Sinneswahrnehmungen (engl. sensation) die Vorstellungen von den Eigenschaften der physikalischen Gegenstände der äußeren Welt eingeschrieben werden. Diese verursachen Vorstellungen, die der Geist passiv, rezeptiv aufnimmt. Der Ursprung der Ideen liegt in den Sinneswahrnehmungen, und ohne Erfahrung gibt es daher keine Erkenntnis.

Sind durch die Sinneswahrnehmung Ideen im Geist abgelagert, so hat der Geist die Fähigkeit, über diese Ideen zu reflektieren. Die Wahrnehmung unserer Geistestätigkeiten produziert eine neue Art von Ideen, die Ideen der Reflexion, d. h. alle Verstandestätigkeiten wie Wahrnehmen, Denken, Glauben, Zweifeln, Wollen usw. Die Ideen der Reflexion werden durch die Ideen der Sensation verursacht. Damit gehen alle Ideen auf die Erfahrung zurück, die Ideen der Sensation unmittelbar durch die Sinne, die der Reflexion mittelbar. Die Reflexion ist eine Art «innerer Sinn».

> *Diese Quelle der Ideen befindet sich in jedem; und obwohl sie kein Sinnesorgan ist, da sie nichts mit den äußeren Dingen zu tun hat, ist sie einem Sinnesorgan doch sehr ähnlich und kann mit Recht ein innerer Sinn (internal sense) genannt werden.*

Aber selbst wenn es stimmen würde, daß alle unsere Ideen entweder Ideen der Sensation oder der Reflexion sind, selbst wenn wir in der Introspektion ein Organ hätten, das uns zeigte, daß alle unsere Ideen entweder von Sinnesempfindungen oder von der Reflexion herkommen, so bleibt doch noch die Frage, woher wir dies wissen. Sinnesempfindung und die Reflexion können keinen Beweis dafür liefern, denn die Erfahrung kann uns nicht lehren, daß alle Erkenntnis von der Erfahrung kommt. Das Problem des

Empirismus ist es, daß es keinen empirischen Beweis für den Empirismus geben kann. Die Sensationen bilden das ab, was Locke die primären Eigenschaften von physikalischen Gegenständen nennt. Die primären Eigenschaften sind mit den Körpern untrennbar verbunden und erzeugen im menschlichen Geist die entsprechenden Ideen, z. B. von Festigkeit, Ausdehnung, Gestalt und Beweglichkeit. Die sekundären Qualitäten wie Farbe, Geschmack, Geruch, Wärme bilden nicht etwas ab, was im Körper wirklich existiert, sondern werden vom Geist erzeugt.

> *Es ist nötig (...), die primären und realen Eigenschaften der Körper, die immer in ihnen sind (...), von den sekundären und den Körpern zugeschriebenen Qualitäten zu unterscheiden, die nichts weiter sind als die Vermögen verschiedener Kombinationen primärer Qualitäten.*

Aber woher weiß ich, daß die primären Eigenschaften untrennbar mit den Körpern verbunden sind? Dies kann ich nicht wissen, denn die Wahrnehmung eines Gegenstandes besteht darin, daß ich ihn mir geistig vorstelle, d. h. eine Idee wahrnehme, die ihn repräsentiert. Daraus folgt, daß wir den Gegenstand selbst niemals kennenlernen, sondern nur unsere Vorstellungen von ihm, d. h. Vorstellungen von bestimmten primären und sekundären Eigenschaften, die wir, wenn sie stets zusammen auftreten, zur Vorstellung eines Gegenstandes bündeln. Vorstellungen (Ideen) sind im Geiste, aber körperliche Eigenschaften, da sie die entsprechenden Vorstellungen erzeugen, können nicht im Geiste sein (existieren). Sie können auch nicht als Eigenschaften existieren, denn Eigenschaften sind immer Eigenschaften von etwas. Sie müssen Dispositionen eines Objekts sein. Sie bedürfen eines Trägers, der als das Substrat, als die Grundlage dieser Eigenschaft fungiert. Wir sehen uns daher gezwungen, eine körperliche (materielle) Substanz als die Ursache unserer Vorstellungen zu postulieren.

Obwohl Locke den aristotelischen Substanzbegriff kritisiert, ist er nicht bereit, auf ihn zu verzichten. Die Vorstellung der Substanz ist keine klare Vorstellung; wir sind im Dunkeln und völlig unwissend. Wenn wir prüfen, was *«der Begriff der reinen Substanz im allgemeinen»* bedeutet, geht es uns wie dem Indianer, der behauptet, daß die Welt von einem großen Elefanten getragen wird. Auf die Frage, von was der Elefant getragen wird, antwortet er, von einer großen Schildkröte. Erneut gefragt, von was die große Schildkröte getragen wird, antwortet er, von irgend etwas, doch er wisse nicht von was. Locke fährt fort:

> *Die Idee (...), der wir den allgemeinen Namen der Substanz geben, ist nichts als der angenommene, aber unbekannte Träger der existierenden Eigenschaften; wir stellen uns vor, daß sie nicht existieren können sine re substante, ohne etwas, das sie trägt.*

Diese allgemeine Idee eines Substrats, der «Begriff von der reinen Substanz im allgemeinen», stammt nicht aus der Erfahrung, wir können ihn weder durch Sensation noch durch Reflexion erlangen. Der menschliche Verstand selbst denkt diesen Begriff zu dem ihm durch die Sinne gegebenen Material hinzu und bildet dadurch überhaupt erst die Vorstellung eines einheitlichen Gegenstandes.

An dieser Stelle verläßt Locke seinen empiristischen Ansatz und kommt zu Vorstellungen, die wir bei Kant wiederfinden werden. Locke unterscheidet das nominale Wesen (die nominale Essenz) einer Substanz, das durch den Komplex derjenigen Eigenschaften bestimmt ist, die wir durch Erfahrung kennen, vom wirklichen Wesen (der realen Essenz) einer Substanz. Die realen Essenzen körperlicher Substanzen können vom menschlichen Verstand nicht erkannt werden. Sie sind zwar gemäß der Abbildtheorie bzw. Repräsentationstheorie der Wahrnehmung der Ursprung der wahrgenommenen Qualitäten, doch unsere Kenntnis von den natürlichen Gegenständen geht nicht über die wahrgenommenen Qualitäten hinaus, denn sie reicht nicht weiter als unsere Erfahrung. Wenn wir versuchen, das Wesen der Substanz zu verstehen, die reale Essenz der Materie und des Geistes zu erkennen, verlassen wir die Grenzen des menschlichen Verstandes. Die objektive Realität der Dinge, die wir als Quelle und Ursache der Vorstellungen postulieren müssen, bleibt dem Erkennen ewig verschlossen. Was Locke meint, verdeutlicht er an folgendem Beispiel. Die *nominale Essenz* von Gold ist das Bündel von Eigenschaften, durch die unsere Vorstellung von Gold bezeichnet wird. *«Die reale Essenz dagegen ist die Beschaffenheit der sinnlich nicht wahrnehmbaren Teilchen»*, auf denen alle Eigenschaften des Goldes beruhen.

Die Grundtendenz von Locke ist empiristisch. Doch ist er kein reiner Empirist. Man könnte den Empirismus, den er vertritt, einen metaphysischen nennen, weil er darauf besteht, daß zum Erkenntniserwerb Erfahrung nötig ist, doch metaphysische Postulate, die durch Erfahrung nicht ausgewiesen werden können, nicht ausschließt. In seiner Nachfolge werden die Empiristen versuchen, die metaphysischen Reste auszuschalten. Folgerichtig richtet George Berkeley (1684–1753) seinen Angriff gegen die Elemente von Locke, die eine physikalische Realität hinter unseren Ideen annehmen, gegen das Konzept einer materiellen Substanz, das aus mehreren Gründen verworfen werden muß. So ist die Unterscheidung zwischen primären und sekundären Qualitäten nicht haltbar. Größe soll zu den primären Eigenschaften eines Körpers gehören, Wärme bzw. Kälte zu den sekundären. Was spricht für diese Unterscheidung? Die Tatsache, daß ein und derselbe Gegenstand dem einen heiß und einem anderen kalt vorkommt? Sicher, Wärmeempfindungen sind subjektiv. Aber wenn subjektiv heißt, daß etwas relativ zu einem wahrnehmenden Geist besteht, dann gilt dies auch von den primären Qualitäten. Denn ob ein Gegenstand groß oder klein aussieht, bewegt ist oder in Ruhe, hängt vom Standpunkt des Wahrnehmenden ab. Sein ist Wahrgenommen-Werden *(esse est percipii)*. Es gibt kein Objekt hinter der Wahrnehmung, keine irgendwie nicht faßbare materielle Substanz. Die physikalischen Dinge existieren nur, indem sie wahrgenommen werden. Sie haben keine Existenz außerhalb den Wahrnehmungen eines Geistes. Jenseits des empirischen Faktums der Wahrnehmung gibt es nichts.

Nur sind wir aber sehr beschränkte Geister mit einer beschränkten Wahrnehmung. Ich brauche nur von meinem Schreibtisch aufzustehen, mein Zimmer zu verlassen, die Tür zu schließen, und schon nehme ich meinen Schreibtisch nicht mehr wahr. Existiert er darum nicht mehr? Er existiert dann weiterhin, wenn es einen unendlichen Geist gibt, dessen Wahrnehmungen nicht raum-zeitlich begrenzt sind. Dieser Geist ist Gott. Das ganze Universum ist eine Wahrnehmung, eine Idee Gottes, das Produkt seiner Einbildungskraft. Gott ist die Ursache unserer Wahrnehmungen, wie wir selbst die Ursache der Ideen unserer Einbildungskraft sein können. Es gibt also nur eine einzige Substanz, Geister und Ideen (Wahrnehmungen).

Der Monismus Berkeleys ergibt sich aus dessen radikalem Idealismus, der die Materie auflöst, indem er sie auf das Produkt einer Aktivität des Geistes (Wahrgenommen-Werden) reduziert. Doch interessanterweise braucht auch der Empirist Berkeley wie der Rationalist Descartes einen Gott, um die Existenz einer vom menschlichen Subjekt unabhängigen Welt zu sichern.

Die empiristische Methode

Bei Berkeley erreicht der Empirismus seine extremste Form, den Sensualismus. David Hume (1711–1776) wird, vom Sensualismus Berkeleys ausgehend, den Versuch unternehmen, den Empirismus von den letzten metaphysischen Annahmen zu reinigen.

Was als Wahrnehmungsgegenstand unserem Bewußtsein unmittelbar gegenwärtig ist, nennt Hume Perzeption. Er unterscheidet innerhalb der Klasse der Bewußtseinsinhalte zwischen Eindrücken und Vorstellungen. Zu den Impressionen gehören sowohl die Eindrücke der Sinneswahrnehmung (impressions of sensation) als auch die der Selbstwahrnehmung (impressions of reflexion), d.h. die seelischen Empfindungen wie Schmerz, Freude, Trauer, Kummer usw. Eindrücke (impressions) sind jene Perzeptionen, die wir haben, wenn wir etwas als unmittelbar gegenwärtig wahrnehmen, Vorstellungen (ideas, thoughts) diejenigen, die wir haben, wenn wir uns mit einem Gegenstand oder Gefühl, die nicht gegenwärtig existent sind, geistig beschäftigen. Unter den Vorstellungen gibt es die Vorstellungen unseres Gedächtnisses, die vergangene Impressionen ins Bewußtsein zurückrufen, und Vorstellungen, die ihren Ursprung in der Einbildungskraft haben, mit deren Hilfe wir Sinneseindrücke in neuer Weise organisieren.

Nur Eindrücke und Vorstellungen sind die unmittelbaren Daten des Bewußtseins, in diesem Sinn sind sie gleichwertig. Sinneseindrücke (Impressionen) sind aber fundamentaler, sie sind die kleinsten Bestandteile der Erfahrung, die Basis unserer Welterkenntnis. Alles Erfahrbare zeigt sich in und durch Sinneseindrücke. Sämtliche Vorstellungen sind aus Eindrücken abgeleitet, die Vorstellung Gottes z. B. aus Vorstellungen wie väterliche Liebe, Autorität, Strafe etc.

Hume ist der Vater der Projektionstheorien. Der Glaube an objektive Werte wie der Glaube an eine kausale Notwendigkeit sind für ihn Beispiele von Projektionen. Eindrücke sind meistens stärker und lebhafter als Vorstellungen, doch dies muß nicht sein. Die Eindrücke selbst muß man in einfache und zusammengesetzte Eindrücke untergliedern. Wenn wir unsere Perzeption eines Apfels analysieren, so stellen wir fest, daß wir den Eindruck einer bestimmten Farbe, einer bestimmten Gestalt, eines bestimmten Geruchs usw. haben. Dies sind die einfachen Perzeptionen, auf die sich die zusammengesetzten Perzeptionen zurückführen lassen. Diese elementaren Bewußtseinsinhalte lassen in der Vorstellung keine Unterscheidung und Trennung mehr zu. Die Grenzen der Perzeption sind aber nicht die Grenzen der Vernunft. Die Vernunft schreitet durchaus zu weiteren Unterscheidungen, doch erhebt sich die Frage nach deren Berechtigung. Bewußtseinsinhalte (Perzeptionen) sind einerseits einfache oder zusammengesetzte Sinneseindrücke (Sensationen), andererseits Vorstellungen (Ideen). Die einfachen Eindrücke sind insofern ausgezeichnete Perzeptionen, als sie das Baumaterial unserer Welt liefern. Vorstellungen sind aus den ihnen entsprechenden einfachen Eindrücken entstanden.

Daß diese Behauptung nicht gilt, darauf hat Hume selbst hingewiesen. Es gibt mindestens ein Beispiel für einfache Perzeptionen, die ihren Ursprung nicht den Sinnen, sondern der Vorstellungskraft verdanken. Dies ist der Fall bei Farbschattierungen. Angenommen, wir hätten bis auf eine Ausnahme alle Schattierungen von ‹blau› wahrgenommen, dann ließe sich die fehlende aus der Einbildung ergänzen. Doch dieser Fall widerspricht keineswegs dem empiristischen Prinzip *«keine Vorstellungen ohne Eindrücke»*. Er zeigt nur, daß es auch einfache Sinneseindrücke geben kann, die ihren Ursprung nicht den Sinnen allein verdanken, sondern der Einbildungskraft. Die Einbildungskraft (Imagination, Phantasie) ist äußerst produktiv. Sie ist die Kraft, die Welten erschafft. Gerade wegen ihrer positiven Leistung müssen wir ihr kritisch gegenüberstehen: Diese Welten können reale oder imaginäre Welten sein.

Die dargestellte Konzeption hat Hume weitgehend von seinen Vorgängern Locke und Berkeley übernommen. Nicht in dieser Konzeption liegt seine Orginalität, sondern darin, was er daraus macht. Wenn wir unsere Vorstellungen (Ideen) nur gewinnen, indem wir elementare Impressionen kombinieren, variieren, verschieben, anreichern, dann heißt dies, daß wir unsere Vorstellungen nicht frei bzw. aus dem Nichts erschaffen können:

«Es ist uns unmöglich, ein Ding zu denken, das wir nicht zuvor entweder durch unsere äußeren oder inneren Sinne empfunden haben.»

Daraus ergibt sich als logische Konsequenz, daß Bezeichnungen von Vorstellungen, d. h. Begriffe, die wir nicht auf Impressionen zurückführen können, keine Bedeutung haben. Damit beschränkt Hume sinnvolle Begriffe auf den Bereich des Erfahrbaren. Begriffe, die nicht auf Erfahrbares zurückgeführt werden können, sind gehalt- bzw. sinnlos. Wird ein philosophischer Ausdruck, mit dem wir keine klare Vorstellung zu verknüpfen vermögen, gebraucht, so brauchen wir nur nachzuforschen, von welchem Eindruck diese angebliche Vorstellung herstammt. Finden wir keinen, so ist die Vorstellung leer und der Ausdruck sinnlos. Metaphysische Hypothesen sind Produkte einer blinden Einbildungskraft. Die Einbildungskraft scheint stets geneigt, sich über den Bereich der Erfahrung hinwegzusetzen und dort Aussagen zu machen, wo es kein Kriterium der Wahrheit mehr geben kann. Nur empirische Sätze sind begründbar. Diese Bedeutungstheorie wird der Kern von Humes Methode und die entscheidende Waffe gegen *«metaphysische Sophisterei und Blendwerk»*.

Humes Ziel ist es, der Descartschen Vorgabe gemäß, die gesicherte Basis sämtlicher Wissenschaften zu finden. Da das erkennende Subjekt einer jeden Wissenschaft der Mensch ist, kann nur eine sichere Vorstellung von den Möglichkeiten, den Grenzen und den Elementen menschlicher Erkenntnis uns in die Lage versetzen, einen Erkenntnisgegenstand erfolgreich anzueignen. Nicht mehr die Metaphysik wie bei Descartes, sondern eine empirische Wissenschaft vom Menschen hat daher die erste Wissenschaft, die prima philosophia, zu sein. Die moderne Psychologie führt über die Introspektion zu sicheren und selbstgewissen Eindrücken, die mit Hilfe einer ausgezeichneten Methode eine objektive Wissenschaft vom Menschen ermöglichen. Mit seinem Erstlingswerk, dem Traktat über die menschliche Natur (mit dem bezeichnenden Untertitel: Ein Versuch, die experimentelle Methode des Denkens in die Humanwissenschaften einzuführen), setzt sich Hume das nicht gerade bescheidene Ziel, der Newton der Humanwissenschaften (moral science) zu werden. Hume möchte die auf Beobachtung und Erfahrung basierende Methode der Naturwissenschaften, die dadurch ausgezeichnet ist, daß sie zu verläßlichen Ergebnissen führt, auf den menschlichen Geist übertragen. Die Erfolge der Naturwissenschaften beruhen vor allem in der experimentellen Bestätigung ihrer Aussagen. Nun lassen sich aber naturwissenschaftliche Experimente in den Wissenschaften vom Menschen nur sehr begrenzt einsetzen. Hume sieht seinen Beitrag zur Philosophie und zur Wissenschaft vom Menschen darin, daß er eine Versuchsanordnung fand, die das gewünschte verläßliche Ergebnis liefert: das methodisch durchgeführte Gedankenexperiment.

1. Komplexe Ideen auf einfache Ideen und diese dann auf die ihnen zugrundeliegenden Sinneseindrücke (Impressionen) reduzieren. Ansetzen des Humeschen Mikroskops (diese Bezeichnung stammt von Hume).

2. Mit Hilfe des Sinnkriteriums der Humeschen Bedeutungstheorie die gehaltlosen Ideen aussondern. Ansetzen des Humeschen Rasiermessers (in der Literatur so benannt, wohl in Analogie zu Ockhams Rasiermesser).

3. Es gibt nur zwei mögliche Bereiche des Wissens, den des reinen Denkens *(relations of ideas)* und den der Erfahrung *(matter of facts)*. Gegenstände, die keinem der beiden Bereiche angehören, können nicht Gegenstände des Wissens sein. Humes Gabelung *(fork)*.

Sicheres und wahrscheinliches Wissen – Humes Gabelung

Für den Sensualismus sind elementare Sinneseindrücke die Bausteine der Welt, aber Bausteine allein ergeben keine Welt. Dem andauernden Beschuß durch unsere Sinne ausgesetzt, müßte unser Bewußtsein, wenn die Perzeptionen nichts als die Sinneseindrücke repräsentierten, das Bild eines Chaos spiegeln und nicht das einer geordneten Welt: «*Beständen die Vorstellungen vollständig lose und zusammenhanglos nebeneinander, so würde nur der Zufall sie verbinden.*»

Genau das Gegenteil ist aber der Fall. Dem naiven Bewußtsein erscheint die Realität unserer Welt als das Gegebene. Wie kommt es dazu? Nach Hume sind nicht nur Impressionen, sondern auch Vorstellungen Inhalte des Bewußtseins. Bereits die einfachsten Vorstellungen sind das Produkt einer Fähigkeit des Geistes, der Einbildungskraft, die mit dem Vermögen ausgestattet ist, Vorstellungen in beliebiger Form zu trennen und wieder zu vereinen. Aber damit wäre noch nichts erreicht. Unsere Vorstellung «Welt» wäre ein reines Produkt der Phantasie und würde sich nach den

Launen der Einbildungskraft ändern – «*Unser Geist ist mit der Macht ausgestattet, jede beliebige Vorstellung hervorzurufen*» –, wenn nicht die assoziative Kraft gewisser allgemeiner Prinzipien unsere Einbildungskraft «nötigen» würde, bestimmte Vorstellungen immer in gleicher Weise zusammenzufügen. Einige Operationen des Geistes müssen in einem hohen Maße einem «*vereinigenden Band*», d. h. allgemeinen Verknüpfungsprinzipien, unterworfen sein, die die Vereinigung *(association)* der Perzeptionen leitet und so die Bewußtseinsinhalte ordnet. Die «*assoziierenden Faktoren*», nach denen wir automatisch von einer Vorstellung zur anderen übergehen, sind die Ähnlichkeit, der unmittelbare zeitliche und räumliche Zusammenhang (Raum und Zeit) und das Folgeverhältnis von Ursache und Wirkung. Diese Faktoren begründen die Assoziationen der Vorstellungen, sie machen, «*daß das Auftreten einer Vorstellung von selbst eine andere nach sich zieht*». In unserer Einbildungskraft gleiten unsere Gedanken leicht von einer Vorstellung zu einer beliebigen anderen, die ihr ähnlich ist. Ferner müssen die Sinne die Gegenstände so aufnehmen, wie sie sich räumlich und zeitlich aneinanderfügen, so daß auch die Einbildungskraft aufgrund langer Gewöhnung bei der Auffassung ihrer Gegenstände dem räumlichen und zeitlichen Zusammenhang folgen muß. Und drittens ist die Beziehung von Ursache und Wirkung von allen die stärkste verknüpfende Kraft, sie «nötigt» uns geradezu, von der einen Vorstellung, der Ursache, zu der anderen, der Wirkung, zu gehen.

Aber was ist die Natur dieser Prinzipien? Für Descartes war der elementarste Baustein der Welt das Cogito, für Berkeley waren es die Perzeptionen, aber beide benötigten, um von ihrem Ausgangspunkt aus eine Welt konstruieren zu können, eines der mächtigsten metaphysischen Prinzipien, nämlich Gott. Hume möchte einen radikal empirischen Ansatz durchführen, er möchte – dies sein Programm – den Empirismus empirisch rechtfertigen. Damit haben sich die Prinzipien, die die Verknüpfungen der Perzeptionen vollbringen, die für uns «*der Mörtel der Welt*» sind, zu beglaubigen. Das Problem Humes liegt darin: die empirische Beglaubigung der zentralen Relationen zu finden. Hume sucht die Lösung, indem er diesen Kategorien mit seinem analytischen Instrumentarium auf den Leib rückt.

Humes Gabelung weist die Gegenstände, über die Wissen möglich ist, zwei Wissensbereichen zu: dem reinen Denken und der Erfahrung. Dementsprechend gibt es zwei Klassen von Relationen: interne und externe. Interne Relationen sind Beziehungen zwischen Vorstellungen des Geistes, der Bereich des Geistes wird dabei nicht überschritten. Unter den internen Relationen gibt es welche, die zwingend nötig sind und durch rationale Einsicht entdeckt werden können. Es genügt, daß ich die Vorstellung von A habe, daß sie in meinem Geist ist, unabhängig davon, ob A existiert oder nicht, um feststellen zu können, daß A = A ist. Dies ist auf den ersten Blick intuitiv erkennbar. Die Vorstellung des Gegenteils ist denkunmöglich.

Logische Beziehungen zeichnen sich dadurch aus, daß ihre Negation nicht ohne Selbstwiderspruch gedacht werden kann, sie betreffen die Klasse von Gegenständen, die Gegenstand unbedingter Gewißheit sein können, und machen das Gebiet des Wissens aus. Tatsachenurteile aber gehen über den Bereich des Geistes hinaus. Ich kann die Aussage machen, daß es in meinem Geist die Vorstellung eines Dreiecks gibt, und ich kann Aussagen über dieses Dreieck machen (die Winkelsumme etc.), die allein durch die Beschaffenheit dieser Vorstellungen bedingt sind. Aber ich kann nicht die Vorstellung Dreieck und die Vorstellung Tisch, die ich beide in meinem Geist vorfinde, durch reines Denken zu der Aussage verbinden: ‹Auf meinem Tisch liegt ein Dreieck›. Um diese Beziehung behaupten zu können, brauche ich Erfahrung. Ob etwas auf einem Tisch liegt oder nicht, ist eine Frage, die nicht die Vernunft entscheiden kann, sondern nur die Erfahrung.

Externe Relationen enthüllen keine logischen Beziehungen. Verbindungen, die sie bezeichnen, müssen so akzeptiert werden, wie sie von außen gegeben sind. Im Bereich der externen nichtlogischen Relationen, in Aussagen über die raum-zeitliche Identität, über raum-zeitliche Kontinuität, über Ursache und Wirkung, über Existenz kann es niemals Gewißheit geben. Es können Fakten entdeckt werden, die die bewährteste empirische Gesetzmäßigkeit hinfällig werden lassen. Ja, stärker noch, bei keiner empirischen Tatsache führt die Vorstellung des Gegenteils zu einem Selbstwiderspruch. Gewißheit beruht auf intuitiv erkannten Prinzipien und demonstrativer Ableitung daraus. Ein demonstrativer Beweis ist entweder richtig oder falsch, er ist entweder zwingend oder hat überhaupt keine Beweiskraft. Ein Abwägen von Gründen und Gegengründen, die eventuell die Glaubwürdigkeit des Beweises schwächen, kann es im Fall einer Demonstration nicht geben. Demonstrationen mögen wegen der Abstraktheit ihres Gegenstandes oft sehr schwierig sein (so in der Mathematik), aber es können niemals Schwierigkeiten auftreten, die deren Glaubwürdigkeit schwächen. Externe Relationen sind nicht logisch zwingend, sondern nur logisch möglich, folglich sind sie nicht Gegenstand des Wissens *(knowledge)*, sondern nur der Wahrscheinlichkeit *(probability)*. Empirisches Wissen ist immer nur wahrscheinliches Wissen, aber nicht zufälliges Wissen; es ist ein erprobtes *(from proof) und* durch die Erprobung Wissen gesichert. Den Terminus Wissen verwendet Hume für Wissen, das im strengen Sinn gewiß (demonstrativ beweisbar), d. h. apriorisch ist.

Humes Mikroskop

Klare Eindrücke – bei Descartes waren es klare Ideen – erlauben keine Vieldeutigkeit. Wenn man zu klaren Eindrücken vordringt, kann man komplexe unklare (dunkle) Vorstellungen erhellen.

> *Auf solche Weise läßt sich vielleicht ein neues Mikroskop (...) gewinnen, mittels dessen (...) die feinsten und einfachsten Vorstellungen derart vergrößert werden, daß sie leicht von uns erfaßt (...) werden.*

Der Gegenstandsbereich des sicheren Wissens beschränkt sich auf die Klasse der internen Relationen. Doch nicht alle internen Relationen garantieren ein gesichertes Wissen. Die Ähnlichkeit, der erste aller assoziierenden Faktoren, die das Vergleichen erst ermöglicht und somit die Grundlage aller anderen Relationen ist, ist sicherlich eine interne Relation; denn ich kann Beziehungen zwischen meinen Vorstellungen vergleichen, ohne mich auf einen mein Bewußtsein überschreitenden Bereich beziehen zu müssen. Aber statt eine Quelle der Gewißheit zu sein, ist die Ähnlichkeit *«die fruchtbarste Quelle des Irrtums»*. Weil ähnliche Vorstellungen oft in so engen Beziehungen zueinander stehen, daß wir sie kaum unterscheiden können, kommt es zu Verwechslungen, kommt es dazu, daß wir die eine Vorstellung der anderen unterschieben. So operieren wir oft mit Worten statt mit Vorstellungen. Bei den meisten Erörterungen der Metaphysiker kann man die Beobachtung machen,

> *daß es bei den Menschen sehr üblich ist, Worte an die Stelle der Vorstellungen treten zu lassen und, wenn sie Schlüsse ziehen, zu sprechen statt zu denken.*

Worte und Vorstellungen pflegen so eng miteinander verbunden zu sein, daß der Geist sie leicht verwechselt. Hier gilt es, das Humesche Mikroskop scharf zu stellen, nach den Vorstellungen zu fragen, die hinter den Begriffen stecken, und in der Selbstbeobachtung den empirischen Gehalt dieser Vorstellungen aufzudecken.

Nach Hume haben alle Vorstellungen ihren Ursprung in Impressionen (Eindrücken) der Sinnes- oder Selbstwahrnehmung.

> *Keine Entdeckung konnte der Entscheidung der Streitigkeiten über unsere Vorstellungen dienlicher sein als die (…), daß den Vorstellungen stets Eindrücke vorangehen und daß jede Vorstellung, die in der Einbildungskraft auftritt, uns vorher in der Gestalt des entsprechenden Ein-*

druckes gegenwärtig gewesen sein muß. Die letzteren Perzeptionen sind [ihrem Inhalt nach] *so klar und gewiß, daß sie jeden Streit ausschließen; während viele Vorstellungen so dunkel sind, daß es selbst für den Geist, der sie vollzieht, beinahe unmöglich ist, ihre Natur und Zusammenstellung genau anzugeben. Jene grundlegende Einsicht soll uns nun auch dienen, uns die Natur unserer Vorstellungen von Raum und Zeit (...) deutlich zu machen.*

Prüfen wir die Vorstellungen von Raum und Zeit, von Ursache und Wirkung, so scheidet die Selbstwahrnehmung, als mögliches «*Urbild*» der betreffenden Vorstellungen aus, denn innere Eindrücke bestehen in Affekten, Gefühlsregungen, Wünschen. Damit bleiben nur die Perzeptionen der Sinneswahrnehmung. Wenn die Vorstellungen von Raum und Zeit einem besonderen, d. h. eigenen Sinneseindruck entsprächen, dann müßten diese Vorstellungen vereinzelt, losgelöst von anderen Eindrücken auftreten können. Wenn man die Perzeptionen durchgeht, läßt sich ein solcher besonderer Eindruck von Raum und Zeit nicht finden.

Die Vorstellung der Ausdehnung entsteht dadurch, daß man sichtbare Gegenstände wahrnimmt und auf die Entfernung zwischen ihnen achtet. Der Anblick eines Gegenstandes, eines Bücherregals z. B., verschafft die Vorstellung seiner Ausdehnung. Diese Vorstellung müßte Eindrücken nachgebildet sein, welche die Sinne liefern. Doch was für Eindrücke liefern die Sinne? Die von farbigen Punkten, die in einer bestimmten Weise angeordnet sind, und sonst nichts. Weitere Eindrücke, etwa der spezielle Eindruck «Ausdehnung», sind nicht aufzufinden. Die Vorstellung der Ausdehnung ist zunächst nichts anderes als ein Abbild farbiger Punkte und der Art, wie sie sich der Wahrnehmung darbieten.

Nun zeigt uns die Erfahrung, daß wir von der Beschaffenheit der Farbe absehen können; denn es ist von keinerlei Belang, ob die Punkte rot oder grün oder in sonst einer Farbe sind, und so bilden wir lediglich aufgrund der Anordnung der Punkte die abstrakte Vorstellung der Ausdehnung bzw. des Raums. Ähnlich verhält es sich mit der Zeit. Diese Vorstellung stammt von der Aufeinanderfolge von Perzeptionen jeglicher Art, wobei von den konkreten Eindrücken der Sinnesempfindungen abgesehen wird und so die abstrakte Vorstellung einer ununterbrochenen Folge gebildet wird.

Raum und Zeit können niemals für sich selbst allein auftreten. Sie sind keine Erscheinungen, kein möglicher selbständiger Gegenstand der Wahrnehmung und also auch kein Gegenstand der Vorstellung. Sie ergeben sich allein aus der Art, wie Eindrücke sich dem Geist darstellen. Sie sind Erscheinungsweisen, d. h. eine Ordnung des Wahrgenommenen, des Vorgestellten.

Die Fiktion Gewißheit

Ausdehnung ist eine Art der Anordnung von sichtbaren und tastbaren Punkten. Ein nicht weiter teilbarer Punkt muß daher das sinnliche Minimum des Raums sein. Dies ergibt sich aus der Beschränktheit unseres geistigen Vermögens. Hinter eine kleinste noch vorstellbare Einheit als ein Gegebenes kann nicht zurückgegangen werden, denn ein Bild, einen Eindruck bzw. ein Abbild kann der Geist nur von etwas Gegebenem erhalten. Geht man bis ins unendlich Kleine, dann kann die Vorstellung nicht mehr eine (sinnliche) Vorstellung sein, d. h. etwas Vorgestelltes repräsentieren.

Zwischen der kleinsten nichtteilbaren sinnlichen Einheit als Objekt der Perzeption und dem mathematischen Prinzip der unendlichen Teilbarkeit besteht ein Widerspruch. Ein unendlich teilbarer Punkt ist zwar denkbar, aber nicht vorstellbar. Zu Schwierigkeiten führen auch mathematisch-geometrische Prinzipien wie die Identität und die Kongruenz. Die Vorstellung der Identität z. B. entsteht, indem ich verschiedene Gegenstände auf ihre Ähnlichkeit hin vergleiche. Sind sie in allen relevanten Punkten gleich, dann sind sie identisch bzw. kongruent. Aber niemand kann Gegenstände Punkt für Punkt, z. B. alle Punkte zweier Dreiecke, vergleichen. Die Vorstellungen der Identität und der Kongruenz kann man ebensowenig wie die von Raum und Zeit allein aus den ihnen zugrundeliegenden kleinsten Impressionen bilden. Sie entsteht aus diesen Impressionen plus etwas, was die Einbildungskraft hinzufügt.

Sind damit die Begriffe der unendlichen Teilbarkeit, der Identität, der Kongruenz nicht leere Begriffe, ein pures Produkt der Einbildungskraft, eine Vorgaukelung der Phantasie? Das Hantieren mit leeren Begriffen ist Kennzeichen der Metaphysik. Nun sind aber Begriffe wie der Begriff der unendlichen Teilbarkeit, des unendlichen Raums, eines stetigen Kontinuums (der Zahlenstrahl), der Kongruenz und der Identität Fundamentalbegriffe der Mathematik. Nach Hume sind es unklare und ungewisse Vorstellungen. Nur unsere Eindrücke (Impressionen) haben die Eigenschaft, klar und scharf zu sein, folglich auch nur die Vorstellungen, die ihnen nachgebildet sind. Die Behauptung der Mathematiker, daß ihre Vorstellungen in einer reinen intellektuellen Anschauung erfaßt werden können, führt zu einer noch verworreneren Vorstellung, zu der Vorstellung von Perzeptionen eigener Art (platonische Ideen).

Es ist leicht zu sehen, weshalb Philosophen den Gedanken, daß es solche feinere intellektuelle Perzeptionen gebe, so lieben; sie decken damit gar manche ihre Ungereimtheiten; sie entziehen sich der Unterwerfung unter den Schiedsspruch klarer Vorstellungen, indem sie an solche appellieren, die unklar und ungewiß sind.

Wird damit nicht der Mathematik, vor allem der Geometrie, die als das Paradigma des sicheren Wissens galt, dieses sichere Fundament entzogen? Für Hume ja. Und wenn sogar dieser Boden schwankt, dann erweist sich das Ideal der Rationalisten, eine Metaphysik, eine Moral more geometrico zu konstruieren, als eine pure Illusion. Die Postulate der Geometrie, der Raum als unendliches Kontinuum, der Zahlenstrahl, die Kongruenz und die Identität sind Produkte der Einbildungskraft, Fiktionen, der Forderung nach Idealität entsprungen. Sie gehören nicht dem Bereich der sicheren Impressionen an, der ausschließlich die Grundlage sicherer Urteile zu bilden hat. Das heißt nicht, daß es jetzt um die Sicherheit der Geometrie schlecht bestellt wäre, diese ist immer noch gegeben. Sie beruht auf der Gewißheit der Demonstration, aber das heißt, daß die Mathematik eine Erfindung der Einbildungskraft ist, und die Frage, woher diese Fiktionen der Mathematik, im Gegensatz zu anderen, etwa zu Phantasmagorien, ihre Gewißheit gewinnen, wird zu einem beunruhigenden Rätsel.

> *Da nun diese Vorstellungen so schwankend und unsicher sind, so möchte ich wohl an einen Mathematiker die Frage richten, woher er seine unumstößliche Gewißheit nimmt, nicht nur bezüglich der schwierigen und dunklen Sätze, sondern bezüglich der allgemeinsten und einleuchtendsten Prinzipien seiner Wissenschaft.*

Man mag es auf sich beruhen lassen, und Hume läßt es auf sich beruhen, denn das mathematische Wissen umfaßt einen relativ kleinen Bereich des Wissens. Aber was ist, wenn auch das Fundament der empirischen Gewißheit, das der Wissenschaften und der Alltagswelt wegbricht?

Die Fiktion der Kausalität

Raum und Zeit sind Produkte der schöpferischen Tätigkeit der Einbildungskraft. Bei dieser Tätigkeit, bei der Herstellung raumzeitlicher Verknüpfungen, geht die Einbildungskraft nicht über das Gegebene hinaus, sie begnügt sich mit der Anordnung gegebener Sinnesdaten. Anders bei der Relation der Kausalität. Hier wird das Gegebene nicht nur angeordnet. In der kausalen Verknüpfung wagen wir den Schluß vom Wahrgenommenen auf das Nichtwahrgenommene, vom Gegebenen auf das Nicht-mehr-Gegebene bzw. Noch-nicht-Gegebene, von einem gegenwärtigen Ereignis auf ein anderes gegenwärtiges, vergangenes oder zukünftiges Ereignis.

> *Nur die Ursächlichkeit schließt eine Verknüpfung in sich, die so beschaffen ist, daß wir aus der Existenz oder Tätigkeit eines Gegenstandes die*

Gewißheit schöpfen können, es sei ihr eine andere Existenz oder Tätigkeit gefolgt oder vorausgegangen.

Wie ist dies möglich, wie kann man vom Vergangenen auf das Zukünftige, vom Besonderen zum Allgemeinen übergehen? Diese Frage führt zu zwei Problemen, einem erkenntnistheoretischen und einem logischen, der Frage nach der Natur der Kausalität und der Frage nach der Rechtfertigung der Induktion.

Die Beziehung zwischen Ursache und Wirkung läßt sich formal so beschreiben, daß auf ein Ereignis A (die Ursache) ein Ereignis B (die Wirkung) folgt, und zwar so, daß B durch A «notwendig» hervorgerufen (bewirkt) wird, in anderen Worten, daß das Eintreten der Ursache A «unvermeidlich» das Eintreten der Folge B nach sich zieht. Sinkt die Außentemperatur unter null Grad, dann gefriert das Wasser. Welcher Art ist diese Notwendigkeit, die in der kausalen Relation zwischen A und B zu existieren scheint? Um eine logische Notwendigkeit kann es sich nicht handeln, denn die logische Notwendigkeit betrifft Beziehungen zwischen Ideen und nicht zwischen Tatsachen. Die logische Notwendigkeit liegt darin, daß die Negation (ohne Selbstwiderspruch) nicht einmal gedacht werden kann. Tatsachen sind kontingent, sie können sein, aber müssen nicht sein. Deshalb sind auch die Negationen kausaler Schlüsse ohne Selbstwiderspruch denkbar. Man verwickelt sich in keinerlei Selbstwiderspruch, wenn man sich eine Welt vorstellt, in der Wasser nicht mehr zu Eis gefriert. Ja, nicht einmal, wenn man sich eine Welt vorstellt, in der kausale Gesetzmäßigkeiten nicht gelten. Zugegeben, in einer solchen Welt könnten wir nicht leben, da wir uns in ihr nicht zurechtfänden, aber vorstellbar bleibt eine solche Welt allemal.

Um zu wissen, wie unsere Welt beschaffen ist, dazu braucht es Erfahrung. Wie soll man sonst entscheiden, ob Wasser gefriert und wann es gefriert? Aber wer es weiß, wird bei Temperaturen um null Grad mit gefrierender Nässe rechnen und sein Fahrverhalten so einrichten, daß er andere und sich selbst nicht gefährdet. Wir leben in unserer Welt und können in unserer Welt leben, weil wir uns nach geltenden kausalen Gesetzmäßigkeiten richten. Mag die Tatsache, daß unsere Welt von kausalen Gesetzmäßigkeiten regiert wird, auch zufällig sein, kann man auch von einer Ursache nicht ohne Erfahrung auf deren Wirkung schließen, so erscheint uns dennoch die Verknüpfung zwischen Ursache und Wirkung als notwendig. Worin liegt diese Notwendigkeit? Was nötigt uns, den Schritt von A zu B zu tun? Wenn die logische Notwendigkeit ausscheidet, so könnte es sich, gemäß der Humeschen Gabelung, immer noch um eine empirische handeln. Also gilt es, das Mikroskop scharf zu stellen.

Wie problematisch bzw. metaphysisch belastet die Vorstellungen von der Ursache und Wirkung für Hume sein müssen – «*In der Metaphysik gibt es keine dunkleren und ungewisseren Vorstellungen als die der* Macht, Kraft, Energie *oder der* notwendigen Verknüpfung.» –, zeigt bereits ein Blick in die Tradition. Die Tradition unterschied zwischen Zweckursachen (causa finalis) und wirkenden Ursachen (causa efficiens). Das mechanistische Erklärungsmodell der sich entwickelnden Naturwissenschaften hat unter kräftiger Mitwirkung Descartes mit den Zweckursachen aufgeräumt und die Kausalursachen als alleinigen Triumphator installiert. Das Kausalitätsprinzip scheint ein grundlegendes Prinzip der Welterklärung zu sein. Mit der Vorstellung der wirkenden Ursache (Kausalursache) wird häufig die Vorstellung einer Kraft verbunden, die die Wirkung eintreten läßt. Von da aus ist es nur ein Schritt zu der Annahme, daß eine Ursache größer oder zumindest genauso groß wie ihre Wirkung sein muß, denn das Geringere kann nicht das Größere hervorbringen.

Noch Descartes erschien dies selbstevident, sein entscheidendes Argument für seinen Gottesbeweis beruhte auf diesem Prinzip. Auch für Berkeley ist es offensichtlich, daß die Idee der Ursache nicht losgelöst von der Vorstellung der Kraft konzipiert werden kann, wenn er argumentiert, daß unsere Ideen (sensations) weder von der Materie noch von anderen Ideen hervorgerufen werden können, da beide passiv sind und ihnen somit die Kraft fehle, etwas zu bewirken. Unsere Ideen können nur von einem aktiven Wesen verursacht werden, sei es von uns selbst oder von Gott. Soll die Vorstellung einer bewirkenden Kraft einen empirischen und nicht bloß metaphysischen Gehalt haben, so muß sich dafür eine empirische Quelle auffinden lasssen. Doch nach einem empirischen Urbild suchen wir vergeblich.

In Wirklichkeit gibt es nichts Materielles, das jemals durch seine Sinnesqualitäten eine Kraft oder Energie enthüllt oder uns Grund zu der Annahme gibt, daß es einen anderen Gegenstand, den wir seine Wirkung nennen könnten, hervorbringen oder zur Folge haben könnte.

Die causa efficiens erweist sich wie die causa finalis als ein metaphysisches Relikt. Beide gehen auf anthropomorphe Vorstellungen zurück, sind unerlaubte Übertragungen menschlicher Verhaltensweisen auf den Bereich der Natur. Die Tatsache, daß wir rational planend vorgehen, führte dazu, einen rationalen Plan (causa finalis) in den Naturverlauf zu verlegen, die Tatsache, daß wir durch Anwendung von Kraft (z. B. handwerkliche Tätigkeit) etwas Neues erreichen (bewirken), zu der Vorstellung einer in der Natur wirkenden Kraft (causa efficiens). Durch eine verborgene Kraft den Nexus (die notwendige Verknüpfung) zwischen Ursache und Wirkung erklären heißt nichts erklären: «*Uns zu lehren, daß jede Art von Dingen mit einer verborgenen spezifischen Qualität versehen ist, durch welche sie wirkt und sichtbare Effekte hervorbringt, heißt uns nichts zu lehren*» (Isaac Newton).

Kann man vielleicht doch ohne den Rückgriff auf den Begriff der Kraft das Bestehen eines Kausalnexus empirisch aufweisen? Die empirische Analyse einfacher Ereignisfolgen wie das Zusammenstoßen von Billardkugeln zeigt, daß wir mit Hilfe der sinnlichen Wahrnehmungen nur imstande sind zu erkennen, was eintritt, und nie, was eintreten wird oder gar eintreten muß. Keiner kann allein aus der Beschreibung einer Ursache, z. B. daß eine Billardkugel rollt, auf irgendwelche Wirkung schließen. Wenn die rollende Kugel eine andere gleich große und gleich schwere Kugel trifft, könnte es sein, daß die zweite die erste stoppt, daß keine Kugel mehr rollt, daß die erste abprallt und rückwärts rollt, daß sich beide Kugeln in gleicher Richtung oder in entgegengesetzter Richtung fortbewegen usw. Allein die Wahrnehmung kann uns zeigen, wie sich die Kugeln nach dem Ereignis des Zusammenstoßens (post hoc) tatsächlich verhalten, daß die erste Kugel gestoppt und die zweite in Bewegung gesetzt wird. Doch die Wahrnehmung zeigt uns nicht, daß sie sich aufgrund dieses Ereignisses (propter hoc), nämlich wegen des Zusammenstoßes, so verhalten.

Wer allein aufgrund zeitlicher Aufeinanderfolge den Schluß vom Jetzt auf das, was vorausgegangen ist, zieht, begeht den sogenannten kausalen Fehlschluß. In der kausalen Relation behaupten wir aber nicht nur ein zeitliches «Nach-diesem-Ereignis», sondern ein ursächliches «Wegen-dieses-Ereignisses», genauer, nach A tritt B ein, folglich wegen A B. Hume bestreitet nicht, daß wir die Idee einer notwendigen Verbindung zwischen Ursache und Wirkung haben, er bestreitet bloß, daß zwischen der Ursache und der Wirkung eine notwendige Verbindung besteht. Erst die Erfahrung lehrt uns, daß zwei bestimmte Ereignisse regelmäßig miteinander verbunden sind; daraus schließen wir, daß sie miteinander verknüpft sind.

> *Als ein Mensch zum ersten Mal die Mitteilung der Bewegung durch Stoß beobachtete, konnte er nicht sagen, daß das eine Ereignis mit dem anderen* verknüpft *war, sondern nur, daß es mit ihm* verbunden *war. Hat er mehrere derartige Fälle beobachtet, erklärt er sie für* verknüpft. *Was hat sich so geändert, daß diese neue Vorstellung der* Verknüpfung *entstand? Nichts, außer daß er nun diese Ereignisse als in seiner Einbildungskraft* verknüpft empfindet *und ohne weiteres das Dasein des einen aus dem Auftreten des anderen vorhersagen kann.*

Doch diese Verknüpfung können wir nicht wahrnehmen, sie ist eine Zutat des betrachtenden Subjekts. Was berechtigt uns zu schließen, daß das, was regelmäßig so ist, immer so sein wird? Hume wird sagen: die Gewohnheit. Daraus, daß Ereignisse regelmäßig miteinander verbunden sind, läßt sich logisch deduktiv nicht folgern, daß sie miteinander verknüpft sind. In unserem empirischen Material (der Prämissenmenge für einen solchen Schluß) taucht nirgendwo eine kausale Beziehung auf, daher kann diese auch nicht auf rein logischem Weg, durch «Melken» des vorhandenen empirischen Materials gewonnen werden. Der Gehalt einer kausalen Verknüpfung ist reicher als das, wovon die Sinne berichten. Doch damit sind wir bei dem Problem der Induktion.

Kausale Beziehungen können weder unmittelbar wahrgenommen noch auf logisch diskursivem Weg gewonnen werden. Sie sind weder sinnliche Eindrücke noch apriorische Beziehungen. Sie beruhen auf der produktiven Rolle der Einbildungskraft. Die Einbildungskraft ergänzt die fragmentarischen Sinnesinformationen und füllt die Kluft zwischen Beobachtetem und Unbeobachtetem aus. Sind kausale Relationen damit metaphysische Hirngespinste?

Das Problem der Induktion

> *Wenn man fragt:* Von welcher Art sind alle unsere Gedankengänge, die sich mit Tatsachen befassen?, *dann scheint die richtige Antwort zu sein, daß sie auf der Beziehung von Ursache und Wirkung beruhen. Fragt man wiederum:* Welches ist die Grundlage all unserer Gedankengänge und Schlußfolgerungen, die sich mit dieser Beziehung befassen?, *so kann man mit einem Wort antworten: Erfahrung. Wenn wir in unserem Wissensdrang noch weiter gehen und fragen:* Welches ist die Grundlage aller Schlüsse aus der Erfahrung?, *so ist darin eine neue Frage enthalten, deren Lösung und Erklärung schwieriger sein dürfte.*

Die Einbildungskraft produziert im Falle aller externen Relationen nicht eigenes Material, das sie dann für gegeben hält, z. B. in Wahnvorstellungen oder in der metaphysischen Spekulation. Sie gestaltet Gegebenes nicht frei um und ordnet es neu an, wie in der künstlerischen Tätigkeit. Sie ergänzt das gegebene Material. Sie verfährt nicht willkürlich, sondern es müssen bestimmte Merkmale gegeben sein, damit sich z. B. eine kausale Relation behaupten läßt. Zu den Voraussetzungen dafür, daß empirisch konstatierbare Zusammenhänge als kausal verknüpft gelten können, gehören die räumliche Nähe, die zeitliche Aufeinanderfolge und die ständige Verknüpfung der Ereignisse, die als notwendig vorausgesetzt wird. Diese Notwendigkeit ist das Problem, sie läßt sich, wie wir gesehen haben, weder empirisch noch durch bloßes Denken (apriorisch) nachweisen.

> *Allgemein gesagt ist die Notwendigkeit etwas, das im Geist besteht, nicht in den Gegenständen. (...) Die Wirksamkeit der Ursachen oder die ihnen innewohnende Kraft liegt weder in den Ursachen selbst, noch in der Gottheit (...), sondern ist einzig und allein dem Geiste eigen.*

Wenn die Notwendigkeit apriorischer Natur wäre, dann wäre die Sache einfach, sie ergäbe sich aus dem deduktiven Schluß. Aber logisch gesehen kann jedes beliebige Ereignis die Ursache jedes beliebigen anderen Ereignisses sein. Wie können wir, was wir doch ständig tun, von einem bestimmten Ereignis ‹p› auf ‹q› schließen? Wie ist dieser Schluß zu rechtfertigen?

Um das induktive Schließen zu rechtfertigen, muß die Gültigkeit von zwei Schlüssen gezeigt werden.

(1) ‹jetzt p damit q› und

(2) ‹immer dann, wenn p, dann q›.

Im Falle von (1) müßte gezeigt werden können, daß ‹q› in der Vergangenheit stets gemeinsam mit ‹p› aufgetreten ist. Man muß sich auf die Erinnerung berufen und im Stande sein zu zeigen, daß es wenigstens einige bestimmte Bedingungen gibt, unter denen das Erinnerungsvermögen verläßlich ist. Aber wie will man das zeigen? Um die Verläßlichkeit des Erinnerungsvermögens beweisen zu können, müßte man voraussetzen, daß dem Erinnerungsvermögen während der Zeitspanne des Beweises zu trauen ist. Doch damit befinden wir uns in einem Zirkel: Das zu Rechtfertigende, die Verläßlichkeit des Erinnerungsvermögens, wird als bereits gerechtfertigt vorausgesetzt. Selbst wenn unter Vermeidung des Zirkels der Nachweis gelänge, daß das Erinnerungsvermögen während der Dauer des Nachweises verläßlich ist, so müßte man, wenn man sich zur Rechtfertigung des Schlusses (1) auf die Verläßlichkeit des Erinnerungsvermögens beruft, wieder nachweisen, daß es in diesem Augenblick verläßlich ist, und so weiter ad infinitum. Wir geraten in einen unendlichen Regreß.

Im Falle von (2) müßte begründet werden, daß die Zukunft der Vergangenheit ähnlich ist. Doch dies ist nicht möglich.

Gäbe es irgendeine Vermutung, daß der Lauf der Natur sich ändern und die Vergangenheit keine Regel für die Zukunft sein könnte, dann würde alle Erfahrung nutzlos und könnte keine Herleitung oder Schlußfolgerung veranlassen. Es ist daher unmöglich, daß irgendwelche Erfahrungsbeweise diese Ähnlichkeit der Vergangenheit mit der Zukunft erweisen können.

Durch Erfahrung ist die Gleichförmigkeitsthese, die sogenannte Induktionsregel, nicht zu rechtfertigen, da sie eine Aussage über die Zukunft trifft. Es ist zwar eine Erfahrungstatsache, daß sich in der vergangenen Erfahrung der Induktionsschluß bewährt hat. Doch wollte man daraus schließen, daß der Induktionsschluß sich auch in der Zukunft bewähren wird, so ist dieser Schluß selbst wieder ein Induktionsschluß. Seine Rechtfertigung setzt also das Prinzip bereits voraus, das begründet werden soll. Wir befinden uns wieder in einem Zirkel. Auch aus reiner Verstandestätigkeit, d. h. als analytischer Satz, ist dieser Satz nicht zu begründen; denn der Schluß ‹Bisher sind alle Erfahrungen eingetroffen, also wird dies auch in Zukunft so sein› ist kein analytischer, da der Gehalt der Konklusion reicher ist als der der Prämissen. Darüber hinaus ist die Negation dieses Schlusses logisch vorstellbar. Daß die induktive Methode bisher funktionierte, bedeutet nicht, daß sie es auch in Zukunft tun wird.

Aber kann die Gleichförmigkeitsthese nicht wenigstens induktiv, im Sinne einer hohen Wahrscheinlichkeit, gerechtfertigt werden? Ist es im Zeichen vergangener Erfahrungen nicht weitaus plausibler zu erwarten, daß die Zukunft der Vergangenheit ähnlich sein wird, als daß das Gegenteil eintritt? Natürlich, in diesem Sinn ist vieles wahrscheinlich, doch woher wissen wir, daß es auch zukünftig wahrscheinlich bleiben wird? Logisch gesehen sind vergangene Beobachtungen nicht imstande, die Wahrscheinlichkeit von Prognosen zu rechtfertigen, denn der Schluß ‹Bisher war die Vergangenheit der Zukunft ähnlich, also wird die Zukunft (mit großer Wahrscheinlichkeit) der Vergangenheit ähnlich sein› ist ebenfalls zirkulär. Seine Feinstruktur lautet: ‹Bisher war die Zukunft der Vergangenheit ähnlich (1), und da die Zukunft der Vergangenheit ähnlich ist (2), wird auch künftig die Zukunft der Vergangenheit ähnlich sein (3).› Die gewünschte Konklusion ist nur mit Hilfe der Prämisse (2) zu gewinnen. Die Begründungsfigur, die die Wahrscheinlichkeit von Prognosen begründen soll, indem sie auf vergangene Häufigkeiten verweist, setzt die Gleichförmigkeitsthese voraus, und damit kann sie nicht das leisten, was sie zu leisten vorgibt. Die induktive Rechtfertigung der Induktionsregel rechtfertigt die Induktion, indem sie als gerechtfertigt vorausgesetzt wird.

Daß eine Selbstbegründung keine Begründung ist, daß man die induktive Methode nicht mit Hilfe des Induktionsschlusses begründen darf, läßt sich an einem schönen Beispiel zeigen. Angenommen, jemand macht den Vorschlag, anstelle der induktiven Methode in Zukunft der Methode X zu folgen, die mit der künftigen Abweichung von bisherigen Regelmäßigkeiten rechnet. Man könnte argumentieren, daß der Weltverlauf, was logisch möglich wäre, insgesamt ausgewogen sein und deshalb die Zukunft für die bisherigen Einseitigkeiten einen Ausgleich bringen müsse. (Eine derartige Prämisse liegt religiösen Jenseitserwartungen zugrunde.) Für einen Anhänger dieser Methode ist der Umstand, daß sie sich in der Vergangenheit offenkundig nicht bewährt hat, gerade ein Argument für ihre zukünftige Gültigkeit; denn für ihre Richtigkeit kann es kein besseres Argument geben als ihren bisherigen Mißerfolg. Wenn man die Selbstbegründung einer Methode zuläßt, könnte man jede Methode begründen, die induktive ebensogut wie eine ihr diametral entgegengesetzte.

Hume will nicht bloß zeigen, daß induktives Schließen nicht in allen Fällen erfolgreich ist, daß es nicht unfehlbar ist. Er argumentiert vielmehr, daß es rational betrachtet, rational im Sinne von rational gerechtfertigt, keinen guten Grund dafür gibt, sich für die induktive Schlußmethode zu entscheiden. Jede der unzählig vielen Alternativmethoden der Zukunftsprognose (Wahrsagerei, Astrologie, religiöse Prophezeiung) sind nach Humes Argumentation genauso oder besser genausowenig rational wie die Methode der Induktion.

Radikaler Skeptizismus

Humes Rasiermesser

Das Ergebnis dieser Untersuchungen ist niederschmetternd. Der Versuch, durch reines Denken das gesicherte Fundament des Wissens zu finden, führte zu metaphysischen Aussagen, die sich als bloße Produkte der Einbildungskraft erweisen. Man muß von der Erfahrung ausgehen.

Das Humesche Instrumentarium, sein Mikroskop, sollte die Erfahrungsbasis aufspüren. Es deckt empirisch elementare Bewußtseinsinhalte auf. Aber weder der Geist – Hume gebraucht den Begriff Geist allein im Sinne einer abkürzenden Redeweise für ein Bündel von Perzeptionen und nicht im Sinne einer Substanz – noch die Materie lassen sich empirisch fundieren. Es sind, wie der Begriff der Substanz überhaupt, metaphysische Vorstellungen, also weg damit.

Bewußtseinsinhalte sind die unmittelbaren und letzten Daten unserer Erfahrung. Gibt es dann Gegenstände in den Momenten, in denen kein Subjekt sie wahrnimmt? Ja, gibt es überhaupt eine Außenwelt? Von Bewußtseinsinhalten aus kann man die objektive Existenz irgendeines Gegenstandes nicht beweisen; denn über Bereiche, die über Bewußtseinsinhalte hinausgehen, können wir nichts wissen, also auch nicht über die Außenwelt. Also weg damit.

Auch die Frage nach der Existenz des Ich läßt sich nicht beantworten. Gibt es neben den verschiedenen, zeitlich aufeinanderfolgenden Perzeptionen ein mit sich identisch bleibendes Subjekt, das diese Wahrnehmungen hat? Eine spezifische Ich-Perzeption kann es nicht geben, da ich in der Eigenschaft als konstanter Träger meiner Wahrnehmungen nicht gleichzeitig Gegenstand einer eigenen Wahrnehmung sein kann. Also weg damit.

Auch auf die Frage, ob die anderen, die ich nur über ihre Körper, von denen ich ja nur eine Perzeption haben kann, wahrnehme, über einen wahrnehmenden Geist verfügen, gibt es keine Antwort. Weg damit.

Die Existenz einer objektiv existierenden Außenwelt, eines Selbst (ein identisch bleibendes Subjekt) und Fremdseelisches lassen sich durch eine empiristische Reduktion nicht nachweisen. Vergeblich sucht man nach den ihnen zugrundeliegenden primären Sinneseindrücken. Weg damit? Die äußeren Relationen, Raum, Zeit, Kausalität, *«der Mörtel der Welt»*, sind sie ein konsistentes Bindemittel oder Luftgirlanden der Einbildungskraft? Weg damit? Die Induktion, das Lenkungssystem unserer Weltorientierung, erweist sich in dem Versuch, sie von einem rationalen Standpunkt aus zu rechtfertigen, in einem Sinn fragwürdig, in dem dies die deduktive Methode nicht ist. Weg damit? Und die stolze Gewißheit der Mathematik, auf was gründet sie? Auf der apriorischen Gültigkeit von analytischen Sätzen. Es gibt zwar apriorisch gültige Sätze, aber für Hume gibt es keine apriorischen Begriffe. Die Idealisierungen der Mathematik täuschen über die empirische Basis hinweg, von der ihre Prinzipien ihren Ausgang nehmen. Auch hier nichts als Selbstüberheblichkeit und Anmaßung der Einbildungskraft? Weg damit? Sind die Grundüberzeugungen des Alltagsverstandes und der Wissenschaften metaphysische Hirngespinste, Produkte der Einbildungskraft? Kann man sie auch nicht als direkte Bestandteile von Empfindungen darstellen, so sind sie doch nicht ohne Gehalt. Ist das Humesche Rasiermesser nicht ein zu scharfes, zu radikales Instrument? Hat die Humesche Operation mit den metaphysischen Krebsgeschwüren nicht gleichzeitig die lebensnotwendigen Organe entfernt, statt eines gesunden lebensfähigen Organismus einen verstümmelten Leichnam hinterlassen?

Kein Wunder, daß die Untersuchungen, die Hume, beseelt von dem Ehrgeiz, der Newton der Humanwissenschaften (moral science) zu werden, aufnahm, in einer radikalen und ausweglosen Skepsis enden.

Wenn wir den menschlichen Verstand bis in seine letzten Wurzeln verfolgen, so finden wir uns zu Anschauungen hingedrängt, die alle unsere Bemühungen und allen unseren Fleiß illusorisch zu machen scheinen und geeignet sind, uns vor jeder weiteren Untersuchung abzuschrecken. (...) Es bleibt uns also nur die Wahl zwischen falscher Erkenntnis oder gar keiner.

Das Schlußkapitel des ersten Buches des Traktats ist eines der schönsten und ergreifendsten Dokumente philosophischer Betroffenheit und Redlichkeit. Hume gesteht sich ein, daß sein Ziel, eine empirische Wissenschaft über den Menschen als die Basiswissenschaft aller Wissenschaften auszuarbeiten, gescheitert ist. Die Sinnesempfindungen genügen nicht den Ansprüchen, die Hume an sie stellt. Von seinem empirischen Ansatz aus ist überhaupt keine Wissenschaft zu realisieren, weder eine empirische über den Menschen noch über die Natur. Bei dem Versuch, die gesicherten Grundlagen des Wissens freizulegen, mußte Hume feststellen, daß es keine Fundamente gibt, daß wir immer und überall auf Sand bauen.

Verzicht auf gewisses Wissen

Descartes antwortete auf die Herausforderungen des Erkenntnisrelativismus und -skeptizismus des späten Mittelalters und der Renaissance mit einem grenzenlosen methodischen Erkenntnisoptimismus. Er fand sozusagen im methodischen Zweifel das Mittel, mit dem sich der Skeptizismus selbst aushebelte. Der analytische Scharfsinn, die logische Unerbittlichkeit seiner Schlußfolgerungen sowie seine Redlickeit drohen Hume in einen Abgrund zu stürzen, aus dem es kein Entrinnen gibt. Der Skeptizismus läßt sich, wenn man von der Forderung eines absoluten gesicherten Fundaments des Wissens ausgeht, rational nicht widerlegen. Die Logik vernichtet jedes rationale Argument, das man vorbringt. Humes Lösung des skeptischen Problems ist eine indirekte. Sie gibt dem Skeptiker recht, sie hebt den skeptischen Zweifel nicht auf, sie läßt ihn bestehen, da er ihr nichts ausmacht.

Logisch wie empirisch ist die Induktion nicht zu rechtfertigen. Läßt es sich vielleicht aber zeigen, daß sie empirisch-psychologisch berechtigt ist? Die Frage nach der Rechtfertigung wird so durch die Frage nach der Erklärung ersetzt. Und wenn die Erklärung befriedigend ist, dann sind Gründe anzugeben, warum die Annahme der induktiven Methode im Sinne einer neuen, bescheideneren Rationalität vernünftig ist. Für die Annahme einer kausalen Relation spielt das Kriterium der ständigen Verknüpfung eine bedeutende Rolle. In den Ereignissen oder Gegenständen nehmen wir nur wahr, daß sie zeitlich oder räumlich verbunden sind. Erst eine häufige Wahrnehmung dieser engen zeitlichräumlichen Verbindung führt zur Annahme einer Kausalbeziehung. Die Häufigkeit, die Gewohnheit nötigt uns, die entsprechende Verknüpfung auch in der Zukunft zu erwarten.

> *Alle Erfahrungsschlüsse sind somit Folgen der Gewohnheit, nicht der Vernunft. So ist Gewohnheit die große Führerin im Menschenleben. Dieses Prinzip ist es allein, das unsere Erfahrung für uns nützlich macht und uns für die Zukunft einen ähnlichen Geschehensablauf erwarten läßt wie jene, die sich in der Vergangenheit gezeigt haben.*

Unsere Einbildungskraft schafft kreativ diese Verknüpfung. (Gleiches gilt für die objektive Existenz der Außenwelt, für das Fremdseelische usw.) Das induktive Schließen ist, einem Instinkt gleich, so tief in der menschlichen Natur verwurzelt, daß eine Preisgabe im wirklichen Leben gar nicht möglich wäre: Die Erfahrung zwingt uns, an kausale Relationen zu glauben, sie zeigt uns, daß wir es mit einer Form der Weltorientierung zu tun haben, die so universal vorhanden wie unausrottbar ist. Die Natur wäre schlecht beraten, wenn sie in dieser Sache die Entscheidung den trügerischen Deduktionen des langsam arbeitenden Verstandes überließe. Den Glauben an kausale Regelmäßigkeiten (auch an die objektive Existenz der Außenwelt) nennt Hume *«einen natürlichen Glauben»*. Wir projizieren ein Bedürfnis des Erkenntnissubjekts, z. B. die natürliche «Neigung» für die Annahme einer Notwendigkeit, in die Dinge selbst und fassen diese Notwendigkeit als objektiv gegeben auf. Wer sich im Alltagsleben wie in der Wissenschaft auf die Gültigkeit der induktiven Methode verläßt, handelt durchaus vernünftig und damit rational. Es wäre unvernünftig, Erwartungen oder Prognosen, die wir durch die induktive Methode gewonnen haben, nicht zu trauen. Die Befolgung der induktiven Methode ist ja gerade ein Teil dessen, was wir rationales oder vernünftiges Verhalten nennen. Die induktive Methode ist in der Praxis notwendig; und, so Hume, nur ein Narr oder ein Wahnsinniger werde jemals die Autorität der Erfahrung bestreiten oder jene große Führerin durch das menschliche Leben ablehnen. Der Skeptizismus ist ohnmächtig gegenüber der Natur, auch der Skeptiker lebt und wird im praktischen Leben den induktiven Schlüssen trauen.

Hume gibt eine naturalistische Erklärung des Induktionsproblems und eine pragmatische Rechtfertigung der induktiven Methode. Zwar haben wir logisch-rational weder eine Sicherheit noch eine Wahrscheinlichkeit, daß die beobachteten Regelmäßigkeiten im Ablauf der Natur sich auch in der Zukunft fortsetzen werden, die Gleichförmigkeit in der Natur könnte morgen verschwinden; doch selbst unter der Voraussetzung einer künftigen

Inkonstanz (Unbeständigkeit) im Naturverlauf gäbe es keine Alternative zur induktiven Methode, die erfolgversprechender wäre. Unter Voraussetzung der Inkonstanz können wir durch die induktive Methode weder etwas gewinnen noch etwas verlieren.

Unter der Voraussetzung einer Konstanz erweist sich die induktive Methode jedoch jeder anderen Voraussagemethode überlegen. Damit ist das Heranziehen der induktiven Methode die bestmögliche Strategie; in dem einen Fall kann sie nicht schaden, in dem anderen nur nützen, und in diesem Sinn ist es pragmatisch-rational, sich auf sie zu verlassen. In der naturalistischen (außerrationalen) Wurzel der Induktion, des Glaubens an die Kausalität, an eine Außenwelt usw. sieht Hume ein weiteres Argument gegen rationalistische Rechtfertigungsversuche. Eine rationale Rechtfertigung der erkenntnisleitenden Prinzipien würde eine absolute Vernunft voraussetzen, eine Vernünftigkeit, die für unsere bescheidenen menschlichen Fähigkeiten nie zu erreichen ist.

Humes Lösung des skeptischen Problems bedeutet den Verzicht auf das, was man den totalen Vernunftsanspruch, die totale Rationalität nennen könnte. Humes Philosophie wird zu einer Philosophie der Bescheidenheit: *«Die letzten Quellen und Prinzipien sind menschlicher Wißbegierde und Forschung ganz und gar verschlossen.»*

Es ist Vermessenheit, sich absolute Gewißheit anzumaßen. Eine solche Anmaßung führt notwendig zum Scheitern (Humes Ergebnis) oder zu metaphysischen Konstrukten, die eine Scheinbefriedigung des Bedürfnisses nach absoluter Gewißheit gewähren (z. B. Descartes, später der deutsche Idealismus), aber in Wirklichkeit nicht fähig sind, das zu leisten, was sie zu leisten vorgeben. Viel schlimmer noch: Ein unbegründbarer Absolutheitsanspruch wird sich im Namen der Vernunft dogmatisch und, wenn die Macht dazu vorhanden ist, totalitär durchsetzen: *«Nichts ist gefährlicher für die Vernunft als der Flug der Einbildungskraft, nichts hat die Philosophen in mehr Irrtümer gestürzt.»*

Einer absoluten Vernunft werden nicht nur die Wahrheit, sondern auch Menschenleben geopfert werden.

Humes Fragestellung und die Aufgabe der Philosophie verschieben sich. Wenn unsere alltägliche Lebenspraxis wie die wissenschaftliche Tätigkeit auf einem Glauben beruht und rational, im strengen Sinn, nicht zu rechtfertigen sind – *der Glaube an die Rationalität der Wissenschaften ist selbst nicht rational* –, dann muß man die Frage stellen: Gibt es Glauben, der sich vernünftig rechtfertigen läßt, und Glauben, der eine solche Rechtfertigung nicht zuläßt? Die Aufgabe der Philosophie wird nicht mehr die der Rechtfertigung, sondern die der Kritik. Humes Philosophie ist kritische Philosophie wie kaum eine andere. Wenn die Einbildungskraft bei alltäglichen wie wissenschaftlichen Aussagen mitspielt – *«Es beruht also alle unsere Erkenntnis, die uns das Gedächtnis, die Sinne, der Verstand vermitteln, auf der Einbildungskraft oder der Lebhaftigkeit unserer Vorstellungen»* –, wenn eine metaphysikfreie Welterschließung nicht möglich ist, wenn das metaphysische Vermögen der Einbildungskraft sowohl lebensnotwendig – es liefert uns durch den Glauben an die Regelmäßigkeiten des Weltenlaufs die Fundamente unserer Lebenspraxis – wie auch – in Aberglauben und Wahnvorstellungen z. B. – lebensgefährdend sein kann, dann gilt es, eine *«korrekte Urteilskraft»* auszubilden, Abgrenzungskriterien zu finden, die sinnvolle (begründbare) Aussagen von nicht begründbaren unterscheiden. Hierzu kann uns nur die Instanz der Erfahrung verhelfen. Hume unterscheidet drei Arten von Überzeugungen:

1. den natürlichen Glauben *(natural belief)*, der auf einem sicheren Fühlen jenseits eines vernünftigen Zweifelns beruht, der sich rational nicht rechtfertigen läßt und metaphysisch die «naturwüchsige» Basis unserer lebenspraktischen Orientierung ist;

2. rationale Überzeugungen *(rational belief)*, die, wenn wir den schmalen Bereich der Apriori-Wahrheiten beiseite lassen, auf Argumenten aus der Erfahrung beruhen;

3. irrationale Überzeugungen *(faith)*, die sich auf Annahmen berufen, die sich durch Erfahrung nicht rechtfertigen lassen.

Die Frage der Rationalität bzw. Irrationalität betrifft nicht das, was wir glauben müssen, den natürlichen Glauben, sondern das, was wir glauben sollen, d. h. Überzeugungen und Verhaltensweisen, die wir beeinflussen können, da sie von unseren Einstellungen, von unserem Wollen abhängen. Nach seinen erkenntnistheoretischen Analysen wird es Humes Hauptanliegen sein, unberechtigten Glauben, nämlich Aberglauben, vom berechtigten, auf rationalen Argumenten beruhenden Glauben zu unterscheiden. Der Metaphysikkritiker wird zum Religionskritiker. In seiner Kritik bedient er sich vor allem der induktiven Methode unter Zugrundelegung kausaler Regelmäßigkeiten. Durch den Nachweis, daß zentrale Inhalte des religiösen Glaubens kausalen Regelmäßigkeiten widersprechen, wird für ihn religiöser Glaube zum Aberglauben.

Humes Herausforderung

Sinneseindrücke sind die Quelle unseres Wissens. Aber wovon diese Sinneseindrücke Informationen liefern, bleibt eine unbeantwortbare und durchaus rätselhafte Frage. Der Perzeptionismus führt zu unüberwindlichen Schwierigkeiten: statt zum Ziel der gewünschten Klarheit und Gewißheit zu einem Skeptizismus, aus dem Hume nur dank einer neuen Fragerichtung herausfindet. Ist es nicht besser, ihn aufzugeben? Und wie sieht es dann mit Humes kritischem Instrumentarium aus? Für den Empirismus ist es ein durch innere Wahrnehmung gewonnenes Ergebnis, daß bei einer Vorstellung immer ein inneres Bild des betreffenden Gegenstandes als seelisches Erleben vorhanden ist. Ein Wort «bedeutet», indem es eine Vorstellung hervorruft. Diese Annahme ist – erstaunlich für Empiristen – empirisch höchst unplausibel, sie entspricht nicht der Selbstbeobachtung.

Wer hat schon durch Selbstbeobachtung festgestellt, daß beim Erzählen einer Geschichte im Geiste ein Vorstellungsbild nach dem anderen wie in einem Film vorbeizieht? Läßt sich überhaupt zeigen, ob ich beim Erinnern oder beim Sprechen über einen Gegenstand, z. B. über einen Baum, das Vorstellungsbild eines bestimmten Baums in mir habe oder das einer Klasse von Bäumen? Kann es überhaupt so etwas wie ein Bild von einer Klasse von Gegenständen geben? Vorstellungen sind Vorstellungen von Einzeldingen und damit individuell. Das, was sie repräsentieren, soll aber etwas Allgemeines sein. Wie ist dies möglich? Hume hat Mühe, das Funktionieren von Allgemeinbegriffen zu erklären. Wie können Allgemeinbegriffe im Geist als Perzeptionen präsent sein? Ohne eine zufriedenstellende Erklärung verliert Humes Bedeutungstheorie – nach ihr bedeuten Wörter nur etwas, wenn sie sich auf unmittelbar gegebene geistige Vorstellungsbilder zurückführen lassen – ihre Plausibilität. Und damit wird das Humesche Mikroskop blind, das Humesche Rasiermesser stumpf.

Aber Humes Ergebnisse fallen nicht mit seinen Annahmen, sie gelten unabhängig von, ja trotz seiner Annahmen. Seine Analysen wurden mit so viel Scharfsinn durchgeführt, daß man sich mit ihnen auseinandersetzen mußte. Man konnte sich der Auseinandersetzung nur entziehen, indem man sie ignorierte oder wütend zurückwies. Thomas Reid, ein Zeitgenosse Humes und kein unbedeutender Philosoph, nannte Humes Methode «*metaphysischen Wahnsinn*» und seine Philosophie «*den verbotenen Baum des Wissens, sobald ich davon koste, nehme ich mich nackt wahr und aller Dinge beraubt, sogar meines allerletzten Selbst*». Kein Wunder, daß die protestantische Orthodoxie Hume verbannte und die katholische Kirche ihn auf den Index setzte.

Die Relativitätstheorie wird endgültig die Vorstellung eines absoluten Raums verabschieden, die Quantentheorie die eines allgemeinen Kausalgesetzes. Die Induktion läßt sich nicht deduktiv-logisch begründen. Die Lösungsversuche des Induktionsproblems, die Bemühungen um eine Induktionslogik können nicht hinter Hume zurück. Doch wie häufig werden Provokationen zunächst ignoriert. Nicht nur die Naturwissenschaft glaubte, an einem deterministischen Kausalitätsbegriff festhalten zu müssen. Was wäre, wenn sich Humes Regularitätstheorie durchgesetzt hätte oder wenigstens seine skeptische Haltung? Eine müßige Frage. Hume ist und bleibt eine Herausforderung für die Philosophie. Bis heute ist die philosophische Diskussion über die Humeschen Problemstellungen nicht abgeschlossen.

3 Das wohlgeordnete Reich der Vernunft – Kant

Es kann der Einbildungskraft vielleicht verziehen werden, wenn sie bisweilen schwärmt, d.i. sich nicht behutsam innerhalb der Schranken der Erfahrung hält (...). Daß aber der Verstand, der denken soll, an dessen statt schwärmt, das kann ihm niemals verziehen werden. (...)
Denn wenn (...) die Selbsterkenntnis der Vernunft nicht wahre Wissenschaft wird, worin das Feld ihres richtigen von dem ihres nichtigen und fruchtlosen Gebrauchs (...) mit geometrischer Gewißheit unterschieden wird, so werden jene eitlen Bestrebungen [über die Schranken der Erfahrung hinauszugehen] *niemals völlig abgestellt werden.*
Kant

Die kopernikanische Revolution des Denkens

Das Programm der subjektiven Wende will das gesuchte Fundament der Erkenntnis, nämlich ein absolut gesichertes Wissen, nicht mehr im Sein, dem Erkenntnisobjekt, ausfindig machen, sondern im erkennenden Subjekt selbst. War das Vorgehen in der Nachfolge des Aristoteles deskriptiv-abstrahierend – von der Beschreibung der Phänomene gelangte man über Abstraktionen zu allgemeinen Prinzipien –, so ist es jetzt analytisch-konstruktiv. Man konstruiert, ausgehend von letzten Gegebenheiten des Bewußtseins, auf die man durch Analyse eben dieses Bewußtseins gestoßen ist, das Selbst und die Welt.

Descartes' Analyse führte zum Cogito und zu Denkinhalten. Unter diesen Denkinhalten gibt es einen, der dadurch ausgezeichnet ist, daß er nicht vom Bewußtsein selbst stammen kann: die Idee Gottes. Mit Hilfe dieser Idee, die die reale Existenz Gottes einschließt, konstruiert Descartes eine rationale Metaphysik, die das sichere Fundament der Physik abgeben soll. Doch die neue Physik hat mit Newton ohne den Rückgriff auf Descartes' metaphysische Annahmen eine Gestalt erreicht, die den Gesetzescharakter ihrer Aussagen als unbezweifelbar (apodiktisch) gewiß erscheinen läßt. Hume als Empirist bestreitet nicht, daß man aufgrund empirisch gegebener Sinnesdaten eine Welt und eine physikalisch korrekte Beschreibung dieser Welt konstruieren kann. Doch hat er, indem er den Gesetzescharakter der Konstruktionsprinzipien Raum, Zeit, Kausalität bestreitet, diesen Konstruktionen die Basis der Gewißheit entzogen. Raum, Zeit, Kausalität sind kontingente, d. h. «zufällige» Konstruktionsprinzipien. Sie gelten kraft der Gewohnheit oder, modern gesprochen, weil sie sich evolutionsbiologisch als wirksame Strategien der Gattung Mensch im Kampf ums Dasein herausgebildet haben. Ihnen fehlt gerade die für den Gesetzescharakter geforderte strenge (innere) Notwendigkeit.

Wenn man mit Hilfe von Erfahrungsdaten allein keine allgemeinen Aussagen von strengem Gesetzescharakter treffen kann, dann steht man vor dem Paradox, daß es faktisch eine empirische Wissenschaft mit Gesetzescharakter, nämlich die Newtonsche Physik gibt, die es prinzipiell gar nicht geben kann. Muß also der Weg der subjektiven Wende, der Weg Descartes', der Weg der Konstruktion aufgegeben werden? Oder kann man ihn beibehalten? Kann man apriorische Konstruktionsprinzipien – denn ohne solche gibt es keine empirischen Wissenschaften von strengem Gesetzescharakter – aufweisen, ohne in den Fehler Descartes' zu verfallen?

Descartes' Fehler lag nicht in der konstruktiven Methode – diese hat in der neuen Mathematik (analytische Geometrie, Infinitesimalrechnung, Differenzialgleichungen) und in der neuen Physik triumphale Erfolge aufzuweisen. Descartes' Fehler lag darin, daß er inhaltliche Prinzipien (die Idee Gottes, die res cogitans und die res extensa) als letzte Apriori-Prinzipien ansetzt. Kann man es nicht noch einmal versuchen, indem man nicht von Inhalten (angeborenen Ideen) ausgeht, sondern von formalen Strukturen? Diesen Versuch unternimmt Kant.

Kant will an dem Vorteil der konstruktiven Methode festhalten. Nach Kant haben Mathematik und Physik aufgrund der Anwendung konstruktiver Prinzipien *«den sicheren Gang einer Wissenschaft»* eingeschlagen. Auch die Philosophie müsse, sofern sie die Grundlegung der Wissenschaften liefern will, mit Hilfe konstruktiver Apriori-Prinzipien den Weg zu einer gesicherten Wissenschaft finden. Das Verfahren der Metaphysik war nur ein Herumtappen unter bloßen Begriffen, weil in der Philosophie die Revolution des konstruktiven Denkens noch nicht vollzogen worden ist. Galilei und die Pioniere der Naturwissenschaft haben begriffen, daß die Vernunft nur das einsehen kann, was sie selbst nach ihrem Entwurf hervorgebracht hat. Mit Hilfe ihrer Prinzipien müsse die Vernunft an die Natur herangehen und sie nötigen, auf ihre Fragen zu antworten. Die Vernunft habe nicht den Vorgaben der Natur zu folgen, denn sonst würde sie sich *«am Leitbande gängeln lassen»*. Ihre Beobachtungen blieben zufällig und würden nie den Charakter notwendiger Gesetze erreichen. *«Die Vernunft muß nach ihren Prinzipien (...) in der einen Hand und mit dem Experiment, das sie nach jenen ausdachte, in der anderen, an die Natur herangehen.»*

Sind mit diesem Vorgehen nicht der Willkür Tür und Tor geöffnet? Im Gegenteil. Prinzipien der Vernunft können nie willkürlich sein, denn sie entspringen der strukturellen Gesetzmäßigkeit der Vernunft, ihrer apriorischen Tiefenstruktur. Diese begründet geradezu den Gesetzescharakter der Naturgesetze.

Mathematik und Naturwissenschaften sind modellhaft, denn beide haben durch eine Revolution der Denkart den Weg der gesicherten Erkenntnisse beschritten. Bis jetzt, so Kant, nahm man an, daß die Erkenntnis sich nach den Gegenständen richten müsse. Bis jetzt sind aber alle Versuche, allein durch das Denken etwas über Gegenstände herauszufinden, fehlgeschlagen.

Warum nicht einmal den umgekehrten Weg versuchen? Verspricht er nicht einen größeren Erfolg? Die Strukturen der Gegenstände kann man nicht durch bloßes Denken analysieren, wohl aber die Strukturgesetze des Denkens. Daher ist es einleuchtend, daß die gewünschte Erkenntnis a priori nur gefunden werden kann, wenn sich die Gegenstände nach den Strukturgesetzen des Denkens richten. In dieser Revolution – Kant nannte sie eine *kopernikanische* – besteht die begründete Hoffnung, die Suche nach einer Erkenntnis von unbedingter Gewißheit erfolgreich abzuschließen.

«Der Verstand schöpft seine Gesetze (a priori) nicht aus der Natur, sondern schreibt sie dieser vor.» Kant behauptet damit nicht, daß der Verstand der Natur die sogenannten Naturgesetze, d. h. die empirischen Gesetze, vorschreibt, um deren Aufstellung sich die Physik bemüht. Dies wäre der absurde Versuch, das auszuschalten, was die moderne Physik zu einer so erfolgreichen Wissenschaft gemacht hatte, den durch Experimente bestätigten Erfahrungsgehalt. Der Verstand schreibt *reine* Gesetze vor, die eine empirische Physik erst ermöglichen. Die empirische Physik muß durch eine «*reine* Physik» – rein bedeutet bei Kant ohne empirischen Zusatz – philosophisch gerechtfertigt werden. Diese reine Physik wird die Form einer Metaphysik der Natur haben müssen und nicht mehr eine Angelegenheit bloßer Spekulation sein.

Kants Programm zielt auf zwei Ergebnisse: (1) Eine gelungene Rechtfertigung der Newtonschen Physik hat erfolgreich und für immer alle skeptizistischen Attacken à la Hume auf den unumstößlichen Gesetzescharakter der Naturwissenschaften abzuwehren. (2) Die Philosophie beansprucht berechtigterweise gegenüber ihren Töchtern, den Wissenschaften, die sich von ihr emanzipiert haben, einen streng ausgewiesenen und nur ihr zukommenden Gegenstandsbereich. Sie erreicht als Metaphysik der Natur den Status einer exakten Wissenschaft mit gewissen und nicht bezweifelbaren ewigen Wahrheiten.

Die Innen-Außen-Perspektive, ein neuer Standpunkt

Dem philosophischen Programm der Neuzeit geht es darum, die Physik als eine im strengsten Sinn exakte Wissenschaft auszuweisen. Paradoxerweise wird gerade durch den subjektivistischen Ansatz diesem Programm die Existenz der Außenwelt, d. h. der Gegenstand der Physik selbst, zur Hauptschwierigkeit. «*Es bleibt immer ein Skandal der Philosophie und allgemeinen Menschenvernunft, das Dasein der Dinge außer uns bloß auf Glauben annehmen zu müssen.*» Unabhängig davon, ob man das Denken rationalistisch durch eingeborene Mechanismen (Ideen, Strukturen) erklärt oder empiristisch oder aus einer Mischung von beidem, es stellt sich in jedem Fall die Frage: Wie kann man, wenn man vom Bewußtsein (dem Denken) ausgeht, wahre Aussagen über Gegebenheiten machen, die außerhalb des Bewußtseins liegen? Dem Bewußtsein sind immer nur Bewußtseinsinhalte gegeben, d. h. Daten, die dem Bewußtsein immanent* sind. Wie kann mit Hilfe dieser Daten die Außenwelt richtig beschrieben werden, die per definitionem eine Gegebenheit ist, die außerhalb des Bewußtseins liegt und die somit das Bewußtsein transzendiert?

Kant findet zwei Ansätze vor, die beide nicht befriedigen können. Einmal die Behauptung, daß die Außenwelt und das Wissen von ihr nur begründet und erklärt werden können, indem man die Außenwelt auf etwas zurückführt, das außerhalb des Bewußtseins liegt und über die empirische Erfahrung hinausgeht, etwas, das hinter (meta) bzw. jenseits der Natur (physik) liegt (Descartes und Berkeley). Zum anderen der Versuch, das Wissen

* Die Ausdrücke «immanent», «transzendent» werden in zwei Bedeutungen gebraucht. In einem weiten Sinne bedeutet «transzendent», was unsere Welt, unseren Erfahrungsbereich überschreitet; in diesem Sinn ist Gott etwas Transzendentes. «Immanent», was innerhalb des Erfahrbaren bleibt. In einem engeren Sinn, in der Bewußtseinsphilosophie, ist «immanent» das, was innerhalb des Bewußtseins gegeben ist, «transzendent» das, was außerhalb des Bewußtseins liegt, z. B. die Gegenstände der Außenwelt.

um die Außenwelt rein empiristisch zu begründen und zu erklären. Über das, was die Erfahrung überschreitet, können keine sinnvollen Aussagen gemacht werden. In unseren Erklärungen darf der Bereich der Natur nicht verlassen werden (Hume).

Verdeutlichen wir diese Alternativen am Beispiel des «Geistes». Weder der rationalistische noch der empiristische Metaphysiker, ja nicht einmal der reine Empirist werden bestreiten, daß es so etwas wie «Geist» gibt. Doch die Metaphysiker werden eher eine idealistische Position einnehmen, die Empiristen eine naturalistische. Für den Idealismus steht der Geist außerhalb der Gesetzmäßigkeiten der Natur. So hat für eine bestimmte Form des Idealismus der Mensch eine Doppelnatur aus Geist und Körper. Der menschliche Körper ist den Kausalzusammenhängen des Naturablaufs unterworfen, während der Geist frei ist. Für den Naturalismus hingegen gibt es keine «übernatürliche» Entität «Geist» oder «Seele»: Was immer existiert, existiert in Raum und Zeit oder zumindest in der Zeit und fällt unter Kausalbeziehungen. Er faßt den gesamten Menschen als einen Teil der Natur auf. Der Mensch insgesamt und nicht nur der biologische ist somit Gegenstand einer «Natur»-Wissenschaft vom Menschen. Geist ist nur eine Abkürzung, der kollektive Name sozusagen, für mentale Prozesse.

Kant findet sich zwischen Skylla und Charybdis. Folgt das philosophische Denken der Strömung des Rationalismus, so wird es in den Fangarmen des metaphysischen Dogmatismus erstickt. Folgt es der Strömung des Empirismus, so wird es in den alles verschlingenden Strudel des erkenntnistheoretischen Skeptizismus hinabgerissen. Der Naturalismus führt für Kant unausweichlich zum Skeptizismus: Er ist nicht bereit, Humes skeptische (pragmatische) Lösung zu übernehmen, nämlich auf ein «gewisses Wissen» zu verzichten. Kant muß einerseits den immanenten Standpunkt des Naturalismus zurückzuweisen, darf andererseits nicht auf den transzendenten Standpunkt der dogmatischen Metaphysik zurückgreifen. Es geht also darum, an der Humeschen Metaphysikkritik festzuhalten, denn über Gegenstände, die den Bereich unserer Erfahrung überschreiten, kann es – für Kant wie für Hume – kein Wissen geben; und gleichzeitig darum, den Humeschen Skeptizismus zu vermeiden. Wie ist dies möglich? Müßte man dazu nicht einen Standpunkt finden, der innerhalb des Bewußtseins bleibt und gleichzeitig das Bewußtsein überschreitet, ohne zu überschreiten? Genau dies tut Kant. Der gefundene Standpunkt ist der *transzendentale*. Kant wird seine Position als transzendentalen Idealismus bezeichnen.

Der *immanente Standpunkt* verläßt nicht den Bereich der Erfahrung. Neben dem formalen Wissen (z. B. der Logik) gibt es wahrheitsfähige Aussagen nur über Tatsachen. Substanzielles Wissen ist immer empirisches Wissen. Der *transzendente Standpunkt* geht über den Bereich der Erfahrung hinaus. Nach ihm gibt es wahrheitsfähige gehaltvolle Aussagen über einen von der Erfahrung unabhängigen Bereich. Dieses Wissen kann man durch das Denken allein entdecken, und darüber hinaus liegt in diesem rationalen Wissen die gesuchte Garantie empirischen Wissens.

Vom *transzendentalen Standpunkt* aus kann man keine Aussagen über eine wie immer geartete tranzendente Welt machen. Insofern verläßt er nicht den empirischen, d. h. immanenten Standpunkt. Er geht aber doch über einen rein empirischen Standpunkt hinaus, da er uns zu sehen erlaubt, daß die Vernunft (der Geist) nicht ein integraler Bestandteil der Natur ist, sondern außerhalb der Natur steht. Die Vernunft ist die Bedingung dafür, daß wir zum einen die Natur (die Welt der Erscheinungen) so wahrnehmen, wie wir sie wahrnehmen, und daß wir zum anderen als sittliche Wesen frei handeln können. Ein eigenartiger Standpunkt, der, wie es scheint, die empiristische und rationalistische Position vereint. Doch wie ist es möglich, einen solchen Standpunkt zu gewinnen?

Die subjektive Wende sucht das Fundament des Wissens nicht mehr im Objekt, sondern im Subjekt, d. h. in der Beschaffenheit unseres Erkenntnisvermögens. Nun behauptet die Vernunft, uns Kenntnisse zu liefern sowohl über unsere Erfahrungswelt als auch über eine Welt, die sich der Erfahrung entzieht. Wir brauchen folglich der Vernunft nur bei ihrer Tätigkeit kritisch zuzuschauen. Was tut sie, wenn sie vorgibt, Kenntnisse der einen und der anderen Art zu liefern? Wir brauchen damit nicht den Bereich des uns Zugänglichen zu verlassen, unser Bewußtsein nicht zu transzendieren. Wir müssen unsere Aufmerksamkeit nur auf das Erkennen selbst richten und nicht auf die möglichen Gegenstände des Erkennens. *Transzendental* bezeichnet nicht irgendwelche letzte – seien es immanente oder transzendente – «Entitäten» (Gegenstände oder Ereignisse), sondern *eine dem Bewußtsein im strengen Sinn immanente Erkenntnisleistung, nämlich die Grundbedingung dafür, daß wir Gegenstände überhaupt erfassen können.* Es geht nicht darum, einen Standpunkt zu finden, von dem aus – wie bei Platon und Descartes – behauptet werden kann, daß es Gegenstände gibt, sondern den Standpunkt zu finden, der verständlich macht, wie Behaupten überhaupt möglich ist. Transzendental bedeutet bei Kant niemals «*eine Beziehung unserer Erkenntnis auf Dinge, sondern nur aufs Erkenntnisvermögen*».

Transzendental ist nicht etwas, was jenseits des Bewußtseins liegt, sondern transzendental sind die a priori dem Bewußtsein zugrundeliegenden Prinzipien und Formen des Erkennens, die die Bedingungen und damit der Grund dafür sind, daß Bewußtseinserfahrungen und damit Erkenntnis überhaupt erst möglich sind. Der Begriff «transzendental» leistet genau das, was Gott für Descartes und Berkeley leistet: Er garantiert dem Bewußsein den Zugriff auf die reale Außenwelt.

Grenzziehungen

Transzendentalphilosophie ist reflexive und kritische Philosophie, die Vernunft beobachtet, analysiert und kritisiert sich selbst. Die Kantsche Vernunftkritik ist Kritik der Vernunft durch die Vernunft – dies besagen die Titel seiner Hauptwerke *Kritik der reinen Vernunft* (KrV) und *Kritik der praktischen Vernunft* (KpV). Ihr geht es darum, die Möglichkeiten und Grenzen der Vernunft zu erkennen, und nicht darum, den Bereich des Erkennbaren auszudehnen oder gar zu überschreiten. Der transzendentale Standpunkt erlaubt es, die Grenzen der Vernunft zu sehen, d. h. den Bereich zu bestimmen, über den legitimierbare Aussagen gemacht werden können. Transzendentalphilosophie ist Grenzziehung. Sie will ein für allemal den Bereich des möglichen Wissens abstecken. Sie stellt die Frage nach der *«Möglichkeit von Erfahrung überhaupt»* (KrV), von Sittlichkeit überhaupt (KpV). Sie zeigt, wie Vernunft beschaffen ist, damit im theoretischen Bereich Erkennen und im praktischen Bereich Sittlichkeit möglich ist, und warum die Vernunft die Tendenz hat, über die ihr zugänglichen Bereiche hinauszugehen. Kant hält an dem hohen Anspruch der Philosophie fest, definitive Wahrheiten zu finden. Doch dies sind nicht inhaltliche Wahrheiten – inhaltlich-substanzielle Wahrheiten gehören in den Bereich der einzelnen Wissenschaften und können im strengen Sinn nie definitiv sein –, sondern formale Wahrheiten, die man, im Gegensatz zu den formalen Wahrheiten der Logik, formal-substantielle Aussagen nennen könnte.

Ist die transzendentalphilosophische Frage nicht unbeantwortbar? Führt sie nicht in ein widersprüchliches, ja unmögliches Unterfangen? Durch Entscheidungen über die Möglichkeit von Erkenntnissen wird festgelegt, was formal als Erkenntnis gelten darf. Der Bereich inhaltlicher Erkenntnisse ist offen – keiner kann voraussehen, welche neuen Erkenntnisse wir morgen machen werden. Warum soll der Bereich der formalen Erkenntnisbedingungen abgeschlossen sein? Die nichteuklidische Geometrie, der vierdimensionale Raum der Relativitätstheorie, die Quantenmechanik werden zeigen, daß er es nicht ist.

Daß Kant an die absolute Stabilität, an die a priori notwendige Gültigkeit formaler Prinzipien der Erkenntnis glaubte, beruht auf zwei verdeckten Voraussetzungen: Zum einen müssen unter den Bedingungen der Alltagserfahrung diese Prinzipien als stabil erscheinen, zum anderen wird Kants Wissenskonzeption von der Tradition des platonischen Ideals eines vollkommenen, d. h. eines abgeschlossenen bzw. abschließbaren Wissens bestimmt. In einer berühmten Analogie vergleicht Kant die Vernunft mit der Kugelgestalt der Erde. Wenn wir uns die Erde als eine Scheibe vorstellen, dann können wir nicht im voraus wissen, wie weit sie sich erstreckt. Wissen wir aber, daß die Erde eine Kugel ist, so brauchen wir nur die Größe eines Grades und den Durchmesser zu kennen, um die völlige Begrenzung der Erde anhand mathematischer Formeln, d. h. nach Prinzipien a priori, zu erkennen. Ihre Größe und ihre Begrenzung haben wir mit Gewißheit bestimmt, auch wenn wir ohne ihre Erforschung nicht wissen können, wie die Erdoberfläche tatsächlich beschaffen ist.

Die Vernunft, so Kant, muß mit einer Sphäre verglichen werden und nicht mit einer unbestimmt weit ausgebreiteten Ebene. Formal ist die Möglichkeit unseres Wissens abgeschlossen, wenn es uns gelingt, die Größen zu finden, die wir, um im Bild zu bleiben, benötigen, um die Begrenzung der Kugel anzugeben. Inhaltlich im Prinzip ebenfalls, denn inhaltliches Wissen kann nur das sein, was auf der Kugel Platz findet, wenn es auch aufgrund unserer menschlichen Beschränktheit unmöglich sein wird, eine vollständige Inventur inhaltlichen Wissens zu erreichen. Die uns allein zugängliche Form eines abgeschlossenen Wissens ist formales Wissen. Die höchste uns zugängliche Stufe des vollkommenen Wissens werden wir erreicht haben, wenn es uns gelingt, die Sphäre der Vernunft zu vermessen. Doch welche «Größen» muß man kennen, um die Sphäre des Wissens zu berechnen?

Von Sätzen und vom Erkennen

Wir haben gelegentlich schon die Begriffe «a priori» und «a posteriori» gebraucht. Sie beschreiben verschiedene Wissenstypen: empirisches Wissen (a posteriori) und ein von der Erfahrung unabhängiges Wissen (a priori).

Die Ausdrücke «a priori» und «a posteriori» kommen ursprünglich aus der aristotelischen Tradition. Nach Aristoteles sind die Prinzipien der Dinge das, was wir zuletzt erkennen können, obwohl sie der Sache nach das erste sind, nämlich das, was die Dinge ausmacht. Zuerst nehmen wir das einzelne, Individuelle wahr und dann erst, von diesem ausgehend, die Prinzipien, das Wesen, das Allgemeine, das diesem Individuellen zugrunde liegt. Das der Erkenntnis nach Spätere ist der Sache nach das Frühere. Wer vom Wesen oder dem Allgemeinen ausgeht und von ihm auf die Einzelheiten schließt, der geht vom Früheren aus (a priori). Wer dagegen von den Einzelheiten zu den Prinzipien aufsteigt, geht vom Späteren aus (a posteriori). Für Aristoteles sind a priori und a posteriori Stadien in einem zusammenhängenden Erfahrungs- und Wissensprozeß.

Dies ist bei Kant anders. Zwar bezeichnet das Apriori bei ihm wie bei Aristoteles den Bereich der formalen Prinzipien, des Allgemeinen. Doch trifft Kant in der Tradition des platonischen Denkens die scharfe Unterscheidung zwischen einer reinen intelligiblen Erkenntnis, die allein durch den Verstand, d. h. durch das Denken gewonnen werden kann, und einer Erkenntnis, die sich auf die Sinneswelt bezieht und damit der sinnlichen Erfahrung bedarf. Apriorische und aposteriorische Erkenntnisse sind für Kant wie für Platon zwei grundverschiedene Erkenntnisweisen.

Doch während für Platon die Sinneswelt und die intelligible Welt scharf geschieden sind, gibt es nach Kant auch eine reine Erkenntnis, die auf die Sinneswelt bezogen ist, die also synthetisch, aber gleichzeitig rein, d. h. a priori ist.

Wahrheit ist proportional, sie wird Aussagen (Proportionen, Sätzen) zugeschrieben bzw. abgesprochen. Hume hat das mögliche Wissen in «relations of ideas» (formales Wissen) und «matter of facts» (inhaltliches Wissen) eingeteilt. Diese Gabelung diente ihm dazu, nicht wahrheitsfähige Sätze von wahrheitsfähigen Sätzen, in anderen Worten, das metaphysische Scheinwissen vom echten Wissen zu scheiden. Wenn es stimmt, daß alle Wissensgebiete (1) in formale Wissenschaften und (2) in empirische Wissenschaften eingeteilt werden können, dann fällt Philosophie als Wissenschaft entweder in den Bereich der Logik oder der Erfahrungswissenschaften. Sie hat ihre Eigenständigkeit verloren.

Will man die Philosophie als Wissenschaft erhalten, dann muß es einen weiteren Wissenstyp und damit einen weiteren Satztyp geben, der nicht von der Humeschen Gabelung erfaßt wird. Was für eine Art von Wissen kann dies sein? Formales Wissen hat die Eigenschaft, daß man es allein durch den Rückgriff auf die Bedeutungsregeln der verwendeten Sprache prüfen kann. Analytische Sätze sind wahr, wenn die Bedeutungsregeln korrekt angewendet wurden. Es braucht keine Erfahrung, niemand muß Junggesellen auffinden, um die Wahrheit des Satzes ‹ein Junggeselle ist ein nicht verheirateter Mann› zu verifizieren. Der Satz expliziert den Begriff ‹Junggeselle›. Er ist analytisch, weil das Nichtverheiratetsein auf Grund der Bedeutungsregeln in dem Begriff ‹Junggeselle› enthalten ist. Der Satz ‹Professoren sind unverheiratet› ist synthetisch, denn diese Eigenschaft ist in dem Begriff ‹Professor› nicht enthalten. Diese Eigenschaft wird durch Synthesis z. B. Herrn Professor Kant aufgrund von empirischem Wissen zugesprochen.

Der gesuchte weitere Satz-(Wissens-)Typ kann also weder empirisch noch analytisch sein. Da es sich um formales Wissen handelt, muß er a priori sein, ohne analytisch zu sein. Er muß daher eine eigene Klasse bilden. Transzendentalphilosophie kann nur gelingen, wenn der Ausweis einer speziellen Klasse formal-substanziellen Wissens, das in synthetisch apriorischen Sätzen beschrieben wird, erbracht werden kann. Die gesuchten «Größen» zur Bestimmung der «Kugeloberfläche der Vernunft» müssen synthetische Sätze a priori sein. Zuerst muß also die Frage: *Sind synthetische Sätze a priori möglich?* eine positive Antwort finden, damit die Begrenzungen der Sphäre der Vernunft «berechnet» werden können.

Alle metaphysischen Aussagen sind synthetische Sätze a priori. Sie sind synthetisch, weil sie keine Begriffserklärungen liefern, sondern einen Sachgehalt behaupten; sie sind a priori, weil sich durch Erfahrung nichts über metaphysische Begriffe aussagen läßt. Doch sie sind kaum gesicherte «Größen» und als «Vermessungspunkte» nicht brauchbar. Kant sucht nicht einfach irgendwelche synthetischen Sätze a priori, er fragt, ob in dieser Satzklasse unbedingt gewisse Sätze möglich sind, die notwendig wahr sein müssen.

Logische Sätze sind notwendig wahr, es sind aber analytische Sätze. Empirische Sätze sind synthetisch; ihre Wahrheit ist aber kontingent (d. h. nicht notwendig). Ihre Gültigkeit kann nicht unabhängig von der Beschaffenheit dieser Welt bewiesen werden, und da sich die Bedingungen dieser Welt wie die unserer Erfahrung ändern können, haben sie einen zufälligen Charakter. Gesucht werden notwendig wahre Sätze, die aber nicht logisch wahr sein dürfen. Neben der logischen (formalen) Notwendigkeit müßte es also eine zweite Art von (innerer) Notwendigkeit geben. Solche Sätze könnten – wenn sie sich auf Erfahrung beziehen – als synthetische Sätze tatsächlich die notwendig wahren Grund-Sätze (Prinzipien) der empirischen Wissenschaften abgeben. Sie müßten paradoxerweise «empirisch» notwendige Wahrheiten sein, genauer: notwendige Wahrheiten, die einen Tatsachengehalt haben, ohne daß zur Erfassung dieses Tatsachengehalts Sinneswahrnehmungen notwendig wären. Man kann sie also nur insofern als «empirisch» bezeichnen, als sie sich auf den Bereich der empirischen Tatsachen beziehen, und nicht insofern, als sie empirisch durch Sinneswahrnehnungen gewonnen werden. Dies werden sie gerade nicht, denn sonst würden sie keine eigene Klasse bilden.

Woher kommt die Notwendigkeit? Logische Sätze gelten a priori. Vermag bereits der Apriori-Charakter notwendige Wahrheit zu garantieren? Er vermag es nicht, denn sonst wären ja alle metaphysischen Aussagen notwendig wahr. Die Zugehörigkeit zu der Klasse der synthetisch apriorischen Aussagen leistet nicht das, was der Ausdruck synthetisch a priori suggeriert. Er ist keine Wahrheitsgarantie. Kant sucht notwendig wahre synthetische Sätze a priori. Aber mit welchen Kriterien läßt sich deren notwendige Wahrheit ausweisen?

Spiegelungen – die Reflexivität des Bewußtseins

Der Nachweis eines apriorischen Gegenstandbereichs von synthetischen notwendig wahren Sätzen ist äußerst schwierig. In langwierigen, ja umständlichen Argumentationen will Kant den Nachweis ein für allemal führen, gründlich, endgültig sozusagen. Und Kants schwerfälliger, pedantischer Stil erleichtert nicht gerade die Lektüre. Er möchte genau sein, bedient sich einer (anscheinend) strengen Fachterminologie, erreicht aber nicht die gewünschte Exaktheit. Nur allzuoft läßt er es an begrifflicher Klarheit fehlen und gebraucht Begriffe in verschiedener Bedeutung. Seine stilistischen Qualitäten charakterisierend, meint er, «*es ist zwar nicht jedermann gegeben, so subtil und doch zugleich so anlockend zu schreiben als David Hume*», doch wäre es seine Absicht gewesen, nur ein Programm zu entwerfen und die Ausführung anderen zu überlassen, so hätte er seinem Stil «*Popularität (...) wohl geben können*». Ihm lag aber «*das Wohl der Wissenschaft*», die ihn so lange beschäftigt hielt, nämlich der Metaphysik, am Herzen. Kant macht es sich schwer; er mühte sich ab, die Existenz eines synthetischen Apriori nachzuweisen. Kann dies gelingen?

Um die Wahrheit eines Satzes (einer Aussage) nachzuweisen, gibt es drei Methoden:

1. die empirische Bestätigung, die Verifikation oder Falsifikation, die die Aussage an der empirischen Realität überprüft,
2. das demonstrative Beweisverfahren, das in den logischen Ableitungen der Mathematik und Logik angewendet wird, und
3. die Berufung auf Evidenz.

Keine dieser Methoden kann Kant weiterhelfen.

1. Die Verifikation kann nicht greifen, da nicht-empirische, a priori gültige Aussagen gesucht werden.
2. Das demonstrative Beweisverfahren versagt, da es nicht die Wahrheit eines Schlußsatzes beweist, sondern nur die logische Gültigkeit des Schlusses. Die Wahrheit eines Schlußsatzes ergibt sich aus der Wahrheit der Prämissen. Deren Wahrheit wird entweder (empirisch) verifiziert oder (axiomatisch) vorausgesetzt.

3. Bleibt die Evidenz. Abgesehen davon, daß eine Berufung auf Evidenz äußerst problematisch ist, als Bedingung der Möglichkeit von Erfahrung sind synthetische Sätze a priori alles andere als evident. Also wie vorgehen?

Kant wird eine Methode erfinden, die er transzendental nennt und die sich in die transzendentale Analyse und die transzendentale Deduktion aufspaltet. Der transzendentale Standpunkt ist ein vertrackter Standpunkt. Eine Innen-Außen-Perspektive, eine kühne Halsverdrehung, die es uns erlaubt, unsere Subjektbefangenheit von außen zu sehen, uns zu sehen, wie wenn wir Gott wären, ohne Gott zu sein. Daß wir uns dabei den Hals nicht abdrehen, verdanken wir einer Eigenschaft des Denkens, seiner Reflexivität. Wer sich von hinten sehen will, muß dazu Spiegel benutzen. Unser Bewußtsein ist eine Art Spiegel, das Impressionen empfängt und dank der Wahrnehmungen (Perzeptionen) die Welt spiegelt. Wahrnehmungen sind Wahrnehmungen von etwas; Spiegelungen sind Spiegelungen von etwas.

Aber wer garantiert, daß der Spiegel kein Zerrspiegel ist? Kein Spiegel kann uns «erklären», wie er spiegelt. Wie er spiegelt, das wird bestimmt durch die Struktur, durch den Schliff, den er erhalten hat, erklärt wird es durch die Reflexionsgesetze. Der Spiegel reflektiert etwas. Das, was er reflektiert, liegt immer außerhalb des Spiegels. Auch das Bewußtsein reflektiert etwas. Doch müssen die Gegenstände, die das Bewußtsein reflektiert, nicht außerhalb des Bewußtseins liegen, das Bewußtsein kann nämlich auch reflektieren, was nur im Bewußtsein gegeben ist. Das Bewußtsein vermag, was ein Spiegel nicht vermag, es ist im Gegensatz zum Spiegel selbstreflexiv. Es ist sozusagen ein Spiegel, der die Fähigkeit besitzt, sich selbst zu spiegeln. Unser Bewußtsein, vielmehr der Verstand als Vermögen der Erkenntnis, kann also nicht nur sagen, was reflektiert, sondern auch, wie etwas reflektiert wird. Dies ist die große Entdeckung Kants: Die Bestimmung der Struktur ist die transzendentale Bestimmung der Vernunft. Was einem Spiegel gegeben ist, hängt nicht vom Spiegel ab. Von seiner Struktur aber hängt ab, wie er es spiegelt.

Daß eine Welt gegeben ist, ist nicht ein Datum des Bewußtseins (der Vernunft), aber wie diese Welt gegeben ist, ist ein Datum der Vernunft.

Wie muß die Vernunft vorgehen? Das Vorgehen ist, wir haben es schon gesagt, das der Analyse. Genauer, es ist ein Vorgang der Elimination, der Reduktion. Nicht daß jetzt alles Inhaltliche – wie bei Descartes – eliminiert werden soll, um zu einem letzten nicht-eliminierbaren Inhalt zu gelangen, sondern das Inhaltliche soll soweit eliminiert bzw. reduziert werden, bis die formalen Strukturen sichtbar werden, die alles Inhaltliche bestimmen.

Reine Erkenntnis

Reine Physik

Da es um das Problem des Erkennens geht, um letzte gewisse Prinzipien, um die Fundamente unseres Wissens, brauchen uns zunächst nur die Bereiche des Wissens zu interessieren, die als gesichert gelten. Von ihnen hat die Untersuchung ihren Ausgang zu nehmen. Da ist einmal die Mathematik, die seit der Antike das Modell eines gewissen Wissens liefert, und seit Newton die Physik, genauer gesagt, die Mechanik. Die Physik macht Aussagen, die Gesetzescharakter haben und damit eine unbedingte Geltung beanspruchen. Diese apodiktische Geltung kann nicht den einzelnen Naturgesetzen zukommen, denn diese liefern eine empirische Beschreibung der Welt. Zu behaupten, daß die Beschreibungen der Physik unbedingt gelten, daß sie notwendig wahr sind, hieße, bei der Beschreibung der physikalischen Welt die Möglichkeit des Irrtums auszuschließen. Dies wäre absurd. Unbedingte Geltung kann nicht aus dem empirischen Charakter der Naturgesetze kommen. Naturgesetze müssen, sofern sie apodiktisch gelten, eine apriorische Komponente haben.

Die Axiome der Newtonschen Physik wie das sogenannte Reaktionsgesetz oder das Gesetz der gleichen Wechselwirkung (zu jeder Kraft gibt es stets eine gleich große, in entgegengesetzte

Richtung wirkende Kraft) sowie das schon im 13. Jahrhundert formulierte Prinzip der Erhaltung der Materie (quantitas materiae – die Materiemenge insgesamt nimmt weder zu noch ab) werden von Kant als Beispiele synthetischer Sätze a priori genannt. Kant entwickelt seine Argumentation, daß es Prinzipien synthetisch a priori geben muß, unter anderem am Beispiel des Materieerhaltungssatzes. «*In dem Begriff der Materie denke ich mir nicht die Beharrlichkeit, sondern bloß ihre Gegenwart im Raume durch die Erfüllung desselben (...) Also gehe ich wirklich über den Begriff der Materie hinaus, um etwas a priori zu ihm hinzuzudenken, was ich in ihm nicht dachte. Der Satz ist also nicht analytisch, sondern synthetisch und dennoch a priori gedacht.*» Ein Satz, so Kant, der zugleich mit seiner Notwendigkeit gedacht wird, ist a priori. Wird er nicht von einem anderen notwendig gültigen Satz abgeleitet, so ist er schlechterdings a priori. Die Prinzipien der Naturwissenschaften sind nicht aus anderen Sätzen abgeleitet und sicher nicht aus der Erfahrung gewonnen. Sie sind allgemeingültig im strengen Sinn. Allgemeinen Gesetzen, die wir über die Induktion aus Erfahrung gewinnen, wird nur – so können wir sagen – Allgemeinheit unterstellt. In ihrem Fall von Allgemeingültigkeit zu sprechen ist eine verkürzte, aber bequeme Redeweise. Eigentlich müßte es heißen, dieses Gesetz gilt allgemein, weil wir bis jetzt noch keine Ausnahme gefunden haben. Bei einer strengen Allgemeinheit wird «*gar keine Ausnahme als möglich verstattet*».

Neben der empirischen Physik, die die Beschaffenheit unserer Welt beschreibt, muß es eine nichtempirische Physik geben. Diese hat die Aufgabe, eine gesicherte Naturerkenntnis zu rechtfertigen. Ihr Inhalt sind nicht die konkreten Naturgesetze, sondern die «logische» Beschaffenheit der letzten Prinzipien, die den Gesetzescharakter der Axiome der Physik – und damit auch der konkreten Naturgesetze – garantieren sollen. Eine solche nichtempirische Physik nennt Kant *reine* Physik. Eine reine Physik kann nur durch das Denken, allein durch Philosophie erfaßt und beschrieben werden.

Die Frage: Wie sind synthetische Urteile a priori möglich? nimmt somit für Kant zunächst folgende konkrete Gestalt an: «*Wie ist reine Mathematik möglich? Wie ist reine Physik möglich?*» Kant sucht – modern gesprochen – nach einer Metatheorie dieser Wissenschaften. Diese Metatheorie hat die Gestalt einer Metaphysik (der Mathematik, der Natur), weil sie den Gegenstandsbereich und die Form jeder möglichen Mathematik und jeder möglichen Physik ein für allemal festlegt.

Reine Mathematik

Liegt das Problem der reinen Physik darin, den apriorischen Charakter der grundlegenden Voraussetzungen nachzuweisen, so liegt es in der reinen Mathematik darin, den synthetischen Charakter der mathematischen Sätze nachzuweisen. Wenn die Mathematik nichts anderes ist als eine Beschreibung von Relationen zwischen Ideen (Hume), dann ist sie analytisch. Sie wäre somit – sofern Wissenschaft durch Erkenntniszuwachs definiert wird – keine Wissenschaft im eigentlichen Sinn. Die Mathematik würde nur das entwicklen, was bereits implizit gegeben ist. Dies ist nicht unbedingt eine leichte Sache. Doch die Schwierigkeiten mathematischer Operationen würden nichts daran ändern, daß Mathematik nur bereits Gegebenes erhellt, daß sie keinen Zuwachs an Erkenntnissen produziert.

Nach Kant ist diese Auffassung falsch. «*Die Zergliederer der menschlichen Vernunft*» (wohl Hume) haben nicht erkannt: «*Mathematische Sätze sind insgesamt synthetisch.*» Unbestritten, mathematische Sätze sind nicht empirisch, sie sind notwendig wahr und damit a priori («*Sie führen eine Notwendigkeit bei sich, welche aus Erfahrung nicht abgenommen werden kann*»). Aber sie gelten fälschlicherweise als analytisch. Betrachten wir z. B. den Satz ‹7 + 5 = 12›. Was sagt er? Wenn wir die Summe von ‹7 + 5› bilden, erhalten wir die Zahl ‹12›. Doch analysieren wir den Begriff ‹Summe von …› und arbeiten das heraus, was in dem Begriff ‹Summe› gedacht bzw. enthalten ist, so sehen wir, daß in dem Begriff ‹Summe von …› nicht die Zahl 12 enthalten ist, zu der die beiden Zahlen 7 und 5 zusammengefaßt werden sollen. In dem Begriff ‹Summe von ...› ist allein die Zusammenfassung von Zahlen gedacht. Um also zu der Zahl 12 zu gelangen, muß man über das, was in dem Begriff gegeben ist, hinausgehen. Man muß in der Anschauung (z. B. kann man die Finger oder Punkte zu Hilfe nehmen) eine Operation vollziehen, in der die Zahl 12 sukzessive «*durch die Synthesis von 7 mit 5 erzeuget werden soll*». Das gleiche Resultat liefert uns eine Analyse geometrischer Sätze. Der Satz z.B, «*daß die gerade Linie zwischen zwei Punkten die kürzeste sei, ist ein synthetischer Satz*». Der Begriff der Geraden enthalte nur eine Qualität, die Eigenschaft ‹gerade zu sein›, und keine Größe. Der Begriff ‹kürzeste› kann nicht durch Zergliedern aus dem Begriff ‹Linie› gewonnen werden, sondern müsse mit Hilfe der Anschauung durch Synthesis konstruiert werden. Mathematik ist für Kant nicht analytisch, ein Zergliedern von Begriffen, sondern synthetisch, «*die Anwendung von Begriffen auf die Anschauung*», ein Konstruieren.

Logische Notwendigkeit und kausale Notwendigkeit

Mathematische Sätze sind synthetisch, naturwissenschaftliche Erkenntnis beruht auf Apriori-Prinzipien, so lautet das Ergebnis der Kantschen Beweisführung. Vermag sie zu überzeugen? Eine wesentliche Rolle spielt dabei der Begriff «Notwendigkeit». Aber gerade beim Gebrauch dieses Begriffs läßt Kant die nötige Eindeutigkeit vermissen. Dies wird man ihm nicht gänzlich zum Vorwurf machen können, verfügte er doch noch nicht über die scharfen analytischen Werkzeuge, die erst die moderne Logik bereitstellen wird.

Für Kant ist ein Satz, der «*zugleich mit seiner Notwendigkeit gedacht wird*», a priori. Was heißt «*zugleich mit seiner Notwendigkeit gedacht werden*»? In der Logik ist eine Aussage notwendig wahr, wenn ihre Negation zu einem Selbstwiderspruch (z. B. ‹p = nicht p›) führt. In einem logischen Schlußverfahren bezeichnet man eine Aussage als notwendig wahr, wenn sie aus einer

Menge von wahr akzeptierten Aussagen logisch folgt. Die Schlußfolgerung ergibt sich notwendig, wahr ist sie jedoch nur relativ zu den vorausgesetzen Aussagen.

Aber Kant bezieht die Wendung *«zugleich mit seiner Notwendigkeit gedacht werden»* nicht nur auf analytische Sätze a priori oder logische Schlüsse. Er benutzt diese Wendung gerade als ein Argument für ein synthetisches Apriori. Dieses hat *«den Charakter der inneren Notwendigkeit»*. Strenge Notwendigkeit aber kann, wie Kant selbst feststellt, *«aus der Erfahrung nicht abgenommen werden»*. Eine faktische Notwendigkeit gibt es nicht, denn alles, was faktisch der Fall ist, könnte auch anders sein. Um was für eine Notwendigkeit handelt es sich, wenn auf ein Ereignis a (die Ursache) notwendig das Ereignis b (die Wirkung) folgt? Die kausale Notwendigkeit kann keine logische sein. Ist sie also eine faktische? Da sie strenge Allgemeinheit beansprucht, kann sie aber nicht empirisch sein, d. h. aus der Erfahrung stammen.

Kant bestreitet nicht, daß ohne Selbstwiderspruch ein Zustand gedacht werden kann, in dem das Kausalgesetz und die Newtonschen Axiome nicht gelten. Er spricht daher auch nicht davon, daß bei der strengen Allgemeinheit dieser Prinzipien gar keine Ausnahme gedacht werden kann, sondern davon, daß *«gar keine Ausnahme als möglich verstattet»* wird. Obwohl, logisch gesehen, alles, was faktisch so ist, wie es ist, anders sein könnte, darf es nicht anders sein. Wer hat die Autorität, Ausnahmen zu verbieten? Die Gesetzgeber Verstand und Vernunft! Wir müssen noch aufzeigen, wie sie es tun. Für den Augenblick ist wichtig zu sehen, wie Kant durch seinen Sprachgebrauch von einer logischen Notwendigkeit zu einer Notwendigkeit gleitet, die «autoritär» verbietet. Indem er die Wendungen *«zugleich mit seiner Notwendigkeit gedacht werden»* und *«keine Ausnahme als möglich verstattet werden»* als synonym gebraucht, glaubt er, faktisch geltende Notwendigkeit bewiesen zu haben.

Bereits die Definition der logischen Notwendigkeit ist ungenau.

Kant unterscheidet nicht scharf zwischen Eigenschaften, die Sätzen zukommen, und Eigenschaften, die Begriffen zukommen. Er definiert analytisch mit Hilfe der Wendung *«bei einem Begriffe gedacht werden können»*. Bei jedem Begriff kann x-beliebiges gedacht werden. Bei der Zahl 1 kann ich die Zahl 5 assoziieren, warum auch nicht. Sicher meint Kant, was logisch gedacht werden kann. Aber auch das hilft nicht weiter. Als eine logische Unmöglichkeit ist ‹Nicht-gedacht-werden-Können› eine Eigenschaft von Sätzen (‹1 + 1 = 5› ist logisch unmöglich) und nicht von Begriffen. Spricht man von Sätzen, dann ist die Wendung ‹nicht widerspruchsfrei gedacht werden können› eindeutig. Aber Kant charakterisiert mit dieser Wendung auch Begriffe. Er sagt: Analytische Urteile *«lehren von einem Gegenstand nichts mehr, als was der Begriff, den wir von ihm schon haben, in sich enthält»*. Was heißt dies ‹in sich enthalten›? Muß man das, was in dem Begriff steckt, herausziehen? Es scheint so. Wenn ich den Begriff ‹Kreis› habe und mich frage, welche Vorstellung ich notwendigerweise mitdenke, wenn ich Kreis denke, dann ist es die Eigenschaft, rund zu sein. ‹Der Kreis ist rund› ist ein analytischer Satz, denn der Begriff ‹Kreis› kann, so Kant, nicht ohne das ‹Rundsein› gedacht werden. Dies scheint einleuchtend. Dennoch sind die Begriffe ‹Vorstellung› und ‹Enthaltensein› alles andere als klar. Dies wird deutlich, wenn wir uns Kants Beispiele für analytische und synthetische Urteile ansehen.

Kants Beispiel für ein analytisches Urteil lautet: Alle Körper sind ausgedehnt. Dieses Urteil ist analytisch, denn die Ausdehnung ist bei dem Begriff ‹Körper› schon mitgedacht, sie ist in diesem Begriff notwendig enthalten. Man könne sich keinen Körper vorstellen, der nicht ausgedehnt ist. Kant nennt analytische Urteile Erläuterungsurteile, das Prädikat fügt dem Subjektbegriff nichts hinzu, es erläutert ihn bloß. Analytisch ist das Urteil, weil es aus dem Subjektbegriff das herausanalysiert, was in ihm enthalten ist. Synthetische Urteile nennt Kant Erweiterungsurteile. Sie erweitern mein Wissen über den Subjektbegriff, sie sagen mehr aus, als in dem Subjektbegriff enthalten ist. Nach Kant ist das Urteil: Alle Körper sind schwer, ein synthetisches Urteil, denn die Schwere werde bei dem Begriff Körper nicht mitgedacht, sie ist in dem Subjektbegriff nicht enthalten. Doch was heißt dies ‹enthalten ist›? Ist der Begriff klar zu fassen? Ist die Ausdehnung wirklich als Prädikat in dem Begriff Körper enthalten und die Schwere nicht? Man kann sich einen Körper ohne Ausdehnung nicht vorstellen. Aber kann man sich einen schwerelosen Körper vorstellen? Kant hat nicht präzisiert, was unter ‹schwer› zu verstehen ist, die Masse oder das Gewicht. Einen Körper ohne Masse kann man sich genausowenig vorstellen wie einen ohne Ausdehnung.

Die Unterscheidung analytisch–synthetisch soll als disjunktive Unterscheidung alle Sätze eindeutig einer dieser beiden Klassen zuordnen, d. h. allgemein gelten. Aber wenn nicht eindeutig bestimmbar ist, was dies bedeutet, im Subjektbegriff enthalten sein, dann ist nicht klar, ob ein Satz analytisch ist oder nicht, dann leistet diese Unterscheidung nicht das, was sie zu leisten vorgibt.

Kants Charakteristik der analytischen Sätze ist unbefriedigend. Sie erfaßt z. B. nicht solche Sätze wie ‹Hans hat entweder diese Ausführungen verstanden oder nicht verstanden›, die zweifellos analytisch sind; denn ich brauche nicht nachzuprüfen, ob Hans etwas verstanden hat. Die Wahrheit des Satzes ergibt sich allein aus dessen logischer Struktur. Dieses Beispiel zeigt uns, daß wir zur Definition von *analytisch* auf Begriffe wie ‹im Subjektbegriff enthalten sein›, ‹vorstellen können› verzichten müssen. Es genügt der Rückgriff auf die Bedeutungsregeln der betroffenen Sprache und die logischen Gesetze. So ist Kants Beispiel ‹7 + 5 = 12› eine analytische und nicht eine synthetische Aussage, denn deren Wahrheit ergibt sich aus der Bedeutungsregel für ‹plus› und aus dem Begriff der Zahl.

Kants Darstellung der Mathematik wird viele Mathematiker und Philosophen bis ins 20. Jahrhundert hinein beschäftigen. Aber schon Goethe meinte (wohl im Blick auf Kant) in einem Gespräch mit dem Kanzler F. v. Müller (1826): *«Die Mathematik steht ganz falsch im Rufe, untrügliche Schlüsse zu liefern. Ihre ganze Sicherheit ist weiter nichts als Identität. Zweimal zwei ist nicht vier, sondern es ist eben zweimal zwei, und das nennen wir abkürzend vier. Vier ist aber durchaus nichts Neues. Und so geht es immer fort bei ihren Folgerungen, nur daß man in den höheren Formeln die Identität aus den Augen verliert.»* Goethes Bemerkung ist ein scharfsichtiges Aperçu, das nicht weiterführt. Der Begriff der Identität ist nicht geeignet, die Natur mathematischer Sätze zu erklären. Einfache wie komplexe Rechenoperationen können zu dem Ergebnis ‹4› führen. Worin liegt die Identität? Russell und Whitehead werden in einem monumentalen Werk, den *Principia Mathematica,* den Versuch unternehmen, die Mathematik auf die Logik zurückzuführen. Und Wittgenstein, von Russell beeinflußt, wird die Sätze der Logik als Tautologien erklären. Mathematische Sätze sind nichttriviale Tautologien. Sie sind analytisch.

Reine Anschauung

Mathematik ist, in der Terminologie Kants, *reine Erkenntnis.* Sie ist *«im Besitz der Zuverläßigkeit», «ein glänzendes Beispiel* [dafür], *wie weit wir es unabhängig von der Erfahrung in der Erkenntnis a priori bringen können».* Sie gibt einen *«Beweis von der Macht der Vernunft»* und erweckt *«eine günstige Erwartung»* für die Entdeckung anderer Erkenntnisse a priori. Nicht zufällig galt Mathematik als Vorbild und Garant für das gesuchte Erkenntnisideal eines gesicherten Wissens. Doch in einem ungebremsten Erkenntniszugriff, im Glauben, dem Beispiel der Mathematik zu folgen, übersieht die Vernunft in kühner Selbstüberschätzung und im stolzen Vertrauen in ihre Fähigkeit, daß ihrem Erkenntnisdrang Grenzen gesetzt sind. Sie verliert sich im luftleeren Raum der Spekulationen, sich Erkenntnisse anmaßend, die ihr nicht zustehen. *«Die leichte Taube, indem sie im freien Fluge die Luft teilt, deren Widerstand sie fühlt, könnte die Vorstellung fassen, daß es im luftleeren Raum noch viel besser gelingen werde.»* Die Taube kann nicht in den luftleeren Raum vorstoßen, sie wird nicht die Erfahrung machen, daß sie ohne Luftwiderstand nicht fliegen kann. Dem Denken ist der *«leere Raum des reinen Verstandes»* nichts Fremdes, er ist eher dessen Heimatort.

Aber wie kräftig das Denken dort auch die Schwingen rührt, es kommt auf dem Weg des Erkennens nicht von der Stelle; denn es findet keinen Widerstand, woran es seine Kräfte messen könnte. Will das Denken vorankommen, muß es den leeren Raum des reinen Verstandes verlassen, einen Widerstand finden, der es trägt. Diesen Widerstand bietet die Sinnenwelt. Sie setzt der Vernunft eine Grenze, die sie nicht überschreiten darf, sofern es ihr um Erkennen geht.

Mathematik ist nach Kant synthetisch, weil sie es nicht mit reinen Begriffen (Definitionen) zu tun hat, sondern mit Gegenständen und Erkenntnissen *«soweit als sich solche in der Anschauung darstellen lassen»*. Diese entscheidende Bestimmung, dieses ‹Soweit als›, wurde (von Hume und anderen) nicht gesehen, *«weil gedachte Anschauung selbst a priori gegeben werden kann, mithin von einem bloß reinen Begriff kaum unterschieden wird»*. Sich etwas vorstellen bedeutet, sich eine Anschauung verschaffen, sich ein Bild machen. Daß Anschauung sinnlich ist, leuchtet sofort ein. Was ich anschaue, ist entweder direkt sinnlich präsent oder indirekt, wenn mein innerer Sinn eine Vorstellung vor das geistige Auge bringt. Was ist aber eine *gedachte Anschauung a priori*? Sie muß gedacht und nicht geschaut und ohne jede empirische (sinnliche) Beimischung sein, denn sonst wäre sie nicht a priori. Ist eine unanschauliche Anschauung, ein nichtsinnlich Sinnliches, nicht ein hölzernes Eisen?

Daß sich empirische Begriffe in der Anschauung darstellen lassen, überrascht nicht, denn sie werden durch Abstraktion aus Anschauungen gewonnen. Reine Begriffe sind unanschaulich. Mathematische Begriffe sind reine Begriffe und doch – das ist das Besondere – mit der Anschauung irgendwie verbunden, so daß sich anhand der Mathemathik die reine Anschauung a priori aufzeigen läßt. Man kann nicht zeigen, was Gott ist – es ist ein reiner Begriff –, aber man kann in der Anschauung demonstrieren, was ein Kreis ist. Dazu eine kleine Anekdote. Diderot, der Herausgeber der Französischen Enzyklopädie, und Euler, wohl der größte Mathematiker der damaligen Zeit, hatten am Hof der Zarin Katharina II. in einem Disput die Existenz Gottes zu beweisen. Keiner war um Argumente verlegen. Doch als Euler als einen Beweis dafür, daß Gott existiert, eine mathematische Formel an die Tafel schrieb, soll der Atheist Diderot fluchtartig den Raum verlassen haben. Diderot war kein so gewiefter Mathematiker wie Euler. Leider war die *Kritik der reinen Vernunft* noch nicht erschienen, sonst hätte Diderot antworten können: Du vergißt, daß Gott ein Begriff ist, der sich nicht veranschaulichen läßt, auch nicht in einer mathematischen Formel. Damit sich ein Begriff veranschaulichen läßt, müssen Denken und etwas vom Denken Verschiedenes, nämlich Anschauung, in einer Synthesis zusammengebracht werden.

Die apriorische Struktur der Mathematik schließt eine Herleitung aus der Erfahrung aus. Kein Mathematiker hat je so argumentiert: Wir haben festgestellt, daß die Kreise A, B, C, ... N die Eigenschaft *E* haben, also sind wir berechtigt zu folgern, daß auch der Kreis X die Eigenschaft *E* haben wird. Ließen sich mathematische Sätze auf die Erfahrung zurückführen, dann wären sie empirische Sätze und als solche a posteriori. Doch mathematische Sätze führen «*eine Notwendigkeit bei sich, welche aus Erfahrung nicht abgenommen werden kann*».

Die synthetische Struktur mathematischer Sätze nimmt Bezug auf Anschauung. Doch kann dies nicht irgendeine konkrete, empirische Anschauung sein. Veranschaulichungen in der Mathematik, z. B. die Konstruktion eines Kreises an der Tafel, haben die Funktion, das Verständnis zu erleichtern. Kant unterstellt *reine* Anschauung. «Rein» bedeutet allein durch das Denken gewonnen. Ist reine Anschauung intellektuelle Anschauung? So etwas, wie die Fähigkeit der Vernunft – man denke an Platon – zur geistigen Schau? Eine intuitive Schau als mögliche Erkenntnisquelle unserer Vernunft wird von Kant ausdrücklich bestritten. Reine Anschauung ist keine Schau. Sie wird in keiner Schau gewonnen, und in ihr wird keine Schau gewonnen. Sie hat keinen Gegenstand, auf den sie sich bezieht, sie wird nicht vollzogen, sie kann nicht gelingen oder mißlingen. Sie sieht nichts und ist nichts, was man sich vorstellen kann. Sie ist allein ein Ergebnis des Denkens, und zwar insofern, als allein eine Analyse unserer Denkvermögen sie aufdecken kann. Sie ist die Form möglicher Formen, die notwendige Voraussetzung dafür, daß überhaupt Anschauung möglich ist. Sie ist transzendental.

Die Mathematik legt Zeugnis dafür ab, daß es diese reine transzendentale Anschauung gibt, denn nur unter der Voraussetzung einer reinen Anschauung lassen sich mathematische Sätze als synthetische Sätze a priori erklären. (Ist dies nicht ein Zirkelschluß?)

Schöpferische Vernunft

Produktive Einbildungskraft

Wie die Tradition unterscheidet Kant zwischen zwei Erkenntnisquellen: dem Denken und der Sinnlichkeit. Im Rationalismus beansprucht das Denken das Erkenntnisprimat. Der Empirismus betont das Primat der Erfahrung. Ohne Erfahrung keine Erkenntnis. Diese empiristische Position übernimmt Kant. «*Erfahrung ist ohne Zweifel das erste Produkt, welches unser Verstand hervorbringt, indem er den rohen Stoff sinnlicher Empfindungen bearbeitet*», so lautet der erste Satz der *Kritik der reinen Vernunft* (Einleitung, Ausgabe A), und in der Ausgabe B heißt es noch lapidarer: «*Daß alle unsere Erkenntnis mit der Erfahrung anfange, daran ist gar kein Zweifel.*» Doch ein paar Zeilen später fährt Kant – im scharfen Gegensatz zum Empirismus – fort: «*Wenn aber gleich alle unsere Erkenntnis mit der Erfahrung anhebt, so entspringt sie darum doch nicht eben alle a u s der Erfahrung.*»

Der Empirismus betont, daß Sinneseindrücke die ersten Gegebenheiten des Erkennens sein müssen. Auch bei Kant fängt Erkenntnis mit der Erfahrung an. Dennoch können Sinneseindrücke nicht die ersten Gegebenheiten des Erkennens sein. Die Wahrnehmung bloßer Sinnesdaten würde ein Chaos produzieren und nicht Erfahrung. Damit Erfahrung möglich ist, muß das Chaos der Empfindungen bereits zu Wahrnehmungsganzheiten zusammengefaßt sein. Unbearbeitete Daten des Erkennens gibt es nicht. Erfahrung, das Ausgangsdatum aller Erkenntnis, ist bereits etwas Geordnetes, und zwar nicht als Abbild einer vorgegebenen, geordneten Realität. Wer vollbringt diese Ordnung, diese Synthesis von Mannigfaltigem zu einer Einheit? Ordnung wird hergestellt unter der Leitung von Prinzipien. Man kann zum Beispiel Bücher nach Autoren, nach Sachgebieten, nach Themen, nach Sprachen, ja auch nach solchen Prinzipien wie Größe, Farbe, Form usw. ordnen. Ordnung wird nicht im «Objekt» vorgefunden, sondern wird von einem «Subjekt» produktiv hervorgebracht. Erfahrung ist bereits eine Leistung des erkennenden Subjekts, nämlich der produktiven Einbildungskraft.

«Einbildungskraft ist der Verstand, insofern er die Sinnlichkeit bestimmt.» Kant unterscheidet eine produktive und reproduktive Einbildungskraft. Die Phantasie – auch die schöpferische eines Künstlers – ist reproduktive Einbildungskraft, denn sie gestaltet bereits vorhandenes sinnliches Material. Die produktive Einbildungskraft muß die Sinnlichkeit in einem anderen, in einem weit elementareren Maß bestimmen. Sie muß die Welt der Erscheinungen, so wie sie uns sinnlich gegeben ist, aus dem Material der Sinneseindrücke erst schaffen. Sie schafft sie, indem sie die Sinneseindrücke unter Regeln bringt, so daß die Sinneseindrücke durch diese Regeln zu sinnlichen Anschauungen werden. Sie verbindet die passiv empfangenen Sinneseindrücke unter den Ordnungsprinzipien Raum und Zeit zu Anschauungsbildern. Der Verstand bearbeitet dieses Material weiter, er verknüpft es zu Begriffen und Urteilen. Raum und Zeit, die ersten erkenntniskonstituierenden Regeln, sind die Regeln der reinen Anschauung.

Raum und Zeit müssen freie, d. h. spontane Erfindungen der Einbildungskraft sein, da die Einbildungskraft auf der Stufe elementarer Unordnung überhaupt kein Modell finden kann, nach dem sie Prinzipien gestalten könnte.

Die Einbildungskraft muß an die Erfahrung rückgebunden werden, wenn nicht, dann produziert sie Fiktionen. Kant bindet aber gleichzeitig die Erfahrung an die Einbildungskraft. *«Gedanken ohne Inhalt sind leer, Anschauungen ohne Begriffe sind blind.»* Durch diese doppelte Bindung wird das Denken vor Fiktionen gesichert, die Erfahrung dem Bereich des ursprünglich Gegebenen entrissen und der Nachweis erbracht, daß auch im empirischen Erkennen eine strenge Gesetzlichkeit gilt: Bereits das Grunddatum empirischer Erkenntnis, nämlich Erfahrung, ist durch und durch ein Produkt von Apriori-Operationen des Verstandes.

Raum und Zeit

Raum und Zeit sind keine Begriffe. Begriffe fallen in die schöpferische Tätigkeit des Verstandes und nicht die der Einbildungskraft. Dieser bringt (1) durch die reinen Verstandesbegriffe (Kategorien) die Vielfalt der sinnlichen Erfahrung unter Regeln, d. h. unter Gesetze und faßt (2) Mannigfaltiges in empirischen Begriffen zusammen. Begriffe sind – sofern es keine leeren Begriffe sind – an Anschauungen gebunden, aber sie sind nicht der Ursprung der Anschauung. Begriffe haben *irgendeinen Gegenstand* zum Korrelat, den sie abbilden oder – im Fall der Kategorien – konstituieren. Raum und Zeit haben kein Korrelat. Sie sind weder ein Ding noch eine Eigenschaft der Dinge noch eine Relation zwischen den Dingen. Sie sind nach Kant die beiden Formen der reinen Anschauung a priori.

Zu unseren Bewußtseinsinhalten gehören Vorstellungen. Wird unser Gemüt durch die Sinne von außen erregt, so gewinnt das Bewußtsein Anschauungen des äußeren Sinnes; wird es von innen erregt, dann entstehen Anschauungen des inneren Sinnes, die Vorstellungen der Seele. Stellen wir uns etwas vor, das außerhalb unseres Bewußtseins existiert, ein Haus, einen Baum etc., so wird mit dieser Vorstellung immer die Vorstellung verbunden sein, daß es sich in einem Raum befindet, daß es Raum einnimmt, daß ein räumlicher Abstand zu anderen Gegenständen besteht. Stellen wir uns etwas vor, das nur innerhalb des Bewußtseins gegeben ist, so gehört zu dieser Vorstellung immer die Vorstellung eines zeitlichen Nacheinander; denn nur wenn auf einen Zustand Z_1 ein Zustand Z_2 folgt, ist die Wahrnehmung eines inneren Gegenstandes (z. B. die Empfindung von Schmerz, von Freude etc.) gegeben.

Wie gelangen wir zu der räumlichen Vorstellung des Nebeneinander oder der zeitlichen Vorstellung des Nacheinander? Nicht dadurch, daß wir von Gegenständen bzw. Empfindungen ausgehen und dann aus den Wahrnehmungen Raum und Zeit ableiten, wie wir z. B. das Farbadjektiv ‹rot› durch Abstraktion aus verschiedenen Rotwahrnehmungen ableiten oder die Adjektive ‹groß› bzw. ‹klein› aus einer Relation. Raum und Zeit sind keine Ableitungen; sie werden nicht aus Wahrnehmungen erschlossen, sie sind die Voraussetzung von Sinneswahrnehmungen, genauer, die Voraussetzung der Möglichkeit von Perzeptionen überhaupt. Ihr Ursprung liegt im Subjekt und nicht in irgendwelchen Objekten. Da ist nichts, was unser Gemüt erregen, uns affizieren könnte. Raum und Zeit sind die subjektiven Bedingungen der Sinnlichkeit. Sie enthalten nichts Empirisches, richten sich aber auf Empirisches.

Jede Wahrnehmung äußerer Gegenstände setzt die Vorstellung des Raums voraus, jede Wahrnehmung innerer Gegenstände die der Zeit. Als reine Anschauung ist Raum die Form der äußeren Anschauung *(des äußeren Sinnes)*, aber kein wirklicher Gegenstand, der äußerlich angeschaut werden kann, Zeit die Form der inneren Anschauung *(des inneren Sinnes)* und nicht die Reihe von etwas, was sich wirklich ereignet, z. B. punktuelle Augenblicke, die nacheinander existieren. Wenn etwas nacheinander ist, so bedeutet dies, daß es zu verschiedener Zeit besteht. Ich muß also die Vorstellung der Zeit schon haben, um feststellen zu können, daß etwas nacheinander ist. Wahrnehmung (auch die eines äußeren

Gegenstandes) ist ein innerer Zustand. Somit ist der innere Sinn, die Möglichkeit von inneren Vorstellungen, eine Voraussetzung dafür, daß räumliche (d. h. äußere) Gegenstände zum Objekt der Wahrnehmung werden können. Die Anschauungsform der Zeit geht dem Raum logisch voraus. Raum und Zeit haben einen ideellen Charakter; als die Bedingungen der Möglichkeit von Wahrnehmung überhaupt sind sie a priori.

Was hat Kant gewonnen?

1. Eine Erklärung der «Objektivität» von Raum und Zeit. Obwohl Raum und Zeit subjektiv sind, haben sie objektive Realität. Sie müssen den Dingen selbst zugeschrieben werden, sofern sie wahrgenommen werden, d. h., sofern sie Erscheinungen sind.

2. Eine neue Erklärung des mathematischen Wissens und der mathematischen Gewißheit. Die Grundsätze der Geometrie ergeben sich aus den Eigenschaften des Raums, die der Arithmetik aus den Eigenschaften der Zeit. (Der Zahlenbegriff entsteht dadurch, daß Einheiten in der Zeit sukzessive aneinandergereiht werden.) Sie sind synthetisch.

3. Eine Lösung für das «*Rätsel, das alle Forscher aller Zeiten beunruhigte*» (Einstein): Wie es möglich ist, daß Mathematik, ein abstraktes Produkt menschlichen Denkens, auf die Gegenstände der Wirklichkeit paßt?

Nur was den Gesetzen der Sinnlichkeit, d. h. der subjektiven Idealität von Raum und Zeit, entspricht, kann durch die Sinne gegeben werden. In anderen Worten, alles, was den Sinnen gegeben ist, muß notwendigerweise mit den Grundsätzen von Raum und Zeit übereinstimmen. Diese Grundsätze werden in der Mathematik formuliert, «*daher ist die Natur den Sätzen der Geometrie vollkommen unterworfen*». Die Natur muß etwas Strukturgleiches mit der Mathematik haben, denn sonst könnte Mathematik nicht auf die Physik angewendet werden. In der Naturlehre «*kann nur soviel Wissenschaft sein, als darin Mathematik (...) angewandt werden kann.*» Mathematik ist die Sprache der Natur und der Wissenschaft.

4. Die Auflösung der Hauptschwierigkeit des subjektivistischen Ansatzes. Wie kommt es zu einer Korrespondenz zwischen dem erkennenden Subjekt und der Welt?

Die Empiristen scheinen im Skeptizismus den einen Teil, nämlich die Welt, zu verlieren. Die Rationalisten (Descartes, Leibniz) können die Korrespondenz nur über einen Verbindungskontakt mit Gott herstellen. Der Rationalist Kant verdrahtet erkennendes Subjekt und Welt im Subjekt. Natürlich nicht in den konkreten Subjekten, denn dann gäbe es keine Objektivität, sondern es gäbe so viel Welten, wie es Individuen gibt. Die Korrespondenz ist eine Leistung des transzendentalen Subjekts; *«und die Gesetze der Sinnlichkeit werden die Gesetze der Natur sein»*.

Reine Begriffe – die schöpferische Tätigkeit des Verstandes

Kant ging von sinnlich Gegebenem aus und gelangte zur reinen Anschauung, indem er die Sinnlichkeit isolierte. Um zu reinen Begriffen zu gelangen, muß er den Verstand isolieren.

Doch dies ist nicht so einfach, denn in der Logik haben wir bereits eine Wissenschaft reiner Begriffe, die es mit der Form des Denkens zu tun hat. Die Logik schließt empirische Erkenntnisse aus. Sie enthält nur die Regeln des reinen Denkens. Gesucht aber werden Begriffe / Prinzipien, die sich a priori auf Gegenstände beziehen. Diese Begriffe sind der Ursprung unserer Erkenntnisse von Gegenständen, da ohne sie Gegenstände überhaupt nicht gedacht werden könnten. Wie kann man diese Begriffe ausweisen?

Diese Herleitung ist äußerst umständlich und kompliziert und braucht uns hier im Detail nicht zu interessieren. Nur soviel. Kant glaubt, die Logik als Leitfaden nehmen zu können. Da die Prinzipien a priori den Rahmen ein für allemal abstecken sollen, innerhalb dessen empirisches Wissen möglich ist, muß die Logik abgeschlossen sein. Jede neue Erkenntnis in der Logik würde die Grenzziehung vereiteln.

Daß die Logik diesen sicheren Gang (der Wissenschaft) schon von den ältesten Zeiten her gegangen ist, läßt sich daraus ersehen, daß sie seit dem Aristoteles keinen Schritt rückwärts hat tun dürfen, (...) daß sie auch bis jetzt keinen Schritt vorwärts hat tun können, und so allem Anschein nach geschlossen und vollendet zu sein scheint.

Anhand der logischen Urteilstafeln – sie klassifiziert die Funktion logischer Urteile, z. B. sind Urteile bejahend oder verneinend, notwendig oder wahrscheinlich – leitet Kant die reinen Verstandesbegriffe, die Kategorien, her. Der logischen Notwendigkeit entspricht das Prinzip der Kausalität, die Notwendigkeit einer Wirkung aus gegebenen Ursachen. Durch sie bringt der Verstand Einheit in das Mannigfaltige der Anschauung, so daß sich allgemeingültige, objektive Zusammenhänge ergeben. Kategorien wie Kausalität und Substanz machen eine gesetzesmäßige Naturwissenschaft möglich. Kant hat Gewißheit und Stabilität erreicht, den notwendigen Gesetzescharakter der Naturwissenschaften gesichert, Humes Attacke zurückgeschlagen. Doch die Herleitung hält nicht. Die Logik wird gewaltige Schritte nach vorn tun, und die Naturwissenschaften werden sich nicht von Apriori-Festlegungen einengen lassen.

Die Stufen der schöpferischen Vernunft

Die Wahrnehmungspsychologie des 18. Jahrhunderts nahm zwei seelische Vermögen an: das Vermögen zu empfinden (Sinnlichkeit) und das Vermögen zu denken (Einbildungskraft, Verstand, Vernunft). Die Sinnlichkeit ist ein passives Organ der Seele, ein Behälter, der Eindrücke empfängt *(«Rezeptivität der Sinnlichkeit»)*. Vermittels der Sinnlichkeit werden uns Gegenstände gegeben. Die Denkvermögen sind aktive Organe, die spontan, d. h. frei, tätig werden können. Spontanität ist das Vermögen, etwas selbst aus eigenem Antrieb hervorzubringen. Kant übernimmt diese Zweiteilung, doch er schiebt zwischen rezeptive Sinnlichkeit und aktiven Verstand ein drittes Vermögen: die Anschauung. ‹Sinnlichkeit› hat bei Kant zwei Bedeutungen. Einmal ist Sinnlichkeit (nennen wir sie S_1 zur Verdeutlichung) rein passiv, das Vermögen, von einem Gegenstand affiziert zu werden. Damit sie affiziert werden kann, muß es überhaupt einen Gegenstand geben. Dieser Gegenstand, Kant nennt ihn das *«Ding an sich»*, kann weder wahrgenommen noch erkannt werden. Gegenstand menschlicher Erkenntnis ist das Ding als Erscheinung, die Natur als *«Inbegriff von Erscheinungen»*, als *«Objekt aller möglichen Erfahrung»*, die Welt unserer Sinne. Diese sinnliche Welt ist nicht etwas, das wir passiv empfangen, sondern etwas, das durch die spontane Tätigkeit der produktiven Einbildungskraft geschaffen wurde. Sinnlichkeit (S_2) als das Vermögen der Anschauung ist geistig geprägt.

Man hört öfter, Kant habe zwischen der Position des Rationalismus (Primat des Denkens) und der des Empirismus (Primat der Erfahrung) vermittelt. In einem gewissen Sinn ist dies richtig. Doch Kant ist durch und durch Rationalist. Wenn auch das Denken, wo es um Erkenntnis geht, nicht schalten und walten kann, wie es will, ohne Anschauung bliebe es leer. Man hat zwar gedacht, aber durch das Denken nichts erkannt – so kann Erfahrung doch nicht das Primat fordern, denn ohne bestimmte Apriori-Operationen der Vernunft gäbe es überhaupt keine Erfahrung und damit kein Material der empirischen Erkenntnis. Man kann dies so formulieren: Ohne Apriori-Strukturen gäbe es weder Begriff noch Anschauung, weder Denken noch Erfahrung (Welt). Auch für Kant gilt das Primat des Denkens. Es setzt bei ihm sogar eine Stufe früher an. Bereits die elementare sinnliche Begegnung mit Gegenständen, das empirische Material, das uns Erfahrung zur Verfügung stellt, kurz, das Erkenntnisobjekt ist vom erkennenden Subjekt geformt.

Dieser prägende Eingriff des Subjekts, des Geistes, der Vernunft im weiten Sinne (V_1) vollzieht sich auf drei Ebenen. Vernunft (V_1) gibt *«die Prinzipien der Erkenntnis a priori an die Hand»* (1) als produktive Einbildungskraft, (2) als Verstand (3), als Vernunft im engen Sinn (V_2).

1. Auf der untersten Stufe, der Ebene der Erfahrung, werden die Erkenntnisobjekte bereitgestellt, indem durch die Spontanität der Einbildungskraft dank der apriorischen Formen der reinen

Anschauung Raum und Zeit aus Sinnesdaten Vorstellungen erzeugt werden.

2. Auf der zweiten Stufe, der Ebene der Erkenntnis, wird die Vielfalt der Erfahrung, die Sinnlichkeit (S_2), duch die Spontanität des Verstandes unter die Einheit von Regeln gebracht. Objektive Regeln heißen bei Kant Gesetze, und da die höchsten Gesetze a priori aus *«dem Verstand selbst herkommen»*, ist der Verstand *«die Gesetzgebung für die Natur»*.

3. Auf der dritten Stufe, der Ebene der Vernunft (V_2), stellt Vernunft die Resultate der Verstandesarbeit, nämlich die Vielfalt der Gesetze, *«unter die höchste Einheit des Denkens»*, unter die Einheit von Ideen bzw. Prinzipien. Ideen entspringen der Spontanität der Vernunft. Vernunftsideen sind zwar apriorischer Natur, doch es ist nicht auszumachen, ob sie einen Erkenntnisgehalt haben, da deren möglicher Gegenstandsbereich unserer Erfahrung entzogen ist. Ideen haben daher keinen Gesetzescharakter, sondern nur eine regulative Funktion.

In ihrem einheitstiftenden Streben überschreitet Vernunft den Bereich des möglichen Wissens. Dennoch können Ideen bei der Suche nach Erkenntnis fruchtbar werden. Als heuristische Ideen gewinnen sie eine erkenntnisleitende Funktion. So führte der Versuch, für die Fallgesetze Galileis und die Planetengesetze Keplers eine einheitliche Erklärung zu finden, Newton dazu, sie als Spezialfälle eines allgemeineren Gesetzes zu verstehen, als Wirkungen der Gravitation. Dieses Suchen nach Gesetzmäßigkeiten einer höheren Stufe, nach einer Einheit des Wissens, treibt die Forschung weiter und führt zu allgemeineren und umfassenderen Erklärungen. Auch wenn wir die alles umfassende Erklärung, die Weltformel, nie finden werden – die Weltformel könnte nur ein Geist erkennen, der über der Welt steht, z. B. Gott –, auch wenn die Totalität und die Einheit des Wissens unerreichbar bleibt, so ist es doch nützlich, so vorzugehen, als ob es die gesuchte Einheit gäbe. Die Ideen der Vernunft sind keine Gegenstände der Erkenntnis, sondern Ideale der Erkenntnis. Die Regeln der Vernunft können keinen Gesetzescharakter beanspruchen.

Sie sind nicht erkenntniskonstituierend, sie sind handlungsanweisend. Sie liefern kein Wissen, sie haben aber Relevanz für die Praxis. Die Spontanität der Vernunft (V_2) kann zwar Regeln hervorbringen, nicht aber den Gegenstand, auf den die Regeln angewandt werden. Diese Spontanität wäre welt-schaffend, eine Fähigkeit, die allein Gott zukommt und nicht einer beschränkten Vernunft.

Auf der letzten Stufe, der Stufe der Ideen, findet das Erkennen keinen Gegenstand, der der schöpferischen Tätigkeit der Vernunft Grenzen setzt. Daher neigt Vernunft dazu, den Gegenstand selbst zu setzen, dort schöpferisch zu werden, wo sie nicht schöpferisch werden dürfte. Sie hypostasiert (verdinglicht) ihre Erkenntnisideale zu Erkenntnisgegenständen und meint, dort etwas ausfindig machen zu können, wo es nichts zu finden gibt. Sie betritt das gefährliche Feld der Spekulation.

Auf dem Gebiet des Wissens besteht die Gefahr, daß Vernunft als reine theoretische Vernunft dem Schein der Freiheit verfällt, indem sie glaubt, den Gegenstand (d. h. die Fakten) des Erkennens in Freiheit selbst setzen zu können. Auf der höchsten Ebene des Denkens ist die gesetzgebende Kraft der Vernunft am schwächsten. Aber im Bereich der Ethik ist es anders. Dort hat Vernunft gesetzgebende Kompetenz, denn sie hat es nicht mit Gegenständen zu tun, wie sie sind, sondern mit Handlungen, d. h. mit Gegenständen, wie sie sein sollen. Hier erreicht sie als reine praktische Vernunft ihre wahre schöpferische Freiheit, nämlich die Autonomie der Selbstbestimmung und Autokratie der Selbstgesetzgebung. Hier findet sie kein Faktum vor, sondern schafft ein Faktum: den «Gegenstand» moralischen Handelns, das Sittengesetz. Würden die Forderungen des Sittengesetzes als ein Faktum von außen an die Vernunft herangetragen, dann wäre Vernunft fremdbestimmt (heteronom). Der kategorische Imperativ, d. h. das moralische Gesetz, ist als ein synthetischer Satz a priori Selbstschöpfung und Selbstverpflichtung der Vernunft in einem. Er ist, *«als ein Faktum der reinen Vernunft, dessen wir a priori bewußt sind und welches apodiktisch gewiß ist, gege-*

ben». Sittlichkeit ist der einzige Bereich, in dem Vernunft Gesetz und Gegenstand selbst schafft. Das Sittengesetz ist das einzige, und zwar das einzig mögliche Faktum der Vernunft.

Kant unterscheidet scharf zwischen dem theoretischen und dem praktischen Aspekt der reinen Vernunft. Der spekulative Hang der Vernunft wird in der *Kritik der reinen Vernunft* einer scharfen Kritik unterzogen. In dieser Hinsicht ist das Resultat seiner Analyse, wie Kant selbst sagt, negativ. Im Bereich des Wissens hat allein der Verstand gesetzgebende Kompetenz. Wissen ist theoretisches Wissen, ein über den Verstand hinausgehendes Wissen gibt es nicht. Metaphysisches Wissen, z. B. ein Wissen über Gott, die Unsterblichkeit der Seele, ist eine Anmaßung der Vernunft. Erst die Ethik kann den positiven Vernunftsbegriff voll entwickeln. Die Erkenntnistheorie hat unter anderem auch die Aufgabe, das Terrain für Moral und (Vernunfts-) Religion freizulegen: *«Ich mußte also das W i s s e n* [d. h. das Vernunftwissen] *aufheben, um zum G l a u b e n Platz zu bekommen.»* Um das Wachstum von Moral und Religion zu fördern, mußte das metaphysische Unkraut ausgejätet werden. Nach dieser Arbeit können die Nutzpflanzen der Metaphysik in Licht und Luft gedeihen. Kant unterzog sich der schweren Aufgabe der Kritik der reinen Vernunft, um anschließend unbehelligt sein metaphysisches Bedürfnis befriedigen zu können.

Wenn es auch kein Vernunftwissen gibt, so gibt es doch Einsichten der Vernunft, im Falle der Sittlichkeit sogar eine Einsicht vom Wissenscharakter unmittelbarer Evidenz (der einzige Fall, in dem Kant Evidenz zuläßt). Die apriorische Gültigkeit des rein formalen Sittengesetzes (kategorischer Imperativ) ist ein Faktum und das einzige Faktum der Vernunft. Die regulativen Ideen leiten als Vernunfteinsichten unser Handeln wie auch das Erkennen unter dem Gesichtspunkt des «*Als Ob*», den Kant als den höchsten Standpunkt der Transzendentalphilosophie bezeichnet. Wir sollen so handeln, als ob es einen Gott gäbe, als ob die Dinge von einer höchsten Intelligenz ihr Dasein hätten, als ob in einer jenseitigen Welt Gutes belohnt würde. Wir unterstellen also der

Welt wie dem moralischen Handeln einen höheren Sinn, damit unser Erkenntnisstreben und das moralische Streben belohnt werden. Kant hat die Metaphysik des Hauses verwiesen, hat sie aber durch das Hintertürchen wieder hereingelassen. Ob sie nun durch das Hauptportal oder die Hintertür das Gebäude der Philosophie betritt, einmal eingelassen, wird sie sich ausbreiten und im deutschen Idealismus (z. B. Hegel) alle Räume in Beschlag nehmen.

Die Enthemmung der Spekulation

Geist bestimmt die Materie, dies ist die Grundmelodie des Idealismus. Kant hat sie durch seine Lehre von der schöpferischen Vernunft neu instrumentiert. Geist bestimmt nicht das Ding an sich, er bestimmt das Ding für uns (als Erscheinung). Er glaubte, die spekulative Vernunft ins transzendentale Joch gespannt zu haben. Er ließ sie das Terrain der Erfahrung beackern. Doch das Joch war sanft, und die Last war leicht. Vernunft pflügte keinen steinigen Acker, sondern tummelte sich auf einer Spielwiese schöpferischer Freiheit. Wenn sie als praktische Vernunft in Freiheit ihren Gegenstand schaffen kann, warum nicht auch als theoretische? Soll sie sich von einem blutleeren Gespenst, dem Ding an sich, abschrecken lassen? Gott erschuf die Welt, so klang es in früheren Tagen. Doch was ist – einem aufgeklärten Geist – Gott? Das transzendentale Ich schafft die Welt der Phänomena. Dies klingt besser, nur zu bescheiden. Das transzendentale Ich muß ent-transzendentalisiert werden. Das «*Ich*» (*das absolute*) setzt sich selbst, setzt das «*Nicht-Ich*» und setzt, in der gegenseitigen Begrenzung von *Ich* und *Nicht-Ich*, die *Realität*. Alles Sein ist Produkt der «*ursprünglichen Tathandlung des Ichs*» (Fichte). Das *Absolute* entäußert sich in sein *Anderssein*, kehrt im «*Denken des Denkens*» zu sich selbst zurück. Im absoluten Wissen weiß das Absolute (im Kopfe Hegels) sich selber. Kants Nachfolger preisen die Ruhmestaten der Metaphysik in den höchsten Tönen.

Kant erklärt mit Hume negativ die Metaphysik zu Hirngespinsten, schwächt aber dessen radikale Metaphysikkritik ab und glaubt, mit seiner kritischen Philosophie Metaphysik positiv als strenge Wissenschaft etabliert zu haben. Es entbehrt nicht der Ironie, daß diese kritische Philosophie von Kants unmittelbaren Nachfolger als Freibrief für ungehemmte metaphysische Spekulationen empfunden wurde.

4 Naturwissenschaft, Apriori und Alltagswelt

Das Prinzip der Relativität entfernt aus dem physikalischen Weltbild die unwesentlichen, nur durch die Zufälligkeit unserer menschlichen Anschauung und Gewohnheit hineingebrachten Bestandteile.
Max Planck

Der Rationalismus glaubt, die Natur allein durch das Denken erfassen zu können. Er macht die Physik zu einem Zweig der Metaphysik und verfehlt deren empirischen Charakter. Die Physik wird metaphysisch überbestimmt. Der Empirismus eliminiert jede metaphysische Annahme, kann dann aber nicht erklären, wie eine Wissenschaft mit Gesetzescharakter möglich ist, und verfehlt den Geltungsanspruch, den die Physik erhebt.

Kant setzt mit seinem transzendentalen Idealismus die metaphysischen und empirischen Anteile der Erkenntnis in eine Balance. Damit

– ist seine Philosophie mit der empirischen Physik seiner Zeit, der Physik Newtons, vereinbar;

– zeichnet sie die Newtonsche Physik mit einer apriorischen Geltung aus. Jede wissenschaftliche Theorie, die Gesetzescharakter beansprucht, muß eine Theorie vom newtonschen Typus sein. Andere Theorien mit Gesetzescharakter sind a priori unmöglich;

– zeigt sie ihre Stärke auch dadurch, daß sie ein zentrales, heftig diskutiertes, aber empirisch nicht entscheidbares Problem der Newtonschen Theorie einer Lösung zuführt: Gibt es eine absolute Zeit und einen absoluten Raum? Es gibt sie, als transzendentale Bestimmungen der Erfahrung.

Kants Theorie scheint eine starke Theorie zu sein. Sie war genial, aber nicht haltbar. Dies soll ein kleiner Ausflug in das Gebiet der Physik verdeutlichen und eine Kritik des Apriorismus erweisen.

Physikalische Räume

Der Raum bei Newton

Newton sah sich gezwungen, die Existenz eines absoluten Raums und einer absoluten Zeit zu behaupten, sah sich aber als Physiker vor einer unüberwindbaren Schwierigkeit: Ein absoluter Raum und eine absolute Zeit lassen sich empirisch nicht nachweisen.

Die Mechanik beschreibt nicht starre Verhältnisse zwischen ruhenden Körpern, sondern dynamische Verhältnisse. Bewegung, Geschwindigkeit und Beschleunigung sind ihre zentralen Begriffe, Raum und Zeit zentrale Grundgrößen. Bewegung ist Lageveränderung eines Körpers relativ zu der Lage anderer Körper, Geschwindigkeit ist das Verhältnis des zurückgelegten Wegs zu der dazu benötigten Zeit, Beschleunigung ist Geschwindigkeitszunahme in einer Zeiteinheit. Veränderungen sind relativ zu etwas. Sie werden gemessen, indem man sie auf ein Bezugssystem bezieht, z. B. auf ein Raum-Zeit-Kontinuum – ein Koordinatensystem mit der x-Achse als Zeitachse und der y-Achse als Raumachse. Raum und Zeit werden als Bezugssystem festgelegt; doch was ist deren Status?

Nehmen wir an, wir sperren einen Physiker, der alle Gleichungen im Kopf und die nötigen Meßgeräte in seinem Koffer hat, in einen ICE ein, der sich mit konstanten 250 km pro Stunde auf einer geradlinigen Strecke bewegt. Sein Waggon ist vollkommen abgeschirmt, so daß er nichts sieht und nichts hört. Wir stellen ihm die Aufgabe zu bestimmen, mit welcher Geschwindigkeit sich der Kellner naht, der ihm eine Erfrischung bringt, und mit welcher Geschwindigkeit sich der Zug bewegt relativ zur Landschaft. Die erste Aufgabe wird er lösen können, die zweite nicht. Er wird nicht einmal bemerken, daß der Zug sich bewegt. Ihm fehlen Körper außerhalb des Waggons, die als Bezugspunkte dienen können, um die Bewegung des Zugs wahrzunehmen und dessen Geschwindigkeit zu berechnen. Sein Waggon scheint ein ruhender Raum zu sein. Gewähren wir ihm einen Blick aus einem Fenster, so wird es ihm ein leichtes, auch die zweite Aufgabe zu lösen. Er sieht Bäume, Häuser, Telegraphenmasten, auf die er Bezug nehmen kann. Nehmen wir ferner an, der Kellner nähert sich unserem Physiker mit einem Meter pro Sekunde und er bedient ihn genauso schnell wie sein Kollege, der ihm vor der Abfahrt im Bahnhofsrestaurant das Frühstück gereicht hatte. Doch müßten wir nicht auch die Geschwindigkeit des Zugs berücksichtigen? Wenn der Kellner in Fahrtrichtung des Zugs geht (Geschwindigkeit des Kellners plus Geschwindigkeit des Zugs), dann müßte er schneller sein als sein Kollege im Restaurant; wenn er gegen die Fahrtrichtung geht, langsamer. Und dennoch, alle Gäste werden, ob im Bahnhofsrestaurant oder im Zug, ob Physiker oder nicht, von den aufmerksamen Kellnern mit der gleichen flinken Geschäftigkeit (einem Meter pro Sekunde) bedient. Sie bewegen sich in Räumen, die sich gleich verhalten. Beide Räume scheinen ruhende Räume zu sein.

Im 19. Jahrhundert werden die Physiker Räume, die das Trägheitsverhalten von Körpern bestimmen, Inertialsysteme nennen. Die Gleichungen der Mechanik gelten in allen Inertialsystemen, die sich gegeneinander geradlinig und gleichförmig bewegen, in der gleichen Form; die Bewegung der Systeme selbst bleibt außer Betracht. Kein Raum wird als der Raum an sich ausgezeichnet.

Wie kommt Newton dazu, die Existenz eines absoluten Raums und einer absoluten Zeit zu postulieren? Eines Raums an sich, der unabhängig von Körpern existiert, eines Raums der Räume, der in sich ruht und in dem alle Räume sich bewegen, einer Zeit an sich, die unabhängig von Vorgängen abläuft? Er hat logische und empirische Gründe.

Unseren Physiker werden wir nicht für sehr kompetent halten, wenn er Bewegung bloß feststellt. Von ihm als Wissenschaftler erwarten wir, daß er Bewegung erklärt, das heißt, berechnen kann. Er berechnet sie als Wirkungen von Kräften. Was ist das für eine Kraft, die den Apfel vom Baum fallen läßt, die einem Geschoß eine Bahn vorschreibt, die den Mond um die Erde und die Erde um die Sonne zwingt, die Ebbe und Flut hervorruft? Was ist das für eine Kraft, die der Physiker und der Kellner spüren, wenn der Zug scharf bremst? Sie werden in Fahrtrichtung gedrückt. Der Physiker wird (dies hängt natürlich davon ab, wie er im Zug sitzt) unsanft gegen die Rücklehne gestoßen, der Kaffee ihm ins Gesicht spritzen und der Kellner, der sich ihm eilfertig nähert, zu Boden stürzen. Diese Kräfte sind Spezialfälle eines allgemeinen Kraftgesetzes. Newton findet eine einheitliche Erklärung. Die Grundidee ist uns so geläufig, daß wir ihre Genialität und Tragweite kaum noch richtig einschätzen können.

Wie die Nahwirkungskräfte (Druck, Stoß und Zug) erklärt Newton die Fernkräfte (Gravitation, Trägheitskräfte) durch die Einwirkungen von Massen (Körpern). Dazu macht er eine kühne Annahme (das 1. Newtonsche Axiom bzw. Trägheitsgesetz), die keiner Erfahrung entspricht: Ein sich selbst überlassener Körper bewegt sich geradlinig und gleichförmig, also mit konstanter Geschwindigkeit. Zeit ist das Maß für Veränderung. Doch kein empirischer periodischer Bewegungsablauf, der als Zeitmaßstab dienen könnte, ist völlig gleichförmig. Für eine völlig gleichförmige Bewegung muß man eine Zeit voraussetzen, die völlig stetig abläuft, die daher weder Anfang noch Ende kennen darf. Eine kontinuierliche unendliche Zeit setzt also einen homogenen, undifferenzierten unendlichen Raum voraus. Vom physikalischen Geschehen unbeeinflußt, sind Raum und Zeit die absoluten Grundgrößen der Natur. Sie definieren das Trägheitsverhalten der Körper. Bei Newton wird der Raum «nicht nur als ein selbständiges Ding neben den körperlichen Dingen eingeführt, sondern es wird ihm im ganzen kausalen Gefüge der Theorie eine absolute Rolle zugeschrieben. Absolut ist diese Rolle, insofern als er (als Inertialsystem) zwar auf alle körperlichen Objekte wirkt, ohne daß diese auf ihn eine Rückwirkung ausüben» (Einstein).

Ein Beispiel für die Wirkung des Raums auf körperliche Objekte ist für Newton die Fliehkraft. Sie scheint eine Kraft zu sein, die nicht von der Einwirkung von Körpern herrührt. Wenn wir einen mit Wasser gefüllten Eimer am Arm rotieren, läuft das Wasser nicht aus dem Eimer. Die Flüssigkeitsoberfläche wölbt sich parabolisch gegen die Eimerwand. Es scheint, daß bei der Rotation das Wasser eine Eigenbewegung gegen den Raum vollzieht. Newton kann die Bewegung des Wassers nicht mit Hilfe von Anziehungskräften oder Trägheitskräften als Einwirkung von Massen erklären. Er kann sie auch nicht als Eigenbewegung erklären, denn dann müßte das Wasser die (magische) Kraft haben, sich selbst zu bewegen.

Für Descartes war der Raum ein Attribut der Materie (res extensa). Doch wenn man den Raum als eine Eigenschaft der Materie auffaßt, kann man nicht erklären, wie er Wirkung auf Massen ausüben kann. Für Newton kann der Raum kein Attribut der Materie sein, ihm muß eine Eigenexistenz zukommen; es würde den Raum auch dann geben, wenn es keine Materie gäbe.

In moderner Sprechweise, in der Sprache der Wissenschaftstheorie, führt Newton den absoluten Raum und die absolute Zeit als theoretische Größen ein, die im Rahmen der klassischen Mechanik wohl definiert sind, auch wenn ihnen keine direkte Erfahrung entspricht. Bis in unser Jahrhundert hatten die Physiker Probleme mit theoretischen Größen. Was ist deren ontologischer Status? Sind diese Größen Dinge, die wirklich existieren? Newton hat erfolgreich die Gravitation – eine Fernkraft – als zentrale Größe eingeführt. Die Gravitation ist eine Eigenschaft von Massen bzw. Körpern. Es gibt Körper, also existiert auch die Gravitation. Dennoch erschien ihm die Existenz von Fernkräften fragwürdig, wenn nicht gar absurd. Das mechanische Modell kennt nur unmittelbare Wirkungen (Stoß und Druck). Wenn zwei entfernte Körper aufeinander wirken, muß ein Medium zwischen ihnen sein, das die Kräfte überträgt, wie das Wasser die Druckwellen eines Dampfers, der ein am Ufer liegendes Boot zum Schaukeln bringt. Im Weltraum müßte es ein Medium, ein Fluidum geben, das z. B., in Analogie zu dem Dampfer, die Gravitationskräfte des Mondes auf die Ozeane überträgt. Aber wie soll man empirisch solch ein Medium nachweisen? Newton kümmerte sich nicht um diese Frage. Er schob die Frage nach der Existenz eines Mediums, das die Gravitationskräfte übertragen könnte, mit dem berühmt gewordenen Ausspruch *hypotheses non fingo* (ich erfinde keine Hypothesen) beiseite und arbeitete mit der Gravitation als einem sehr effizienten Erklärungsprinzip. In anderen Worten, er arbeitet mit einer wissenschaftlichen Hypothese, die sich bewährt, und verzichtet auf die Fiktion metaphysischer Hypothesen. Warum verfährt er bei den theoretischen Größen Raum und Zeit nicht genau so?

Newton kommt nicht ohne Existenzannahmen aus. Die Existenz von Massen ist Voraussetzung dafür, daß es Eigenschaften der Massen, z. B. die Gravitation, gibt. Newton lehnt Ad-hoc-Hypothesen ab, das heißt Existenzannahmen, die allein den Zweck haben, Erklärungsschwierigkeiten zu beseitigen. Er kann nicht erklären, wie die Anziehungskräfte übertragen werden. Daß sie Wirkungen hervorrufen, kann er aber empirisch nachweisen. Auch Fliehkräfte lassen sich empirisch nachweisen. Wie die Gravitation die Existenz von Massen voraussetzt, so setzen die Fliehkräfte die Existenz von etwas voraus, dessen Eigenschaft sie sind – nach Newton den absoluten Raum. Nun sind zwar die theoretischen Größen ‹stetiger Raum› und ‹stetige Zeit› Grundpostulate der Newtonschen Physik, doch ihre Existenz ist eine metaphysische Spekulation. In anderen Worten, Newtons physikalisches Konzept ist unabhängig von dessen metaphysischen Annahmen. Daß Newton über das von ihm formulierte wissenschaftliche Ideal hinausgeht, daß er den absoluten Raum und die absolute Zeit als die Allgegenwart Gottes deutet, liegt an seinem

Charakter wie an dem seiner Zeit. Newton war ein sehr religiöser Mensch, und die religiös-mystischen Spekulationen der Cambridger Neu-Platoniker (Henry More), die den Raum als ein Attribut Gottes ansahen, haben ihn tief beeindruckt. Die vermeintliche Übereinstimmung zwischen religiöser Überzeugung und physikalischem Befund versetzte ihn in helle Begeisterung: Gott *«ist weder die Ewigkeit noch die Unendlichkeit, aber er ist ewig und unendlich, er ist weder die Dauer noch der Raum, aber er währt fort und ist gegenwärtig, er währt stets fort und ist überall gegenwärtig, er existiert stets und überall, er macht den Raum und die Dauer aus»*.

Die Kritik an Newtons Raumauffassung

Newtons Konzept eines absoluten Raums wurde sofort von Leibniz (berühmter Briefwechsel mit Clarke, der im Namen Newtons antwortete) heftig bestritten. Leibniz kritisiert Newtons Konzeption eines absoluten ruhenden Raums, gegen den die Inertialsysteme sich bewegen, als eine Fiktion, die sich durch keine Beobachtung und kein Experiment entscheiden läßt. Für Leibniz ist der Raum ein System von Relationen, dem keine metaphysische oder ontologische Existenz zukommt.

Lagebeziehungen reichen zur Definition des Raums aus. Raum und Zeit sind relativ. Sie sind Ordnungsbeziehungen zwischen Körpern und als solche nichts Absolutes, etwas, das unabhängig von allem Geschehen existiert. Ohne Materie kann es, wie bei Descartes, keinen Raum geben. Aber Leibniz kann das Auftreten zentrifugaler Kräfte bei Kreisbewegungen nicht beschreiben. Newton und Leibniz haben beide recht in ihrer gegenseitigen Kritik. Bei Newton hat die Raum-Zeit zuviel Struktur, bei Leibniz zuwenig.

Die Fragen nach der Natur von Raum und Zeit werden im 18. Jahrhundert heftig diskutiert. Kant beendet diesen leidenschaftlichen Disput. Er rettet den absoluten Charakter von Raum und Zeit, den die Newtonsche Theorie als logisches Postulat braucht. Raum und Zeit sind zwar wie bei Leibniz Ordnungsbeziehungen, subjektive Strukturprinzipien, die keine metaphysische oder ontologische Existenz beanspruchen können, aber sie sind nicht relativ. Als Apriori-Prinzipien sind sie Organisatoren der Wahrnehmungsinhalte, nicht real-existierend, aber ideal-notwendig. Sie bestimmen den Rahmen, in dem allein Erfahrung und damit Physik möglich ist.

Ein definitiver Abschluß, der, wie alles Definitive, nicht endgültig sein wird. Die Praxis kümmert sich nicht um das Veto der Vernunft. Eine imposante erkenntnistheoretische Letztbegründung beeindruckt Philosophen, schüchtert aber die Forschung nicht ein. Die Forschung gehorcht dem Diktat der Probleme und nicht dem Diktum der Philosophen. Es werden Probleme auftauchen, die zu einem völlig neuen Raumbegriff führen.

Der Raum bei Einstein

Der Newtonsche Raum der klassischen Physik wird als ein dreidimensionales Kontinuum gedacht, das sich von einem absoluten Ruhepunkt ins Unendliche erstreckt. Unbeeinflußbar durch irgendwelche physikalischen Umstände, wirkt der Raum auf die Materie, die Materie aber nicht auf den Raum. In der neuen Physik wird dies anders. Dort wirkt der Raum auf die Materie und die Materie auf den Raum. Jede Masse zwingt dem Raum eine gewisse Krümmung auf. Der Raum verliert damit die Eigenschaft der Unendlichkeit. Er ist endlich, aber unbegrenzt. Verdeutlichen kann man dies am Beispiel einer Kugeloberfläche. Wenn man auf ihr (z. B. der Erdoberfläche) immer geradeaus geht, wird man nie an ihre Grenze stoßen. Die Fläche einer Kugel ist unbegrenzt, doch hat sie einen begrenzten Flächeninhalt, sie ist endlich. So besitzt auch der gekrümmte Weltraum einen endlichen Rauminhalt. Die Stärke der Raumkrümmung hängt von der Menge der im Raum enthaltenen Materie ab. Die Massen des Raums bestimmen somit die Struktur des Raums. Andererseits erfolgt die Bewegung von Massen gesetzmäßig nach der von den Massen bestimmten Raumstruktur. Raum und Materie bilden eine untrennbare Einheit.

Materie ist ausgedehnt, dies war schon die Auffassung Descartes'. Was ausgedehnt ist, ist geometrisch darstellbar. Wenn Raum und Materie identisch sind, muß Materie ein Aspekt der Raummetrik sein, das heißt, sie muß geometrisch darstellbar sein. Dies hat Einstein getan. Das Gravitationsfeld existiert nicht mehr im dreidimensionalen Raum, sondern die Wirkung der Gravitation erfolgt aus der Raumstruktur selbst. Durch die allgemeine Relativitätstheorie wird die Gravitation geometrisiert. Die Einsteinsche Relativitätstheorie ist die konsequente Erfüllung der Idee der *res extensa* (Descartes). Doch dazu brauchte Einstein eine neue Geometrie.

Unser Anschauungsraum ist der dreidimensionale euklidische Raum. Wir wissen, wie eine gekrümmte Linie aussieht und eine gekrümmte Fläche; aber einen gekrümmten Raum können wir uns nicht vorstellen. Wäre unser Anschauungsraum eindimensional, so würden wir wie Ameisen – nehmen wir einmal an, Ameisen sehen eindimensional – bestimmte Gänge machen, aber wir hätten keinerlei Vorstellung davon, ob wir uns auf geraden Linien bewegen oder gekrümmten. Um die Krümmung einer Linie darstellen zu können, brauchen wir die zweite Dimension. Wir haben als Ameisen keine Vorstellung davon, was eine Fläche ist, dennoch können wir – vorausgesetzt, wir hätten unsere Intelligenz und könnten Geometrie betreiben – unsere Gänge auf einen zweidimensionalen Raum ‹abbilden›. Wie sich die Krümmung einer Linie auf eine Fläche abbilden läßt, so die einer Fläche auf einen dreidimensionalen Raum, unabhängig davon, ob ein Wesen mit einem eindimensionalen, zweidimensionalen oder dreidimensionalen Sehraum Geometrie betreibt, ob es Ameise, Schnepfe (sieht zweidimensional) oder Mensch ist. Will man die Krümmung des dreidimensionalen Raums abbilden, dann braucht man eine vierdimensionale Geometrie usw. Geometrie hat mit Anschauung nichts zu tun. Anschauung ist eine Sache der biologischen Ausstattung der Lebewesen und nicht der Geometrie.

Der Einsteinsche Raum ist die vierdimensionale Raumzeit. Wie in unserem Vorstellungsraum die drei räumlichen Dimensionen zu einem Kontinuum verschmolzen sind, so werden jetzt Raum und Zeit zu einem einheitlichen Kontinuum verschmolzen. Der physikalische Raum wird so zu einem vierdimensionalen Raum ergänzt, der die zeitliche Dimension als vierte Koordinate erhält. Bei Kant sind Raum und Zeit als die reine Anschauung des äußeren Sinns und des inneren Sinns scharf geschieden. Bei Einstein fällt die Sonderstellung der Zeit weg, die Zeit ist nicht mehr getrennt und unabhängig vom Raum. Zwei Beobachter sehen das gleiche Ereignis, z. B. ein Fußballspiel. Der eine sieht es hier, im Fernsehsessel, der andere dort, im Stadion. Der eine ist mit ein paar Schritten auf dem Fußballfeld, der andere muß erst sein Auto nehmen etc. Die jeweiligen Ortskoordinaten, z. B. die Lage des Fußballfeldes, sind relativ zu ihrem Standpunkt. Aber beide sehen das Fußballspiel zur gleichen Zeit, nämlich jetzt. Befindet sich der eine Beobachter aber nicht in seinem Wohnzimmer oder im Stadion, sondern auf einem weit entfernten Stern, der sich vom Beobachter weg bewegt, so würde er das «gleichzeitig» ablaufende Ereignis nicht gleichzeitig sehen. Nicht nur sein ‹Hier› wäre ein anderes als das seines Kollegen, auch sein ‹Jetzt› wäre ein anderes. Zwischen den beiden ‹Jetzt› liegt ein endlicher Zeitabstand, dessen zeitliche Ausdehnung von dem räumlichen Abstand zwischen dem Ereignis und dem Beobachter abhängt. Für zwei Beobachter in verschiedenen gegeneinander gleichförmig sich bewegenden Systemen fallen nicht nur die Ortskoordinaten anders aus, sondern auch die Zeitkoordinate. Jedes System hat seine Eigenzeit. Die Abtrennung der zeitlichen Dimension von der räumlichen fällt je nach Beobachter verschieden aus. Die Zeit läßt sich nicht in objektiver Weise vom Raum spalten.

Die Frage, welche Geometrie sich am besten zur Beschreibung der Wirklichkeit eignet, kann nicht a priori entschieden werden, sondern nur durch Beobachtungen im Rahmen empirischer Theorien. Es ist eine Sache der Erfahrung. Die angewandte Geometrie ist keine exakte Wissenschaft. Sie ist der Gefahr des Irrtums ausgesetzt. Der Zauberschlüssel Mathematik öffnet nicht die Tür zu einer wahren Welt. In der Welt der Erfahrung gibt es keine Unfehlbarkeit, kein unerschütterliches Fundament ewig geltender Prinzipien. Dies wird sich auch im Fall des Kausalprinzips zeigen.

«Alles was geschieht, hat eine Ursache.» Dieser Satz kann als eine Definition von ‹geschehen› oder als eine Aussage über die Wirklichkeit gelesen werden. Als Definition ist der Satz tautologisch. Er sagt nichts über die tatsächliche Beschaffenheit der Welt aus. Er erklärt die Bedeutung: ‹geschehen› = eine Ursache haben. Nun gibt es sehr viel, was wir ein Geschehen nennen. Doch nicht von jedem Geschehen können wir eine Ursache angeben. Muß es aber nicht, weil wir es ein ‹Geschehen› nennen, eine Ursache haben? Diese Frage ist hilfreich, sie führt uns dazu, Ursachen zu suchen, Erklärungen zu finden, wo wir noch keine haben. Diese Frage ist aber auch gefährlich. Sie führt leicht zu einem metaphysischen Fehlschluß: zu dem Schluß von einem Begriff auf die Sache. Wir verheddern uns in den Schlingen von Scheinproblemen.

Der Begriff Ursache ist der Nährboden kosmologischer Gottesbeweise: Die Welt (der Kosmos) muß eine Ursache haben, diese Ursache ist Gott. In einer neueren Form – unter Berücksichtigung physikalischer Erkenntnisse – könnte er folgendermaßen lauten: Die Theorie vom Urknall kann alle bisherigen Beobachtungen, insbesondere die Expansion des Weltalls erklären. Sie ist bis jetzt die plausibelste Theorie von der Entstehung des Universums. Das Universum ist durch eine Explosion aus einem sehr dichten und heißen Zustand hervorgegangen. Wieso es dazu kam, kann die Theorie nicht erklären. Der Grund dafür ist, daß im Anfangspunkt, dem Nullpunkt des Universums, eine unendlich hohe Dichte und eine unendlich hohe Temperatur herrschten, das heißt Zustände, für die die Physik und die von ihr benutzten Gleichungen nicht gelten. Der Anfangszustand ist eine sogenannte Singularität. Singularitäten können prinzipiell nicht durch allgemeine Gesetze beschrieben werden. Nun war aber der Urknall ein Geschehen, ein Ereignis. Dieses Ereignis muß nach dem Kausalprinzip eine Ursache haben. Diese Ursache – da die Physik keine Aussage darüber machen kann – muß Gott sein.

Die Entstehung des Weltalls ist eine große Sache, sie verdient Gottes Eingriff, von dem nicht zufällig die Schöpfungsmythen künden. Doch die Physik kennt auch im Bereich der Elementarteilchen Ereignisse, deren Ursache sie nicht angeben kann. Soll jeder Quantensprung auf einen Eingriff Gottes zurückzuführen sein? Hilft Gott, nachdem er den großen Wurf getan und dem Universum auf den Sprung geholfen hat, seither den Quanten auf die Sprünge? Von den Quantensprüngen auf die Existenz Gottes zu schließen ist spekulativ nicht befriedigend. Aber worin unterscheidet sich dieser Schluß logisch von dem Schluß aus der Existenz des Universums?

Der Begriff der Ursache ist ein metaphysischer, ja mythischer Begriff. Die Wissenschaft formuliert ihre Gesetze, ohne diesen Begriff zu benutzen. Ihre Gesetze stellen Kausalzusammenhänge her. Von einem Kausalzusammenhang spricht man dann, wenn man von einem beobachteten Anfangszustand zur Zeit t_0 eindeutig auf einen beobachteten Endzustand zur Zeit t_1 schließen kann. ‹Immer wenn Z_0 zu t_0, dann Z_1 zu t_1›. Nun bereitet es schon eine ungeheure Schwierigkeit, den Anfangszustand zu bestimmen. ‹Zustand› ist die Beschaffenheit, die ein System in einem gegebenen Augenblick aufweist. Müßte der Anfangszustand nicht der Zustand des gesamten Systems, also des Universums, zu t_0 sein? Der Stand der Planeten, der Sonne, der Masseverteilung? Auf dieser Basis könnte man nie zu deterministischen Gesetzen kommen. Deterministische Gesetze erlauben die Voraussage von späteren Zuständen. Sie gelten dort, wo man den Anfangszustand isolieren, auf wenige Größen beschränken kann. Ein Feuerwerker kann den Verlauf eines Feuerwerks voraussagen, die Abfolge, die Stärke der Detonation usw. berechnen. Kein Physiker ist in der Lage, den Verlauf eines Gewitters vorauszusagen, die Zahl und die Stärke der Detonationen zu berechnen. Je komplexer der Anfangszustand, desto schwieriger wird es, den Endzustand vorauszusagen.

Wir sind nicht und werden nie in der Lage sein, komplexe Zustände vorauszusagen, auch dann nicht, wenn supermächtige Computer die Grenzen, die unseren geistigen Fähigkeiten gesetzt sind, ins Unvorstellbare ausweiten. Solche Voraussagen sind prinzipiell unmöglich. Dies können uns einfache Überlegungen zum Problem des Messens zeigen. Einen Zustand bestimmen wir, indem wir ihm bestimmte Größen zuschreiben. Um die Bahn eines Massepunkts, z. B. eines Geschosses, zu bestimmen, messen wir seinen Ort zur Zeit t_0, t_1, t_2 … t_n. Es könnte sein, daß das Geschoß sich nicht gleichmäßig verhält, daß es einmal langsamer fliegt, einmal schneller, einmal höher, einmal tiefer. Wir werden daher die Meßpunkte so nah wie möglich einander annähern. Aber wir können sie nicht beliebig einander annähern. Zwischen den einzelnen Zeitpunkten wird immer ein Abstand bleiben. Diesen Abstand interpolieren wir. Wir behandeln ihn so, wie wenn der Verlauf der Kurve ‹glatt› bzw. stetig wäre. Wir nehmen also an, daß zwischen den gemessenen Punkten keine Sprünge bzw. Schwankungen vorkommen. Die Beobachtung der Anfangslage wird mit der Beobachtung der Endlage durch Gesetze in mathematischer Form verknüpft. Das Geschoß bewegt sich kontinuierlich auf seiner Bahn. Die Kontinuumsvorstellung ist ein bequemes mathematisches Hilfsmittel, um physischen Bewegungsabläufen mathematische Funktionen zuschreiben zu können, aber sie ist kein Abbild der ‹Realität›.

Um zu messen, müssen wir einen Maßstab anlegen. Dieser Maßstab müßte kontinuierlich unterteilbar sein, also in Einheiten, die kleiner sind als die kleinsten Teilchen. Dies ist aber nicht möglich, da jeder Maßstab aus ‹Körpern› besteht. Darüber hinaus bedeutet jede Messung einen Eingriff, der den Zustand des betroffenen Körpers verändert. Das zu messende Wasser wird um die Temperatur des Thermometers wärmer oder kälter. Nur ist im Bereich der Körper die Wirkung des Meßinstruments so klein, daß sie vernachlässigt werden kann. Ortsmessungen an Körpern, an die man keinen Maßstab anlegen kann (z. B. an einem Sateliten), werden mit Lichtstrahlen durchgeführt. Dadurch daß der Körper das Licht reflektiert, verrät er uns seinen Ort. Nach Max Planck steht uns das Licht nicht in beliebig kleinen Energiemengen zur Verfügung, sondern nur in unteilbaren Quanten. Will ich die Ortsbestimmung eines Elektrons vornehmen, so muß ich es beleuchten, das heißt, mit Lichtpartikeln beschießen, bis es von einem Lichtquant (Photon) getroffen wird. Durch den Aufprall erfährt das Elektron einen Impuls, der die Geschwindigkeit des Elektrons ändert. Das Lichtquant wirkt auf den zu beobachtenden Zustand.

Für die Berechnung eines mechanischen Ablaufs muß man Ort und Geschwindigkeit zu einem bestimmten Zeitpunkt genau kennen. Doch dies ist nach der Quantenmechanik unmöglich. Bei Elementarteilchen kann man die beiden Größen, Ort und Geschwindigkeit, nicht gleichzeitig scharf messen (Heisenberg). Eine Messung des Orts zieht immer die Geschwindigkeit eines Elektrons in Mitleidenschaft, eine Messung der Geschwindigkeit den Ort. In anderen Worten, da wir keine Möglichkeit haben, den mechanischen Zustand eines Elementarteilchens zu bestimmen, können wir nicht voraussagen, wie sein Zustand zur Zeit t_x sein wird. Im Bereich der Elementarteilchen gibt es keinen Determinismus der Erscheinungen. Dort gelten keine Kausalgesetze, sondern Wahrscheinlichkeitsgesetze.

Der Verstand schreibt der Natur die Gesetze vor und übernimmt sich. Er maßt sich an, die Natur zu bestimmen, Erfahrung zu reglementieren: ‹Alle Naturgesetze müssen die Form von Kausalgesetzen haben›, ‹alle physikalischen Ereignisse müssen sich im dreidimensionalen Raum ereignen›. Was ist, darf nur so sein, wie Vernunft es in Paragraphen (Kategorien) gefaßt hat. Transzendentalphilosophie ist normativ. Normen beschreiben nicht, wie eine Sache ist, sie schreiben vor, wie sie sein soll bzw. sein müßte. Warum muß Erfahrung (empirische Erkenntnis) die Form haben, die ihr die Vernunft vorschreibt? Kants Antwort: weil es nur dann Erfahrung geben kann.

Wenn wir die Frage stellen, wann kann es ein X geben, suchen wir nach den Bedingungen, die die Voraussetzung dafür sind, daß X möglich ist. Was sind z. B. die Bedingungen für pflanzliches Leben? Wasser, Licht, eine bestimmte Temperatur, eine bestimmte Bodenbeschaffenheit etc. Eine genaue Kenntnis der Bedingungen führt dazu, daß wir X, sofern es durch Handeln manipulierbar ist, realisieren können. Wir können durch Bewässerungsanlagen eine Wüste zum Blühen bringen. Wir können Flugkörper konstruieren, die erfolgreich fliegen, was der Schneider von Ulm noch nicht konnte. Die Philosophie der Neuzeit geht wie die Wissenschaft analytisch-konstruktiv vor. Wenn das Subjekt die Welt konstruiert, dann scheint es sinnvoll, nach den Bedingungen zu fragen, unter denen dies möglich ist. Und dennoch, diese Frage macht keinen Sinn.

Wenn ich die Bedingungen angebe, unter denen ein X möglich ist, muß ich auch angeben können, unter welchen Bedingungen X nicht möglich ist. Ich muß also Alternativen zu X kennen, die X ausschließen. Wie sieht es aus, wenn ich nach der Möglichkeit von Erfahrung frage? Hier habe ich keine Alternativen. Natürlich sind ‹Welten› logisch möglich, in denen es die Möglichkeit der Erfahrung nicht gibt. Da es der Transzendentalphilosophie nicht um die logische, sondern um die reale Möglichkeit geht, gibt es keine

Alternative. Ich müßte nämlich feststellen können, daß empirisches Wissen (Erfahrung) nicht möglich ist. Doch um dies festzustellen, brauche ich empirisches Wissen. Wir wissen z. B., daß es aufgrund der Temperatur, der atmosphärischen Beschaffenheit etc. auf dem Mars zur Zeit kein Leben gibt. Wir könnten den Mars eine «Welt» nennen, für die es die Möglichkeit der Erfahrung nicht gibt. Der Mars ist eine Teilwelt unserer Gesamtwelt. Um über die reale Möglichkeit bzw. Unmöglichkeit von Erfahrung überhaupt sinnvoll sprechen zu können, müßte man etwas können, was unmöglich ist: unsere Gesamtwelt transzendieren. Der transzendentale Standpunkt ist ein unmöglicher Standpunkt, er möchte Erfahrung transzendieren, ohne sie zu transzendieren.

Wer transzendental die Möglichkeit von Erfahrung beweisen will, setzt das, was er beweisen will, nämlich Erfahrung, bereits voraus. Gleicht damit der transzendentale Apparat, den Kant mit viel Mühe entwickelt, nicht jenen wunderbaren Apparaten, aus denen das herauskommt, was man hineinsteckt? Die Voraussetzung der Kantschen Beweisführung ist der Erfahrungshorizont unserer Alltagswelt. Weil wir Gegenstände anschaulich wahrnehmen, müssen unsere Raum- und Zeitvorstellung die Grundlage jeder möglichen empirischen Erkenntnis sein. Weil die Wahrnehmungsobjekte eine gewisse Beständigkeit aufweisen, muß es Substanz geben. Weil wir gesetzmäßige Zusammenhänge zwischen Ereignissen herstellen, muß die Kausalität eine allgemeine Gesetzlichkeit sein. Allzugern neigen wir dazu, unsere tief eingewurzelten Gewohnheiten, unsere Vorlieben, als (denk)notwendig anzusehen. Die synthetischen Urteile a priori des Verstandes sind Vorurteile.

Dies hat bereits Nietzsche gesehen, er charakterisiert Kant in seiner prägnanten Art folgendermaßen:

Kant wollte auf eine «alle Welt» vor den Kopf stoßende Art beweisen, daß «alle Welt» recht habe – das war der heimliche Witz seiner Seele. Er schrieb gegen die Gelehrten zugunsten des Volks-Vorurteils, aber für die Gelehrten nicht für das Volk.

Der Apriorismus behauptet, Erfahrung könne es nur unter der Voraussetzung von Apriori-Begriffen geben. Er stellt eine logische Beziehung zwischen Begriff und Erfahrung her und wird ironischerweise von der Erfahrung widerlegt. Erfahrung ist nicht logisch aus Begriffen ableitbar, auch in der transzendentalphilosophischen Form nicht. Und doch gibt es Versuche, das transzendentalphilosophische Unternehmen weiterzuführen. Kants Raumauffassung wurde widerlegt, aber hat Kant nicht dennoch recht? Gilt nicht unabhängig von und vor aller Erfahrung, daß alle Gegenstände von Erfahrung notwendig in ein Raum-Zeit-System von Beziehungen einbezogen sein müssen, wenn sie Gegenstände von Erfahrung sein sollen? Welche konkrete Struktur dieses System hat, ist Sache der Wissenschaft; doch daß es eine Raum-Zeit-Struktur haben muß, gilt a priori. Nur ist dieser Satz nicht synthetisch, er ist analytisch. Er sagt nichts über Erfahrung aus, er definiert Erfahrung.

Die Transzendentalphilosophie war ein neuer Typ und ein origineller Versuch einer Letztbegründung. Er scheiterte, wie alle Versuche vor ihm. Nicht nur an der Erfahrung, auch logisch läßt er sich nicht halten. Er gerät in einen Zirkel, er setzt das voraus, was er begründen soll. Letztbegründungen sind logisch unmöglich. Das letzte Prinzip muß ein begründetes Prinzip sein. Begründet ist es ein Prinzip, wenn man für es ein Prinzip angeben kann, das es begründet. Dieses neue Prinzip muß aber wiederum begründet werden usw. Man gerät in einen unendlichen Regreß, den man nur vermeiden kann, wenn man dogmatisch ein Prinzip als das letzte erklärt. Wer sich auf die Suche nach einer Letztbegründung macht, stößt auf einen dreigeteilten Weg, das Münchhausentrilemma (Hans Albert): Entweder gerät er in einen unendlichen Regreß oder in einen Zirkel, oder er bricht die Reihe der Begründung ab, indem er dogmatisch ein nicht weiter begründetes Prinzip zum letzten erhebt. Münchhausen behauptete, sich am eigenen Schopf aus dem Sumpf gezogen zu haben. Doch wer nimmt ihm das ab?

III
Im Bann der Sprache

Früher fragte die Philosophie nach dem Urgrund des Seienden, nach der Existenz Gottes, der Unsterblichkeit und Freiheit der Seele, nach dem Sinn der Welt und der Richtschnur des Handelns – wir aber fragen weiter gar nichts als: ‹Was meinst du eigentlich?› Jedem, wer es auch sein mag, und wovon er auch sprechen mag, stellen wir diese Frage: ‹Was ist der Sinn deiner Rede?› Die Meisten werden dadurch gehörig aus dem Konzept gebracht. Aber das ist nicht unsere Schuld, wir fragen ganz aufrichtig und wollen niemandem Fallen stellen.
Moritz Schlick

Sprachphilosophische Attacken gegen die Metaphysik

1 Die Wende zur Sprache

Die alte Logik legte das Denken in Fesseln, die neue Logik gibt ihm Flügel. Sie hat, meiner Meinung nach, denselben Fortschritt in die Philsopohie eingeführt, den Galilei in die Physik einführte. Sie macht es möglich zu sehen, welche Probleme einer Lösung zugeführt werden können und welche Probleme aufgegeben werden müssen, da sie über das menschliche Vermögen hinausgehen.
Russell

Die objektive Perspektive der Sprache

Die Philosophen werden heimgesucht von dem Gedanken eines absolut sicheren Wissens. Die Antike suchte es im Sein, im Objekt. Sie nahm «naiv» an, das Sein sei gegeben. Aber das Sein entzieht sich dem Zugriff des Subjekts, denn das Objekt ist dem Subjekt immer nur so gegeben, wie das Subjekt es sieht. Die Philosophen der Neuzeit suchten daher, in einer kühnen Wende die Gewißheit im Subjekt selbst zu gründen. Sie nahmen den Perspektivismus des Erkennens ernst. Doch wenn sie die Konsequenzen, zu denen er führt, vermeiden wollten, mußten sie eine Perspektive als die absolute auszeichnen. Unter der Voraussetzung des Subjektivismus gibt es nur dann eine allgemeingültige notwendig objektive Perspektive, wenn sichergestellt ist, daß alle die gleiche Perspektive einnehmen. Wenn nicht, dann führt der Subjektivismus zu einem rettungslosen Relativismus. Es ist also nicht erstaunlich, daß im 19. und 20. Jahrhundert relativistische Philosophien in den Vordergrund treten. Für den Marxismus wird Wahrheit klassenbezogen, für Nietzsche eine Funktion des Machtstrebens, für den Pragmatismus eine Sache der Nützlichkeit für das menschliche Leben, für den Existenzialismus die Frage einer ursprünglichen Wahl. Eigenartig ist nur, daß diese relativistischen Positionen von einem absoluten Standpunkt aus behauptet werden.

Philosophische Fragen sind hartnäckige Fragen, und ein Scheitern führt nicht gleich dazu, die Fragen aufzugeben. Erkennen ist perspektivisch: Dies ist das akzeptierte Resultat der subjektiven Wende. Nur hat sie, sozusagen, von einem falschen Ansatzpunkt her ihre Untersuchungen unternommen: vom Bewußtsein. Sie geht von kontingenten inneren Erlebnissen, den Bewußtseinsinhalten aus und sucht zu notwendigen Wahrheiten zu kommen. Sie nimmt bestimmte Bewußtseinstatsachen als gegeben an, gerät aber in Schwierigkeit zu erklären, wie etwas Subjektiv-Privates die Grundlage von etwas Allgemeingültigem und Objektivem, nämlich Erkennen, sein kann. Sie fällt in die Solipsismusfalle. Sie verwechselt die inneren Erlebnisse des Denkens mit den Gedanken selbst. Wir haben Impressionen und Sensationen, Vorstellungsbilder und Empfindungen, Assoziationen etc. Diese sind wesentlich und in einem radikalen Sinn privat. Ich kann dem anderen meine Bewußtseinsvorgänge, meine Vorstellungsbilder, meine Empfindungen, z. B. meine Schmerzen, nicht übermitteln. Aber ich kann sie dem anderen mitteilen.

Gedanken unterscheiden sich von Empfindungen bzw. Vorstellungen dadurch, daß sie übertragbar sind. Ich kann dem anderen übermitteln, was ich denke, fühle, empfinde, und er wird es verstehen. Nicht weil in ihm irgendwie kausal ähnliche Empfindungen und Vorstellungen ausgelöst werden, sondern weil wir beide Sprache benutzen. Sprache ist nicht Privatbesitz eines einzelnen,

Sprache ist ein soziales Phänomen. Sie wird öffentlich gelernt und kontrolliert; ihre Verwendung ist öffentlich reguliert. Wenn wir Gedanken von den inneren Bewußtseinsvorgängen trennen, wenn wir sie aus unserer Fähigkeit zur Verwendung der Sprache erklären, dann haben wir die Möglichkeit, Gedanken als objektiv aufzufassen. Die öffentliche, objektive Struktur des Erkennens kann nicht im Bewußtsein liegen, sie muß in der Sprache liegen. Sprache ist bereits eine öffentliche, intersubjektive Erscheinung, das Band zwischen Ich, Du und Welt. Meinen (doxa) und Wissen (episteme) sind öffentlich. Das Meinen ist kein Wissen, aus zwei Gründen. Es kann die Sachbezogenheit verfehlen. Diese Verfehlungen aufzuzeigen und zu beheben ist Sache der Wissenschaften. Es kann die Sprachbezogenheit mißverstehen. Dieses Mißverständnis aufzuzeigen und zu beheben ist Sache der Philosophie. Die Beseitigung sprachlicher Mehrdeutigkeiten, das Verständnis dafür, wie Sprache funktioniert, kurz Sprachanalyse kann uns helfen zu erklären, wie und wann gesichertes Wissen möglich ist.

Sprachmagie und Sprachmystik

Die Auffassung, daß zwischen Sprache und Erkennen ein Zusammenhang besteht, können wir ‹natürlich› nennen. Wir finden sie in zwei Ausprägungen, die wir idealtypisch die rationalistisch-rhetorische und die romantisch-mystische Sprachauffassung nennen wollen. Die rationalistische läßt sich auf die magische zurückführen, die romantische auf die mystische. Die Magie glaubt an die Macht des ‹richtigen› Worts, an den direkten Zugriff auf die Sache durch das Wort, der Rationalist an die Macht des Arguments. Der Mystiker ist vom Versagen der Sprache zutiefst überzeugt. Die Sprache erscheint ihm ein unüberwindbares Hindernis in seinem Streben nach unmittelbarer Erkenntnis, nach dem Einswerden mit dem Objekt. Gelänge es uns, die ‹Sprache der Natur›, die ‹Sprache der Dinge› zu verstehen, so würden sich alle Geheimnisse erschließen. Werbung und politische Propaganda, die Besetzung einer Sache durch ihre Benennung, sind ein Abglanz der magischen Sprachauffassung. In dem Gefühl, das uns bisweilen befällt, nicht das ausdrücken zu können, was wir eigentlich sagen wollen, schwingt die mystische Sprachauffassung mit. Beide ‹Idealtypen› scheinen sich auszuschließen. Doch kommen sie beide gleichzeitig vor in unserem Alltagsbewußtsein wie auch bei etlichen Philosophen, z. B. bei Platon und Wittgenstein.

Der mystische Typus wird charakterisiert durch die Auffassung, daß uns die Sache direkt gegeben werden kann, in einer Ideenschau, in einer Evidenz, in irgendwelchen Intuitionen, der magische Typus durch die Bemühungen um das ‹richtige› Wort, durch die Versuche, mit präzisen Definitionen Zweideutigkeiten zu vermeiden. Den zweiten Typ gibt es in zwei Ausprägungen, als Mißtrauen gegenüber der Umgangssprache und als Vertrauen in die Umgangssprache. Die einen meinen, die Umgangssprache sei viel zu vage und ungenau, ungeeignet für das Geschäft, Wissen zu formulieren. Die anderen meinen, es sei eine eitle Hoffnung zu glauben, daß eine technische Sprache zur Lösung philosophischer Probleme führen werde. Wir werden diese Probleme nicht begreifen, wenn wir nicht untersuchen, was bestimmte philosophische Begriffe in der Umgangssprache bedeuten. *«Die Umgangssprache ist ganz in Ordnung»* (Wittgenstein).

In der analytischen Sprachphilosophie unseres Jahrhunderts werden diese beiden aufklärerischen Richtungen ihre schärfste Ausprägung finden: Es geht um die Konstruktion einer idealen Sprache – zentrale Protagonisten sind der frühe Wittgenstein und Carnap – bzw. um die Aufhellung der Umgangssprache – der späte Wittgenstein und die Oxforder Sprachphilosophen (Ryle, Austin).

Die romantisch-mystische Sprachauffassung findet, ebenfalls in unserem Jahrhundert, eine kaum überbietbare Ausformung bei Heidegger: *«Die Sprache spricht»*. Die «Sprache der Natur», die «Sprache der Dinge» wird zur *«Sprache des Seins»*, zu einer sprecherlosen Sprache, die sich selbst spricht. Unser Gerede übertönt das Sagen des Seins, so daß es sich nicht zu Gehör bringen kann. Das Sprechen der Philosophie (der wahren, natürlich) kann das Sein nicht sagen, es kann nur beschwörend an das Sein erinnern, damit wir wieder offen werden und uns offenhalten für die *«Sage des Seins»* und nicht in vollkommener Seinsvergessenheit verdämmern.

Der rationalistischen und der romantischen Auffassung gemeinsam ist die Überzeugung von dem Ungenügen der jeweils verwendeten Sprache. Nur glaubt die aufklärerische, daß der Mangel behoben werden kann, die romantische hält ihn für unaufhebbar.

Sprachkritik und Philosophie

Die Wende zur Sprache liegt nicht nur darin, daß jetzt (im Gegensatz zur Tradition) sprachphilosophische Betrachtungen ins Zentrum der Philosophie rücken. Sie bezeichnet etwas grundsätzlich Neues. Neu ist, daß man die Sprache nicht mehr nur für ein Medium hält, in dem Probleme formuliert und Wissen transportiert werden, sondern daß man glaubt, Sprache sei selbst Ursprung vieler (ja aller) philosophischer Probleme in dem Sinn, daß die Sprache sie geschaffen hat. Es geht nicht mehr um eine partielle Sprachkritik, um eine Kritik des adäquaten Ausdrucks, es geht um eine radikale Sprachkritik, um eine Kritik der sprachlichen Struktur.

Die Vernunft galt als Quelle der Erkenntnis. Spätestens seit Kant wissen wir, daß sie auch eine Quelle der Irrtümer ist. Aufgrund ihrer spekulativen Veranlagung produziert sie Behauptungen, die nicht gerechtfertigt werden können und die unauflösbare Probleme schaffen. Nur durch eine Kritik der Vernunft können entsprechende Fehler erkannt und vermieden werden. Die analytische Sprachphilosophie greift genau diese kritischen Intentionen auf und versucht, sie in einer völlig anderen Form weiterzuführen. Sie analysiert, was wir da sagen, wenn wir philosophieren, um illegitime Aussagen auszuscheiden. Unser Sprachgebrauch erzeugt «notwendig» Scheinprobleme, die nur durch eine Analyse der Struktur der Sprache erkannt und damit behoben werden können.

Die neue Logik, ein Präzisionswerkzeug – Frege

Diese Strukturkritik der Sprache wurde erst möglich durch ein neues Werkzeug, das die neue, die symbolische Logik lieferte, als deren Begründer Frege gilt. Gottlob Frege (1848–1925), Honorarprofessor für Mathematik in Jena, revolutionierte die Logik und kann als Begründer der modernen Sprachphilosophie gelten. Doch fand er weder die Beachtung noch beruflich die Anerkennung, die er aufgrund seiner Leistung verdient hätte (er wurde nie auf einen ordentlichen Lehrstuhl berufen). Den Mathematikern war er zu philosophisch, den Philosophen zu mathematisch. Bekannt wurde er über England, wo er ein günstigeres Klima fand. Bertrand Russell hatte seine Bedeutung sofort erkannt und seinen Ansatz für die sprachphilosophische Analyse fruchtbar gemacht.

Analytische Geometrie – analytische Logik

Durch die analytische Methode, nämlich die Einführung des Koordinatensystems, wurde die Geometrie auf die Algebra zurückgeführt. Dadurch wurde sie erweitert und auf die Physik anwendbar; denn diese hat es nicht mit starren Figuren, sondern mit dynamischen Kurven zu tun. Die analytische Methode machte sozusagen die Geometrie ‹geschmeidig›. Frege machte durch die logische Analyse sprachlicher Ausdrucksformen und durch die Einführung einer symbolischen Darstellung – große Teile der Mathematik konnten so auf die Logik zurückgeführt werden – die Logik ‹geschmeidig›, so daß sie zu einem geeigneten Instrument der Sprachkritik werden konnte. Die logische Syntax ist *«die Mathematik der Sprache»* (Carnap). In beiden Fällen waren dies geniale und folgenreiche Erfindungen. Eine symbolische Schreibweise bedeutet einen ungeheuren Gewinn.

Mit Hilfe der Verwendung von Buchstaben als Variablen und mit einigen wenigen Operationssymbolen lassen sich ganze Problemkomplexe in einfache Formeln übersetzen und durch die Anwendung genauer Operationsregeln durchsichtig machen. Nehmen wir die alltagssprachliche Formulierung: Das Quadrat der Summe zweier beliebiger Größen ist gleich der Summe, gebildet aus dem Quadrat der ersten Größe, ferner dem doppelten Produkt der ersten und zweiten Größe sowie dem Quadrat der zweiten Größe. Diese Formulierung ist nicht sofort verständlich. Die entsprechende algebraische Transkription $(a + b)^2 = a^2 + 2ab + b^2$ ist nicht nur knapper, sie ist auch prägnanter. Dem, der die mathematische Symbolik versteht, wird sofort klar, was sie besagt.

Die Suche nach einer eindeutigen Sprache

Frege ging es zunächst nicht um eine Kritik der Sprache. Er wollte, wie viele Mathematiker seiner Zeit, die Mathematik auf eine sichere Grundlage stellen, die sie trotz ihres Vorbildcharakters nicht besaß. Eine Axiomatisierung der Mathemathik, also der Versuch, ihre Grundaussagen zu einem Axiomensystem zusammenzustellen, aus dem alle übrigen Aussagen der Theorie abzuleiten sind, war noch nicht gelungen. Darüber hinaus waren mathematische Beweise oft unvollständig, ja geradezu fehlerhaft. Zahlreiche Mathematiker des 19. Jahrhunderts arbeiteten daran, die mathematische Beweisführung zu verbessern. Sie hofften, dies über den Weg logischer Untersuchungen zu erreichen. Dabei ging es ihnen vor allem um eine Klärung und Präzisierung der Schlußregeln.

Frege setzt eine Stufe tiefer an. Fundamentaler als die Schlußregeln sind die sprachlichen Ausdrucksformen, in denen diese formuliert werden. Eine Sprache, die Mehrdeutigkeiten zuläßt, ist als Ausdrucksmittel für mathematische Schlußfolgerungen unbrauchbar. Den natürlichen Sprachen fehlt es an Eindeutigkeit. Aber auch der klassischen Logik, denn deren Struktur geht auf die grammatische Struktur der Aussagesätze indoeuropäischer Sprachen zurück. Man muß daher eine eindeutige Sprache konstruieren. Eine solche Kunstsprache soll nicht die wissenschaftlichen Fachsprachen ersetzen. Wissenschaftliche Theorien wurden und werden weiterhin in Fachsprachen, das heißt in einer ‹stilisierten› Alltagssprache, formuliert. Die Aufgabe einer Kunstsprache ist es, eine einfache Überprüfung der logischen Konsistenz wissenschaftlicher Aussagen zu ermöglichen. Sie muß daher eine formalisierte Sprache sein, die folgende Bedingungen zu erfüllen hat. (1) Sie darf nur eine klar umrissene Anzahl widerspruchsfreier Regeln enthalten. (In der Alltagssprache sind die Regeln weder klar umrissen noch widerspruchsfrei. Wir können oft nicht einmal die Regeln formulieren, die wir beim Sprechen befolgen.) (2) Sie muß relativ einfach sein, so daß sich eine vollständige systematische Darstellung des Gebrauchs der Sätze dieser Sprache konstruieren läßt (was bei komplexen Alltagssprachen nie gelingen wird). (3) Sie hat so reich zu sein, daß sich die inhaltlichen Aussagen in die formale Sprache übersetzen lassen.

Frege hat eine formalisierte Sprache mit einer Syntax erfunden, die für die Formulierung mathematischer und naturwissenschaftlicher Theorien angemessen ist. In der Mathematik wurden große Fortschritte erzielt. Wenn man mit dieser Sprache so erfolgreich operieren kann, warum soll man sie nicht in einem weiteren Sinn auf allgemeine philosophische Probleme anwenden? Es bestand Anlaß zu Optimismus.

Von starren Figuren und geschmeidigen Linien*

Ein Satz besteht aus Subjekt und Prädikat. Dies ist die elementarste grammatische Struktur indoeuropäischer Sätze. (Es gibt Sprachen, die diese Struktur nicht haben.) Diese Struktur enthält bzw. begünstigt eine bestimmte Auslegung der Wirklichkeit. ‹Der Himmel ist blau›. ‹Wolken ziehen auf›. ‹Ein Gewitter naht›. ‹Es blitzt›. ‹Es donnert›. Alle diese Sätze haben die Form Subjekt – Prädikat. In den ersten drei Sätzen ist das Subjekt eine Entität, von der etwas gilt bzw. die etwas tut. Die letzten beiden Sätze haben zwar ein grammatikalisches Subjekt, doch was ist die Entität, auf die es sich bezieht? Die Satzstruktur suggeriert eine solche. Bereits das mythische Denken folgt dieser Struktur, wenn es annimmt, daß eine verborgene Entität, ein Gott, das Donnern erzeugt.

Die Subjekt-Prädikat-Struktur führte zur Ausbildung der klassischen Logik. Diese geht von Begriffen aus. Einem Subjektbegriff ‹S› (ontologisch einer Entität) wird ein Prädikatsbegriff ‹P› (eine Eigenschaft, Gattungszugehörigkeit) mit Hilfe der Kopula ‹ist› zugeschrieben. Logische Sätze haben die Form ‹S ist P›. Sätze, die diese Form nicht haben, sind in entsprechende Sätze zu transformieren. ‹Ein Gewitter naht› wird so zu ‹ein Gewitter ist ein Nahendes›. Argumentiert wird in Behauptungen, das heißt in Aussagen (Urteilen). Ein gültiges Argument ist ein Schluß aus mehreren Behauptungen. Haben nun alle Behauptungen die Form ‹S ist P›, so läßt sich mit Hilfe dieser Struktur ein Argument-Schema konstruieren. Ein Argument-Schema unterscheidet sich von einem Argument dadurch, daß es an der Stelle von Ausdrücken schematische Buchstaben enthält. Die Gültigkeit eines Arguments kann so als der Spezialfall eines gültigen Argument-Schemas interpretiert werden. Die Logik liefert somit ein vereinfachtes Verfahren zur Prüfung der (formalen, nicht inhalt-

* Die beiden folgenden Abschnitte sind etwas «technisch» geraten und können übersprungen werden. Sie sollen die Einsatzmöglichkeiten der neuen Logik aufzeigen, indem sie einen Einblick in wesentliche Unterschiede zwischen dem Ansatz der klassischen Logik und dem der modernen Logik geben.

lichen) Gültigkeit von Schlüssen. Aristoteles fällt das Verdienst zu, dies entdeckt zu haben. Dennoch war die klassische Logik in gewissem Sinn schwerfällig und unhandlich. Dies zeigt ein Blick auf ihr Argument-Schema. Sie hat es mit «starren» Figuren zu tun, den Figuren des Syllogismus.

Ein Syllogismus ist ein gültiger logischer Schluß. Er besteht aus drei Urteilen, aus zwei Vordersätzen bzw. Voraussetzungen, den Prämissen, und einem Schlußsatz, der Conclusio. Die beiden Prämissen sind durch einen gemeinsamen Begriff, den Mittelbegriff ‹M›, so miteinander verbunden, daß sich der Schlußsatz als eine logische Folge aus den Prämissen ergibt. Eine Prämisse, enthält den Mittelbegriff ‹M› als Subjektbegriff und den Prädikatsbegriff ‹P› als Prädikat, also ‹M – P›. Die andere Prämisse enthält als Subjekt den Subjektbegriff ‹S› und als Prädikat den Mittelbegriff ‹M›, also ‹S – M›. Die Conclusio den Subjektbegriff ‹S› und den Prädikatsbegriff ‹P›, z. B.:

	M – P	Alle Menschen sind sterblich
	S – M	*Sokrates ist ein Mensch*
also	S – P	Sokrates ist sterblich

Je nach Anordnung des Subjektbegriffs, des Mittelbegriffs und des Prädikatsbegriffs lassen sich vier Figuren bilden.

(1) M P	(2) PM	(3) M P	(4) PM
SM	*SM*	*M S*	*M S*
SP	SP	SP	S P

Berücksichtigt man, daß jede Aussage bejaht und verneint werden kann, daß es allgemeine (‹alle Menschen sind sterblich›) und partikuläre (‹einige Menschen sind sterblich›) Urteile gibt, dann erhält man vier Aussagenmodi: allgemein bejaht, allgemein verneint, partikulär bejaht, partikulär verneint. Die vier Modi und die vier Schlußfiguren ergeben rein kombinatorisch 256 (4^4) mögliche Schlüsse.

Es ist eine mühevolle Aufgabe zu prüfen, welche von diesen Schlußformen gültig bzw. ungültig sind. Bis heute erteilt die Logik auf diese Frage keine eindeutige Antwort. Aristoteles ging nur von drei Figuren ($4^3=64$) aus und kam zu insgesamt 14 gültigen Schlüssen. Berücksichtigt man die vierte Figur, so erhält man 19 gültige Syllogismen. Leibniz stellte eine Tafel von 24 gültigen Syllogismen auf. Bis heute ist es umstritten, ob es 19 oder 24 sind. Einige reduzieren sie auf 18, ja auf 15. Es findet sich auch die Behauptung, daß von den 256 Modi 97 als gültige Syllogismen anerkannt werden müssen. Diese Differenzen kommen aus den unterschiedlichen Prüfverfahren. Es herrscht keine Eindeutigkeit. Damit dürfte klar sein, daß sich eine Logik wie die klassische nicht für die Aufgabe eignet, die Frege sich vorgenommen hat: die Verbesserung der mathematischen Beweisführung.

Geschmeidige Linien

Die Logik vergleicht nicht Sätze mit der Realität. Dies ist Sache der Erfahrung bzw. der Wissenschaften. Sie spricht über Sätze und deren Beziehungen untereinander. Sie fragt z.B, wann ergibt die Verknüpfung zweier einfacher Aussagen, deren Wahrheitswerte bekannt sind, eine wahre komplexe Aussage? Sie interessiert sich allein für die logische Struktur von Sätzen und nicht für deren Inhalt. Für die logische Struktur bzw. die logische Wahrheit der Sätze sind die logischen Wörter verantwortlich. Solche Wörter sind z. B. die Negation ‹nicht› und die Konjunktionen, (Junktoren in der Terminologie der Logik) ‹und›, ‹oder›, ‹wenn – dann›. Da es auf den Inhalt nicht ankommt, können wir mit Variablen operieren. Sätze z. B. bezeichnet man mit Kleinbuchstaben aus der zweiten Hälfte des Alphabets ‹p›, ‹q›, ‹r› usw. Wir können in die Leerstellen beliebige Einsetzungen vornehmen. Solange die logischen Wörter unangetastet bleiben, wird kein falsches Ergebnis zu befürchten sein. Ist der Satz ‹Bonn ist die Hauptstadt der Bundesrepublik Deutschland› wahr (symbolisiert als ‹p›), dann ist die Negation

‹Bonn ist nicht die Hauptstadt der BRD› oder ‹Es ist nicht der Fall, daß Bonn die Hauptstadt der BRD ist› (nicht ‹p› bzw. ‹¬p›) falsch. Das Negationszeichen ‹¬› dreht die Wahrheitswerte einfach um. Ordnen wir den Sätzen ‹p› bzw. ‹¬p›, jeweils die Wahrheitswerte w (wahr) bzw. f (falsch) zu, so erhalten wir folgende einfache Wahrheitstafel:

p	¬p	
w	f	= (p wahr, dann ¬p falsch)
f	w	= (p falsch, dann ¬p wahr)

Werden zwei Sätze ‹p›, ‹q› durch einen logischen Operator zu einem komplexen Satz verbunden, dann erhalten wir vier Bewertungen (allgemein: zwei mögliche Wahrheitswerte und n Variable ergibt 2^n Bewertungen). Sehen wir uns die logische Konjunktion an, die Verknüpfung zweier Aussagen mit ‹und› (symbolisch $\wedge$). Wir erhalten folgende Wahrheitstafel:

p	q	(p ∧ q)
w	w	w
w	f	f
f	w	f
f	f	f

Daraus können wir ablesen, daß (p ∧ q) nur dann wahr ist, wenn p wahr ist und q wahr ist. So ist z.B. der Satz ‹Der Rhein ist ein Fluß in Deutschland (p), und Berlin liegt am Rhein (q)› falsch.

Von besonderer Wichtigkeit unter den logischen Operationen ist die logische Implikation (‹wenn – dann›, symbolisch ‹→›). Sie sagt: Wenn ein Satz als wahr angesehen wird, muß dies auch für jeden anderen gelten, der aus ihm folgt. Die inhaltliche Wahrheit empirischer Sätze überprüfen wir durch einen Vergleich mit der Realität. Nun ist es gar nicht so einfach, alle Sätze durch einen Vergleich mit der Realität zu prüfen. Viele Sätze, z. B. viele wissenschaftliche Aussagen, lassen sich durch einen einfachen Vergleich mit der Realität überhaupt nicht prüfen. Die Sätze können aber als gesichert gelten, wenn sie durch die logische Operation der Implikation aus gültigen, nachprüfbaren (einfachen) Sätzen gewonnen wurden.

‹Nicht›, ‹und›, ‹oder›, ‹wenn dann› sind aussagenlogische Operatoren. Für die Zwecke der Logik müssen diese Wörter genau definiert werden. Sie dürfen ihre umgangssprachliche Vagheit nicht beibehalten. Die Konjunktionen der Umgangssprache dekken sich nicht mit den gleichlautenden Junktoren. So werden z. B. ‹aber›, ‹jedoch›, ‹obwohl›, ‹dennoch› durch das logische ‹und› wiedergegeben. In der Umgangssprache finden sich sehr viele affektive, rhetorische Komponenten. Diese finden in der Logik, in der es allein auf die Wahrheitswerte der Aussagen ankommt, keine Beachtung. Die Aussage ‹Hans ging zur Arbeit, obwohl er krank war› hat die gleiche logische Form wie der Satz ‹Hans ging zur Arbeit, und Hans war krank›. Durch das ‹obwohl› wird das Kranksein, je nach Kontext, lobend oder tadelnd herausgehoben.

Aussagenlogische Operatoren kann man durch Wahrheitstafeln (von Wittgenstein eingeführt) definieren. Man erhält so ein äußerst einfaches Prüfverfahren. Wir müssen nicht mehr 256 mögliche Schlußfiguren auf deren Gültigkeit hin überprüfen und die gültigen Figuren im Kopf behalten. In der neuen Logik können wir mit Hilfe weniger Symbole operieren.

Eine Bedeutungstheorie der Sätze

Es war die revolutionierende Einsicht Freges, die auch zur Entwicklung der neuen Logik führte, daß Sätze in der Bedeutungstheorie eine zentrale Rolle spielen. Nicht der Begriff (das Wort), sondern der Satz ist die kleinste Einheit, die man dazu verwenden kann, etwas zu sagen. Nun gibt es natürlich sehr komplexe Sätze. Diese müssen in einfache Sätze, in Elementaraussagen, zerlegt werden. Eine Aussage ist elementar, wenn sie keine logischen

Wörter enthält. Sie gilt in der Aussagenlogik als nicht weiter analysierbar. Der Satz ‹Berlin ist die Hauptstadt der BRD und nicht Bonn› ist ein komplexer Satz. Er enthält zwei logische Wörter (‹nicht›, ‹und›) und zwei Elementaraussagen.

Berlin ist die Hauptstadt der BRD = p
Bonn ist die Hauptstadt der BRD = q

Seine logische Form lautet: $p \wedge \neg q$ (zu lesen: p und nicht q)

Natürlich sind Elementaraussagen weiter analysierbar. Sie bestehen aus Ausdrücken, neben logischen Wörtern aus Namen und Begriffen. Namen bedeuten dadurch, daß man sie auf den Gegenstand bezieht, den sie benennen. Begriffe – so eine gängige Vorstellung – bedeuten auf die gleiche Weise. Sie benennen nicht einzelne konkrete Gegenstände, sondern abstrakte. So benennt das Wort ‹Stadt› gewisse Orte. Nicht diese Stadt hier oder jene Stadt dort – es gibt viele Orte, die mit ‹Stadt› bezeichnet werden –, sondern Stadt im allgemeinen. Aber was ist dies, ein abstrakter Gegenstand? Welchen ontologischen Status hat er? Schon sind wir bei den Fragen, auf die die Philosophie seit Platon keine befriedigende Antwort wußte.

Freges Ansatz vermeidet dieses Problem. Begriffe werden als unvollständige Ausdrücke (als ungesättigte Terme) behandelt, die erst im Satz volle Bedeutung erlangen. Im Gegensatz zu Eigennamen, die konkrete Gegenstände benennen, benennen Begriffe nichts. Begriffe haben folgende logische Form ‹... Stadt›, ‹... liegt ...›, also ‹... S›, ‹... L ...› (Prädikate werden durch Großbuchstaben symbolisiert). Die Punkte bezeichnen Leerstellen, die in einen Satz aufgefüllt sind, z. B. ‹dies ist eine Stadt›, ‹Bonn ist eine Stadt›, ‹diese Stadt liegt am Rhein›. Namen werden mit Kleinbuchstaben bezeichnet, mit den ersten Buchstaben des Alphabets (‹a›, ‹b›, ‹c›) die Individuenkonstanten (z. B. ‹Bonn›, ‹dies›, ‹diese Stadt›), mit den letzten (‹x›, ‹y›, ‹z›) die Individuenvariablen. Der Satz ‹a ist eine Stadt› wird symbolisiert durch ‹Sa›, ‹x ist eine Stadt› durch ‹Sx›. Erst mit einem Satz sagen wir etwas.

Die Frage lautet nicht, was ist die Bedeutung des Wortes (an sich), die Frage lautet, wie bedeutet das Wort im Satz. Frege behandelt Wörter wie die Ausdrücke in einer mathematischen Funktion, die logischen Wörter wie mathematische Operationszeichen (wie +, –, √), die nichtlogischen wie Terme einer Funktion. In unserem Beispiel haben wir einen singulären Term ‹Bonn› und einen generellen Term ‹Stadt›. Frege betrachtet alle generellen Terme als Prädikate (Prädikatoren).

Seit Aristoteles haben Aussagesätze die logische Struktur S-P (Subjekt-Prädikat). Diese Beschreibung ist unzureichend. Sie folgt der grammatikalischen Oberflächenstruktur und erfaßt nur einfache Aussagen von der Art wie ‹Hans spielt›, ‹Hans spielt Schach›, aber nicht mehr Sätze von der Art ‹Hans spielt mit Otto›, ‹Hans spielt mit Otto Schach›. Die traditionelle Logik faßt ‹Hans› als Subjekt auf und ‹spielt mit Otto Schach› als Prädikat. Der Satz ‹Otto spielt mit Hans Schach› hat demnach eine andere logische Struktur. Aber diese Unterscheidung ist völlig willkürlich. Wenn Hans mit Otto Schach spielt, dann spielt auch Otto mit Hans Schach. Warum ist gerade Hans das logische Subjekt und nicht Otto? Weil Hans die Stelle des grammatikalischen Subjekts einnimmt. Logisch besteht zwischen den beiden Sätzen kein Unterschied. Sie wurden gebildet aus einem zweistelligen Prädikator ‹S› (für ‹... Schach spielen ...›) und zwei Eigennamen. Wenn wir in die Leerstellen ‹x›, ‹y› einsetzen, dann erhalten wir die Aussageform ‹Sxy›. Durch Einsetzen von Konstanten wird eine Aussageform zu einem Satz. Da wir für x und y beliebige Individuenkonstante einsetzen können, haben die beiden Sätze eine verschiedene Oberflächenstruktur – einmal ist Hans das Subjekt, das andere Mal Otto –, aber die gleiche logische Struktur. Die Reihenfolge legt fest, wie der Satz zu lesen ist, verändert aber nicht dessen logische Form. So heißt ‹Sab› Hans spielt mit Otto Schach und ‹Sba› Otto spielt mit Hans Schach.

Oberfläche und Tiefe

Generelle Terme, ob sie nun Gegenstände, Eigenschaften, Relationen, Tätigkeiten bezeichnen, werden als Prädikatoren interpretiert. Dies führt dazu, daß wir zwischen der grammatikalischen Struktur (Oberflächenstruktur) und logischen Struktur (Tiefenstruktur) von Sätzen unterscheiden müssen. Die Oberflächenstruktur kann die Tiefenstruktur verdecken. So haben nach der klassischen Logik die Sätze

(1) ‹Schach ist ein Brettspiel›,
(2) ‹Alle spielen Schach›,
(3) ‹Einige spielen Schach›
(4) ‹Niemand spielt Schach›

die gleiche Struktur, nämlich S-P. In Wirklichkeit haben diese anscheinend einfachen Sätze verschiedene logische Strukturen, die man nicht zusammenwerfen darf. ‹Schach› ist ein genereller Term wie ‹Brettspiel›, also ein Prädikator. Es spricht nichts dagegen, daß man für bestimmte Zwecke Prädikatoren als Eigennamen interpretiert (‹Schach› als Eigenname für ein Spiel).

Aber die logische Analyse darf dabei nicht stehenbleiben, denn sonst gerät man in die bereits erwähnten ontologischen Schwierigkeiten. Die logische Form des ersten Beispielsatzes ist nicht die des einfachen Satzes ‹a ist ein Brettspiel›, in symbolischer Schreibweise ‹Ba›. Sie setzt sich aus drei Sätzen zusammen (1) ‹es gibt ein x, von dem gilt›, (2) ‹x ist Schach› (3) ‹und Schach ist ein Brettspiel›. ‹es gibt› ist ein logischer Operator, der Existenzquantor ($\vee$). Unser Beispielsatz hat also folgende logische Form $\vee x\ (Sx \wedge Bx)$. Diese Operation mag umständlich erscheinen, aber sie macht klar, daß ein Name den konkreten Gegenstand bezeichnet, den man ihm (im Akt der Taufe sozusagen) zugewiesen hat. Allgemeine Begriffe bezeichnen keine Gegenstände, sondern Eigenschaften, die irgendwelche Gegenstände haben können – ‹Buch› also nicht den Gegenstand Buch, sondern die Eigenschaft, ein Buch zu sein.

Nehmen wir den Begriff Einhorn! Er bedeutet ein weißes Tier von Pferdegestalt mit einem Horn über den Nüstern. Was bezeichnet er? Die Antwort erhalten wir durch die Operation der Quantifizierung. Der Existenzquantor behauptet, daß es einen konkreten Gegenstand gibt, ein x, von dem gilt, daß es die ihm zugesprochene Eigenschaft hat, in unserem Beipiel die, ein Einhorn zu sein. Das Zuschreiben von Existenz heißt, einer Satzfunktion die Eigenschaft zuzusprechen, erfüllt zu sein. In unserer Welt (der Bereich der empirischen Wirklichkeit) gibt es keine Einhörner, die Satzfunktion ist nicht erfüllt: ‹Einhorn› bezeichnet nichts. Es kann nötig sein, den Bereich anzugeben, für den die Gegenstandsvariablen (x, y) verwendet werden. Für den Bereich ‹Welt der Mythen und Märchen› ist die Satzfunktion erfüllt. Dort gibt es Einhörner, ‹Einhorn› bezeichnet dort ein Tier mit besagten Eigenschaften.

Die Theorie der Satzfunktion ist äußerst elegant und sehr effektiv. Wir brauchen keine verborgenen Wesenheiten anzunehmen, die irgendwo bzw. irgendwie existieren, um das Funktionieren allgemeiner Begriffe zu erklären. Frege selbst war Platoniker. Er schrieb den Gedanken eine eigene Realität zu, außerhalb der Bereiche der physischen Welt und der Innenwelt. Erklärt man die Objektivität der Gedanken aus dem öffentlichen Gebrauch der Sprache, dann braucht man keine metaphysische Realität anzunehmen. Wir verstricken uns nicht in ontologischen Mystifikationen, die die Philosophen immer wieder genarrt haben, z. B. der ontologische Gottesbeweis. Existenz ist kein Prädikator. Der Satz ‹Gott existiert› hat nicht die Struktur ‹Ea› (‹Existenz ist eine Eigenschaft von a›), sondern die Struktur $\vee x$ (Gx), (‹es gibt ein x, von dem gilt, x hat die Eigenschaft Gott zu sein›). Die Logik kann die Struktur der Sätze aufzeigen, sie kann aber nicht entscheiden, ob die Satzfunktion erfüllt ist.

Zurück zu unseren Beispielsätzen. Wie sieht deren Analyse aus? Auch sie haben die Struktur S-P. An der Stelle des Subjekts stehen Ausdrücke wie (2) ‹einige›, (3) ‹alle› und (4) ‹niemand›. Diese Ausdrücke stehen zwar an der Stelle von Namen, sind aber weder Individuenkonstanten noch Prädikatoren. Es sind logische Wörter. Sie dienen der Quantifizierung. Der Allquantor (∧), also das Wort ‹alle›, sagt, was für eine Individuenkonstante wir auch immer für die Variable x einsetzen, die Aussage stimmt immer. Beispielsatz (2) hat also die Form $\wedge x\ (Sx \wedge Bx)$. ‹Einige› (3) heißt soviel wie mindestens einer, es wird also durch den Existenzquantor wiedergegeben. ‹Niemand› (4) ist die Negation der Existenz und bedeutet ‹für kein x gilt: x ...›, also ‹für kein x gilt, x spielt Schach›. Daß die Quantifizierung eine bedeutende Rolle spielt, wird sofort klar, wenn man bedenkt, daß wissenschaftliche Gesetze Allaussagen sind und daß mit Existenzsätzen Allaussagen getestet werden.

Eine bedeutende Rolle spielen auch Relationen, und zwar im täglichen Sprechen wie in den Wissenschaften. Die Mathematik ist die Wissenschaft der Relationen, und auch in den Naturwissenschaften sind Relationen wichtiger als die Eigenschaften der Dinge. Beispiele für zweistellige Relationen sind:

x ist der Vater von y
x kostet y DM
x ist größer als y
x ist das Quadrat von y ($x = y^2$)
der Körper x hat die Temperatur y

Sie haben die logische Form Rxy. Dreistellige Relationen, z. B.

x liegt zwischen y und z
die kürzeste Verbindung von x nach y ist z
x ist die elektrische Spannung zwischen y und z zur Zeit t,

haben die Form Rxyz.

Die klassische Logik kennt nur einstellige Prädikate. Sie kann somit mehrstellige Prädikatoren, also Relationen, nicht beschreiben.

Die neue Aufgabe

Was wir zeigen wollten und was hoffentlich klargeworden ist, ist dies, daß sich durch logische Analyse Probleme, wie wir sie bei Parmenides, Platon, Aristoteles, Descartes, Kant und in unserem Jahrhundert bei Heidegger kennengelernt und teilweise kritisiert haben, gelöst werden können. Die Hoffnung, in der logischen Analyse ein wirksames Instrument zur Entwirrung philosophischer Verwirrungen gefunden zu haben, bestand zu recht.

Und doch erfuhr gleich der Erfinder der modernen Logik eine herbe Enttäuschung. Die Logik der Relationen ist von zentraler Bedeutung für die Mathematik. Sie war die Voraussetzung für den Versuch, die Mathematik auf Logik zurückzuführen. Frege nahm diese Aufgabe für die Arithmetik in Angriff. Er hatte sie schon weit vorangetrieben – der zweite Band der *Grundgesetze der Arithmetik* war beinahe abgeschlossen –, als ihm ein Brief von Russell (1902) einen harten Schlag versetzte. Russell wies ihn darauf hin, daß sich in seinem axiomatischen System Widersprüche – die berühmt gewordene Russellsche Antinomie – konstruieren ließen. War die axiomatische widerspruchsfreie Grundlegung der Arithmetik, Freges Lebensaufgabe, gescheitert? Kam zum beruflichen Mißerfolg der wissenschaftliche? Frege hat resigniert und sein in Angriff genommenes Werk einer Grundlegung der Arithmetik nicht weitergeführt. Doch Russell gelang es, innerhalb der neuen Logik ein wirkungsvolles Verfahren zu entwickeln, um die besagten Antinomien aufzulösen und zu vermeiden. Die neue Logik hat nicht versagt, sondern ihre Kraft bewiesen. Frege hat resigniert, aber seine ‹Schüler› nicht. Ihre Erfolge ermutigten sie, in der logischen Analyse ein generelles Werkzeug zur Lösung philosophischer Probleme zu sehen.

Ich habe den Eindruck, daß praktisch die gesamte traditionelle Metaphysik voll von Mißverständnissen ist, die in einer mangelhaften Grammatik ihren Ursprung haben, und daß beinahe alle traditionellen Probleme der Metaphysik und ihre Ergebnisse – angeblichen Ergebnisse

– dem Fehlen der Art von Distinktionen zu verdanken sind, die in der philosophischen Grammatik gemacht werden. (Russell)

Die Bedeutung einer philosophischen Grammatik konnte nicht hoch genug eingeschätzt werden. Russell hat die logische Analyse auf Einzelprobleme angewandt, Wittgenstein vollzog den «linguistic turn» in aller Radikalität.

2 Tiefenanalyse der Sprache

Die Sprache verkleidet den Gedanken. Und zwar so, daß man nach der äußeren Form des Kleides nicht auf die Form des bekleideten Gedankens schließen kann; weil die äußere Form des Kleides nach ganz anderen Zwecken gebildet ist als danach, die Form des Körpers erkennen zu lassen.
Ludwig Wittgenstein

Atomare Sätze – Russell

Die Propositionen – die (Aussage-)Sätze unseres gewöhnlichen Sprechens und die Sätze der Wissenschaft – beziehen sich auf die Wirklichkeit. Wir meinen, daß sie Wirkliches beschreiben. Aber wenn wir in Sätzen, deren Struktur nicht klar ist, die Wirklichkeit beschreiben, kann es nicht sein, daß unsere Sätze uns etwas vorgaukeln, was gar nicht ist oder so nicht ist? Wir müssen unser Sprechen über die Wirklichkeit analysieren. Ausgangspunkt muß das gewöhnliche Sprechen sein. Doch dürfen wir die Sätze nicht in der Form lassen, wie sie im täglichen Leben oder in den Wissenschaften vorkommen. Wir müssen versuchen, die Sprache zu verbessern, indem wir deren Struktur systematisch machen. Diese Aufgabe unternahm Bertrand Russell (1872–1970) in der Nachfolge Freges. Er zerlegt die Sätze in ihre letzten logischen Bestandteile, damit klar wird, was wir mit Sätzen sagen, denn nur so können wir sicher sein, daß unsere Sätze die Wirklichkeit adäquat erfassen. Die letzten, logisch nicht weiter zerlegbaren einfachen Elemente nennt er atomare Sätze. Die Aussage ‹dies ist grün› ist z. B. ein atomarer Satz. Ein atomarer Satz drückt «*eine Tatsache aus, wie sie einfacher nicht sein könnte*», er weist nämlich direkt auf das hin, was er nennt. Atomare Sätze formulieren die elementarste Erkenntnis, die wir haben können. Russell nennt sie *«Erkenntnis durch Bekanntschaft»*. Neben der *«Erkenntnis durch Bekanntschaft»* gibt es *«Erkenntnis durch Beschreibung»*. Würde uns jetzt jemand einen Herrn vorstellen und sagen: ‹dies ist Bertrand Russell›, so hätten wir Herrn Russell durch Bekanntschaft kennengelernt. Nun ist Russell schon lange tot, keiner kann uns mit ihm bekannt machen. Wir können ihn nur noch durch Beschreibung kennenlernen, z. B. durch Bücher. Beschreibung macht den gewichtigeren Anteil des empirischen Wissens aus, den interessanteren und auch den problematischeren. Unser Alltagswissen wie unser wissenschaftliches Wissen ist größten Teils Erkenntnis durch Beschreibung. Aber die indirekte Erkenntnis durch Beschreibung muß – was nicht immer einfach ist – auf die direkte Erkenntnis durch Bekanntschaft zurückgeführt werden können, nur dann ist sie Wissen. Beschreibungen von nichts sind kein Wissen.

Bekanntschaft ist die unmittelbare kognitive Beziehung zu Gegenständen. Die einfachsten Objekte der Bekanntschaft sind für Russell Sinnesdaten. Diese Annahme entspricht der erkenntnistheoretischen Tradition des Empirismus und ist ziemlich umstritten. Ob aber die einfachsten Gegenstände Sinnesdaten sind oder nicht, ist für die logische Analyse irrelevant (wir werden es später bei Carnap sehen). Russell macht erkenntnistheoretische Annahmen, die für die logische Analyse nicht nötig sind. Logische Analyse und die Erkenntnistheorie decken sich nicht, denn die logische Analyse hat es nicht mit irgendeiner Basis zu tun, sondern mit Sätzen. Auf alle Fälle sind für Russell die Sinnesdaten keine Erscheinungen von Dingen. Es gibt nichts, von dem sie Erscheinung sein könnten. Sie sind Gegenstände, und zwar die unmittelbarsten Gegenstände der Bekanntschaft. Russell brauchte sie, weil er glaubte, nur so Wissen auf einer empirischen Basis aufbauen zu können.

Nach Russell sind in einer korrekten logischen Symbolik die syntaktischen Formen der Aussage mit den Strukturen des Sachverhalts identisch. Nun verdeckt aber die Alltagssprache diese

Identität. Die logische Form wird nämlich durch deren grammatische oder syntaktische Form nicht abgebildet. Daher die Notwendigkeit der philosophischen Analyse. Die Philosophie darf nicht den Anspruch stellen, Wissen zu liefern. Dies kann sie nicht, dies ist Aufgabe der Wissenschaften. Sie hat die Aufgabe, die Bedeutung verschiedener Behauptungsarten zu analysieren und zu klären, um legitimes Wissen von Scheinwissen zu scheiden.

Die Rätsel der Sphinx – Wittgenstein

Ludwig Wittgenstein (1889–1951) ist ohne Zweifel der Philosoph, der in unserem Jahrhundert den größten Einfluß ausgeübt hat. Er hat dem philosophischen Denken neue Richtungen gewiesen und viele Anstöße und Anregungen gegeben. Er schrieb eine klare durchsichtige Sprache, jeder einzelne Satz ist verständlich, und doch ist das, was er sagt, das, was er meint, alles andere als klar. Er, der antrat, philosophische Rätsel zu lösen, der sein ganzes Leben lang bemüht war, Unklarheiten zu beseitigen, der nach Eindeutigkeit und Klarheit strebte, er hat seinen Lesern Rätsel aufgegeben wie kein Philosoph vor ihm.

Wittgenstein ist kein Fachphilosoph, der über ein gründliches Studium der Philosophie zur Philosophie fand. Für ihn ist Philosophie kein Beruf. Philosophie ist eine Leidenschaft, ja ein Leiden, das ihn heimsuchte und von dem er sich zu heilen suchte, ein Leben lang, vergeblich. Er verbeißt sich an Problemen, hartnäkkig, eigenwillig und eigensinnig, dreht und wendet sie, ein Bohrer und Grübler, dem es darum geht, sich klarzuwerden, und nicht so sehr darum, den andern die Schritte und Stufen seines Denkens zu vermitteln. Sein Stil spiegelt dieses Denken. Er hat zu Lebzeiten – wenn wir von zwei kurzen Aufsätzen zur Logik absehen – nur einen schmalen Band veröffentlicht, den *Tractatus logico-philosophicus* (1922 zweisprachig mit einer Einleitung von Russell in London erschienen). Im *Tractatus* verdeckt er die

Selbstzweifel – die Tagebücher verraten, wie er sich plagt und müht – hinter knappen, präzisen Behauptungen. Sie scheinen einfach dazustehen, unverbunden. Jeder Satz eine unerschütterliche Wahrheit. In den *Philosophischen Untersuchungen* – das posthum veröffentlichte, Fragment gebliebene Hauptwerk des späten Wittgenstein – verschütten Fragen und Zweifel, Verwerfungen und Wiederaufnahmen, unzählige Beispiele und Fallanalysen die Argumentationsstruktur. Boshafte Zungen behaupten, Wittgenstein habe so geschrieben, damit man ihn nicht widerlegen könne. Für den *Tractatus* finde man keine Beispiele, für die *Untersuchungen* keine Verallgemeinerungen. Daran mag etwas Wahres sein. Wittgenstein war ein schwieriger Mensch, überzeugt, daß er auf dem richtigen Weg ist, äußerst empfindlich gegen Kritik, nach außen rechthaberisch, im Innern voller Selbstzweifel.

Die Unterschiede zwischen den beiden Hauptwerken sind nicht nur stilistischer Art, sie betreffen auch den Inhalt. Wittgenstein hat sein Frühwerk, den *Tractatus*, verworfen, seine Untersuchungsmethode und Untersuchungsrichtung so radikal geändert, daß man von Wittgenstein I und Wittgenstein II spricht. Und in der Tat scheint man zwei verschiedene Autoren vor sich zu haben. Doch trotz aller Brüche findet sich über alles Trennende hinweg eine verborgene Kontinuität.

Grenzen der Sprache, des Denkens, der Welt

Legitimes Wissen von Scheinwissen scheiden wollten bereits Hume und Kant. Sie gingen im Rahmen der Bewußtseinsphilosophie von assoziationspsychologischen Annahmen aus. Kant wollte über Hume hinaus die Grenzen des Denkens endgültig bestimmen. Dies will auch der frühe Wittgenstein. Darin unterscheidet er sich von Russell, dessen Annahmen und Methoden er übernimmt.

In der Einleitung des *Tractatus* heißt es:

Das Buch will also dem Denken eine Grenze ziehen, oder vielmehr – nicht dem Denken sondern dem Ausdruck der Gedanken: Denn um dem Denken eine Grenze zu ziehen, müßten wir beide Seiten dieser Grenze denken können (wir müßten also denken können, was sich nicht denken läßt).

Wittgensteins Absicht ist transzendental. Nur glaubt er, die vertrackte Innen-Außen-Perspektive des Transzendentalismus vermeiden zu können, wenn er innerhalb der Grenzen der Sprache bleibt.

Die Grenze wird also nur in der Sprache gezogen werden können, und was jenseits der Grenze liegt, wird einfach Unsinn sein.

Die Grenzen der Sprache zu ziehen, ist kein einfaches Unternehmen. Es gibt keinen festen Punkt außerhalb der Sprache, von dem aus man die Vermessungen vornehmen könnte. Gibt es einen innerhalb der Sprache? Wie dem auch sei, die Absicht ist klar: Wittgenstein geht es um eine Kritik des Denkens. Verwirklicht wird sie nicht durch eine Selbstanalyse des Denkens (der Vernunft), sondern indirekt durch eine Analyse des Ausdrucks der Gedanken, d. h. durch eine Kritik der Sprache. Das Resultat kann sich sehen lassen: die endgültige Lösung der philosophischen Probleme!

Dagegen scheint mir die Wahrheit *der hier mitgeteilten Gedanken unantastbar und definitiv. Ich bin also der Meinung, die Probleme im Wesentlichen endgültig gelöst zu haben.*

Dies klingt nicht bescheiden. Das Wesentliche ist getan, die Nachfolger mögen sich mit den Detailfragen herumschlagen. Doch Wittgenstein beendet das Vorwort mit folgender Bemerkung:

… so besteht nun der Wert der Arbeit zweitens darin, daß sie zeigt, wie wenig damit getan ist, daß die Probleme gelöst sind.

Wittgenstein gibt sich selbstsicher. Er ist mit seiner Leistung höchst zufrieden, und doch scheint er mit dem Erreichten nicht zufrieden zu sein. Die Rätsel des Lebens, das Problem des Todes, die Fragen nach dem Sinn des Lebens, Fragen der Religion, der Ethik, kurz, die ewigen Grundfragen und Grundprobleme der Menschheit werden durch die Beantwortung der theoretischen Fragen nicht einmal berührt, geschweige denn gelöst. Als wissenschaftliche Probleme existieren sie überhaupt nicht. Sie beruhen auf einer unklaren Verquickung von theoretischen Problemen und praktischen Lebensproblemen. Selbst wenn alle sinnvollen Fragen beantwortet wären, hätte man damit für die Meisterung des Lebens sehr wenig geleistet. Diese Antwort erhalten wir am Ende des *Tractatus,* und sie ist bezeichnend für Wittgensteins Auffassung von Philosophie, die er auch in seinem Spätwerk beibehalten wird.

Die Grenzen der Sprache wie die des Denkens sollen unverrückbar festliegen. Aber wie kann man diese Grenzen feststellen? Dies kann nicht durch empirische Untersuchungen, also z. B. durch die Sprachwissenschaften, geschehen. Denn empirisch lassen sich keine absoluten Grenzen festlegen. Neue Erkenntnisse könnten diese Grenze verschieben. Die absoluten Grenzen der Sprache dürfen nicht zufällig da liegen, wo sie liegen, sie müssen notwendig und d. h. a priori dort liegen, wo sie liegen. Sie müssen logisch notwendig sein. Für Wittgenstein umfaßt die Logik all das, was notwendig wahr ist und was daher vor jeder Erfahrung behauptet werden kann. Eine andere Art der Notwendigkeit, eine Notwendigkeit synthetisch a priori, gibt es für Wittgenstein nicht. Wenn auch nicht speziell auf das synthetische Apriori bezogen, so bemerkt er ausdrücklich, *«daß die Fragestellung dieser Probleme* [d. h. der Philosophie] *auf dem Mißverständnis der Logik unserer Sprache beruht».* Nur eine Untersuchung der Grundlagen der Logik und der logischen Notwendigkeit kann diese Grenze feststellen. Es geht um eine richtige Deutung der logischen Notwendigkeit.

Der Ursprung der Logik liegt im Wesen der Proportionen. Das Wesen der Proportionen liegt in deren logischer Struktur. Wir haben schon bei Russell gesehen, daß die logische Struktur den Sachverhalt zeigt, den die Sätze behaupten. ‹Ga› zeigt, daß einem Individuum eine Eigenschaft zugesprochen wird (z. B. a ist grün), und ‹Rab› zeigt, daß zwischen zwei Individuen eine Relation besteht. Komplexe logische Strukturen lassen sich auf einfache logische Strukturen zurückführen und somit komplexe Tatsachen auf einfache. Einfache, atomare Sätze bezeichnen einfache Tatsachen. Hat man die Sätze in ihre letzten Bestandteile zerlegt, so hat man eine genaue Darstellung der Bedeutung der Sätze. Die logische Analyse ist ein Instrument der Sprachkritik. Sie zeigt uns, was sich sprachlich sagen läßt und was nicht. Dies ist sie auch bei Wittgenstein, doch dort ist sie mehr. Sie dient nicht nur der Korrektur des falschen Sprechens und gibt Anleitungen zum richtigen Sprechen, sondern sie ist Fundierung des Sprechens. Sie zeigt, wie weit Sprache reicht und was man mit Sprache tun kann. Sie legt die innere (logische) Struktur der Sprache offen und bestimmt damit die Grenzen jeder Sprache, der existierenden wie jeder möglichen. Kurz, sie soll zeigen, wie weit empirisches Sprechen möglich ist.

Die logische Analyse führt zu den logischen Atomen, den atomaren Sätzen (Russell) bzw. den Elementarsätzen (Wittgenstein). Atomare Sätze behaupten nicht, letzte unteilbare Elemente zu sein. Der Satz ‹dies ist weiß› ist ein atomarer Satz, ebenso der Satz ‹dies ist ein Schneemann›. In Russells erkenntnistheoretischer Analyse ist ‹weiß› ein Sinnesdatum, eine letzte nicht weiter analysierbare Gegebenheit, ‹ein Schneemann› sicher nicht, er ist ein Komplex von Sinnesdaten. Doch dieser erkenntnistheoretische Unterschied ist für die logische Analyse irrelevant. Die Bedeutungsanalyse von Aussagen verlangt, daß wir auf Sätze zurückgehen, die wir als Atome behandeln, als die letzten Elemente, die wir mit Hilfe der logischen Zeichen zu komplexen Aussagen verknüpfen. Dies ist alles. Die logische Analyse führt dazu, daß wir die Struktur der Aussagen verstehen. Bei Wittgenstein aber sollen die Elementarsätze die Struktur der Welt offenlegen. Logische Aussagen haben keinen Gehalt. Es sind – und es ist Wittgensteins Verdienst, dies ganz deutlich gemacht zu haben – Tautologien. Aussagen über die Struktur der Welt dagegen sind gehaltvolle Aussagen.

Wittgenstein befindet sich in einem Dilemma. Einerseits ist eine empirische Lösung seines Problems nicht möglich, andererseits führt die Logik zu inhaltsleeren Sätzen. Wittgenstein will dem Dilemma mit Hilfe seiner Abbildtheorie der Sätze entkommen. Nach dieser entsprechen sich die Strukturen der Logik und die Strukturen der Welt.

Bild und Abbild

Unter Welt verstehen wir gewöhnlich die Gesamtheit der Dinge und der Ereignisse. Die ersten zwei Sätze des *Tractatus* verwerfen diese Auffassung ganz lapidar: *«Die Welt ist alles, was der Fall ist.»* Was der Fall ist, ist eine Tatsache, und so fährt der zweite Satz fort: *«Die Welt ist die Gesamtheit der Tatsachen, nicht der Dinge.»* Was ist ein Ding? Gibt es Dinge? so lauten traditionelle philosophische Fragen. Sätze behaupten aber nicht Dinge, sondern Sachverhalte, sie behaupten, daß etwas der Fall ist. Was ein beliebiger Satz behauptet, ist ein Sachverhalt. Der Satz ‹Wittgenstein ist der Autor des Tractatus› behauptet einen Sachverhalt. Ebenso der Satz ‹Russell ist der Autor des *Tractatus*›. Die erste Behauptung ist wahr – der Sachverhalt trifft zu –, die zweite falsch. Ein bestehender Sachverhalt ist eine Tatsache. Sachverhalte beschreiben mögliche Welten, Tatsachen die wirkliche Welt. Die neuen Fragen lauten: Wie funktioniert das Behaupten? Was bedeuten Sätze? Dies sind sprachphilosophische Fragen. Bereits die ersten Sätze des *Tractatus* überführen erkenntnistheoretische Probleme in sprachphilosophische Probleme. Wenn die Welt die Gesamtheit der Tatsachen ist und wenn eine Tatsache ein bestehender Sachverhalt ist und wenn Sachverhalte in Sätzen behauptet werden, dann besteht ein Zusammenhang zwischen Tatsachen und Behaupten, zwischen Logik und Welt. Die Abbildtheorie der Sätze beschreibt diesen Zusammenhang.

Von Frege übernahm Wittgenstein die Forderung der Eindeutigkeit der sprachlichen Zeichen, von Russell die Methode der Analyse, die Abbildtheorie ist Wittgensteins originärer Beitrag zur Lösung des erkenntnistheoretischen Problems. Wir dürfen nicht an die naive Abbildtheorie der Wortbedeutung denken, nach der ein Wort, z. B. der Begriff ‹Baum›, den Gegenstand Baum abbildet und den Platon Idee nannte, im Gegensatz zu den einzelnen Bäumen. Auch nicht an eine Abbildtheorie der Erkenntnis, nach der das Denken mit der Wirklichkeit übereinstimmt, sofern es wahr ist. Wittgensteins Theorie ist eine eigenständige und völlig allgemeine Theorie der empirischen Bedeutung.

«Der Satz ist ein Bild der Wirklichkeit.» Wittgenstein gebraucht «Bild» nicht in einem naturalistischen Sinne, wie z.B ein Foto einen Ausschnitt der Wirklichkeit zeigt. Wir kommen der Sache näher, wenn wir den Ausdruck so verstehen, wie er in ‹Schaltbild› gebraucht wird. Ein Schaltbild bildet nicht den Gegenstand ab, sondern dessen logische Struktur, es ist ein logisches Bild. *«In Bild und Abgebildetem muß etwas identisch sein, damit das eine überhaupt ein Bild des anderen sein kann.»* Das, was beiden gemein sein muß, ist die logische Form. *«Das Bild hat mit dem Abgebildeten die logische Form der Abbildung gemein.»* Somit ist die logische Form die Form der Wirklichkeit, das Bild ein logisches Bild. Die Form der Wirklichkeit sagt, wie die Wirklichkeit aussehen muß, nicht wie sie tatsächlich aussieht. So müssen Elektroherde, Waschmaschinen, Rundfunkgeräte etc. die logische Form von Schaltbildern haben. Es kann aber durchaus sein, daß das mitgelieferte Schaltbild falsch ist. Um zu erkennen, ob ein Bild wahr ist oder falsch ist, müssen wir es mit der Wirklichkeit vergleichen, aus dem Bild allein ist dies nicht ersichtlich. *«Ein a priori wahres Bild gibt es nicht»*, und d. h., es gibt keine a priori wahren Sätze mit empirischem Gehalt, keine synthetischen Sätze a priori.

Das Urzeichen

Wenn der Satz ein Bild der Wirklichkeit ist und Wirklichkeit und Bild die logische Form gemein haben, dann gibt man mit der logischen Form von Sätzen gleichzeitig die logische Form der Wirklichkeit an. Die logische Form oder, wie Wittgenstein auch sagt, *die allgemeine Satzform,* die Form, die allen Sätzen zugrunde liegt, ist *das Wesen des Satzes.* Die Beschreibung dieser Form *«ist die Beschreibung des einen und einzigen allgemeinen Urzeichen der Logik»* und gibt gleichzeitig das Wesen aller Beschreibung an, also das Wesen der Welt. Wie kann der Satz das Wesen der Welt angeben?

Ein empirischer Satz ist die Beschreibung eines Sachverhalts, der bestehen kann oder nicht. Wenn der Satz ‹p› wahr ist, behauptet er, daß seine Negation (‹nicht-p›) nicht existiert. Damit schließt er die Möglichkeit ‹nicht p› aus dem Bereich der Wirklichkeit aus. Dadurch daß der empirische Satz den logischen Raum der Wirklichkeit, den des empirisch Möglichen, als einen Ja-Nein-Raum definiert, fixiert er die Wirklichkeit auf ja oder nein. Er *«konstruiert eine Welt mit Hilfe eines logischen Gerüstes.»* Dieses logische Gerüst aber liegt nicht offen zu Tage. Man muß sich von der Oberfläche des empirischen Sprechens zu ihm hinabarbeiten.

Elementarsätze sind einfache logisch voneinander unabhängige Zeichen. *«Aus einem Elementarsatz läßt sich kein anderer folgern.»* Sätze dagegen sind das Resultat einer Operation aus anderen Sätzen. *«Die Sätze sind alles, was aus der Gesamtheit der Elementarsätze folgt.»* So führt die logische Operation der Negation zu einem aus dem Elementarsatz und dem Negationszeichen zusammengesetzen Satz. Einfache Zeichen sind die Voraussetzung dafür, daß der Sinn eindeutig bestimmt ist. Somit sind Elementarsätze für das Verstehen von Sätzen grundlegend. Sätze der Umgangssprache sind unanalysiert. Sie scheinen daher oft unklar und mehrdeutig. Wenn es aber eindeutige einfache Zeichen gibt, verschwindet in der analysierten Form jede Zweideutigkeit.

Wittgenstein behauptet, alle empirischen Sätze seien restlos in winzige empirische Sätze, Elementarsätze, zerlegbar. Und aufgrund der Abbildtheorie lasse sich die Struktur der Realität aus dem Gerüst der Elementarsätze, die allen Sprachen zugrunde liegen, ableiten. Doch er nennt uns kein einziges Beispiel eines Elementarsatzes, er behauptet auch nicht, eine Elementarsatzanalyse durchgeführt zu haben. Diese Elementarsätze – bereits einfache Zeichen (!) – sollen aus letzten Elementen, die er Namen nennt, zusammengesetzt sein. «*Der Name bedeutet den Gegenstand*», gemeint sind einfache Gegenstände. Aber was sind einfache Gegenstände? Atomare Dinge, die *die Substanz der Welt* bilden? «*Der Gegenstand ist das Feste, Bestehende, die Konfiguration ist das Wechselnde, Unbeständige.*» Im *Tractatus* findet sich ein doppelter Atomismus, einer der Gegenstände und einer der Elementarsätze. Was ein Gegenstand ist, bleibt ziemlich dunkel. Sind es körperliche Partikel, Sinnesdaten menschlicher Beobachter oder etwas Nichtsinnliches? Sie können all dies sein. Wie machen wir die Bekanntschaft einfacher Gegenstände? Auch auf diese Frage erhalten wir keine Antwort. Wittgensteins Theorie bleibt erkenntnistheoretisch neutral. Auf alle Fälle dürfen wir nicht an den Dingbegriff bzw. den Gegenstandsbegriff der Tradition denken. Gegenstand ist nicht das, was wir unter einem Einzelding verstehen. Gegenstand ist das, was in einem atomaren Sachverhalt vorkommen kann: Einzeldinge, Attribute, Relationen, kurz all das, was nicht zur Kategorie der Tatsachen gehört. Der einfache Gegenstand ist kein Erfahrungsgegenstand. Die letzten Elemente der Elementarsätze sind Namen, Namen von einfachen Gegenständen. Namen benennen, Namen sagen nichts aus. Namen sind keine vollgenügsame semantische Einheit. Erst ein Satz ist eine vollwertige semantische Einheit. Wenn der Elementarsatz *eine Verkettung von Namen* ist, wie ist es dann möglich, daß Sätze etwas aussagen? Auch dies bleibt im dunklen.

Es muß im dunklen bleiben.

Wir müssen ... die Frage nach allen möglichen Formen der Elementarsätze a priori beantworten.
Der Elementarsatz besteht aus Namen. Da wir aber die Anzahl der Namen von verschiedener Bedeutung nicht angeben können, so können wir auch nicht die Zusammensetzung des Elementarsatzes angeben.

Selbst wenn Wittgenstein Beispiele angeben könnte, so wäre dies nicht sehr hilfreich. Wittgenstein muß beweisen, daß die vollständige Analyse empirischer Sätze notwendigerweise ausschließlich Elementarsätze ergibt. Dies kann man nicht induktiv aus Beispielen beweisen. Es müßte aus einer allgemeinen Theorie der Bedeutung abgeleitet werden. Doch was für eine Natur hat diese Theorie? Wittgenstein findet sich wieder vor dem Dilemma, das die Abbildtheorie auflösen sollte.

Metaphysik wider Willen

«*Die Wahrheitsbedingungen bestimmen den Spielraum* [d. h. den logischen Raum, den Ja-Nein-Raum], *der den Tatsachen durch den Satz gelassen wird.*» Wittgensteins Theorie sagt, daß jeder Satz eine Wahrheitsfunktion der Sätze ist, die in seiner Analyse vorkommen, also der Elementarsätze. Und «*die Angabe aller wahren Elementarsätze beschreibt die Welt vollständig*». Kants Theorie ist z. B. eine Theorie, die die Welt vollständig beschreibt. Sie ist keine empirische Theorie. Auch Wittgensteins Theorie kann keine empirische sein. Sie muß a priori sein.

Wenn ich die Elementarsätze nicht a priori angeben kann, dann muß es zu offenbarem Unsinn führen, sie angeben zu wollen.

Nur logische Sätze gelten a priori, sie sind aber leere Tautologien: «*Alle Sätze der Logik sagen dasselbe. Nämlich Nichts.*» Wittgensteins Sätze müßten gehaltvolle Sätze sein. Elementarsätze, die letzten empirischen Sätze, auf die man in der Analyse stoßen kann, bilden sozusagen den «materialen Grund» des empirischen Sprechens. Nur empirische Sätze sind gehaltvoll. Nun sind aber Wittgensteins Sätze nicht empirisch, also nicht gehaltvoll, also unsinnig. Wittgensteins Theorie führt *zu offenbarem Unsinn.* Dies Paradoxon formuliert Wittgenstein selbst am Ende des *Tractatus.*

> *Meine Sätze erläutern dadurch, daß sie der, welcher mich versteht, am Ende als unsinnig erkennt.*

Die Grenzen der Sprache sind durch ihre innere Struktur festgelegt. Philosophische Sätze liegen nicht innerhalb der Grenzen der Sprache. Philosophie (Metaphysik) überschreitet unvermeidbar die Grenzen der Sprache und damit auch die Grenzen der Welt *(«Die Grenzen meiner Sprache bedeuten die Grenzen meiner Welt»).* Sie ist unheilbar spekulativ. Während aber Kant der Philosophie einen Bereich notwendig wahrer Sätze außerhalb der Logik zuweist, bleibt dieser Weg Wittgenstein versperrt. Denn *«die Logik erfüllt die Welt; die Grenzen der Welt sind auch ihre Grenzen.»* Damit gibt es neben dem Bereich gehaltvoller empirischer Sätze und dem Bereich gehaltloser (Wittgenstein sagt *sinnlose*) Sätze der Logik keinen dritten Bereich, den einer legitimen Metaphysik. Außerhalb der Sprache gibt es *«allerdings Unaussprechliches. Dies zeigt sich, es ist das Mystische.»* Die Sätze der Philosophie, der Ethik und der Religion liegen außerhalb der Grenzen empirischen Sprechens, es sind unsinnige Sätze. Sie wollen das sagen, was sich nur zeigen läßt. Auch Wittgensteins kritische Theorie der Sprache verfällt in den metaphysischen Fehler, das sagen zu wollen, was sich nicht sagen läßt. Da sie auf empirische Weise Dinge zu sagen versucht, die man empirisch nicht sagen kann, muß sie eine Kehrtwendung machen und sich selbst eliminieren.

> *Meine Sätze erläutern dadurch, daß sie der, welcher mich versteht, am Ende als unsinnig erkennt, wenn er durch sie – auf ihnen über sie hin-*

ausgestiegen ist. (Er muß sozusagen die Leiter wegwerfen, nachdem er auf ihr hinaufgestiegen ist.) Er muß die Sätze überwinden, dann sieht er die Welt.

Wittgensteins Sätze sind hilfreich. Wenn man mit ihnen als Leiter über die Welt der Tatsachen hinausgelangt ist, darf man nicht weiter suchen. Andere Tatsachen, metaphysische Tatsachen gibt es nicht. Man muß zurückblicken, und dann sieht man die Welt im Ganzen. Man hat den transzendentalen Standpunkt erreicht. Ein eigenartiger Standpunkt. Man kann von ihm aus nicht (sinnvoll) sprechen. Doch was man sieht, zeigt sich.

Wovon man nicht sprechen kann, darüber muß man schweigen.

Mit diesem Satz endet, wie ein wohlkomponiertes Kunstwerk, der *Tractatus*. Man entschwebt in das Nirgendwo des Mystizismus.

Dies ist Wittgensteins endgültige Lösung der philosophischen Probleme. Eine überraschende, paradoxe und irgendwie unbefriedigende Lösung. Dies spürt Wittgenstein selbst.

Die richtige Methode der Philosophie wäre eigentlich die: Nichts zu sagen, als was sich sagen läßt, also Sätze der Naturwissenschaft – also etwas, was mit Philosophie nichts zu tun hat –, und dann immer, wenn ein anderer etwas Metaphysisches sagen wollte, ihm nachzuweisen, daß er gewissen Zeichen in Sätzen keine Bedeutung gegeben hat. Diese Methode wäre für den anderen unbefriedigend – er hätte nicht das Gefühl, daß wir ihn Philosophie lehrten – aber sie wäre die einzig streng richtige.

Die Philosophie als Therapie gegen die Krankheit, die sie selber ist. Tiefenanalyse als Heilmittel. Wer lehrt dies? Freud oder Wittgenstein? Wir sind in Wien. Das Unbewußte, das Mystische, das Unaussprechliche. Der Grund ist unergründlich.

3 Die Überwindung der Metaphysik – Carnap

Alles empirische Wissen beruht auf einer Erinnerung an Worte, die bei früheren Gelegenheiten gebraucht wurden.
Bertrand Russell

‹Die Metaphysik hat keinen Platz im System des Wissens›; diese radikale Behauptung ist nicht der Ausdruck einer empiristischen Voreingenommenheit. Sie scheint das notwendige Ergebnis zu sein, zu dem die Analyse von Satztypen aufgrund neuer Erkenntnisse der Logik und Untersuchungen über die Struktur der wissenschaftlichen Erkenntnis führten. Doch Wittgenstein begnügt sich nicht mit einer logischen Analyse der Sprache. Um die Metaphysik zu ächten und aus dem Reich des Wissens zu verbannen, startet er ein metaphysisches Programm. Er versucht, die alte Frage nach der Geltung und der Grenze der Erkenntnis endgültig zu beantworten, indem er den Ort jeder möglichen Sprache systematisch bestimmt. Heißt dies nicht, den Teufel mit Beelzebub austreiben? Kein Wunder, daß metaphysische Sätze herauskommen. Und da metaphysische Sätze – nach der empiristischen Grundannahme – Unsinn sind, muß Wittgenstein konsequenterweise zugeben, daß dies auch auf seine Sätze zutrifft. Und doch sind sie nötig, denn sie decken die Metaphysik als Unsinn auf. Gibt es demnach wie bei Kant eine gute (legitime) Metaphysik und eine schlechte Metaphysik? Man darf wohl annehmen, daß Wittgenstein seinen *Tractatus* als gute Metaphysik verstand. Doch er kann dieser Metaphysik keinen eigenen Bereich, nämlich den des synthetischen Apriori, zuweisen. Diesen Bereich hat die moderne Logik ausgeschlossen. Es gibt nur sinnvolle Sätze und Unsinn, jede Metaphysik, auch eine legitime, ist folglich Unsinn.

Die logische Analyse, so wie Russell sie praktizierte, erwies sich als ein wirksames Instrument gegen den Glauben, daß sich hinter abstrakten Begriffen Wesenheiten (Entitäten) verbergen, die die Philosophie zu entdecken habe. Der Vorteil der formalen Sprache ist es, daß sie nicht mehr von Wesenheiten spricht, sondern von der Legitimität von Sätzen. Dem *Tractatus* geht es aber nicht nur um die Legitimität von Sätzen, sondern er will die Legitimität von Sätzen durch das Wesen der Sprache, das Wesen der Logik legitimieren. Dies glaubt Wittgenstein zu erreichen, indem er den logischen Konstrukten wiederum Entitäten unterschiebt, nämlich Elementarsätze und einfache Gegenstände (Namen). Bei der Analyse der Oberflächenstruktur von Sätzen praktiziert er die Russellsche Methode der Elimination von Wesenheiten, bei der Tiefenanalyse fällt er in den von Russell kritisierten Fehler zurück und postuliert Wesenheiten. Und prompt gerät er in unüberwindliche Schwierigkeiten, er kann seine Wesenheiten nicht legitimieren.

Wittgensteins Theorie ist neu, doch nicht anwendbar. Was Wittgenstein genau meinte, bleibt dunkel, geheimnisvoll. Doch von dem Anspruch seiner Theorie und ihrer Radikalität ging eine ungeheure Faszination aus. Dies mag den Einfluß des *Tractatus* zwischen den beiden Weltkriegen erklären. Der Wiener Kreis um Moritz Schlick (1882–1936) las und diskutierte den *Tractatus* Satz für Satz. Wittgenstein hielt sich auf Distanz, doch nahm er an einigen Sitzungen des Kreises teil und stand in enger Beziehung zu Schlick und Waismann. Carnap (1891–1970), der bedeutendste Philosoph dieses Kreises und der Wortführer des logischen Empirismus, hat Wittgenstein so verärgert, daß er sich weigerte, an Diskussionen mit Carnap teilzunehmen. Philosophen, Naturwissenschaftler und Mathematiker des Wiener Kreises diskutierten Grundlagenprobleme der Naturwissenschaften und der Mathematik. Doch war ihr Interesse nicht rein theoretisch. Ihnen ging es um die Verbreitung der wissenschaftlichen Weltauffassung. In einer kämpferischen, aufklärerischen Haltung wandten sie sich in scharfer Polemik gegen die wachsenden Irrationalismen der Zeit (Faschismus, Existenzphilosophie u. a.).

Die Philosophen und Gelehrten des Kreises kamen vom Positivismus her und werden als Neopositivisten bezeichnet. Der Positivismus ist eine philosophische Richtung des 19. Jahrhunderts, die eine Neubegründung der Philosophie in Analogie zur Methode der Naturwissenschaft versuchte und jedes spekulative Denken verwarf. Neben der Bezeichnung Neopositivismus findet man auch die Bezeichnungen logischer Positivismus und logischer Empirismus. Das Attribut logisch bezeichnet das Neue, die Substantive bezeichnen das Alte. Der Name Positivismus legt das Gewicht auf die Weltauffassung, der Name Empirismus auf die Methode. Die Positivisten wurden einer kritiklosen Wissenschaftsgläubigkeit bezichtigt – was sicher auf die Mitglieder des Wiener Kreises nicht zutrifft –, auch ist der Begriff Positivismus zu weit gefaßt. Wittgenstein wie Popper, letzterer ist ein scharfer Kritiker des Positivismus, wurden als Positivisten betrachtet. Wegen der weltanschaulichen Komponenten des Begriffs Positivismus ist die Bezeichnung logischer Empirimus vorzuziehen. Sie beschreibt genau das, um was es sich handelt. Der logische Empirismus ist Hume plus moderne Logik. Der klassische, erkenntnistheoretische Empirismus wurde in einen logischen transformiert. Es geht nicht mehr darum, welchen Anteil empirische und nichtempirische Bestandteile an Vorstellungen haben, es geht um die Kriterien, die Aussagen überprüfbar und d. h. Sätze verifizierbar machen.

Im Wiener Kreis wurde der *Tractatus* vom metaphysischen Beiwerk befreit und empiristisch gelesen. Wittgensteins Elementarsätze werden zu Basissätzen, d. h. zu Sätzen, die die Basis der Erkenntnis, das unmittelbar Gegebene, beschreiben. Die Frage nach der Basis soll nicht mehr eine wahrnehmungspsychologische Lösung finden, sondern eine logische. Es geht um ein empiristisches Sinn- bzw. Verifikationskriterium von Sätzen. Jeder nicht-empirische Satz wird nicht nur als sinn-los, sondern als völliger Unsinn abgelehnt. Mit dem Sinnkriterium haben die logischen Empiristen eine scharfe Waffe in der Hand, mit der sie ihren Gegnern gnadenlos auf den Leib rücken.

Wir werden dies an einem knappen, in seiner Polemik erfrischenden Aufsatz von Carnap mit dem bezeichnenden Titel «Überwindung der Metaphysik durch logische Analyse der Sprache» sehen.

Das Sinnkriterium des Empirismus

Von einer wissenschaftlichen Sprache wird gefordert, daß in ihr die Bildung von Scheinproblemen unmöglich sein soll. Zu Scheinproblemen kommt es, wenn man mit Scheinbegriffen oder Scheinsätzen arbeitet. Dies klingt banal, ist es aber nicht, weil man vielen Begriffen und Sätzen nicht ohne weiteres ansieht, unter welche Kategorie sie fallen.

Die Bedeutung von Begriffen erklärt man, indem man die fraglichen Begriffe durch Definition auf andere zurückführt. Doch kann man dies nicht mit allen Begriffen tun. Man wird bei Begriffen ankommen, die nicht definiert werden können. Diese gelten als die Grundausdrücke. Ihre Bedeutung lernt man durch Bekanntschaft, indem man z. B. mit dem Finger auf etwas hinweist und sagt ‹dies ist rot›. Die empiristische Grundeinstellung besagt: Die Bedeutung der nicht definierbaren Begriffe muß auf Erlebnisgegebenem beruhen. Begriffe, die nicht auf ein empirisches Fundament zurückgeführt werden können, haben keine Bedeutung, es sind Scheinbegriffe.

Wie es vorkommt, daß man die Bedeutung von Begriffen nicht kennt, so kann es auch vorkommen, daß man den Sinn eines Satzes nicht versteht. Wenn man fragt, ‹was meinst du mit dieser Aussage›, wird man unter Umständen allerlei Erklärungen erhalten. Es kann aber sein, daß man den Sinn des Satzes immer noch nicht versteht. Wenn die erste Aussage nicht klar war, wie können dann die Erklärungen klar sein? Mehr Erfolg verspricht folgendes Vorgehen. Man fragt nicht, ‹was meinst du ...›, man fragt, ‹wie verifizierst du deine Aussage›? Nur wenn auf diese Frage eine Antwort gegeben werden kann, kann die Aussage als sinnvoll angesehen werden. Das ist das empiristische Sinnkriterium. Es besagt: Ein Satz ist nur dann sinnvoll, wenn man angeben kann, unter welchen Bedingungen er wahr und unter welchen Bedingungen er falsch ist. Oder mit den Worten Wittgensteins: «*Die Bedeutung eines Satzes besteht in der Methode seiner Verifikation.*» Die Verifizierbarkeit ist die notwendige und hinreichende Bedingung dafür, daß man einen Satz als empirisch sinnvoll ansehen darf. Nicht verifizierbare Sätze sind Scheinsätze.

Das Sinnkriterium für Sätze verlangt nicht die tatsächliche Verifikation, sondern nur, daß sich die Verifikationsmöglichkeit angeben läßt. Die Verifikationsmöglichkeit muß in einem logischen und nicht im empirischen Sinn verstanden werden. Wenn die Verifikation einer Aussage logisch denkbar wäre, aber aus technischen Gründen unmöglich ist, dann gilt diese Aussage gemäß dem Sinnkriterium als sinnvoll. So können wir die Aussage ‹auf Planeten in anderen Sonnensystemen existieren Lebewesen› empirisch nicht prüfen, dennoch ist es eine sinnvolle Aussage.

Das Sinnkriterium ist eine Auflockerung der Bedingungen für die Sinnhaftigkeit von Wörtern, denn es können auch Sätze, die Ausdrücke enthalten, die sich weder direkt noch indirekt auf erlebnismäßig Aufweisbares beziehen, dieses Sinnkriterium erfüllen. Dies ist wichtig für die Wissenschaften, denn dort werden immer wieder im Laufe der Theoriebildung neue, empirisch noch nicht ausgewiesene Begriffe eingeführt (Atom, Elektron, Gen, das Unbewußte, der Äther sind solche Begriffe). Zum Zeitpunkt der Einführung können wir nicht angeben, in welchen Fällen sie wahr sind. Aber wir müssen angeben können, in welchen Fällen zunächst nur gedachter Erfahrung sie wahr und in welchen Fällen sie falsch heißen sollen, sonst haben die Aussagen, in denen diese Begriffe vorkommen, keinen Sinn.

Denn wenn man es für zulässig ansehen wollte, in der Wissenschaft eine Aussage zu machen, deren Gültigkeit nicht in bestimmter Weise durch Erfahrungen bestätigt oder widerlegt werden kann, so würde man das Eindringen auch ganz offenkundig sinnloser (Schein-)Aussagen nicht verhindern können.

Die Sinnlosigkeit der Metaphysik

Carnap unterscheidet zwei Klassen von sinnlosen Aussagen. (1) Aussagen, die zwar syntaktisch korrekt gebildet sind, doch in denen sinnlose Wörter vorkommen, d. h. Wörter, für die keine empirischen Kennzeichen angegeben werden können. (2) Aussagen, die in syntaxwidriger Weise gebildet sind.

1. Carnap illustriert – in dem erwähnten Aufsatz – die Sinnlosigkeit sinnloser Ausdrücke an dem Beispiel «babig». Nehmen wir an, jemand bilde das neue Wort «babig» und behauptet, es gibt Dinge, die babig sind, und Dinge, die nicht babig sind. Fragen wir ihn, wie kann man bei einem bestimmten Ding feststellen, ob es babig ist oder nicht, und sagt er, er könne uns kein empirisches Kennzeichen für die Babigkeit angeben, so werden wir das Wort nicht zulassen. Wenn der, der das Wort verwendet, sagt, es gibt dennoch babige und nicht babige Dinge, nur reiche unser armseliger Menschenverstand nie aus, dies zu erfassen, es bleibe ein ewiges Geheimnis, welche Dinge babig sind und welche nicht, dann werden wir dies für ein sinnloses Gerede ansehen. So wie das Wort «babig» lassen sich zahllose metaphysische Ausdrücke behandeln, «das Ding an sich», «das Absolute», «das Unbedingte», «das wahrhaft Seiende» usw.. Es sind sinnlose Wörter.

2. ‹Die Philosophie ist eine geometrische Figur› wäre ein Beispiel für eine syntaxwidrige Aussage. In der Metaphysik haben wir es nicht mit solchen leicht durchschaubaren Fällen von sinnlosen Aussagen zu tun. Metaphysische Aussagen haben eine komplexere Struktur. Die Sinnlosigkeit ist nicht offensichtlich, die Aussagen scheinen den Regeln der Syntax zu entsprechen, doch meistens handelt es sich um eine Fehlinterpretation logischer Ausdrücke, die daher in syntaxwidriger Weise verwendet werden, z. B. die Ausdrücke «sein» und «nichts» als Gegenstandsbezeichnungen (Heidegger). Durch logische Analyse der Sprache kann man solche Sinnlosigkeiten aufzeigen und durch

den Ausbau einer (logisch) korrekten Sprache verhindern. In einer solchen Sprache könnten derartige Sinnlosigkeiten gar nicht gebildet werden, da sie bereits durch die Syntaxregeln der Sprache ausgeschlossen wären.

Diese Position ist radikal. Die klassische Metaphysikkritik, wie wir sie bei Hume und bei Kant kennengelernt haben, bestreitet den wissenschaftlichen Charakter metaphysischer Aussagen. Metaphysik ist Spekulation, nicht haltbar, ein Produkt der unkontrollierten Einbildungskraft. Metaphysik transzendiert den Raum der (möglichen) Erfahrung. Ihre Sätze sind sinnlos, weil es keine intersubjektive allgemeinverbindliche Methode gibt, mit deren Hilfe ihr Sachgehalt nachgeprüft werden könnte. Der logische Empirismus wirft der Metaphysik nicht nur mangelnde Wissenschaftlichkeit vor, er verwirft sie, weil über metaphysische Ausdrücke gar keine zwischenmenschliche Verständigung möglich ist. Metaphysik scheitert nicht erst an der Wirklichkeit, sie scheitert bereits an der Sprache, am Mitteilungsproblem. Es genügt eben nicht, sich private Gedanken über etwas zu machen, diese Gedanken müssen – soll es zu einer sinnvollen Diskussion mit anderen kommen – mitteilbar sein. Dies sind sie nur, wenn die verwendeten Ausdrücke intersubjektiv verständlich sind. Zwar bewegen sich Metaphysiker im Rahmen der Sprache, sie tun so, wie wenn sie uns tiefe Erkenntnisse mitteilten. Aber da gibt es nichts, was mitgeteilt werden könnte. Eine Verständigung ist prinzipiell unmöglich. Keiner weiß, was metaphysische Ausdrücke bedeuten, und jeder deutet sie so, wie es ihm in den Kram paßt. Metaphysik transzendiert den Raum der Sprache. In einem Jenseits der Sprache finden weder Redner noch Hörer einen Halt. Metaphysik ist «babig».

Metaphysische Probleme sind Scheinprobleme. Metaphysische Systeme sind unklare Mischgebilde aus verschiedenen Bereichen geistiger Tätigkeit, aus Wissenschaft, Kunst und Religion. Metaphysiker leisten für die Wissenschaft nichts. Sie haben, meint Carnap polemisch, wie Künstler ein starkes Bedürfnis, ihr Lebensgefühl auszudrücken, besitzen jedoch nicht die Fähigkeit, dies durch die Schaffung eines Kunstwerks zu tun. Im Vergleich zu großen Kunstwerken sind metaphysische Systeme dürftig. Metaphysiker sind Musiker ohne musikalische Begabung oder Dichter ohne dichterische Fähigkeiten.

Notwendige Revisionen

Der logische Empirismus ist der Auffassung, daß es in der Philosophie einen Fortschritt geben könnte, wenn die Aussagen der Philosophie kontrollierbar werden. Und tatsächlich wurden Fortschritte erzielt, hinter die man, wenn man mit redlichem Ernst philosophiert, nicht mehr zurückgehen kann. Eine bestimmte Metaphysik ist heute nicht mehr möglich. Hat die Philosophie für diesen Fortschritt nicht einen teuren Preis bezahlt, einen zu teuren? Hat sie nicht jeden Anspruch auf einen eigenen Wissensbereich aufgegeben? Ist sie zur Dienerin der Wissenschaften geworden? Erschöpft sich ihre Aufgabe in Analyse und Rechtfertigung der Grundlagen der Wissenschaften und der Logik? Ist Philosophie nur mehr als Wissenschaftstheorie möglich?

Der logische Empirismus behauptet diese radikale Beschränkung. Doch in der Durchführung seines Programms zeigte sich, daß sich die strenge empiristische Auffassung nicht halten läßt. Die logischen Empiristen bemühten sich, ihre Aussagen kontrollierbar zu machen. Sie wurden damit widerlegbar. Und sie haben sich in einer kritischen Diskussion selbst widerlegt. Sie haben immer wieder Positionen aufgeben und revidieren müssen.

Das Sinnkriterium führt zu der unannehmbaren Konsequenz, daß nicht nur die Metaphysik, sondern auch die Wissenschaften als sinnlos verworfen werden müßten. Das Ziel der Wissenschaften ist es, zu universalen Gesetzen zu gelangen. Gesetze sind Allsätze, doch Allsätze können nicht durch konkrete Erlebnisse verifiziert werden. Wie groß muß die Zahl der Beobachtungen sein, die das Gesetz bestätigen, um es zu beweisen? Selbst die größtmögliche Zahl von empirischen Beobachtungen kann mit dem Induktionsproblem nicht fertig werden. Auf der anderen Seite kann ein Gegenbeispiel ein Gesetz nicht widerlegen, denn es besteht immer die Möglichkeit von Beobachtungsfehlern. Da die Rolle von Gegeninstanzen trotzdem für die Erkenntnis von Naturgesetzen sehr bedeutsam ist, schlug Popper vor, die Widerlegbarkeit zum Kriterium für sinnvolle Sätze zu machen. Singuläre Sätze sind verifizierbar, sie können daher zur Falsifizierung von Allsätzen dienen.

Doch auch singuläre Sätze (Existenzsätze) bereiten Probleme, sie sind nicht falsifizierbar. Der Satz ‹Es gibt Einhörner› kann ohne die Durchmusterung sämtlicher Gegenstände des Universums nicht widerlegt werden. Der Satz ‹Es gibt Dinge mit der Eigenschaft F› ist zweifellos sinnvoll, er kann durch ein aufweisbares F-Ding verifiziert werden. Aber die Negation ‹Kein Ding hat die Eigenschaft F› wäre ein sinnloser Satz, da er nicht verifizierbar ist. Da Existenzsätze nicht widerlegt und Allsätze durch Beobachtung nicht als wahr erwiesen werden können, ist ein Satz, in dem All- und Existenzaussagen zusammen auftreten, weder verifizierbar noch falsifizierbar. Der Satz ‹Jeder Mensch hat einen Vater› müßte ein Musterbeispiel für metaphysische Sinnlosigkeit sein. Tatsächlich ist er eine sehr gut bestätigte empirische Annahme.

Das empiristische Sinnkriterium fällt selbst unter das von ihm aufgestellte Verbot, denn wie will man es verifizieren? Es erfüllt offensichtlich nicht das Sinnkriterium. Doch dieser Einwand muß aber nicht zur Verwerfung des Sinnkriteriums führen. Man kann nämlich das Sinnkriterium als einen analytischen Allsatz auffassen, aber dann ergibt sich die Gültigkeit der verwendeten Begriffe aus deren Definition. Es ist dann ein tautologischer Satz. Man kann andererseits das Sinnkriterium als eine Entscheidung ansehen, nur Sätze als sinnvoll zuzulassen, die der Logik, der Mathematik oder einer Tatsachenwissenschaft angehören. Dagegen ist nichts einzuwenden, nur ist dies nicht die Lösung des Problems der Metaphysik. Es ist ein Vorschlag zur Sprachregelung, und niemand braucht sich nach diesem Vorschlag zu richten. Die Behauptung seiner Gültigkeit wäre rein dogmatisch. Will man nicht dem Dogmatismus verfallen, wird man das Sinnkriterium revidieren müssen.

Mit Hilfe des Verifikationsprinzips wollte man eine scharfe Grenze zwischen Metaphysik und Wissenschaft ziehen. Doch einerseits ist das Sinnkriterium so eng gefaßt, daß große Teile der Wissenschaft als sinnlos gelten müßten, ja daß Wissenschaft als rationale Tätigkeit unmöglich würde, während absurde Theorien wie Aberglaube, Astrologie, magische Vorstellungen diesem Kriterium genügen könnten. Der Satz ‹jeder Freitag, der auf einen 13. fällt, ist ein Unglückstag› müßte als empirisch sinnvoller Satz gelten, weil er im Prinzip empirisch (durch Statistiken) widerlegt werden könnte. Man wird ihn kaum als wissenschaftlich einwandfreien Satz akzeptieren. Wenn die nicht empirische Verifizierbarkeit das Kriterium von metaphysischen Sätzen sein soll, dann wird andererseits das Gebiet der Metaphysik so weit gefaßt, daß alles, was nicht empirisch begründbar ist, zur Metaphysik wird, nicht nur die Sätze der Metaphysik selbst, auch die Sätze der Ethik, des Rechts und pure Unsinnsätze, wie wir sie in der dadaistischen Poesie *«platon holt noch mit dem kirchturm aus»* (Hans Arp) oder im absurden Theater eines Ionesco finden.

Der logische Empirismus sah sich also genötigt, seine Position zu revidieren. Popper hat das Verifikationsprinzip kritisiert und statt dessen das Prinzip der Falsifikation vorgeschlagen. Unter Berücksichtigung dieser Kritik ersetzt Carnap den Begriff der Verifikation durch den Begriff der «möglichen Bestätigung» durch Beobachtung. Anstelle der einfachen Wahr-Falsch-Entscheidung tritt die gradweise Abstufung der Wahrscheinlichkeit einer Aussage, damit trägt man dem Problem des Sinns von allgemeinen Hypothesen, insbesondere den Naturgesetzen, Rechnung. Doch bereitet die genaue Definition des Ausdrucks «bestätigungsfähig» große Schwierigkeiten. Carnap hält weiterhin an dem Ideal der Eindeutigkeit fest, er besteht daher auf der Übersetzbarkeit eines umgangssprachlichen Satzes in eine formalisierte Sprache. Doch auch die Übersetzbarkeit bietet etliche Schwierigkeiten. Die Probleme der Bestätigung und der Übersetzbarkeit werden in der Wissenschaftstheorie und in der Logik (z. B. von Quine) ausführlich diskutiert werden. Wie dem auch sei, wesentlich ist, an die Stelle von Wesensunterschieden treten Gradunterschiede. Die Kontroverse hat an Schärfe verloren, man ist toleranter geworden.

Die Grenze zwischen Metaphysik und Wissenschaften ist nicht scharf zu ziehen. Gewiß, es gibt sinnlose metaphysische Aussagen – dies haben die logischen Analysen eines Russell, Wittgenstein, Carnap gezeigt. Aber wenn Metaphysik nicht an sich sinnlos ist, dann bleibt das Problem der Grenzziehung. Wo verläuft die Grenze zwischen sinnvoller und sinnloser oder, besser vielleicht, zwischen fruchtbarer und nicht fruchtbarer Metaphysik?

Der Empirismus auf dem Prüfstand

Das Sinnkriterium der Metaphysikkritik des logischen Empirismus ergibt sich aus der These, daß es grundsätzlich möglich sei, alle wissenschaftlichen Begriffe auf das unmittelbare Gegebene zurückzuführen. Carnap unternimmt in seiner ersten größeren Veröffentlichung, *Der logische Aufbau der Welt*, den Versuch aufzuzeigen, daß es möglich ist, die Begriffe der Wissenschaften rational nachzukonstruieren, indem man sie auf Begriffe, die sich auf das unmittelbar Gegebene beziehen, zurückführt. Carnap geht von subjektiven Elementarerlebnissen – so etwas wie unverarbeitete Grunderlebnisse – aus. In diesen sind einige einfache Grundbegriffe, z. B. Sinnesqualitäten (z. B. rot) und Beziehungen (z. B. neben, größer als) vorzufinden. Die elementarste Beziehung (Relation), die zwischen verschiedenen Elementarerlebnissen bestehen kann, ist die der Ähnlichkeitserinnerung. Die Ähnlichkeitsrelation ist daher der fundamentale Strukturbegriff. Mit Hilfe der Grundbegriffe und der Ähnlichkeitsrelation stellt er Definitionen für weitere Begriffe verschiedener Arten auf.

Der klassische Empirismus ging von den Sinnesdaten aus. Nun fand aber die Gestaltpsychologie heraus, daß wir nicht Wahrnehmungspunkte (Sinnesdaten) zu Gestalten verknüpfen, sondern immer schon Ganzheiten wahrnehmen. Die einfachen Sinnesempfindungen, aus denen die Erlebnisse aufgebaut sein sollen, sind nicht das Gegebene selbst, sondern bereits Abstraktionen daraus, also etwas erkenntnismäßig Sekundäres. Primär gegeben sind die Erlebnisse – die Elementarerlebnisse – in ihrer Totalität und geschlossenen Einheit. Carnap glaubt, indem er die Ergebnisse der Gestaltpsychologie übernimmt, die Schwierigkeiten der klassischen Empiristen – die Frage nach der Natur der Sinnesdaten – umgangen zu haben. Doch das Hauptproblem bleibt ungelöst. Wenn man annimmt, das Basisgebiet sei in Bewußtseinsvorgängen, im Eigenpsychischen auszumachen, dann ist noch nicht die Frage entschieden, wie es sich mit der Objektivität dieser Basis verhält. Objektivität kann nicht bedeuten «objektive Gründe angeben», denn damit würden die Basis bzw. die Basissätze logisch ableitbar, und sie würden damit ihren Basischarakter verlieren. Objektivität kann dann nur darin bestehen, daß eine bestimmte Evidenz beansprucht wird. Diese Evidenz könnte nur eine Wahrnehmungsevidenz sein. Gegen eine Wahrnehmungsevidenz sprechen die Sinnes- und Wahrnehmungstäuschungen. Auch wäre die Einführung einer reinen Wahrnehmungsevidenz fiktiv, da sie eine Erinnerungsevidenz auf lange Sicht voraussetzen würde. Diese aber wäre nur eine Evidenz für mich, denn ich bin derjenige, der die Elementarerlebnisse hat.

Nun sind aber nicht Erlebnisse oder Sinnesdaten für die Verifikation von Sätzen relevant, sondern Sätze über Erlebnisse oder Sinnesdaten. Mögen mir Sinnesdaten bzw. Erlebnisse noch so unmittelbar gegeben sein, mögen sie mir noch so evident erscheinen, ich muß sie mit Hilfe der Sprache mitteilen. Nur als intersubjektiv verständliche und als intersubjektiv nachprüfbare Aussagen können sie zu Instanzen für eine Verifikation werden. Da Elementarerlebnisse in eine intersubjektive Sprache übersetzt werden müssen, sind unbezweifelbare Basissätze nicht möglich. Wie kann man den Satz ‹ich habe jetzt eine rote Farbempfindung› verifizieren? Man kann diesem Satz nur zustimmen und sagen ‹ja, du hast jetzt eine rote Farbempfindung›. Dieser Satz müßte genau dasselbe ausdrücken wie der erste Satz. Da er aber ein Satz über Fremdpsychisches ist und Behauptungen über Fremdpsychisches niemals mit absoluter Sicherheit gelten, kann er nicht mehr von unbezweifelbarer Gewißheit sein. Wenn ‹ich sehe das und das› oder ‹ich fühle das und das› ein Satz in einer intersubjektiven Sprache sein soll und nicht bloß ein Erlebnisausdruck wie ein Schrei oder eine Geste, so muß ein derartiger Satz ohne Bedeutungsänderung durch einen Satz von der Form ‹x sieht das und das› bzw. ‹x fühlt das und das› ersetzbar sein. Damit ist er nicht mehr absolut sicher.

Das Basisproblem wie die Annahme der fundamentalen Relation einer Ähnlichkeitserinnerung führt somit zu dem Problem der Verläßlichkeit der Erinnerung und der Verläßlichkeit der Sprache. Soll objektive Erkenntnis möglich sein, muß vorausgesetzt werden, daß das gesamte System der sprachlichen Gebrauchsregeln bekannt ist und konstant bleibt. Die Gebrauchsregeln wurden in der Vergangenheit gelernt. Wenn jemand einen Basissatz ausspricht, so setzt er voraus, daß das System der Regeln, soweit er es zur Formulierung des Satzes benötigt, gegenwärtig ist. Diese Voraussetzung kann nicht als evident gelten. Die Möglichkeit, daß man die Regeln nicht richtig anwendet, kann nicht ausgeschlossen werden. Auch hier muß Erinnerung vorausgesetzt werden, doch auf Erinnerungen ist kein Verlaß – wie kann dann die angebliche Basis eines gesicherten Wissens verläßlich sein?

Das Ende des Empirismus

Die Empiristen wie die Rationalisten wollten Gewißheit als Basis einer gesicherten Erkenntnis. Die Rationalisten suchten sie in einer erfahrungsfreien Erkenntnis. Die Empiristen gingen von der Annahme aus, daß ohne Erfahrung keine empirische Erkenntnis möglich sei, und suchten die Gewißheit in der Erfahrung selbst, in irgendwelchen ursprünglich gegebenen «Gegenständen», den Sinnesdaten oder Elementarerlebnissen. Das Ziel war das gleiche, um den Weg, der zum Ziel führen soll, ging der Streit. Die Empiristen schienen ihn für sich entschieden zu haben. Mit der scharfen Waffe der logischen Analyse haben die modernen Empiristen nicht nur auf metaphysische Obskuranten eingeschlagen, sie haben auch ihre Gegner, die Rationalisten, widerlegt. Der Rationalismus behauptet die Eigenständigkeit einer verstandesmäßigen Erkenntnis und deren Primat über die empirische Erkenntnis und bezieht so eine metaphysische Position. Diese ist unhaltbar. Eine gehaltvolle Erkenntnis a priori läßt sich nicht ausweisen. Ist der Empirismus der Sieger? Nein! Seine letzte Waffe – und dies ist nicht ohne Ironie – war zweischneidig. Die Empiristen haben sich selbst und ihren Gegner getroffen: Auch ihre eigene Position läßt sich nicht halten.

Konventionen – Sprachspiel – Sätze

> *Der Kern unserer früheren Kritik an der Metaphysik bleibt doch bestehen. (...) Aber in einer andern Richtung ist unsere Stellung doch geändert, nämlich manches, was ich früher als Metaphysik ablehnte, würde ich heute als eine Vorstufe der Wissenschaft auffassen.*
> Carnap

Der dreigeteilte Weg

Jahrhundertelang suchte die Philosophie nach einer letzten Gewißheit der empirischen Erkenntnis. Doch die gesicherte Basis, die sie auffinden wollte, erwies sich im Licht der logischen Analyse als ein Phantom, um das Rationalisten und Empiristen sich stritten und hinter dem sie herjagten. Die Frage nach einem gesicherten Fundament des Wissens hat eine Lösung gefunden: Sie ist erkenntnistheoretisch obsolet geworden. Aber nicht das Problem, wie und wodurch Objektivität bzw. Intersubjektivität gewährleistet wird; es bleibt bestehen. Es hat sich jedoch verlagert, es liegt in dem Medium, in dem Erkenntnisse geäußert werden, in der Sprache selbst, (1) in der rationalen Regelung des wissenschaftlichen Sprachgebrauchs (Carnap), (2) in der Beachtung der Grenzen der «Sprachspiele» (Wittgenstein) und (3) in der autonomen Existenz einer Welt der Sätze, die zwischen dem erkennenden Subjekt und dem erkannten Objekt vermittelt und eine objektive perspektivenfreie Erkenntnis ermöglicht (Popper).

1 Die Logik ist Menschenwerk – Carnap

Die Willkür idealer Sprachen

Von der erkenntnistheoretischen Erblast befreit, versucht Carnap den Weg der Konstruktion einer idealen Sprache konsequent fortzusetzen, um ein korrektes wissenschaftliches Sprechen zu erreichen. Korrekt ist ein wissenschaftliches Sprechen, wenn seine Aussagen erkenntnismäßig bedeutungstragend sind. Dazu braucht man sie nicht auf eine (gesicherte) Basis zurückzuführen. Es genügt, die Relation zu formulieren, die zwischen einer komplexen Aussage besteht, und solchen Aussagen, die die Ergebnisse direkter Beobachtungen der Welt wiedergeben. Läßt sich keine derartige Relation formulieren, dann handelt es sich um Pseudoaussagen.

Das Sprechen wird durch Konventionen geregelt. Werden in der Alltagssprache grammatische Regeln verletzt, dann wird eine Äußerung als Unsinn angesehen, z. B. die Wortfolge ‹Caesar ist und›. Dank syntaktischer Konventionen bemerken wir den offensichtlichen Unsinn sofort. Leider bestehen keine semantischen Konventionen, die semantischen Unsinn (z. B. das Nichts nichtet) offensichtlich werden ließen. Daher ist es möglich in der Alltagssprache, eine sinnlose Wortreihe zu bilden, ohne daß dabei die Regeln der Grammatik verletzt werden. Die Aufgabe einer idealen Sprache ist es, diesen Mangel zu beheben. Sie hat Konventionen für all die Fälle von Unstimmigkeit zu enthalten, die nicht als Verstoß gegen die Grammatik der natürlichen Sprachen empfunden werden. Sie liefert – und darin bestünde ihr ungeheurer Nutzen – ein rein formales Verfahren, um zwischen Sinn und Unsinn zu entscheiden, so daß über den vermeintlichen Tiefsinn von Pseudosätzen und Scheinsätzen nicht mehr nachgegrübelt werden müßte.

Die natürliche Sprache besitzt zwei Redeweisen, eine inhaltliche und eine formale. Die inhaltliche liegt vor, wenn ein Satz als

Aussage über wirkliche Dinge und Ereignisse formuliert wird, z. B. ‹Caesar überschritt den Rubikon›. Die formale liegt vor, wenn ein Satz die Formulierung einer Aussage über sprachliche Konstruktionen, ihre Eigenschaften und Beziehungen darstellt, z. B. ‹Caesar ist das Subjekt des obigen Satzes›. Die natürliche Sprache verwendet vorwiegend die inhaltliche Redeweise. Geschieht, wie dies bei einer fehlenden formalen Sprache der Fall ist, die formale Redeweise in der natürlichen Sprache, so führt die Macht der Gewohnheit dazu, daß die formale Redeweise als inhaltliche interpretiert wird. Sätze der formalen Redeweise nennt Carnap Quasi-Sätze, und zwar deshalb, weil sie wie normale Sätze aussehen, ohne es zu sein. Sie machen keine Aussagen über reale Gegenstände, sondern über Pseudo-Gegenstände. So sind Raum und Zeit Pseudo-Gegenstände. Behandelt man sie als Gegenstände, so meint man, es müsse einen realen Gegenstand Raum und einen realen Gegenstand Zeit geben, und schon entstehen die philsosophischen Probleme, die wir teilweise ausführlich behandelt haben.

Für Carnap haben es die meisten, wenn nicht gar alle philosophischen Probleme mit Pseudo-Objektsätzen zu tun. Diese werden nicht als quasi-syntaktische Sätze erkannt und daher als echte Objektsätze behandelt. Um diese Verwirrung zu vermeiden, schlägt Carnap vor, die grammatische Syntax durch ein System der logischen Syntax zu ergänzen. Die logische Syntax müßte ein generelles System der Übersetzung von Pseudo-Objektsätzen einer natürlichen Sprache in syntaktische Sätze einer künstlichen Idealsprache enthalten. Die übersetzbaren Pseudo-Objektsätze wären sinnvolle Sätze, die nicht übersetzbaren müßten als Unsinn gelten.

Hier nur soviel, Carnaps Versuche der Konstruktion einer idealen Sprache lassen sich nicht durchführen. Die Sätze der formalen Sprache, der Metasprache – dies ist die Sprache, in der man über Sprache spricht –, müßten mit den Sätzen der Objektsprache – dies ist die Sprache, in der man über eine Sache spricht – synonym sein. Für die Übersetzung aus einer formalen Sprache in eine andere formale Sprache (z. B. in der Mathematik und in der Logik) lassen sich formale Kriterien aufstellen, nicht aber für die Übersetzung aus einer inhaltlichen Sprache in eine formale. Die inhaltlichen Ausdrücke müssen interpretiert werden. Die Angemessenheit einer Übersetzung ist folglich eine Frage der inhaltlichen Interpretation, und inhaltliche Interpretationen sind nie eindeutig. Selbst wenn wir annehmen, die Sätze einer natürlichen Sprache lassen sich vollständig in Objektsätze, übersetzbare Pseudo-Objektsätze und nichtübersetzbare Pseudo-Objektsätze einteilen, dann würde diese Einteilung von der Theorie der logischen Syntax abhängen, die man akzeptiert. Eine andere logische Syntax, eine andere Einteilung. Was für eine Idealsprache man wählt, ist eine Sache der individuellen Wahl. Die Idealsprache und damit auch die Logik haben einen willkürlichen Charakter. Sie werden gewählt, wie auch in der Physik die jeweils angewandte Geometrie eine Sache der Wahl ist. Jedes Logiksystem wird durch Konvention angenommen. Logische Sätze sind analytische Sätze, ihre Wahrheit ist unbestreitbar. Dieses Dogma war unanfechtbar, es stand unerschütterlich fest. Jetzt fällt auch die letzte Bastion der Gewißheit. Analytisch wahr zu sein bedeutet nicht, schlechthin wahr zu sein; es bedeutet analytisch wahr in der Sprache L zu sein. Analytische Wahrheit gilt also nicht schlechthin, sie gilt relativ zur gewählten Sprache. Es gibt kein ewiges Apriori. Dies ist das verblüffende Ergebnis von Carnaps Untersuchungen. Auch die Logik ist Menschenwerk.

Zu dem gleichen überraschenden Ergebnis kommen, von einem radikal anderen Ansatz her, Wittgenstein und der späte Popper.

2 Im Netz der Sprache – Wittgenstein

> *Was wir liefern, sind eigentlich Bemerkungen zur Naturgeschichte des Menschen; aber nicht kuriose Beiträge, sondern Feststellungen, an denen niemand gezweifelt hat und die dem Bemerktwerden nur entgehen, weil sie ständig vor unseren Augen sind.*
> Ludwig Wittgenstein

Sprache und Lebensform

Über Sprache sprechen – in der Sprache sprechen

Der *Tractatus* endete in einem Paradox. Er wollte die Grenze der Sprache aufzeigen und transzendental die Möglichkeit sinnvollen Sprechens festlegen. Er ist ein Apriori-Unternehmen mit systematischem Anspruch, das dogmatisch das Verifikationskriterium zum Sinnkriterium erhebt, doch gleichzeitig gegen das von ihm errichtete Dogma verstößt. Die Grenze sinnvollen Sprechens wird überschritten. Da dies nicht geht, ist das Ergebnis

> *schlichter Unsinn und Beulen, die sich der Verstand beim Anrennen an die Grenze der Sprache geholt hat,*

so Wittgenstein in den *Philosophischen Untersuchungen.* Jedes Sprechen über Sprache führt zu Unsinn.

Carnap zeigt, daß man sehr wohl über Sprache reden kann, ohne Unsinn zu reden. Man muß dies nur in einer Metasprache tun. Da die Wahl der Metasprache jedem freisteht, tifft Carnap – der Intention nach – keine dogmatischen Apriori-Festsetzungen.

Bei der Konstruktion einer idealen Sprache geht er von dem relativ unstrukturierten und unsystematischen Charakter der natürlichen Sprachen aus. Er hat aber nie – was bei einem Empiristen einigermaßen überraschend ist – durch irgendwelche Untersuchungen natürlicher Sprachen seine Annahmen empirisch überprüft. Daher haben sie doch den Charakter dogmatischer Apriori-Setzungen.

Der späte Wittgenstein ist allergisch gegen apriorische Annahmen, und seien sie noch so undogmatisch und tolerant. Apriori-Systeme sind philosophische Träume, die von der Wirklichkeit des menschlichen Lebens abheben und phantastische Forderungen an die Wirklichkeit stellen. Wittgenstein wendet sich gegen jede theoretische Untersuchung der Sprache (Theorien sind Metasprachen). Man kann nicht über die Sprache sprechen, man kann nur in der Sprache sprechen. In seinem Frühwerk habe er dies nicht gesehen und so den Fehler begangen, in Abstraktionen und Verallgemeinerungen das Wesen der Sprache zu suchen. Er ist den *Verhexungen* der Sprache erlegen. Die Verhexung besteht darin, daß man sprachliche Formulierungen für die Probleme selbst ansieht, doch nicht deshalb, weil die Sprache (wie bei den logischen Empiristen) mangelhaft sei, sondern weil man die Konventionen der Sprache nicht beachtet. Die Sprache ist, so wie sie ist, in Ordnung, behauptete der frühe Wittgenstein. Diese Auffassung behält auch der späte Wittgenstein bei. Immer noch entsteht philosophischer bzw. metaphysischer Unsinn durch Grenzüberschreitungen. Man überschreitet nicht die Grenze der Sprachen, man überschreitet Grenzen innerhalb der Sprache. Der Metaphysiker gleicht einer Fliege im Fliegenglas, er rennt gegen die Grenze der Sprache an. So wird er nie den Ausweg finden. Ein Ausweg kann nur gefunden werden, wenn die Grenzen innerhalb der Sprache beachtet werden.

Was ist dein Ziel in der Philosophie? – Der Fliege den Ausweg aus dem Fliegenglas zeigen.

Damit dies möglich ist, müssen diese Grenzen bestimmt werden.

Die Philosophie machte sich ein zu einfaches Bild der Sprache. Sie glaubt, korrektes Sprechen sei das gleiche wie korrektes logisches Schließen. Die gleichen Anforderungen, die man an korrektes wissenschaftliches Denken stellt, müßten an die Sprache gestellt werden, daher die Konstruktion idealer Sprachen. Aber nicht das Denken bestimmt den Sprachgebrauch, sondern der Sprachgebrauch bestimmt das Denken. Ein falscher Sprachgebrauch führt zu einem falschen Denken.

Philosophische Tiefe – ein grammatischer Witz

Philosophischer Sprachgebrauch ist falscher Sprachgebrauch nicht in dem Sinn, daß man sprachliche Fehler begeht. Sprachliche Fehler werden aus Unachtsamkeit, Nachlässigkeit oder Unkenntnis begangen. Philosophische Verwirrungen entstehen aber daraus, daß man seine Aufmerksamkeit gezielt und intensiv auf das wendet, worauf jeder stößt, der nachdenkt. Wer hat nicht schon einmal über das nachgedacht, was in der Philosophie die Leib-Seele-Problematik genannt wird? Jeder hat Gefühle. Gefühle sind etwas Rätselhaftes, und es ist durchaus natürlich, daß man nachdenkt, was man da hat, wenn man Gefühle hat. Dabei folgt man automatisch irreführenden Hinweisen der Sprache. Wenn man etwas besitzt, muß es etwas geben, wo das ist, was man besitzt, z. B. die Seele als Ort der Gefühle. Aber Gefühle besitzt man nicht, wie man ein Auto besitzt. Ich kann jeden in meine Garage führen und ihm mein neues Auto zeigen, aber ich kann niemanden in meine Seele führen. Natürlich kann man Gefühle zeigen, Liebe z. B. Doch wird das, was man da zeigt, so eindeutig als ein überzeugender Beweis genommen wie das neue Auto, das man dem Nachbarn vorführt? Da scheint es etwas Geheimnisvolles zu geben, etwas Unergründliches, das in der Tiefe verborgen ist. Die Sprache hält uns in Bildern gefangen, und diese verwirren uns. Sie weisen in eine Tiefe, die keine ist. Aber daß sie uns in die Irre führt, finden wir nur, wenn unsere Versuche, die Tiefe zu ergründen, scheitern. Versuche der Grenzziehung führen notwendigerweise zu Übertretungen. Vor den Übertretungen weiß man nicht, wie die Grenze verläuft. Philosophie ist Grenzübertretung der Sprache, aber auch Grenzziehung der Sprache. Hat man die Grenzen erkannt, dann verschwindet die Illusion der Tiefe.

> *Die Probleme, die durch ein Mißdeuten unserer Sprachform entstehen, haben den Charakter der* Tiefe. *Es sind tiefe Beunruhigungen, sie wurzeln so tief in uns wie die Formen unserer Sprache, und ihre Bedeutung ist so groß wie die Wichtigkeit unserer Sprache. – Fragen wir uns: Warum empfinden wir einen grammatischen Witz als* tief? *(und das ist ja die philosophische Tiefe.)*

Philosophische Tiefe als grammatischer Witz! Mit dieser Bemerkung ist das Problem nicht abgetan. Die Frage ist ja gerade, warum empfinden wir einen grammatischen Witz als tief? Tief, weil er mit unseren Lebensproblemen verbunden ist. «*In der Sprache wird alles ausgetragen*», nämlich das Leben selbst. Dies klingt rätselhaft. Aber für Wittgenstein hat das Leben einen sprachlichen Charakter, so daß Leben und Sprache sich gegenseitig erhellen können. Die philosophischen Analysen der Sprache geschehen nicht um ihrer selbst willen. Sie erfolgen aus einem Bezug zum Leben. Wittgenstein will den Nerv der Lebensprobleme berühren, Philosophie an das Leben zurückbinden. Daher die Fülle von Fallbeispielen, das Befragen des Sprachgebrauchs, das Vermeiden von Verallgemeinerungen und Abstraktionen. «*Die Verwirrungen, die uns beschäftigen, entstehen gleichsam, wenn die Sprache leerläuft, nicht wenn sie arbeitet.*» Die Sprache arbeitet im alltäglichen Lebensvollzug, sie läuft leer in den philosophischen Abstraktionen. Sie gefällt sich in diesen. «*Die Sprache feiert*», und so entstehen philosophische Probleme.

Die Sprache enthält irreführende Hinweise auf die Tiefe.

> *Ein* Bild *hielt uns gefangen. Und heraus konnten wir nicht, denn es lag in unserer Sprache, und sie schien es uns nur unerbittlich zu wiederholen,*

bemerkt Wittgenstein, wohl im Hinblick auf den *Tractatus*. Philosophie ist natürlich, sie folgt diesen irreführenden Hinweisen. Aber indem sie ihnen folgt, verliert sie den Kontakt zum Leben, von dem sie ausgegangen ist. Zu dem konkreten Lebensbezug gilt es, sie zurückzuführen, die Luftgebäude zu zerstören und den Grund der Sprache freizulegen, auf dem sie standen.

Philosophie verliert den Kontakt mit dem Leben, von dem sie ausgegangen ist, zum einen, indem sie illegitim Befunde ausweitet in Gebiete, in denen sie gar nicht gelten können. Diesen Fehler begeht die klassische Metaphysik, die Aussagen über eine angeblich transzendente Welt als Tatsachenaussagen behandelt. Sie erklärt die transzendente Welt zur Grundlage der Welt der Tatsachen und verliert so den Kontakt zur Realität. Zum andern dadurch, daß die Philosophie nach dem Wesen sucht, d. h. nach einem abstrakten Element, das allem gemeinsam ist. Das ist der Fehler des Essentialismus. Diesem Fehler erlag Wittgenstein selbst in seinem *Tractatus*, der das Wesen der Sprache bestimmen wollte. Der Empirismus des *Tractatus* war ein versteckter Idealismus. Jetzt nimmt Wittgenstein die Tatsachen ernst. Es gibt nur empirische Beispiele und nichts, was darüber hinausweist. Der späte Wittgenstein ist zutiefst antitheoretisch und antisystematisch, aber antisystematisch mit System.

Die Philosophie soll nicht erklären, sie kann nur beschreiben, sie kann auch nicht begründen. «*Sie läßt alles, wie es ist.*» Aber das Analysieren der Beispiele, das Beschreiben hat System, denn ihm geht es darum, durch den Hinweis auf eine sprachliche Tatsache eine falsche Verallgemeinerung zu korrigieren.

Ich kann wissen, was der andere denkt, nicht was ich denke.
Es ist richtig zu sagen ‹Ich weiß, was du denkst›, und falsch: ‹Ich weiß, was ich denke.›
(Eine ganze Wolke von Philosophie kondensiert zu einem Tröpfchen Sprachlehre).

Das hat Witz. Dies ist verblüffend. Es scheint zu stimmen – und doch ist es nicht befriedigend. Die ganze Philosophie der Neuzeit von Descartes bis weit über Kant hinaus – erledigt! In einem Satz! Wittgensteins empirische Beispiele und Gedankenexperimente sind oft genial, verblüffend, erhellend. Es ist schwer, gegen sie anzugehen. Wittgenstein charakterisiert seine Methode so:

> *Und was ich lehren will, ist: von einem nicht offenkundigen Unsinn zu einem offenkundigen übergehen.*

Haben wir damit die Lösung? Oder stehen wir vor neuen Rätseln?

Bedeutung und das Ideal der Exaktheit

Theorien erschließen die Welt, sie führen zu einem tieferen Verständnis der Wirklichkeit. Doch in der Philosophie führt nach Wittgenstein die Tendenz zur Theoriebildung dazu, daß wir die Wirklichkeit mißverstehen, die Wirklichkeit der Sprache, und wegen des Zusammenhangs von Sprache und Leben auch die des Lebens.

> *Unser Fehler ist, dort nach einer Erklärung zu suchen, wo wir die Tatsachen als Urphänomene sehen sollten.* D.h., wo wir sagen sollten: dieses Sprachspiel wird gespielt.

Die Philosophie war Wissenschaft und hat immer noch die Tendenz, eine Wissenschaft zu sein, d. h. Aussagen über die Wirklichkeit zu machen. Das Vorbild der Wissenschaften führt sie in die Irre. So ist z. B. begriffliche Eindeutigkeit ein legitimes wissenschaftliches Ideal. Diesem Ideal folgend, sucht Philosophie Exaktheit im Ausdruck. Dieses Exaktheitsideal führte dazu, daß man in der Sprache scharfe Grenzen ziehen will. Ein eindeutiger Fall einer fälschlichen Verallgemeinerung. Die Annahme, die Wirklichkeit bestehe aus einfachen Bestandteilen und die Sprache bilde diese einfachen Bestandteile und damit die Welt exakt ab (so der *Tractatus*), sind Fiktionen, die die Realität der Sprache verfehlen. Was heißt «exakt» und «unexakt»? Dies sind relative Begriffe. Was beim Befolgen eines Kochrezepts als exakt gilt, kann beim Befolgen eines ärztlichen Rezepts als äußerst unexakt gelten. Es wäre sinnlos, den Koch zu kritisieren, weil er dem Exaktheitsanspruch des Apothekers nicht genügt. Von Dingen in absoluten Ausdrücken außerhalb jeden Zusammenhangs zu sprechen ist, nach Wittgenstein, ein Fehler, der typisch für die Philosophen ist. Es gibt kein absolut Gegebenes. «*Das Hinzunehmende, das Gegebene – könnte man sagen – seien* Lebensformen.»

Lebensformen sind entscheidend für das Erlernen einer Sprache. Noch der *Tractatus* meint, daß man die Sprache meistert, wenn man die Namen der Gegenstände erlernt. Alles Erlernen von Bedeutungen beruhe letztlich auf einer hinweisenden Definition, die die direkte Beziehung zwischen der Bedeutung und dem Wort herstellt. Gegen diese Konzeption der Sprache polemisiert der späte Wittgenstein. Es gibt Wörter, für die es offenbar keine hinweisende Definition gibt, z.B. «Zahl», «nicht», «dennoch» etc. Was schlimmer ist, die hinweisende Definition liefert nicht die gewünschte Eindeutigkeit, sie kann immer mißverstanden werden. Wittgenstein gibt folgendes Beispiel. Wir verwenden das Wort «*TOFF*» und erklären es in einer hinweisenden Definition, indem wir auf einen Bleistift zeigen und sagen: ‹*das ist TOFF*›. Ist die Bedeutung klar? *TOFF* kann bedeuten: ‹Das ist ein Bleistift›, ‹Das ist rund›, ‹Das ist rot›, ‹Das ist Holz›, ‹Das ist hart›, ‹Das ist eins›. Nur im Rahmen eines bestimmten Zusammenhangs (einer Lebenssituation) läßt sich die hinweisende Definition verstehen. Es ist zwar richtig, daß durch die hinweisende Definition eine assoziative Verbindung zwischen dem Wort und dem Ding hergestellt wird. Aber von der Redeweise ‹die Bedeutung eines Wortes› geht ein Zauber aus, der uns irrtümlich dazu führt zu glauben, es müsse zu jedem Hauptwort und zu jedem Eigenschaftswort ein Ding geben und dieses Ding sei die Bedeutung des Wortes. «*Der Name bedeutet den Gegenstand. Der Ge-*

genstand ist seine Bedeutung» (Tractatus). Der Bedeutung müsse «etwas» entsprechen, und die Frage ‹was ist die Bedeutung› führe zu diesem «etwas». Wittgenstein nennt dies eine essentialistische Auffassung der Sprache. Die Frage «Was ist die Bedeutung» ist zu ersetzen durch die Frage «Was ist die Erklärung der Bedeutung», und diese Erklärung finden wir, wenn wir uns ansehen, wie die Wörter gebraucht werden. *«Die Bedeutung eines Wortes ist sein Gebrauch in der Sprache.»* Ein Wort ist durch seine Verwendung gekennzeichnet, so wie ein Werkzeug durch seine Funktion gekennzeichnet ist. Aber Wörter sind keine Präzisionswerkzeuge, sondern multifunktionale Werkzeuge. Die Funktion – das Sprachspiel – bestimmt die Benutzung. (Man kann eine Zange auch als Hammer benutzen.) Es gibt keine eindeutige Definition der Bedeutung eines Wortes. Der Gebrauch der Zeichen wird nicht durch hinweisende Definitionen gelehrt, sondern wie im Spiel durch Hinweisen auf Paradigmen. Das Wort «Sprachspiel» soll hervorheben, *«daß das Sprechen der Sprache ein Teil einer Tätigkeit ist oder einer Lebensform»*.

Sprachspiele

Der frühe Wittgenstein glaubte, die Grenze zwischen Sinn und Unsinn mit Hilfe eines klar umrissenen Bedeutungskriteriums ein für allemal festlegen zu können. Was aber die Arten des tatsächlichen Gebrauchs von Sprache – die Sprachspiele – zeigen, ist, daß es die Grenze der Sprache nicht gibt. Es gibt viele verschiedene Grenzen und damit kein absolutes Kriterium für «Sinn» und «Unsinn», sondern nur Kriterien relativ zum jeweiligen Sprachspiel. Das Ziel der *Philosophischen Untersuchungen* ist nicht eine (apriorische) Grenzziehung, sondern die Entdekkung der Grenzen innerhalb der Sprache. Hier gibt es ein feines filigranes Netzwerk von Grenzlinien. Der Umfang der (meisten) Begriffe ist nicht durch eine Grenze abgeschlossen, Begriffe haben verschwommene Ränder. Dies demonstriert Wittgenstein am Beispiel des Begriffs «Spiel». Es gibt viele Spiele, Brettspiele, Ballspiele, Glücksspiele und innerhalb dieser Gruppen verschiedene Formen von Spielen. Was ist diesen Spielen gemeinsam, so daß man für alle das Wort «Spiel» verwendet? Spiele sind miteinander in vielen verschiedenen Weisen verwandt. Zwischen ihnen besteht eine Familienähnlichkeit, deshalb verwenden wir das gleiche Wort. Etwas, das allen gemeinsam ist, das Eine, das Wesen, gibt es nicht.

> *Wir sehen ein kompliziertes Netz von Ähnlichkeiten, die einander übergreifen und kreuzen. Ähnlichkeiten im Großen und Kleinen.*

Grenzüberschreitungen sind wie Züge, die in einem Spiel nicht vorgesehen sind. Wir müssen daher die Regeln der Sprachspiele entdecken, sie aufzeigen, um keine falschen Züge zu machen im Glauben, wir spielten dasselbe Spiel. Natürlich steht es uns frei, neue Regeln zu entwerfen. Aber dann spielen wir ein anderes Spiel. Wittgenstein geht es um Klarheit, aber es ist nicht die begriffliche Klarheit des logischen Empirismus. Wenn aber die Ränder offen sind, wie kann er Klarheit finden.

> *Die Klarheit, die wir anstreben, ist allerdings eine* vollkommene. *Aber das heißt nur, daß die philosophischen Probleme* vollkommen *verschwinden sollen.*

Es steckt wohl eine ganz gehörige Portion Ironie in dieser Bemerkung. Ist doch die Aufgabe, «*die unsägliche Verschiedenheit aller der täglichen Sprachspiele*» bewußtzumachen, kaum zu lösen.

> *Denn, daß es mit gewöhnlichen Dingen zugeht, das zu sehen, verhindern uns auf mannigfache Weise unsere Ausdrucksformen, indem sie uns auf die Jagd nach Chimären schicken.*

Wittgensteins Sprachanalyse will uns zeigen, daß es mit gewöhnlichen Dingen zugeht. Haben wir dies entdeckt, dann sind die philosophischen Probleme verschwunden. Die Tiefe liegt an der Oberfläche. Zu dieser Einsicht führt die erfolgreiche Therapie (Wittgensteins Methode zu philosophieren).

Spiel und Regeln

Wittgenstein lehnt die Frage ‹was ist Bedeutung› als essentialistisch ab. Sie fragt nach etwas, auf das sich die Bedeutung bezieht und das die Bedeutung erklären würde. Nicht ein Etwas lehrt die Bedeutung eines Worts, sondern sein Gebrauch. Wir gebrauchen Wörter, aber welcher Zusammenhang besteht zwischen der Lautfolge und der Bedeutung? Wie kommt ein Ausdruck (Zeichen) zu einer Bedeutung?

Eine Antwort gibt die Theorie des Meinens. Sprachliche Zeichen sind willkürlich. Die Verbindung von Ausdruck und Bedeutung besteht aufgrund einer jederzeit zu ändernden Konvention. Diese Konventionen funktionieren, weil der Zusammenhang zwischen Ausdruck und Bedeutung durch einen geistigen Akt hergestellt wird, durch den Akt des Meinens oder Intendierens. Durch diesen geistigen Akt wird eine bestimmte Lautfolge mit einer bestimmten Bedeutung belegt. Nichts scheint evidenter als das Bestehen solcher psychischen Prozesse. Wenn wir mit einem Ausdruck etwas meinen, so müssen wir einen Akt des Meinens vollziehen. Ich meine z. B. etwas Rotes, doch nur aufgrund von Konventionen gebrauche ich für das Gemeinte das Wort «rot». Als Engländer würde ich das Wort «red» gebrauchen, als Franzose das Wort «rouge». Aber wenn der Akt des Meinens ausschlaggebend wäre, dann müßte es mir gelingen, mit der Buchstabenreihe «p q r s» denselben Sinn zu verbinden, den ich an die Worte «Rot ist meine Lieblingsfarbe» knüpfe. Oder es müßte mir gelingen, das, was mit vertrauten Wörtern gemeint ist, auszutauschen. Ich könnte z. B sagen ‹hier ist es kalt›, aber meinen ‹hier ist es warm›. Ja, nach dieser Theorie müßte man etwas meinen können, ohne überhaupt etwas zu sagen, auch innerlich nicht, in Gedanken. Daß dies nicht gelingt, zeigt, daß die Theorie des Meinens auf einem fundamentalen Irrtum beruht.

Wittgenstein kommt zu dem Schluß, daß es nichts Verkehrteres gebe als Meinen eine geistige Tätigkeit nennen. Diese Vorstellung müßte ersetzt werden durch die Vorstellung, daß man mit sprachlichen Ausdrücken operiert, mit ihnen «rechnet», und zu diesem Operieren gehört unter anderem auch, daß man sie bisweilen in dieses oder jenes Bild überführt, d. h. dies oder jenes Meinen. Doch daß wir mit den Ausdrücken immer ganz bestimmte Vorstellungsbilder oder Akte des Meinens verbinden, ist eine völlig überflüssige Annahme. Die Bedeutung eines Wortes besteht nicht im Akt eines Meinens, sondern im Gebrauch in einem Sprachspiel. Dies heißt nicht, daß ich irgendein Wort herausgreifen und völlig unsinnigen sprachlichen Gebrauch davon machen kann, daß ich ein Wort gebrauchen kann, ohne es zu verstehen oder seine syntaktische Struktur zu kennen. Gebrauch meint den tatsächlich korrekten Gebrauch. Aber wann sprechen wir von Korrektheit?

Zwischen korrekt und nicht korrekt kann man nur unterscheiden, wenn bestimmte Regeln vorhanden sind, die vorschreiben, was in einer bestimmten Situation getan werden soll. Aber was bedeutet dies, Regeln folgen? Wie funktioniert das? Warum folgen wir Regeln, gibt es ein Faktum, das uns nötigt (zwingt), diesen Regel zu folgen? Dies ist eines der zentralen Probleme in Wittgensteins Spätphilosophie.

> *Unser Paradox war dies: Eine Regel könnte keine Handlungsweise bestimmen, da jede Handlungsweise mit der Regel in Übereinstimmung zu bringen sei.*

Ist da eine Regel, und ich führe die der Regel entsprechende Handlung aus, so besteht das Faktum, daß ich dieser Regel folge und nicht einer anderen, in der ausgeführten Handlung. Tatsächlich? In einer bestimmten Weise handeln, heißt einer Regel folgen. Also worin besteht das Faktum? Wittgenstein zeigt in umständlichen, mühevollen und zeitraubenden Untersuchungen, daß alle erdenklichen Versuche, dieses Faktum zu deuten und zu erklären, scheitern, ja, ausnahmslos zum Scheitern verurteilt sind. Daß alle Theorien, die dieses Faktum erklären wollen, scheitern müssen, ist nicht verwunderlich, denn das vorausgesetzte Faktum gibt es nicht.

Ich habe die Bedeutung von Wörtern gelernt und wende das, was ich gelernt habe, auf neue Fälle an. Aber wie funktioniert das? Wie kann mir etwas, das ich in der Vergangenheit gelernt habe, Weisungen geben, die meinen gegenwärtigen und zukünftigen Gebrauch bestimmen? Das Vergangene bezieht sich immer auf eine endliche Zahl von Fällen, aber die Zukunft muß alle möglichen Fälle einschließen. Ich bin genötigt, einen roten Gegenstand, den ich noch nie gesehen habe, ‹rot› zu nennen. Was nötigt mich, so zu handeln? Wenn es keine vergangenen Weisungen gibt, die mein gegenwärtiges Verhalten bestimmen, so kann es auch keine gegenwärtigen geben, die meine künftige Praxis bestimmen werden. Wittgenstein leugnet gerade das Bestehen eines solchen Faktums, das mich nötigt, der Regel zu folgen, die Bedeutung zu verstehen. Er leugnet nicht nur eine empirische Notwendigkeit, sondern er stellt auch die Notwendigkeit in Frage, die bisher bei allen Philosophen unbefragt als das Beipiel einer schlechthin notwendigen und gewissen Erkenntnis gilt, nämlich die logische. Die universelle Gültigkeit der Logik und Mathematik ergibt sich daraus, daß strikte Regeln gelten, und logisch Denken heißt nichts anderes als diesen strikten Regeln folgen.

Die Relativierung der logischen Notwendigkeit

Wenn ich die Regeln der Addition kenne, dann wende ich sie auch auf Zahlen an, die ich noch nie gedacht habe, die mir noch nie vorgekommen sind, und das Ergebnis der Addition wird, vorausgesetzt, ich begehe keinen Rechenfehler, richtig sein. Nach Wittgenstein muß dies nicht der Fall sein, es ist durchaus vorstellbar, daß ein Fall eintritt, wo die Regeln der Addition nicht gelten (wohlgemerkt, es handelt sich nicht um einen Irrtum). Eine solche Vorstellung erscheint absurd. Die logischen Regeln gelten für alle möglichen Welten. Aber worin liegt der Grund für die objektive Gültigkeit der logischen Notwendigkeit?

Der objektive Grund der notwendigen Gültigkeit eines logischen Satzes liegt darin, daß er tautologisch ist, lehrte der *Tractatus*. So z. B. der Satz ‹wenn ein Linie nicht gerade ist, ist sie krumm›. In diesem Satz wird der eine Begriff durch den anderen definiert. Doch eine solche Definition ist in den seltensten Fällen möglich. Gibt es mehr als zwei Bereiche, dann kann man den einen Bereich nicht mehr durch den anderen definieren. Dies gilt z. B. bei den Farbadjektiven. Die Definition von Gelb lautet nicht ‹wenn etwas gelb ist, ist es nicht rot›, sondern, ‹wenn etwas gelb ist, ist es farbig, aber weder rot noch blau, noch grün usw.›. Farbadjektive kann man nicht definieren, indem man sie im Sinne des *Tractatus* auf einfache Elementarsätze in einem logischen Ja-Nein-Raum, d. h. auf Tautologien, zurückführt. Der Satz ‹wenn etwas gelb ist, kann es nicht rot sein› ist nicht auf eine Tautologie zurückführbar, und doch ist er offensichtlich eine Tautologie.

Damit könnte man einwenden, daß Wittgensteins Theorie der notwendigen Wahrheiten nicht stimmen kann. Das Beispiel der Farbadjektive (die Tautologie des obigen Beispiels) zeigt, daß die logische Notwendigkeit nicht in der Struktur der Sprache liegen kann, sondern in der Struktur der Wirklichkeit liegen muß. Sie muß eine unabhängige Stütze außerhalb der Sprache haben. Zwischen den Farben muß bereits – unabhängig von und vor jeder sprachlichen Bezeichnung – eine Verbindung bestehen, auch wenn wir sie nicht bezeichnen können, ohne unser Farbvokabular zu benutzen. Der Realismus behauptet das Bestehen einer universellen, sprachunabhängigen logischen Notwendigkeit.

Wittgenstein verwirft diese Theorie. Zwar behauptet auch der frühe Wittgenstein das Bestehen einer universellen logischen Notwendigkeit. Sie besteht aber nicht in einem nicht definierbaren Irgendwo, sondern ergibt sich aus der Struktur der Sprache. Sprache und logische Struktur sind identisch. Obwohl antirealistisch, ist diese Theorie immer noch essentialistisch. Sie konstatiert wie der Realismus ein Faktum «logische Notwendigkeit», nur sucht sie dieses Faktum in der Sprache und nicht außerhalb der Sprache. Die Existenz dieses Faktums bezweifelt der späte Wittgenstein. Zwar hängt die logische Notwendigkeit weiterhin von der Sprache ab, doch bildet die logische Wahrheit, daß ein Ding, welches gelb ist, nicht rot sein kann, nicht mehr eine notwendige Struktur ab. Sie ergibt sich aus der logischen Grammatik der Farbwörter. Sie wird durch die Regeln des Gebrauchs der Farbwörter festgelegt. Gibt es eine weitere Tatsache als die, daß wir den Bereich der Farben in bestimmter Weise aufgeteilt haben? Wir finden keine. Die Quellen der Notwendigkeit können nie außerhalb der betreffenden Sprachgebiete liegen.

Bin ich weniger sicher, daß dieser Mann Schmerzen hat, als daß $2 \times 2 = 4$ ist? – Aber ist darum das erste mathematische Sicherheit? – ‹Mathematische Sicherheit› ist kein psychologischer Begriff.
Die Art der Sicherheit ist die Art des Sprachspiels.

Der Wunsch nach einer objektiven Stütze, so normal er auch sein mag, läßt sich nie erfüllen. Die einzigen Tatsachen, die genannt werden können, betreffen unsere sprachlichen Gewohnheiten. Die Notwendigkeit ist eine Notwendigkeit innerhalb der Sprache (des Sprachspiels). Sprachen sind zufällig, wäre die Sprache anders, wäre die Notwendigkeit anders.

Die Wahrheiten der Logik und Mathematik haben keine unabhängige objektive Stütze. Es ist eine Täuschung zu glauben, sie hätten eine. Sie gründen nur auf bestimmten sprachlichen Praktiken. Die Ansicht, es gäbe eine unabhängige objektive Stütze der logischen und mathematischen Notwendigkeit, ist eine irrige Projektion der betreffenden sprachlichen Praktiken, wie bei Hume die Ansicht, es gäbe eine objektive kausale Notwendigkeit, eine irrige Projektion psychischer Erfahrungen war. Wittgenstein behauptet damit mehr, als nur die auch von den Realisten nicht bestrittene Tatsache, daß die Einteilung des Bereichs der Farben eine sprachliche Konvention ist. Es geht ja nicht um den Geltungsbereich der Farbwörter, z. B. daß arabische Sprachen eine Vielzahl von Farbwörtern für Braunnuancen haben und die Eskimo für Weiß, wo wir jeweils nur über ein einziges Farbwort verfügen, sondern es geht um den Geltungsbereich der logischen Wahrheit des Satzes von der Identität. Soll das heißen, daß sich Logik und Mathematik aus einer bestimmten Auswahl (sprachlichen Praktiken) ergeben haben? Eine Rückgängigmachung der Farbeinteilung ist vorstellbar und hätte keine schlimmen Folgen. Anders aber im Bereich der Mathematik und Logik, würde hier nicht unsere Welt zusammenbrechen?

Mathematische Beweise gelten als zwingend. Wer den Begriffen, die in einem Beweis angewandt werden, die übliche Bedeutung gibt, kann ihn nicht ablehnen. Dies bekräftige die allgemeine Theorie, daß die Wahrheiten der Logik und Mathematik ein starres, von vornherein bestehendes Gerüst sind, dem sich jede Sprache anpassen müsse.

Wir lernen an Beipielen bestimmte mathematische Operationen durchzuführen. Wir können, wenn wir die Regeln beherrschen, mit beliebigen Zahlen operieren, und wir werden, vorausgesetzt, wir begehen keine Rechenfehler, Resultate erhalten, die man nicht bezweifeln kann. Mathematische Gesetze gelten notwendig. Die Division ist die Umkehrung der Multiplikation, aus $3 \cdot 4 = 12$ folgt umgekehrt $12 : 4 = 3$. Nehmen wir an, die 0 war noch nicht entdeckt. Jetzt nach der Entdeckung der 0 führen wir nach der bekannten Regel die Operation der Division durch $12 : 0 = \infty$. Und die Umkehrung $\infty \cdot 0 = 12$? Sicher nicht. Wenn wir diese Art des Operierens gestatten, könnten wir auf diese Weise jedes beliebige Resultat ausrechnen. Durch die Entdeckung der Zahl 0 kommen wir in einen Bereich, für den die alten Multiplikations- und Divisionsregeln nicht gelten. Wir müssen einschränkende Maßnahmen treffen, entweder 0 nicht als Zahl definieren oder Restriktionen für das Operieren mit 0 aufstellen. Ja, wir können uns vorstellen, daß bei der Addition zweier Zahlen ab einer gewissen Größe die Regeln der Addition nicht gelten. Z.B. bilden wir bei Zahlen bis 120 die Summen wie gewohnt. Nehmen wir aber Zahlen, die größer als 120 sind, so erhalten wir immer 7.

Also 120 + 120 = 240, aber 120 + 121 = 7. Dies scheint absurd, aber ist es nicht. Wir spielen ein neues Sprachspiel. Nennen wir es nicht Addition, sondern Quaddition, das Quadditionszeichen sei ⊕, gelesen quus. Die Regel lautet: $x \oplus y = x + y$, falls x, y kleiner als 120, in allen anderen Fällen = 7. Darin ist nichts Absurdes, dieses Spiel könnte man spielen. Wir spielen es nicht.

Dieses Gedankenexperiment hat der amerikanische Sprachphilosoph und Logiker Kripke durchgeführt; es soll Wittgensteins Theorie des Regelfolgens explizit machen. Nach Wittgenstein zwingt uns nichts von dem, was wir in der Vergangenheit getan haben, den Beweis anzuerkennen oder abzulehnen, der gerade vor uns liegt. Die Bedeutung eines Beweises liegt nicht von vornherein fest. Er erhält die volle Bedeutung erst nach und nach, wenn die späteren Beweise anerkannt oder zurückgewiesen werden. Und wer nach den Regeln der Quaddition spielt, würde Beweise nach den Regeln der Addition zurückweisen. Eine Regel trägt nicht schon alle Hinweise auf alle möglichen zukünftigen Anweisungen in sich. Ihre Gültigkeit hängt von der Anerkennung ab. Aber scheint dann nicht, wenn Wittgensteins Theorie richtig ist, jede Kommunikation zusammenzubrechen?

Sprachspiele und Relativismus

Eine radikale Skepsis, die die Möglichkeit sinnvoller Sprache auszuschließen scheint, würde sich selbst untergraben. Wittgenstein bleibt auch nicht bei ihr stehen, sie ist die Durchgangsposition auf dem Weg zu einer konstruktiven Lösung des skeptischen Problems.

Wittgenstein bestreitet nicht den Wert und die Bedeutung der Logik und der Mathematik. Er versucht nur zu beweisen, daß Logik und Mathematik keine unabhängige realistische Basis in einem existierenden Faktum «Notwendigkeit» haben. Die Basis ihrer Anerkennung, die Quelle ihrer Notwendigkeit liegt innerhalb der Sprache, in den sprachlichen Praktiken. Falls die Wahrheiten der Logik und Mathematik anerkannt werden, gibt es keine dauerhaften Alternativen zu dieser Anerkennung. Logik und Mathematik sind unangreifbar und nicht in einer bedrohten Lage, nur, und dies will Wittgenstein sagen, ist es eine zufällige Tatsache, daß Menschen sich über die Anerkennung einig sind. Die Situation wäre tatsächlich hoffnungslos, wenn sie es nicht wären. Dennoch, allein diese Einigung bildet die Grundlage der Logik und Mathematik.

Gangbare Alternativen zur Anerkennung der Wahrheiten der Mathematik und Logik sind nicht denkbar. Diese Tatsache, so könnte man einwerfen, zeigt, daß Wittgensteins Theorie falsch sein muß. Doch eine automatische Anerkennung ist auch noch eine Anerkennung. Dies ist die pragmatische Lösung des skeptischen Problems.

Nur gilt es festzuhalten, daß kein logisches Muß, keine logische Notwendigkeit uns aufgezwungen wird, weder durch irgendwelche objektive (platonische) Realität noch in Gestalt von zwingenden Folgerungen aus axiomatischen Festsetzungen. Die Logik hat keine starren Grenzen. Der Glaube an die logische Notwendigkeit ist ein Aberglaube. Den irreführenden Hinweisen der Sprache folgend, sucht man Tiefe, wo keine ist.

Und doch führt die sprachliche Gebundenheit von Logik und Erkennen nicht in einen ausweglosen Relativismus? Können nicht Äußerungen eines bestimmten Typus immunisiert werden, mit dem Hinweis man spiele ein anderes Sprachspiel? Es gibt Systeme, die etwas anerkennen, was von anerkannten Standards der Korrektheit (z. B. der der wissenschaftlichen Sprache) abweicht. So machen z. B. Religionen Existenzaussagen. Diese Existenzaussagen lassen sich nach den Kriterien empirischen Sprechens nicht halten. Empirische Kriterien sind machtlos, denn Religion spielt ein anderes Sprachspiel. Doch so einfach ist dies nicht. Empirische Kriterien haben in der Kritik der Religion manches bewirkt. So hat z. B. in unserer Tradition Religion viel von ihrem Absolutheitsanspruch aufgeben müssen. Nirgendwo werden eindeutige Sprachspiele gespielt. Ja, gibt es überhaupt eindeutige Sprachspiele? Der Begriff der Eindeutigkeit widerspricht geradezu dem der Sprachspiele. Was haben wir dann gewonnen, wenn wir keine Kriterien der Abgrenzung und der Kritik haben? Jeder kann sich in dem Sprachspiel verschanzen, das er spielt. Wenn wir zu dem unvermeidlichen Urteil kommen, Systeme seien in dem, was sie anerkennen, falsch – und jeder von uns kennt solche Systeme (gibt es auch das Sprachspiel Wahnsinn?) –, dann müssen wir uns darüber klar sein, daß nach der Sprachspieltheorie der Spieß umgedreht werden kann. Nicht diese Systeme seien falsch, sondern wir, die Kritiker, lägen falsch. Diese Taktik können z. B. die anwenden, die von einer «tieferen Wahrheit» sprechen. In ihrem Sprachspiel bedeute «wahr» etwas, was die Kritiker nicht verstehen können, da sie nicht das entsprechende Sprachspiel spielen. Wiederum diese eigenartige Mischung von Aufklärung und Mystizismus bei Wittgenstein. Er versucht in einem aufklärerischen Impuls die Chimären aus der Sprache zu vertreiben, wo sie tief nisten, und rechtfertigt jede mystische Tiefe.

Wittgenstein machte sich daran, das filigrane Netzwerk der Sprache zu untersuchen, und verfing sich im Netz der Sprache.

Carnap oder Wittgenstein? Bedeutungsanalyse mit Hilfe einer idealen Sprache oder in der normalen Sprache? Dies ist keine Alternative, beides läßt sich kombinieren und wird kombiniert werden. Aber es gibt eine Alternative. Sie führt weg von der Bedeutungsanalyse – diese ist relativ belanglos für erkenntnistheoretische Probleme – hin zu dem Gewicht von Sätzen. Dies ist der Weg Poppers.

3 Das Risiko des Scheiterns – Popper

Unser Hauptziel in der Philosophie und Wissenschaft sollte die Suche nach Wahrheit sein. Rechtfertigung ist kein Ziel; Brillianz und Scharfsinn sind an sich öde. Wir sollten versuchen, die dringendsten Probleme zu sehen oder zu entdecken und sie durch Aufstellung wahrer Theorien zu lösen. (...) Jedenfalls sollten wir versuchen, Theorien aufzustellen, die der Wahrheit ein Stückchen näher kommen als die unserer Vorgänger.
Popper

Von Problemen und Rätseln

Ist Wittgenstein willentlich theorie-vermeidend, so ist Popper (1902–1994) bewußt theorie-entwerfend. Die Philosophie hat es mit Problemen zu tun und nicht mit linguistischen Rätseln. Sie ist ein Versuch, Probleme zu lösen, und nicht der Versuch, Rätsel zu lösen. Um der sprachlichen Probleme willen reale Probleme auszuklammern, ist, so Popper, der sicherste Weg zum intellektuellen Untergang.

In Sachen des Geistes sind wahre Theorien oder Theorien, die der Wahrheit näher kommen als andere konkurrierende Theorien, das einzige, was es verdient, daß wir danach streben.

Nicht daß Popper die Wichtigkeit sprachlicher Fragen leugnete, doch sind sie sekundär. Wörter spielen beim Formulieren von Theorien eine bloß technische und pragmatische Rolle. Wörter sind bloß Mittel zu verschiedenen Zwecken. Popper machte es sich zur Devise, nie über Wörter und die Bedeutung von Wörtern zu diskutieren.

Popper setzt sich in einen scharfen Gegensatz zu Wittgenstein. Er sieht in der ausschließlichen Beschäftigung mit der Sprache nicht nur einen Irrweg, sondern eine Gefahr für die Philosophie. Diese antilinguistische Wende ist nicht radikal. Mit Carnap tritt er in eine ernste Diskussion – beide haben sich gegenseitig beeinflußt –, und er würdigt ausdrücklich Beiträge der Oxforder Schule. Ihre Untersuchungen zur Alltagssprache habe vieles zu Problemlösungen beigetragen. Doch darf man nicht in Sprachanalyse steckenbleiben. Sprache ist konservativ. Die Probleme sind Herausforderungen, denen wir mit kühnen revolutionären Hypothesen begegnen müssen.

Philosophische Problemlösungen unterscheiden sich von wissenschaftlichen Problemlösungen. Philosophische Theorien sind nicht empirisch, sie sind, wenn man so will, a priori. Nicht in dem absoluten Sinn. Sie schließen das Empirische nicht aus, im Gegenteil, sie brauchen es. Sie müssen – wie jede wissenschaftliche Theorie – an der Empirie scheitern können. Sie untersuchen die Voraussetzungen von Erkenntnis, Moral etc., sind aber fehlbar. Philosophische Probleme sind logische Probleme. Poppers erste große Veröffentlichung – neben Wittgensteins *Tractatus* und Carnaps *Aufbau* der dritte Meilenstein der Philosophie der ersten Jahrhunderhälfte – trägt daher nicht zufällig den Titel *Logik der Forschung*. Und schon dieser Titel zeigt, daß Popper in den Kontext des logischen Empirismus und damit in den der sprachlichen Wende zu stellen ist. Wenn er zu einem scharfen Kritiker sowohl des logischen Empirismus wie der Wittgensteinschen Sprachphilosophie wurde, so weil er Lösungen jenseits der Bedeutungen suchte.

Das Problem der Beobachtungssätze bzw. Protokollsätze war der Prüfstein des logischen Empirismus. Die Unlösbarkeit des Problems der Basissätze bedeutete sein Aus. Carnap und Wittgenstein gingen den linguistischen Weg, der eine den der konventionalistischen Festsetzung einer Sprache, der andere den des Relativismus der Sprachspiele. Popper verwirft diese Wege.

Das Scheitern der Verifikation

Die «ersten Sätze» , die Protokollsätze, Elementarsätze bzw. Basissätze, beziehen sich auf das «Gegebene», sie sprechen über das «Gegebene». Aber was ist das «Gegebene»? Hier gibt es drei Antworten. (1) Sätze über das Gegebene handeln von einfachen Sinnes- und Gefühlsqualitäten, (2) von Gesamterlebnissen und Ähnlichkeitsbeziehungen zwischen ihnen und (3) von Dingen.

Popper nennt die rein empiristische Auffassung (1) sehr anschaulich *«die Kübeltheorie des Geistes»*. Wie ein leeres Gefäß z. B. mit Wasser gefüllt wird, so erhalte der Geist durch die Sinneswahrnehmungen seinen Inhalt. Aus unmittelbar gegebenen einzelnen Wahrnehmungen gewinnen wir – die tabula-rasa-Theorie des menschlichen Geistes (Locke) – mit Hilfe von Assoziationen unser Bild der Wirklichkeit und unser Wissen von der Außenwelt. Aber dieses angeblich unmittelbar Gegebene ist alles andere als unmittelbar. Es ist eine der verdeckten theoretischen Voraussetzungen der Assoziationstheorie. Eine andere ist die Annahme der Passivität bzw. Rezeptivität des menschlichen Geistes. Über unsere Sinne empfangen wir einzelne Sinneseindrücke, die wir dank der Assoziation und der Erfahrung zu «Dingen» ordnen. Doch Sinneseindrücke sind Empfindungen und damit etwas Immaterielles. Wenn die Außenwelt nichts anderes ist als ein Produkt unserer Sinnesempfindungen, dann erhebt sich die Frage nach der Realität der Außenwelt. Die einzige Realität, der ich mir sicher bin, ist ja die, daß ich meine Empfindungen habe, ob aber diesen Empfindungen ein realer Gegenstand der Außenwelt entspricht, bleibt offen. (Wir können z. B. Farbempfindungen durch einen leichten Druck auf die Augenlider hervorrufen.) In ihrer letzten Konsequenz führt die empiristische Wahrnehmungstheorie zu einem Immaterialismus der Außenwelt. Eine unangenehme Konsequenz, die daher auch nur zwei Befürworter fand: den Empiriker Berkeley im 18. Jahrhundert und den Wiener Positivisten Ernst Mach am Ende des 19. Jahrhunderts.

Seien es einfache Sinneseindrücke (1) oder Gesamterlebnisse (2), beiden Auffassung gemeinsam ist folgendes. Sie betrachten Wahrnehmungserlebnisse als eine Begründung elementarer Sätze. Wahrnehmungserlebnisse sind aber – und dies ist die Kritik Poppers – subjektiv, und subjektive Überzeugungserlebnisse können niemals Sätze begründen. Wenn für die Basissätze Objektivität verlangt wird, so haben wir nicht die Möglichkeit, «*den Wahrheitsentscheid wissenschaftlicher Sätze in irgendeiner Weise logisch auf unsere Erlebnisse zurückzuführen*» (Popper). Die Sätze, die unsere Erlebnisse darstellen, die Protokollsätze, bzw. Wahrnehmungssätze, können somit keine bevorzugte Stellung haben, sie sind psychologische Aussagen und haben einen hypothetischen Charakter. Übrigens ist die Aufgabe, das zu protokollieren, «was man eben erlebt», alles andere als eindeutig. Daß gerade eine Fliege herumschwirrt, daß ich mich darüber ärgere, daß es mir heiß ist, daß ich die Luft schlecht finde, all das sind Erlebnisse, die ich während eines physikalischen Versuchs haben kann, die aber nicht in meinem Protokoll erscheinen werden. Ich protokolliere nicht alles, sondern ich brauche Gesichtspunkte. Ein Physiker läßt sich von anderen Gesichtspunkten leiten als ein Romancier, der z. B. den Bewußtseinsstrom seines Helden – meinetwegen eines Physikers, der vom Ehrgeiz geplagt wird, den Nobelpreis zu erhalten – beschreiben will. Die Gesichtspunkte werden mir gegeben durch die theoretische Fragestellung, die Protokollsätze selbst sind bereits theoretisch getränkt.

Wie wir die Gegenstände der Außenwelt wahrnehmen, ist ein

psychologisches Problem, und die verschiedenen psychologischen Theorien sind Lösungsversuche dieses Problems. Das Problem der Basissätze ist aber kein psychologisches, sondern ein logisches Problem. Ob unsere elementaren Sinnesempfindungen atomistisch oder ganzheitlich sind, spielt keine Rolle. In dem Augenblick, in dem wir darüber sprechen, sind es nicht mehr unsere elementaren Sinnesempfindungen, sondern der sprachliche Ausdruck unserer Sinnesempfindungen. Die Sinnesdaten und der sprachliche Ausdruck der Sinnesdaten sind nicht identisch: Zwischen beiden besteht eine Kluft. In dieser Kluft liegt das Problem. Wie können Basissätze, Sätze über das «elementar Gegebene», die Basis eines gesicherten Wissens sein, da ich ja zur Formulierung der Basissätze die Sicherheit des Regelfolgens voraussetze. Dies ist genau das Problem des späten Wittgenstein. Doch das Basisproblem scheitert nicht erst am Problem des Regelfolgens – die Wittgensteinsche Lösung muß man nicht mitvollziehen –, es scheitert, nach Popper, bereits am Problem der Allgemeinbegriffe (Universalien). Jeder Satz verwendet Universalien.

> *Der Satz: ‹Hier steht ein Glas Wasser› kann durch keine Erlebnisse verifiziert werden, weil die auftretenden Universalien nicht bestimmten Erlebnissen zugeordnet werden können (die «unmittelbaren Erlebnisse» sind nur* einmal *«unmittelbar gegeben», sie sind einmalig). Mit dem Wort ‹Glas› z. B. bezeichnen wir physikalische Körper von bestimmtem* gesetzmäßigen *Verhalten, und das gleiche gilt für das Wort ‹Wasser›. Universalien sind nicht auf Klassen von Erlebnissen zurückführbar, sie sind nicht «konstituierbar» [in Carnaps Terminologie].*

Die elementaren Sätze sind Sätze über Dinge (3). Diese Auffassung vermeidet die Probleme des subjektiven Charakters der Wahrnehmungserlebnisse und der Wahrnehmungssätze. Doch ergibt sich die kaum lösbare Schwierigkeit, was man als «Ding» bezeichnet. Welche Dinge werden ausgezeichnet? Auf irgendeine Art der Evidenz kann man sich nicht berufen. Die Auszeichnung beruht auf einer Festsetzung, auf einer Konvention. Eine Sprache über Dinge ist «objektiv», aber nur dank einer konventionalistischen Basis. Sie liefert nicht die gewünschte Gewißheit. Unabhängig von eventuellen Problemen mit einer Dingsprache gilt, daß auch eine solche Sprache die Kluft zwischen «Ding» und sprachlichem Ausdruck für das «Ding» nicht schließen kann. Und gerade in dieser Kluft liegt die Unlösbarkeit des Basisproblems.

Das Problem der Methode – gibt es eine induktive Logik?

Die Basissätze liefern nicht das, was sie liefern sollen, und selbst wenn sie es liefern würden, bliebe das Problem der Induktion: ein Schluß vom Einzelnen auf das Allgemeine ist logisch niemals sicher. Neben dem Problem der Basissätze müßte man das der Induktion lösen. (Dies ist eines der Probleme, die Popper beansprucht gelöst zu haben.)

Der Schluß von einem empirischen Basissatz zu einem Allsatz (Gesetz) kann logisch nicht gerechtfertigt werden. Zwar kann man ein Induktionsprinzip postulieren und so die Gültigkeit der Induktionsschlüsse rechtfertigen. Doch führt eine solche Annahme zu einem unendlichen Regreß. Denn man müßte die Gültigkeit des Induktionsprinzips ebenfalls rechtfertigen. Dazu bräuchte man ein weiteres Induktionsprinzip höherer Ordnung. Für dieses wiederum ein weiteres usw. Diesen unendlichen Regreß könnte man durch den Nachweis eines apriorischen Induktionsprinzips (Kant) vermeiden. Wie wir sahen, ist dies mißlungen. Es bleibt noch eine Möglichkeit, nämlich die, eine eigene induktive Logik zu entwickeln, die neben der deduktiven Logik vor allem auf dem Gebiet der Realwissenschaften gelten würde. Wissenschaftliche (Gesetzes-)Aussagen sind keine zwingend gültigen Aussagen, sondern (bewährte) Hypothesen, die durch Induktion gewonnen werden. Induktive Schlüsse liefern zwar keine strenge Gültigkeit, doch einen gewissen Grad von Sicherheit oder Wahrscheinlichkeit. Eine induktive Logik wird daher eine Wahrscheinlichkeitslogik sein. Carnap versuchte, eine solche Logik herauszuarbeiten. Popper geht einen anderen Weg, nach ihm löst auch eine Wahrscheinlichkeitslogik nicht das Induktionsproblem.

Denn wenn man den induzierten Sätzen einen gewissen Grad von Wahrscheinlichkeit zuschreibt, muß man sich wieder auf ein – entsprechend modifiziertes – Induktionsprinzip berufen und dieses seinerseits wieder rechtfertigen.

Wie jede andere Form der Induktionslogik führt auch die Wahrscheinlichkeitslogik zu einem unendlichen Regreß oder zu einem Apriorismus. Unabhängig davon, man hat nichts gewonnen, wenn man sagt, wissenschaftliche Gesetze seien Hypothesen, die sich durch einen hohen Grad der Wahrscheinlichkeit auszeichnen. Will man eine hohe Wahrscheinlichkeit, so muß man sich nur bemühen, sehr wenig oder besser nichts sagen. Tautologien werden immer die höchste Wahrscheinlichkeit haben, so die bekannte Wettervoraussage: «Wenn der Hahn kräht auf dem Mist, wird das Wetter anders, oder es bleibt, wie es ist.»

Wahrscheinlichkeitsannahmen lassen sich logisch weder verifizieren noch falsifizieren. Nehmen wir an, für das Münzwurfspiel «Wappen oder Zahl» gelte die Wahrscheinlichkeit 1/2. Durch noch soviel günstige Ergebnisse kann nicht bestätigt werden, daß die relativen Häufigkeiten beim Münzwurf immer 1/2 sind. Nehmen wir nun an, wir haben empirisch festgestellt, daß ausnahmslos immer wieder Zahl fällt. Dann werden wir in der Praxis unsere Hypothese aufgeben, dennoch kann von einer Falsifikation im logischen Sinn nicht die Rede sein. Man kann immer nur eine endliche Serie von Würfen beobachten, die Abweichungen mögen beliebig klein werden, die Wahrscheinlichkeit ist aber in jedem Fall größer als Null. Da Wahrscheinlichkeitsannahmen nicht falsifizierbar sind, ist es möglich, beliebige Gesetzmäßigkeiten durch Wahrscheinlichkeitsansätze zu erklären. Dies ist aber nicht das Verfahren der Naturwissenschaften. Sie verwerfen bzw. eliminieren bestimmte Hypothesen, aber nicht dadurch, daß sie den Grad der Wahrscheinlichkeit feststellen bzw. die Grenze ziehen, wo die Unwahrscheinlichkeit beginnt.

Deduktion statt Induktion

Da weder über Basissätze eine gesicherte Basis der Erkenntnis gewonnen werden noch das Induktionsproblem zufriedenstellend gelöst werden kann, schlägt Popper eine Lösung vor, die das Induktionsproblem umgeht und eher der Praxis der Forschung entspricht. Wie in der Logik und Mathematik gilt auch in den empirischen Wissenschaften nur ein Schlußverfahren, das deduktive.

Der Erkenntnisgewinn geht nicht so vonstatten, daß man Elementarsätze bzw. Protokollsätze, also Einzelerkenntnisse, sammelt und dann von diesen Einzelfällen aus induktiv allgemeine Gesetze findet, sondern man sucht die Einzelfälle im Lichte einer Fragestellung, eines Problembewußtseins, einer Theorie. «*Wir brauchen Gesichtspunkte, theoretische Fragestellungen.*» Die Theorie ist der Allsatz, mit dessen Hilfe man deduktiv das Eintreten bestimmter einzelner Ereignisse prognostiziert. Treten die vorausgesagten Ereignisse tatsächlich ein, so kann die Theorie als vorläufig verifiziert gelten; treten sie nicht ein, so hat sie als falsifiziert zu gelten.

Der Induktionslogiker geht von unzusammenhängenden Elementarerlebnissen aus. Ihr regelmäßiges Zusammentreffen muß ihm «zufällig» erscheinen. Er muß sich darüber wundern, denn er kann es ja nicht auf Theorien zurückführen, da er bemüht ist, die Theorien auf dieses regelmäßige Zusammentreffen zurückzuführen. Bei Poppers Ansatz lassen sich die Zusammenhänge zwischen unseren Erlebnissen aus den Theorien deduzieren und erklären. Wir gehen produktiv vor, wir entwerfen Theorien (auch Vorurteile sind in diesem Sinne Theorien), und diese Theorien lenken unsere Wahrnehmung. Und jede Theorie kann sich als fruchtbar erweisen; ob sie das ist oder sein wird, ergibt sich aus der Möglichkeit ihrer Falsifizierbarkeit. Für die Falsifizierung einer Theorie spielen Basissätze eine entscheidende Rolle. Wenn Allsätze nicht verifiziert werden können, weil man nicht alle möglichen Fälle prüfen kann, so können aus demselben Grund universelle Existenzsätze (Es-gibt-Sätze, z. B. ‹es gibt weiße Raben›) nicht falsifiziert werden. Man kann nicht die ganze Welt absuchen, ob es vielleicht doch noch einen Fall gibt, auf den der Existenzsatz zutrifft. Doch diese Schwierigkeit berührt die Möglichkeit der Falsifikation von Theorien nicht. Die geforderten Basissätze sind empirischer Natur, während universelle Es-gibt-Sätze nach Popper als nicht empirische Sätze betrachtet werden müssen. Es sind sozusagen «metaphysische» Sätze; der Satz ‹es gibt weiße Raben› ist genausowenig falsifizierbar wie der Satz ‹es gibt Gott›.

Die Funktion der Basissätze

Auch in Poppers Theorie spielen Basissätze eine entscheidende Rolle, doch nicht im Sinne einer letzten Begründung einer Theorie, sondern als eine Instanz, die zur Verwerfung einer Theorie führen kann, nicht muß, denn es wäre absurd, eine gut bewährte Theorie oder einen Teil dieser Theorie wegen eines einzigen Falls einer Falsifikation aufzugeben. Zunächst wird man diesen Fall überprüfen. Sollten sich die Ergebnisse bestätigen, wird man versuchen, die Theorie präziser zu fassen. Die Theorie wird erst aufgegeben, wenn an ihre Stelle eine neue Theorie tritt, die verspricht, die strittigen Fälle besser und die alten Fälle genausogut zu erklären. Nicht ein Einzelsatz falsifiziert eine Theorie, sondern erst eine empirische und das heißt eine zu falsifizierende Hypothese, die der Theorie widerspricht. Die neue Theorie erhält sozusagen einen Kredit, da ihr Erklärungsgehalt größer ist bzw. zu sein scheint als der der alten. Indem sie den Versuchen einer Falsifikation widersteht, wird sie sich bewähren und den Kredit einlösen.

Basissätze können eine Theorie nicht verifizieren, sondern nur bewähren, sie können sie aber falsifizieren. Indem Popper den Basissätzen eine andere Funktion zuweist, hat er auch den Schlüssel zur Lösung des Humeschen Problems der Induktion gefunden.

Dieses Problem ergibt sich aus der empiristischen Grundthese, daß nur «Erfahrung» über empirisch-wissenschaftliche Aussagen entscheiden kann, und aus der Einsicht in die Unzulässigkeit induktiver Beweisführung: Kein induktiver Schluß kann die generelle Gültigkeit von Allsätzen garantieren. Empirische wissenschaftliche Theorien zeichnen sich nicht dadurch aus, daß sie im Unterschied zu allen anderen Arten von Theorien ihre allgemeine Gültigkeit auf empirisch-methodischem Wege ausweisen. Wer dies verlangt, verlangt zuviel, er scheitert unweigerlich am unlösbaren Humeschen Problem. Verlangt man aber, daß die Auszeichnung empirischer Theorien nur darin besteht, daß sie falsifizierbar sein müssen, so verschwindet das Humesche Problem, denn die Methodik der Falsifikation setzt keine induktiven Schlüsse voraus. Der empiristische Grundsatz wird nicht verletzt.

Ein empirisch-wissenschaftliches System muß an der Erfahrung scheitern können.

Aber eine felsenfeste, im Idealfall – nach bestandener Verifikation – nicht mehr widerlegbare Theorie wird nicht verlangt, im Gegenteil, wissenschaftliche Theorien sollen so widerlegbar gemacht werden wie nur möglich, indem man sie systematisch der methodischen Nachprüfung aussetzt.

Die Falsifizierbarkeit einer Theorie ergibt sich aus der logischen Beziehung zwischen ihr und den Basissätzen. Als Basissätze gelten nicht irgendwelche ausgezeichnete Sätze (Elementarsätze), sondern alle «*Sätze, die behaupten, daß sich in einem individuellen Raum-Zeit-Gebiet ein beobachtbarer Vorgang abspielt*», also alle denkbaren Tatsachenfeststellungen. Das System der Basissätze enthält damit auch Sätze, die sich widersprechen können. Nur logisch in sich widerspruchsvolle Sätze sind ausgeschlossen. Eine Theorie heißt empirisch, wenn sie die Klasse aller überhaupt möglichen Basissätze in zwei nicht leere Teilklassen zerlegt, (1) in die Klasse, die sie «*verbietet*», da sie mit der Theorie in Widerspruch steht (die Klasse der Falsifikationsmöglichkeiten der Theorie) und (2) in die Klasse, die sie *«erlaubt»*, mit denen sie nicht in Widerspruch steht. *«Eine Theorie ist falsifizierbar, wenn die Klasse ihrer Falsifikationsmöglichkeiten nicht leer ist.»*

Dies läßt sich durch folgendes von Popper verwendetes Bild verdeutlichen. Wenn man sich die Klasse aller überhaupt möglichen Basissätze durch einen Kreis veranschaulicht und die Vorgänge entlang der Radien (mindestens als schmale Sektoren) anordnet, so muß es zu jeder empirischen Theorie mindestens einen Sektor geben, den sie verbietet. Je breiter dieser Sektor ist, desto größer ist dann die Klasse der Falsifikationsmöglichkeiten dieser Theorie. Diese Theorie hat mehr Gelegenheit, durch mögliche Erfahrung widerlegt zu werden, und dies bedeutet, daß diese Theorie mehr über die Erfahrungswirklichkeit aussagt als eine Theorie mit einem schmaleren Sektor von Falsifikationsmöglichkeiten, denn sie zeichnet eine größere Klasse von Basissätzen als verboten aus. Der empirische Gehalt einer Theorie wächst mit ihrem Falsifizierbarkeitsgrad.

Dogma und Wahrheit

Aus Erlebnissen, und seien es ausgezeichnete Erlebnisse, sogenannte elementare Gegebenheiten, lassen sich keine Sätze begründen. Die Entscheidung darüber, welche Sätze ausgezeichnet werden, wird nicht durch unsere Erlebnisse begründet. Die subjektiven Überzeugungserlebnisse mögen noch so gewiß sein, ihre Auszeichnung ist, logisch betrachtet, eine willkürliche Festsetzung. Nicht irgendeine ausgezeichnete Klasse fungiert als Klasse der Basissätze; alle Sätze, die über Tatsachen reden, können als Basissätze fungieren. Die Festsetzung der Basissätze erfolgt anläßlich der Anwendung der Theorie und ist ein Teil der Anwendung, nämlich die Erprobung der Theorie. Theorieabhängige Festsetzungen sind es also, die über das Schicksal der Theorie entscheiden, aber immerhin noch Festsetzungen.

Wahrheit läßt sich nicht auf Gewißheit gründen. Gewißheit

hat subjektiven Charakter. Wahrheit stellt den Anspruch, objektiv gültig zu sein. Aber wie kann die Wahrheit einer Theorie objektiv gültig sein, wenn sie von der Festsetzung der Basissätze abhängig ist? Wird die Frage nach der Wahrheit nicht zu einer Sache der Konvention?

Für Popper gibt es auf dem Gebiet des empirischen Wissens kein wahres Wissen, keine wahre Theorie. Jedes Wissen ist *Vermutungswissen*. Eine Theorie ist nicht wahr, sondern nur bewährt. Dennoch ist Popper ein Vertreter einer Theorie der objektiven Wahrheit. Wissenschaftliche Sätze sind objektiv. Ihre Objektivität liegt darin, daß sie intersubjektiv nachprüfbar sind. Auch die Sätze, die zur empirischen Basis zählen, müssen intersubjektiv nachprüfbar sein. Intersubjektive Nachprüfbarkeit besteht darin, daß aus den zu prüfenden Sätzen andere nachprüfbare Sätze deduziert werden können. Ist dann nicht ein deduktiver Abstieg ad infinitum möglich? Stoßen wir nicht auf der untersten Ebene, der der Basissätze, auf das Problem des infiniten Regresses, das der Induktionslogiker auf der höchsten Ebene, der der Verallgemeinerung, hat? Gewiß handelt es sich um ein Problem, aber nicht um einen unendlichen Regreß, da die Basissätze nicht begründet werden müssen. Man kann die Nachprüfbarkeit nicht ad infinitum fortsetzen, man muß irgendeinmal abbrechen. Man muß bei Basissätzen abbrechen, die anerkannt werden. An irgendeiner Stelle müssen wir uns für vorläufig befriedigt erklären. Aber niemals zwingen uns die logischen Verhältnisse, bei bestimmten ausgezeichneten Basissätzen stehenzubleiben. Es gibt keine absoluten letzten Sätze, die (dogmatisch) hingenommen werden müßten, weil es aus logischen Gründen nicht möglich ist, sie nachzuprüfen.

Wenn es die Umstände fordern, könnte man die Basissätze, bei denen man stehenblieb, nachprüfen, nur wird man dann bei anderen Basissätzen durch Festsetzung stehenbleiben müssen. Die Basissätze haben also insofern den Charakter von Dogmen, als man sie nicht begründen kann, doch dieser Dogmatismus ist harmlos, denn sie können ja, falls ein Bedürfnis dazu auftritt, weiter nachgeprüft werden. Dieser Dogmatismus beruft sich nicht auf Autoritäten, sei es nun die eines Apriori oder die eines ausgezeichneten nicht weiter begründbaren Faktums. Wissen ohne einen gewissen Dogmatismus scheint es nicht zu geben, doch darf es kein autoritärer Dogmatismus sein. Ein solcher verhindert, daß man Irrtümer erkennt. Er verhindert damit den Wissensfortschritt. Er führt uns nicht zur Wahrheit, sondern weg von der Wahrheit.

Theorien können nicht wahr sein, Theorien können sich nur bewähren. Eine Begründung von Theorien durch letzte Gewißheiten ist eine dogmatische Festlegung, sie nimmt den Theorien die Chance zur Bewährung. Theorien bewähren sich im Wettbewerb und nicht durch eine logische Begründung (Rationalismus) bzw. durch eine logische Zurückführung auf die Erfahrung (Empirismus). Die Theorie, die am strengsten überprüft werden kann, wird bevorzugt. Sie kann sich in der Auslese der Theorien am besten behaupten. Sie gilt als «wahr». Der Konflikt zwischen Rationalismus und Empirismus um die letzten sicheren Gegebenheiten unserer Erkenntnis ist hinfällig und damit gelöst. Letzte sichere Gegebenheiten gibt es nicht.

> *So ist die empirische Basis der objektiven Wissenschaft nichts* ‹Absolutes›, *die Wissenschaft baut nicht auf Felsengrund. Es ist eher ein Sumpfland, über dem sich die kühne Konstruktion ihrer Theorie erhebt.*

Rationalismus – Irrationalismus

Wissenschaft ist eine geniale Schöpfung, eine Erfindung, nicht eine Entdeckung. Natürlich werden dann innerhalb der Wissenschaften, wenn einmal eine Theorie erfunden wurde, Entdeckungen gemacht. Der Wissenschaftler, der die theoretischen Gedankengebäude entwirft und konstruiert, gleicht dem Künstler, er ist frei, begrenzt wird er nur durch die Problemlage und die Möglichkeiten seiner Zeit. Wie die Tätigkeit des Künstlers ist auch die des Wissenschaftlers eine Tätigkeit der Phantasie, der wesentliche Unterschied liegt darin, daß die Produkte des wissenschaftlichen

Genies Falsifikationsmöglichkeiten ausgesetzt werden, intersubjektiv nachprüfbar sein müssen und sich so bewähren können. Darin liegt ihre Objektivität. Die Objektivität der Wissenschaften ist die der rationalen intersubjektiven Überprüfung und Diskussion.

Die Grundlage aller menschlichen Tätigkeiten sind Entscheidungen. Die «letzten» Entscheidungen sind nicht (letzt)begründbar, insofern sind sie irrational. Diese irrationale Basis all unseres Tuns ist der Preis der Freiheit, der menschlichen Autonomie. Kant hat diese Autonomie erkannt und herausgestellt, aber bei ihm zeigt sie sich, indem sie sich einer objektiven Instanz, nämlich der Autorität der Vernunft, unterwirft. Diese Autorität ist eine Illusion, sie gibt es nicht. Im Namen der Vernunft wurden nicht nur Irrtümer als Wahrheiten hingestellt, sondern im Namen der Vernunft wurden Ungeheuerlichkeiten begonnen. Wir haben bescheiden unsere Kontingenz, unsere Zufälligkeit, das irrationale Fundament unseres Daseins zu akzeptieren. Wir haben zu akzeptieren, daß wir aufgrund dieser Kontingenz irgendwo bei Annahmen, bei Festsetzungen beginnen müssen, sei es in der Wissenschaft (Erkenntnis), sei es im Handeln (Ethik). Wollen wir dies nicht anerkennen, so zahlen wir einen teuren Preis: die Unterwerfung unter dogmatische Autoritäten. Basisannahmen sind nicht begründbar und brauchen nicht begründet zu werden, sie sind beliebig. Aber diese Beliebigkeit ist nicht zu verwechseln mit einem Relativismus der Wahrheit und der Werte. Jede Annahme, jede Hypothese, jede Theorie, jedes Vorurteil ist zunächst berechtigt. Da wir keine Gewißheit gewinnen können und da wir von kontingenten Voraussetzungen ausgehen, können wir nicht von vornherein irgendwelche Hypothese ausschließen. Gerade die ausgeschlossene Hypothese könnte sich als fruchtbar erweisen. Aber wir können sie prüfen, und dank dieser Prüfung können wir die bessere finden. Wir gelangen nie in den Besitz der Wahrheit, wir werden unsere Wahrheiten immer wieder revidieren müssen, aber wir werden nicht alles als gleichermaßen wahr, richtig, gut etc. ansehen. Was vor der kritischen Prüfung nicht besteht, werden wir zunächst verwerfen, wir werden nicht die Wahrheit erreichen, aber wir können feststellen, was sich stärker der Wahrheit nähert.

Die Wahrheit ist der nie zu erreichende objektive Grenzwert, an dem sich die kritische Prüfung ausrichtet. Der Vorwurf, Poppers kritischer Rationalismus sei ein Irrationalismus (so Adorno, Habermas u. a.), verkennt die Tatsache unserer menschlichen Beschränktheit, die Unmöglichkeit eines bedingungslosen Anfangs. Rational ist nicht das Fundament, die Gründung in irgendwelcher Vernunft, sei es in einer göttlichen oder einer autonom menschlichen, rational ist die Methode. Diese Methode ist die der kritischen Prüfung. Sie ist rational, weil sie uns hilft, unter der Vielzahl der konkurrierenden Theorien und Vorstellungen die auszuwählen, die momentan, d. h. zu dem betreffenden Zeitpunkt, die beste ist. Sich so zu verhalten, ist vernünftig. Popper bekennt sich zu der Tradition der Aufklärung, und er bekämpft radikal jegliche Autorität.

Normative Forderungen und wissenschaftliche Erkenntnis

Nun wurde gegen Popper selbst der Vorwurf des Dogmatismus erhoben. Und in der Tat hat er seine Position gegen jede Kritik verteidigt und sie nie – wie Wittgenstein und Carnap – revidiert oder gar verworfen. Logisch gesehen ist seine Theorie nicht falsifizierbar, denn eine Falsifikation würde sie bestätigen. Praktisch wurde sie in einem gewissen Sinn innerhalb seiner Schule falsifiziert. Die Wissenschaftsgeschichte zeigt, einleuchtende Beispiele finden sich bei Thoma S. Kuhn (*Die Struktur wissenschaftlicher Revolutionen*) und bei dem enfant terrible des kritischen Rationalismus, bei Paul Feyerabend (*Wider den Methodenzwang*), daß der Theorienwechsel nicht auf die Weise erfolgt, wie er nach Poppers Logik der Forschung erfolgen müßte. Neue Theorien werden nicht übernommen, weil sie besser sind, sondern weil sie begeisterte Anhänger finden, die an sie glauben, sie propagieren und durchsetzen, obwohl, strenggenommen, die alten Theorien noch nicht falsifiziert sind und die neuen ihre Tauglichkeit noch nicht unter Beweis gestellt haben. Alte Theorien werden nicht falsifiziert, sie sterben, weil ihre Vertreter aussterben. Der Theorienwechsel läßt sich mit einem Wechsel der Mode vergleichen; er geschieht nicht nach streng rationalen Gesichtspunkten.

Doch Popper beschreibt nicht die tatsächliche Methode des wissenschaftlichen Vorgehens, die Logik des Entdeckens. Hier spielen, was Popper nicht bestreitet, viele irrationale Faktoren, Intuition, Begeisterung, Hoffnungen, eine (und wohl auch die entscheidende) Rolle. Popper beschreibt die Logik des Begründens. Wenn Wissenschaften kein völlig irrationaler Prozeß sind – und offensichtlich sind sie dies nicht –, dann müssen sich ihre Theorien, ganz egal, wie sie gefunden wurden, rational rechtfertigen lassen. Und es spricht viel dafür, daß eine solche Rechtfertigung nach Poppers Methode geht. Die Forderung der Falsifizierbarkeit gilt für empirische Theorien. Poppers Theorie ist aber keine empirisch wissenschaftliche Theorie, sondern eine logische Theorie. Sie ist ein Vorschlag, wie die logische Struktur von empirischen Theorien aussehen sollte, eine Methodologie, für die viele Gründe sprechen.

Poppers Position bedeutet:

1. Eine Anerkennung der Bedeutung der Tradition. Die Tradition wird weder konservativ verherrlicht wie bei den Romantikern noch progressiv verworfen wie in der Aufklärung. Die Tradition ist schlicht unsere Startbasis. Wir leben und wir forschen im Rahmen einer Tradition, die uns die Fragen und die Probleme und auch Lösungen vorgibt. Diese Lösungen verwerfen wir nicht von vornherein, wir prüfen sie, und da, wo sie versagen, suchen wir neue, bessere Lösungen.

2. Die Forderung der Toleranz und des Pluralismus. «*Anything goes*» wendet Paul Feyerabend polemisch gegen Popper ein. Doch Feyerabend scheint mit seiner Devise den methodischen Pluralismus zu verlassen und Positionen eines anarchistischen Relativismus zu vertreten, der besagt, daß alle Thesen intellektuell mehr oder weniger gleich vertretbar sind. Dies ist nicht die Haltung Poppers. Doch betont Popper immer wieder, daß (zunächst) alles

erlaubt ist, nichts ist von vornherein verboten. Gerade in der Vielfalt der Annahmen, der Methoden, der Hypothesen, in ihrer Konkurrenz liegt die Chance, die Wahrheit zu finden. Je mehr Theorien, desto besser ist es im Interesse der Wahrheitssuche.

3. Die Forderung der Fairneß und Offenheit für Kritik. Ich muß nicht nur konkurrierenden Theorien eine faire Chance geben, sich zu bewähren, ich muß meine Theorie fairerweise der Gefahr aussetzen, scheitern zu können. Ich muß meine Theorie falsifizierbar machen. Ich muß sie so klar wie möglich formulieren, um sie ganz unzweideutig der Widerlegung auszusetzen, darf keine Taktiken annehmen, die sie immunisieren. Ich darf z. B. nicht dauernd die Theorie oder das Beweismaterial neu formulieren, um sie in Übereinstimmung mit den empirischen Fakten zu halten und dadurch systematisch einer Widerlegung auszuweichen. Dies tun z. B. der Marxismus und die Psychoanalyse. So haben Marx und die frühen Marxisten vorausgesagt, daß unter den Bedigungen a, b, c ... die Revolution ausbrechen wird. Dieser prognostische Gehalt macht ihre Theorie empirisch falsifizierbar. Als aber die Revolution trotz erfüllter Randbedingungen ausblieb, haben sie gesagt, die Umstände sind noch nicht soweit. Sie weigerten sich, die Falsifikation zur Kenntnis zu nehmen, und lieferten ohne Unterlaß Neuformulierungen der Theorie. Die Theorien von Freud, Adler, Jung sind nach Popper nicht widerlegbar. Jedes Vorkommnis wird als eine Bestätigung ihrer Theorie erklärt. So werden nach Freud Träume als Ausdruck von verdrängten sexuellen Wünschen gedeutet. Aber diese Deutung kann man nicht widerlegen, denn eine Ablehnung gilt geradezu als ein Beweis für eine Verdrängung der uneingestandenen Wirksamkeit der Sexualität.

4. Die Forderung der Redlichkeit. Es gilt nicht, unsere Fehler zu vertuschen, sondern wir müssen von unseren Fehlern lernen, um Fehler zu vermeiden. Fehlervertuschen ist die größte intellektuelle Sünde.

5. Die Forderung der Freiheit. Selbstkritik ist oft schwer und Kritik von außen unangenehm und oft unerwünscht (kann z. B.

der Karriere schaden). Es gibt viele psychologisch erklärbare Hemmnisse, die Niederlage einzugestehen. Auch ist am Anfang die Niederlage nicht gleich eindeutig. Daher ist man durchaus berechtigt, seine Auffassung zu verteidigen, an ihr festzuhalten. Wichtiger als Selbstkritik ist die öffentliche Kritik in Form der rationalen Diskussion. Die ungestörte Möglichkeit dieser Kritik gilt es zu garantieren, am besten institutionell, um sie vor der Arroganz und der Anmaßung der Macht, der Autorität zu schützen. Es ist vor der Öffentlichkeit, vor der sich Theorien bewähren.

6. Eine Haltung der Bescheidenheit. Popper zitiert immer wieder Sokrates' Ausspruch: «Ich weiß, daß ich nichts weiß.» Wissen kann für Popper nur diese Form des Nichtwissens haben, und zwar ganz konkret. Einmal ist Wissen Vermutungswissen. Mit jeder Lösung eines naturwissenschaftlichen Problems wachsen die Zahl und die Schwierigkeiten der offenen Probleme, und zwar schneller als die Lösungen. Unser hypothetisches Wissen ist endlich, unser Nichtwissen unendlich. Zum andern wird angesichts des Erkenntnisfortschritts, angesichts des angehäuften Wissensstoffs jeder sagen müssen, daß sein begrenztes Wissen verschwindend gering ist. Selbst der Gelehrteste ist in diesem Sinn unwissend.

Sokratisches Wissen

In der platonischen Tradition wie der sokratischen steht Wissen unter dem Ideal der Wahrheit. Und doch besteht zwischen dem platonischen Wissenskonzept und dem sokratischen Wissen ein großer Unterschied. Bei Sokrates führt das Sichmühen um die Wahrheit zu der Einsicht in das eigene Nichtwissen, während bei Platon der Philosoph im Gegensatz zu den anderen Sterblichen in den Besitz der Wahrheit gelangt. Wenn man platonisch glaubt, im Besitz der Wahrheit zu sein, dann darf man keine Fehler machen. Fehler sind strengstens verboten, sie sind Verstöße gegen die Wahrheit. Der Fehler ist unerlaubt, wer einen Fehler begeht, vergreift sich an der Wahrheit. Hat man Fehler gemacht, so kann es daher besser sein, sie nicht zuzugeben, denn es besteht die Gefahr, daß man wegen der Fehler verworfen und verurteilt wird. So werden Fehler vertuscht, um der Autorität willen. Das Ideal vom Besitz der Wahrheit führt – so Popper – zur Intoleranz. Nach dem sokratischen Konzept der Wahrheit sind Fehler eine Tugend. Wir Menschen können Fehler nicht vermeiden. Wir lernen nur durch Versuch und Irrtum. Wir lernen aus Fehlern und können aus Fehlern lernen, Fehler zu vermeiden, z. B. einen der schlimmsten, im Namen der Wahrheit den Gegner zu verfolgen.

Poppers Methodologie hat einen doppelt normativen Charakter. Einmal beschreibt sie die logischen Strukturen des wissenschaftlichen Erkenntnisgewinns, zum andern formuliert sie ethische Prinzipien als regulative Prinzipien dieses Prozesses. Die Idee der Wahrheitssuche, die Idee der Annäherung an die Wahrheit und die obengenannten Forderungen sind ethische Prinzipien. Deshalb ist es nicht erstaunlich, daß Popper von seinem erkenntnistheoretischen Ansatz (dem Fallibilismus) aus einen fruchtbaren staatstheoretischen Ansatz entwickeln konnte. Wesentlich ist nicht die Suche nach der idealen Staatsform, nach dem idealen Herrscher, nach dem Guten. Nicht die Frage, wer soll regieren, ist entscheidend, sondern die Frage, wie kann man Fehler, Irrtümer revidieren, wie kann man den Herrscher auf unblutige Weise loswerden. Wir wissen nicht, was die Wahrheit ist. Wir wissen nicht, was das Gute ist. Aber wir wissen, was schlecht ist. Was Leid ist, ist leichter zu bestimmen als das, was Glück ist. Die Devise lautet nicht, schaffe das Glück (Utopien einer glücklichen Gesellschaft führten oft zu sehr konkretem Unglück), sondern verringere das Leid.

Popper ist kein Systemdenker. Er geht nicht vom Ganzen, von einem Systemgedanken aus und versucht nicht, alles in dieses System (gewaltsam) einzufügen. Er geht von Einzelproblemen aus und sucht für diese Lösungen. Doch dank seines methodischen Ansatzes kommt es zu einer Einheit in seinem Denken. Wie bei Platon bilden bei Popper Erkenntnistheorie und Ethik eine Einheit. Aber nicht weil die Idee des Wahren und des Guten eins sind. Bei Popper ergibt sich die Einheit nicht aus einem Ziel, der Verwirklichung des Wahren und Guten, sondern sie erwächst aus dem Ansatz, den fallibilistischen Lösungsversuchen der Probleme.

Platonische Ideen – die Drei-Welten-Lehre

Noch in einem anderen Sinn findet sich bei Popper, dem Antiplatoniker, eine interessante Parallele zu Platon. Seine Drei-Welten-Lehre kann als eine Wiedereinführung der platonischen Ideen und als eine Lösung der Probleme der Ideenlehre verstanden werden.

Die Drei-Welten-Lehre besagt, daß unsere Wirklichkeit aus drei untereinander verbundenen und irgendwie aufeinander einwirkenden Welten besteht. In der Reihenfolge ihres Auftretens sind dies die «Welt 1», «Welt 2» und «Welt 3».

Die «Welt 1» ist die physische Welt. Zu ihr gehören alle Körper, die lebenden und nicht-lebenden, aber auch Zustände und Vorgänge wie Spannungen, Bewegungen, Kräfte, Kraftfelder. «Welt 2» ist die psychische Welt. Sie enthält alle bewußten und vermutlich auch unbewußten Erlebnisse. «Welt 3» ist die Welt der Produkte des menschlichen Geistes. Es ist die Welt der Ideen, der Kunst, der Wissenschaft, der Sprache, der Ethik, der Institutionen, kurz das gesamte kulturelle Erbe. Welt 3 enthält solche Dinge wie Werke der Kunst, Bücher, Symphonien, Theorien, aber auch solche Dinge, die gleichzeitig zur Welt 1 gehören wie Geräte, Werkzeug, Maschinen. Alle geplanten und gewollten Produkte der menschlichen Geistestätigkeit gehören in die Welt 3.

Es gibt Philosophen, die nur die Welt 1 für wirklich halten. Dies sind die Materialisten. Es gibt Philosophen, die nur die Welt 2 für wirklich halten, dies sind Immaterialisten. Und dann gibt es Dualisten, die annehmen, daß sowohl die physische Welt 1 als auch die psychische Welt 2 wirklich sind. Popper nimmt an, daß auch die Welt 3 wirklich ist. Nicht nur ihr materieller Teil, wie Automobile, Häuser usw., die physischen Produkte des menschlichen Geistes, die zur Welt 1 gehören, sondern auch ihr immaterieller Teil, die geistigen Produkte, die weder zur Welt 1 noch zur Welt 2 gehören. Diese bestehen objektiv, d. h. unabhängig von einem einzelnen Bewußtsein. Die Welt 3 enthält logische Gegenstände, die man mit Platon Ideen nennen könnte, die sich aber im Gegensatz zu Platon mit der Zeit ändern können. Sie haben keine ewige transzendente Realität. Sie sind historisch entstanden, aber als Produkte des menschlichen Geistes sind sie objektiv in dem Sinn, daß sie auf uns zurückwirken. Sie sind autonom. Sie bilden die Gegenstände der objektiven Erkenntnis.

> *Beispiele für objektive Erkenntnis sind Theorien, die in Zeitschriften oder Büchern veröffentlicht und in Bibliotheken aufgenommen worden sind; Diskussionen über solche Theorien; Schwierigkeiten oder Probleme, die im Zusammenhang mit solchen Theorien aufgezeigt wurden; und so weiter.*

Sie schaffen z. B. Probleme, die wir nicht voraussehen konnten (man denke nur an die ökologische Krise als Folge unserer technologischen Erfindungen) und die unsere Wirklichkeit bestimmen. Daß die Produkte des Geistes eine eigene Wirklichkeit haben, die in dem Augenblick, als sie gestaltet, erfunden wurden, sich nicht voraussehen läßt, zeigt Popper sehr schön an dem Beispiel der Mathematik und euklidischen Geometrie. So war, als man die Zahlenreihe erfand, das Problem, ob die Folge der Primzahlen unendlich oder endlich ist, einfach nicht da. Es war versteckt, und damit war es doch da in einem rein ideellen und abstrakten Sinn, ohne irgendwelche physische oder psychische Spuren zu hinterlassen. Die Mathematik ist unsere Erfindung, aber der größte Teil der Mathematik ist objektiv und gleichzeitig abstrakt. Obwohl Menschenwerk, ist die Mathematik ein an sich existierendes objektives Gebiet.

Die Wechselwirkungen zwischen Welt 1, Welt 2 und Welt 3 sind das, was man als die Gestaltung der Wirklichkeit betrachten kann. Diese Wechselwirkung besteht aus vielfachen Rückkoppelungen, und wir greifen bewußt durch die Methode des Versuchs und Irrtums in diese Rückkoppelung ein. Die Gestaltung der Wirklichkeit ist unser Werk. Wir schaffen die Wirklichkeit, und wir schaffen uns «neu», indem wir durch unser Werk die Wirklichkeit schaffen. Der Prozeß der Gestaltung der Wirklichkeit kann nur verstanden werden, wenn wir diese drei Welten verstehen und die Art und Weise, in der die drei Welten aufeinanderwirken. Welt 2, die Welt unseres Bewußtseins, hat eine Mittelstellung, durch unser Bewußtsein (Welt 2) beziehen wir uns auf Welt 1 wie auf Welt 3, ein direkter Bezug zwischen Welt 1 und Welt 3 ist nicht möglich.

Erkenntnis ohne erkennendes Subjekt

Was ist der Witz dieser Darstellung? Popper gibt eine «*Erkenntnistheorie ohne erkennendes Subjekt*». Die Versuche, eine Erkenntnistheorie vom Sein aus zu konstruieren (Antike), scheiterten, die Ansätze beim Subjekt ebenfalls. Die analytische Sprachphilosophie vermeidet erkenntnistheoretische Positionen. Dies gilt sowohl für Carnap (erinnert sei an seine Behandlung des Basisproblems und an sein Toleranzprinzip) wie die Philosophie der normalen Sprache. Damit wird nicht bestritten, daß sich einzelne erkenntnistheoretisch relevante Ergebnisse finden (erwähnt seien *Der Begriff des Geistes* des Oxforder Sprachphilosophen Gilbert Ryle oder Wittgensteins Beiträge zum Leib-Seele-Problem). Popper ist insofern eine Ausnahme in der philosophischen Landschaft des 20. Jahrhunderts, als er ausdrücklich eine erkenntnistheoretische Stellung bezieht. Bei Popper hat das Subjekt (Welt 2) eine vermittelnde Stelle. Welt 1 und Welt 3 bestehen «objektiv» im Sinne des Realismus. Nicht nur die physische Welt, auch die Welt der logischen Gestalten ist eine Realität. Sie ist subjektiv, nur in einem nebensächlichen Sinn. Einzelne Individuen haben Welt-3-Sätze erdacht, gefunden, geäußert. So kann man natürlich sagen, daß sie denen «gehören», die sie zuerst geäußert haben (einige kann man sogar patentrechtlich oder urheberrechtlich schützen). Aber einmal geäußert, bestehen sie, losgelöst von den Subjekten, im objektiven Raum des «Geistes».

Hier nimmt Popper, der wohl die brillanteste Widerlegung der Hegelschen Geschichtsphilosophie *(Das Elend des Historizismus)* geschrieben hat, einen Hegelschen Gedanken auf, den des «objektiven Geistes». Hegels objektiver Geist soll Subjekt und Objekt vermitteln und so die Kluft zwischen der antiken Seinsontologie und der modernen Bewußtseinsphilosophie schließen. Doch der Begriff «Geist» gehört in die Bewußtseinsphilosophie. Nichts dergleichen bei Popper. Seine Welt 3 ist eine Welt des Satzes. Objektive Erkenntnis ist, wörtlich genommen, ein Gewebe von Sätzen. Popper sieht die Erkenntnistheorie konstituiert durch die Art und Weise, in der Welt 1 und Welt 3 interagieren. Welt 2, die Welt des Bewußtseins, ist nur noch das Vehikel dieses Prozesses. Sie ist erkenntnistheoretisch ausgeschaltet. Es ist völlig belanglos, wie man das Bewußtsein konstituiert, empiristisch oder transzendental. Was für den Erkenntnisprozeß und den Erkenntnisfortschritt zählt, sind die Prozesse der Interaktion zwischen Welt 1 und Welt 2. Die subjektive Wende der Philosophie, das Wichtignehmen des Bewußtseins, war – wen erstaunt es in der Aufbruchstimmung der Neuzeit – ein Sich-selbst-Wichtignehmen. Gott hat die ganze Welt im Kopf. Der ideale Gelehrte, der richtig Wissende ist der, der alles im Kopf hat. Daß dies nicht menschenmöglich ist, plagt Goethes Faust. Die Philosophie von Descartes bis Kant (und noch ein bißchen weiter) zeigt, daß der Mensch dank seiner Gottähnlichkeit die ganze Welt im Kopf haben kann in dem Sinne daß er sie konstituiert. Nichts davon bei Popper. Das Wissen in den Köpfen der Menschen ist bei weitem nicht so wichtig wie das Wissen in den Bibliotheken. Das erkennende Subjekt ist eine Fiktion. Öffentliche Erkenntnis ist gegenüber der Welt 2 autonom. Obwohl ein Produkt menschlichen Strebens, hat sie eine eigene Existenz, vielleicht sogar ihre eigenen Gesetze.

Wissen als Anpassung

Popper nennt seine Theorie *einen evolutionären Entwurf*, so der Untertitel seiner Aufsatzsammlung *Objektive Erkenntnis*. Er bekämpft die *ehrwürdige Idee*, daß unser Wissen, besonders unser wissenschaftliches Wissen, stets mit Beobachtungen anfange. Diese Idee führte zum traditionellen und immer noch weitverbreiteten Verständnis der wissenschaftlichen Methode. Die Naturwissenschaften sind experimentelle Wissenschaften, und gerade dem Experiment verdanken sie ihren Erfolg und ihren Fortschritt. Am Anfang stehen Beobachtung und Experiment. Dann folgt die induktive Verallgemeinerung, diese führe zu einer Gesetzeshypothese, diese Hypothese wird durch Versuche verifiziert und somit entweder widerlegt oder bestätigt; bestätigte Hypothesen, sogenannte Naturgesetze, gelten als Wissen. Der Fortschritt besteht in der Akkumulation des Wissens (hin zu dem Ideal eines vollkommenen Wissens).

Diese Reihenfolge ersetzt Popper durch eine andere. Wir gehen von einem Problem aus, das sich aus dem Versagen einer vorliegenden Theorie (oder einer Erwartung) ergibt. Wir antworten darauf mit Lösungsvorschlägen bzw. vorläufigen neuen Theorien. Aus diesen leiten wir überprüfbare Behauptungen ab, die wir dem Test der Falsifikation (Beobachtung, Experiment, Kritik) aussetzen. Werden sie das Opfer einer Falsifikation, ziehen wir eine der konkurrierenden Theorien vor. Diese jetzt geltende Theorie führt wieder zu Problemen, und der Prozeß beginnt auf einer anderen Stufe von vorn. Der Fortschritt ist ein Fortschritt von Wissen zu Wissen, aber gleichzeitig – was wesentlicher ist – ein Fortschreiten von Problemen zu Problemen.

Wir können diesen Prozeß auch rückwärts verfolgen. Hinter jeder Theorie steht eine ältere Theorie. Und wenn wir die Kette zurückschreiten, kommen wir zu Erwartungen, die angeboren sind. Jeder Organismus besitzt angeborene Reaktionen, darunter auch solche, die zukünftigen Ereignissen angepaßt sind. Solche Reaktionen nennt Popper «Erwartungen». Zwischen angeborenen Erwartungen und Theorien besteht eine Analogie: Beide sind versuchsweise Anpassungen an die Welt, und beide können scheitern. Sowohl die organische Anpassung (Entwicklung der Arten, Darwin) als auch die Entwicklung der Wissenschaften charakterisiert Popper mit folgendem Schema:

$P_1 \rightarrow VT \rightarrow FE \rightarrow P_2$

(«P» bedeutet «Problem»; «VT» bedeutet «vorläufige Theorie»; «FE» bedeutet «[versuchte] Fehlerelimination».)

Dieses Schema macht auch deutlich, wo der wesentliche Unterschied liegt. Er liegt in «FE». Organismen bezahlen die mißlungene Problemlösung (Anpassung) mit ihrem Aussterben. Unser Problemlösen muß nicht so risikoreich sein.

Auf der vorwissenschaftlichen Stufe werden wir oft selbst zusammen mit unseren falschen Theorien zerstört, eliminiert. Auf der wissenschaftlichen Stufe versuchen wir systematisch, unsere falschen Theorien zu eliminieren – wir versuchen, unsere Theorien an unserer Stelle sterben zu lassen.

Die wissenschaftliche Stufe kennt nicht nur keinen Dogmatismus, sie ist auch human.

Mythen und Metaphysik

Wissen ist Repräsentation. Dies war die gemeinsame Grundauffassung aller verschiedenen Wissenskonzepte von Parmenides bis Wittgenstein, von Demokrit bis Einstein und Heisenberg. Wissen ist gerechtfertigt, wenn es das, was es repäsentiert, richtig repräsentiert. Die Suche nach dieser Rechtfertigung war Aufgabe der Philosophie.

Wissen ist Anpassung. Indem sie Probleme lösen, passen sich Organismen an die Umwelt an. Anpassungen sind nicht gerechtfertigt, sie sind Experimente. Sie werden geduldet von der Umwelt. Theorien ebenfalls. Auch sie sind nicht gerechtfertigt. Popper verläßt die uralte Tradition der Philosophie, in die auch noch der späte Wittgenstein gehört, so radikal neu und revolutionär dessen Ansatz erscheint: die Rechtfertigung des Wissens durch Berufung auf irgendwelche letzten Instanzen, Apriori-Kategorien, Elementarsätze, die Sprache. Dies alles sind Mythen. Philosophie beginnt mit Mythen und der Kritik an Mythen. Sie zerstört den Mythos des Olymps, den Mythos des Seins, den Mythos des erkennenden Subjekts, den Mythos der empirischen Sätze, den Mythos der Gewißheit, den Mythos der Sprache. Sie zerstört Mythen, indem sie von Mythen ausgeht. Mythen sind Erzählungen, die sich nicht als wahr ausweisen können, die aber als wahr geglaubt werden. Daß wir bei irgendeiner «Erzählung» aufhören müssen, daß Philosophie in Mythen gründet, was ist daran schlimm? Erst wenn Mythen dogmatisch geglaubt werden, als wahr verteidigt werden, dann wird es gefährlich.

Theorien sind nicht gerechtfertigt. Und die Metaphysik? Auch sie ist nicht gerechtfertigt und kann Theorien nicht rechtfertigen. Wo liegt dann der Unterschied zwischen Metaphysik und Wissenschaft? Wo die Grenze? Metaphysik ist nicht Wissenschaft. Ihre Sätze sind nicht empirisch widerlegbar. Sind sie deshalb sinnlos? Solange sie kritisierbar sind, sind sie vernünftig. Sie sind kein Unsinn. Man braucht keine Berührungsangst vor der Metaphysik zu haben. Nicht Metaphysik an sich ist verwerflich, sondern Metaphysik einer bestimmten Gestalt. Doch dies merkt man nicht an irgendwelchen «einfachen» Abgrenzungskriterien. Dies merkt man im Wettstreit der «Theorien». Philosophie ist Metaphysik und hat Metaphysik zu sein. Als Metaphysik hat sie Wissenschaften inspiriert, ihr Richtung und Wege gewiesen.

Erinnert sei an Demokrits Atomtheorie. Sie war rein spekulativ, wurde bestritten, verworfen. Doch, so dürfen wir uns fragen, was für eine Gestalt hätten Physik und Chemie heute, wenn diese spekulative Theorie nie erdacht worden wäre? Erinnert sei an Platons Ideenlehre und ihre (nicht für jedermann offensichtliche) Verflechtung mit mathematischen und logischen Erkenntnissen (noch Frege war Platoniker), an Descartes, an alle in diesem Buch behandelten Autoren. Spekulationen können äußerst fruchtbar sein. Ob sie es sind oder nicht, sieht man Spekulationen nicht von vornherein an. Es wäre verhängnisvoll, Spekulationen wegen ihres metaphyischen Charakters zu verbieten. Man muß ihnen eine Chance geben. Ohne Metaphysik keine Erkenntnis. Ohne spekulativen Aufschwung (Platons Eros) kein Suchen, keine fruchtbaren Ideen, kein Finden. Philosophen brauchen sich nicht zu schämen, Metaphysiker zu sein. Nur dogmatisch sollten sie nicht sein. Dieses Übel ist noch immer nicht beseitigt. Doch Kritik kann uns davor bewahren, die notwendige Bremse der Spekulation.

Erkennen wozu?

Für mich ist das Streben nach Erkenntnis eines von denjenigen selbständigen Zielen, ohne die für den denkenden Menschen eine bewußte Bejahung des Daseins nicht möglich erscheint.
Einstein

Der Wille nach Überschaubarkeit scheint ein menschliches Grundbedürfnis zu sein. Eine überschaubare Welt ist eine beherrschte Welt. In ihr hat alles seinen ihm zugewiesenen Platz, auch das Unüberschaubare, das Unbekannte, das Bedrohliche, das Unheimliche. Dem Bedürfnis nach Überschaubarkeit kommen Mythen entgegen. Sie haben wie kein anderes Erzeugnis des menschlichen Geistes die Kraft, dieses Grundbedürfnis zu stillen. Daher verfallen wir immer wieder den Mythen und fallen auf Mythenbildungen herein: Die Welt sollte überschaubar sein, und da sie es nicht ist, muß sie überschaubar gehalten werden.

Auch die Wissenschaft entspringt diesem Grundbedürfnis nach Überschaubarkeit. Doch sie ist Zerstörung von Mythen, auch wenn sie nicht selten zu Mythenbildungen beigetragen hat. Durch ihren Erfahrungsgehalt, nämlich ihre Rückkoppelung an die Realität, kann sie sich mit einfachen Erklärungsmodellen nicht zufriedengeben. Sie liefert ein immer umfassenderes Wissen. Aber durch die Komplexität des Wissens, die scharfen Einblicke in Spezialbereiche, Detailgenauigkeit und Fragmentierung kommt das Ganze – die Überschaubarkeit der Welt – abhanden. Vieles wird verstanden, die Welt wird nicht mehr verstanden. Die Skepsis, die der Wissenschaft entgegenschlägt, ist die Kehrseite der Medaille. Wissenschaft stieß nicht nur auf Begeisterung – wie sie sich im Fortschrittsglauben ausdrückt –, sie stieß auch immer schon auf Mißtrauen und Ablehnung. Wissenschaftsfeindliche

Haltungen – heute verstärkt verbreitet – sind nichts Neues. Im biblischen Mythos von der Vertreibung aus dem Paradies findet diese tiefe Zweideutigkeit ihren ersten Ausdruck. Der Mensch, der vom Baum der Erkenntnis gegessen hat, *«ist jetzt wie einer von uns geworden, da er das Gute und Böse erkennt»*, sagt Gott. Im alttestamentlichen Sprachgebrauch bedeutet ‹die Erkenntnis von Gut und Böse› soviel wie ‹alles›, also nicht sittliches Urteilsvermögen, sondern Allwissenheit: Wissen ist ein göttliches Attribut, und doch führt das Erkennen zur Vertreibung aus dem Paradies.

Philosophie und Wissenschaft waren am Anfang eins. Sie trennten sich. Die Philosophie hat die Wissenschaft immer begleitet, mal fördernd, mal hemmend, mythenzerstörend und selbst mythenbildend. Lange wurde der Philosophie eine Art Leitfunktion zugesprochen, wurde sie als eine Art Überwissenschaft betrachtet, deren Aufgabe es sei, das Disparate zusammenzufügen, das Unüberschaubare überschaubar zu machen, eine Zusammenschau zu liefern und so die großen Fragen der Menschheit zu beantworten: die Frage nach dem Erkennen, die Frage nach dem richtigen Handeln, die Frage nach dem Sinn.

Wir haben einige Stationen des Erkennens vorgestellt. Es mag der Eindruck entstanden sein, daß die neuere Philosophie – zumindest ihr analytischer Zweig – sich nicht so sehr mit großen Fragen beschäftigt, sondern eher damit, wie diese Fragen gestellt werden und ob sie zu Recht gestellt werden. Philosophie scheint sich in Teilfragen und ans Detail zu verlieren und läuft so Gefahr, zu einer marginalen Disziplin zu werden. Sie drängt sich selbst ins Abseits, verdammt sich zur Irrelevanz und verliert die Faszination, die von ihren Fragen ausging. Statt ihre Leitfunktion zu übernehmen, große Antworten zu wagen und eine Zusammenschau und Orientierung zu geben, riskiert sie belanglos, zur Nebensache zu werden.

Mit ihrem Anspruch, die Fragen zu stellen, die auf den «Grund» gehen, hat Philosophie sich eine Leitfunktion angemaßt. Sie hat es auch erreicht, daß man ihr diese Leitfunktion zutraute und zugestand. Aber Philosophie verfügt weder über eine tiefere Einsicht noch über eine höhere Kraft, die sie zu einer solchen Funktion legitimieren könnten. Nichts berechtigt uns zu der kindlichen Zuversicht, daß es da eine Wissenschaft gibt, die uns an der Hand nehmen und leiten könnte. Natürlich leiten uns Wissenschaften und Philosophie, aber nicht indem sie Wege weisen, sondern indem sie Vermessungspunkte setzen, die es uns erlauben, ein unsicheres Terrain zu erschließen. Und da wir über keinen Fixpunkt verfügen, sondern die Ausgangspunkte selbst setzen und relativ zu diesen weitere Punkte bestimmen, sind Meßfehler und Irrtum unvermeidbar und Kritik und Revisionen nötig. In dem vielstimmigen, oft dissonanten und widersprüchlichen Zusammenspiel der Lebensformen – auch die Wissenschaften sind Lebensformen – kann Philosophie nicht die Stimmführung beanspruchen; sie ist eine begleitende Stimme der Kritik.

Wir haben eine Geschichte der Kritik erzählt. Es ist die Geschichte einer Wissenschaft, die auszog, eine ausgezeichnete Erkenntnis zu finden, die das Erkennen fundieren müßte und ihm so Rang und Ansehen verleihen würde. Sie kam nicht ans Ziel. Die ausgezeichnete Erkenntnis war ein «Mythos». Ein unverrückbarer Fixpunkt als notwendiger Ausgangspunkt aller Konstruktionen des Erkennens ließ sich nicht ausfindig machen. Einen absoluten Standpunkt, den Standpunkt Gottes sozusagen, können wir nicht einnehmen. Erkennen ist perspektivisch.

Die Redeweise vom perspektivischen Erkennen verführt dazu zu glauben, daß es etwas gibt, was sich dem suchenden Blick verschließt. Die Welt ist mehr als wir erkennend wahrnehmen, sie ist ein Buch mit sieben Siegeln. Die Metapher von dem Buch der Welt ist alt. Die Welt als Text – ein Entschlüsseln des Textes führt zum Verstehen der Welt. Das Verstehen wird in der Hermeneutik thematisiert. Diese versteht sich ursprünglich als die Kunst der Textauslegung, wird dann am Ende des 19. Jahrhunderts zu einer wichtigen Strömung der Philosophie, die den Geisteswissenschaften eine gesonderte Methode der Wahrheitsfindung zuspricht. Die Hermeneutik aber weiß, daß die Suche nach dem Urtext vergeblich ist. Denken und Verstehen geschehen aus einem Vorverständnis heraus, das sprachlich und geschichtlich bedingt ist, aus dem heraus das Lesen der Texte geschieht und das in das Lesen eingeht. Keine Deutung ist an sich ausgezeichnet, keine Interpretation kann beanspruchen, die einzig richtige zu sein. Eine solche Position ist eine Position der Bescheidenheit. Sie anerkennt das andere, sie setzt kein Absolutes voraus, fordert kein Absolutes und zielt auf kein Absolutes. Sie ist Anerkennung der Tradition, sie verwirft sie nicht, sie nimmt sie auf und verwandelt sie.

In der Bedeutung, die sie der Sprache geben, berühren sich Hermeneutik und analytische Sprachphilosophie. Doch die analytische Philosophie war eine klare Absage an die Tradition. Nicht in Texten, in der Interpretation von Interpretationen soll sich die Welt erschließen, sondern Grammatik und formale Logik sollten der Schlüssel zur Wirklichkeit sein. Aber sie erhoffte sich zuviel, Sprachanalyse konnte nicht alle Probleme lösen, und Gebiete, die die analytische Philosophie ausschloß, haben längst Einzug in die analytische Philosophie gehalten: Es gibt eine analytische Ethik, eine analytische Philosophie der Kunst, der Religion. Die enge Fixierung auf die mathematischen und empirischen Wissenschaften wurde aufgegeben, das weite Feld öffnete sich wieder. Die analytischen Philosophen mußten die zuerst bezogenen Positionen revidieren und feststellen, daß die ewigen Fragen bleiben. Das ist das Irritierende, aber auch Faszinierende. Man kann in der Philosophie nicht mit dem Selbstbewußtsein antreten, man werde die ewigen Fragen schon lösen können.

So die Frage nach dem Status der Welt. Erkennen wir die Wirklichkeit, oder sind unsere Erkenntnisse Konstruktionen des menschlichen Geistes? Welche Antwort kann man darauf geben, wenn Erkennen perspektivisch ist und es daher eine objektive Realität nicht gibt? Die Kontroverse zwischen Realisten und Antirealisten ist neu entbrannt. Was unsere Alltagswelt anbetrifft, sind wir Realisten. Wir glauben, daß die Dinge und Vorgänge unserer Alltagswelt wirklich sind, und neigen dazu, theoretische Entitäten wie Atome, Elektrone, Quarks, Gene für wirklich zu halten. Für die Realisten beschreiben Theorien die Gegebenheiten der Welt, Gegenstände, Vorgänge, Zustände, die wirklich existieren. Dementsprechend treffen Theorien zu oder nicht, sind sie wahr oder falsch. Nur ist die Sache nicht so einfach. Gewöhnliche unkomplizierte Aussagen oder Beschreibungen beziehen sich auf Wirkliches. ‹In meinem Zimmer steht eine Topfpflanze.› Dieser Satz ist wahr oder falsch. Ich kann die Topfpflanze beschreiben, die Beschreibung trifft zu oder nicht. Doch Theorien sind Darstellungen komplexer Sachverhalte, und wo soll man diese Darstellung festmachen, wenn die Sachverhalte nur in Darstellungen bestehen? Man kann eine Darstellung nur an einer anderen Darstellung festmachen, nicht an dem Sachverhalt selbst, sondern eben nur an einer anderen Darstellung des Sachverhalts. Man kann keine internen Kriterien entwickeln, um zu unterscheiden, was bloße Darstellung und was reine Wirklichkeit ist. Diese Schwierigkeit umgehen die Antirealisten. Für sie sind Theorien Werkzeuge des Geistes – ein Werkzeug kann weder wahr noch falsch sein, es ist anwendbar, angemessen, nützlich, gerechtfertigt.

Wissenschaftliche Theorien sind sicher Darstellungen, sie sind seit der Neuzeit aber auch Instrumente, die wir benutzen, um in der Welt Eingriffe vorzunehmen. Diese Eingriffe bestimmen wiederum die Realität der Welt. Der Streit zwischen Realisten und Antirealisten läßt sich beheben, wenn wir Erkenntnis nicht mehr ausschließlich als Darstellung der Natur verstehen, sondern auch als Eingreifen, als ein Zusammenspiel von Darstellen und Handeln. Theoretische Entitäten wie Elektrone, Gene, Schwarze Löcher sind hypothetische Annahmen, die die Funktion haben, eine bestimmte wissenschaftliche Darstellung zu ermöglichen und kohärent erscheinen zu lassen, wie z.B im Mythos Götter und dämonische Kräfte die mythische Darstellung kohärent erscheinen ließen. Sie sind wirklich, oder, vorsichtiger ausgedrückt, wir vermuten, daß sie wirklich sind, wenn sie imstande sind, kausale Wirkungen auf materielle Gegenstände der uns umgebenden Alltagswelt auszuüben.

Erkennen wozu? Die Antwort auf diese Frage war einfach, solange die Welt als ein geordneter Kosmos angesehen wurde. Der Erkennende ist derjenige, der Einsicht hat, und der Einsichtige wird, der Vernunft gehorchend, seine Lebensführung entsprechend der erkannten Ordnung einrichten. Diesen Zweck hatte das Erkennen sowohl für den Objektivismus der Antike wie den Subjektivismus der Neuzeit. Bei Platon war das Erkennen des Wahren auch das Erkennen des Guten. Und Kant wollte, indem er die Grenzen des Erkennens bestimmte, den Weg frei machen für die praktische Vernunft. Erkennen hatte immer eine praktische Funktion: Die richtige Theorie war der Garant der richtigen Praxis.

Eine ewige Ordnung gibt es nicht oder ist zumindest nicht auszumachen. Theorie ist nicht bloß ein Darstellen, sie ist ein Eingreifen, ein Handeln. Und wenn der Mensch handelnd Ordnungen schafft, dann ist es bestimmt nicht gleichgültig, was er da macht, wenn der Mensch die Welt verändert, indem er Theorien entwirft . Ein Irrationalismus, der die Wissenschaften diffamiert, das Fühlen, das Leben, das Ganzheitliche oder was auch immer dagegensetzt, kann bestimmt nicht korrigierend entgegensteuern. Bei den meisten Entscheidungen, bei denen wir die Wahl haben zwischen einem rationalen und irrationalen Verhalten, wird im allgemeinen das rationale Verhalten der bessere Weg sein. Daher spricht einiges dafür, auf Rationalität zu setzen.

Doch was ist Rationalität? Dies ist wieder eine strittige philosophische Frage. Vieles spricht für eine bescheidene Auffassung der Rationalität, die sich ihrer Grenzen bewußt ist, die ihre prinzipielle Unvollständigkeit akzeptiert und sich selbst Schranken setzt. Eine solche Rationalität muß die logischen Grundgesetze befolgen, den Wert der menschlichen Erfahrung anerkennen und sich an ihr orientieren, sich der Kritik aussetzen, um die Chance zu haben, sich zu bewähren. Und sie darf keine fundamentalen ethischen Prinzipien verletzen. Sie dürfte das beste Mittel sein,

Humanität zu fördern. Nicht nur Irrationalität, sondern auch eine vermeintliche totale Rationalität haben beträchtliches Unheil angerichtet. Analyse und Kritik sind bescheidene, aber wesentliche Beiträge der Philosophie, insbesondere wenn man die diffuse, aber weite Streuung philosophischer Vorstellungen in unsere Alltagswelt hinein bedenkt.

Die Frage nach dem Erkennen ist nicht belanglos. Es ist eine offene Frage. Die Diskussion geht weiter.

Höffe, Otfried (Hrsg.): Klassiker der Philosophie, 2 Bände. München 1985.
Hoerster, Norbert (Hrsg): Klassiker des philosophischen Denkens, 2 Bände. München 1982.
Russell, Bertrand: Denker des Abendlandes. Eine Geschichte der Philosophie. München 1992.
Speck, Josef (Hrsg.): Grundprobleme der großen Philosophen. Göttingen. Philosophie des Altertums und des Mittelalters, 1990. Philosophie der Neuzeit I und II, 2 Bände, 1986 und 1988. Philosophie der Gegenwart I, 1985.
Vorländer, Karl: Geschichte der Philosophie mit Quellentexten, 3 Bände. Reinbek bei Hamburg 1990.

Albert, Hans: Kritik der reinen Erkenntnislehre. Tübingen 1987.
–: Traktat über kritische Vernunft. Tübingen 1980.
Geier, Manfred: Das Sprachspiel der Philosophen. Von Parmenides bis Wittgenstein. Reinbek bei Hamburg 1989.
Musgrave, Alan: Alltagswissen, Wissenschaft und Skeptizismus. Tübingen 1993.

Teil I

Capelle, Wilhelm (Hrsg.): Die Vorsokratiker. Die Fragmente und Quellenberichte. Stuttgart 1968.
Gadamer, Hans-Georg: Der Anfang der Philosophie. Stuttgart 1996.
Sainsbury, Mark R.: Paradoxien. Stuttgart 1993.
Schadewaldt, Wolfgang: Die Anfänge der Philosophie bei den Griechen. Die Vorsokratiker und ihre Voraussetzungen. Frankfurt 1995.

Platon: Sämtliche Werke. Reinbek bei Hamburg 1994.
–: Die großen Dialoge. München 1991.
–: Der Staat. Übersetzt und hrsg. von K. Vretska. Stuttgart 1982.
Hare, R. M.: Platon. Eine Einführung. Stuttgart 1990.
Höffe, Otfried: Aristoteles. München 1996.

Höffe, Otfried (Hrsg.): Platon. Politeia. Klassiker auslegen. Hrsg. von Otfried Höffe, Band 7. Berlin 1996.
Kobusch, Theo / Mojsisch, Burkhard (Hrsg): Platon. Seine Dialoge in der Sicht neuer Forschungen. Darmstadt 1996.
Wolf, Ursula: Die Suche nach dem guten Leben. Platons Frühdialoge. Reinbek bei Hamburg 1996.

Aristoteles: Einführungsschriften. Übersetzt und hrsg. von Olof Gigon. München 1982.
–: Metaphysik. Hrsg. von Ursula Wolf. Reinbek bei Hamburg 1994.
Barnes, Jonathan: Aristoteles. Eine Einführung. Stuttgart 1992.
Rapp, Christof (Hrsg.): Aristoteles. Metaphysik. Die Substanzbücher. Klassiker auslegen, hrsg. von Otfried Höffe. Band 4. Berlin 1996.

Graeser, Andreas: Hauptwerke der Philosophie. Antike. Interpretationen. Stuttgart 1992.

Teil II

Descartes, René: Abhandlung über die Methode des richtigen Vernunftgebrauchs und der wissenschaftlichen Wahrheitsforschung. Stuttgart 1988.
–: Meditationes de Prima Philosophia. Meditationen über die Erste Philosophie. Lateinisch/Deutsch. Stuttgart 1986.
Röd, Wolfgang: Descartes. Die Genese des cartesianischen Rationalismus. München 1982.
Williams, Bernhard: Descartes. Das Vorhaben der reinen philosophischen Untersuchung. Frankfurt 1988.

Hume, David: Eine Untersuchung über den menschlichen Verstand. Stuttgart 1967.
–: Ein Traktat über die menschliche Natur. Hamburg 1989.
–: Abriß eines neuen Buches: Ein Traktat über die menschliche Natur. Hamburg 1980.
Kuhlenkampff, Jens: David Hume. München 1989.
Kuhlenkampff, Jens (Hrsg.): David Hume. Eine Untersuchung über den menschlichen Verstand. Klassiker auslegen. Hrsg. von Otfried Höffe. Band 8. Berlin 1997.

Stegmüller, Wolfgang: Das Problem der Induktion: Humes Herausforderungen und moderne Antworten. Darmstadt 1991.
Streminger, Gerhard: David Hume. Sein Leben und sein Werk. Paderborn 1994.
–: David Hume. ‹Eine Untersuchung über den menschlichen Verstand›. Ein einführender Kommentar. Paderborn 1994.
Topitsch, Ernst / Streminger, Gerhard: Hume. Darmstadt 1981.
Specht, Rainer: John Locke. München 1989.

Kant, Immanuel: Kritik der reinen Vernunft. Stuttgart 1961; Hamburg 1990.
–: Prolegomena zu einer jeden künftigen Metaphysik, die als Wissenschaft wird auftreten können. Stuttgart 1976; Hamburg 1993.
Cassirer, Ernst: Kants Leben und Lehre. Darmstadt 1994.
Eisler, Rudolf: Kant-Lexikon. Berlin 1930, unveränderter Nachdruck Hildesheim 1994.
Höffe, Otfried: Kant. München 1992.
Körner, Stephan: Kant. Göttingen 1980.
Strawson, Peter F.: Grenzen des Sinns. Ein Kommentar zu ‹Kants Kritik der reinen Vernunft›. Frankfurt 1992.

Kreimendahl, Lothar: Hauptwerke der Philosophie. Rationalismus und Empirismus. Interpretationen. Stuttgart 1996.
Stegmaier, Werner (Hrsg.): Hauptwerke der Philosophie. Von Kant bis Nietzsche. Interpretationen. Stuttgart 1997.
Hawking, Stephen W.: Eine kurze Geschichte der Zeit. Reinbek bei Hamburg 1988.
Jammer, Max: Das Problem des Raumes. Die Entwicklung der Raumtheorien. Darmstadt 1980.
Kanitscheider, Bernulf: Im Innern der Natur. Philosophie und moderne Physik. Darmstadt 1996.

Teil III

Frege, Gottlob: Funktion, Begriff, Bedeutung. Fünf logische Studien. Göttingen 1994.
–: Logische Untersuchungen. Göttingen 1993.

Mayer, Verena: Gottlob Frege. München 1996.

Russell, Bertrand: Philosophische Aufsätze, Stuttgart 1971.
–: Die Philosophie des logischen Atomismus. München 1976.
-: Probleme der Philosophie. Frankfurt 1973.

Carnap, Rudolf: Mein Weg in die Philosophie. Stuttgart 1993.
–: Der logische Aufbau der Welt. Frankfurt/Berlin/Wien 1979.
–: Überwindung der Metaphysik durch logische Analyse der Sprache. In Lust an der Erkenntnis: Die Philosophie des 20. Jahrhunderts. Ein Lesebuch. Hrsg. von Volker Spierling. München 1987.
–: Scheinprobleme in der Philosophie. Frankfurt 1971.
–: Die Aufgabe der Wissenschaftslogik. In: Einheitswissenschaft. Hrsg. von Joachim Schulte und Brian Mac Guiness. Frankfurt 1992.
–: Einführung in die Philosophie der Naturwissenschaften. München 1976.
Hahn, Hans: Empirismus, Logik, Mathematik. Frankfurt 1988.
Haller, Rudolf: Neopositivismus. Eine historische Einführung in die Philosophie des Wiener Kreises. Darmstadt 1993.

Wittgenstein, Ludwig: Werkausgabe Band 1. Tractatus logico-philosophicus. Tagebücher 1914–1916. Philosophische Untersuchungen. Frankfurt 1993.
Kripke, Saul: Wittgenstein über Regeln und Privatsprache. Eine elementare Darstellung. Frankfurt 1987.
Pitcher, George: Die Philosophie Wittgensteins. Eine kritische Einführung in den Tractatus und die Spätschriften. Freiburg 1967.
Savigny, Eike von: Der Mensch als Mitmensch. Wittgensteins ‹Philosophische Untersuchungen›. München 1996.
Schulte, Joachim: Wittgenstein. Eine Einführung. Stuttgart, 1989.
– (Hrsg.): Texte zum Tractatus. Frankfurt 1989.
Vossenkuhl, Wilhelm: Ludwig Wittgenstein. München 1995.

Popper, Karl R.: Logik der Forschung. Tübingen 1994.
–: Objektive Erkenntnis. Ein evolutionärer Entwurf. Hamburg 1995.
–: Auf der Suche nach einer besseren Welt. München 1987.
–: Ausgangspunkte. Meine intellektuelle Entwicklung. Hamburg 1996.
–: Karl Popper Lesebuch. Ausgewählte Texte zur Erkenntnistheorie, Philosophie der Naturwissenschaften, Metaphysik, Sozialphilosophie. Hrsg. von David Miller. Tübingen 1995.

Magee, Bryan: Karl Popper. Tübingen 1986.
Schäfer, Lothar: Karl R. Popper, München 1996.

Hauptwerke der Philosophie. 20. Jahrhundert. Interpretationen (ohne Angabe des Hrsg.). Stuttgart 1992.
Hügli, Anton / Lübcke, Poul (Hrsg.): Philosophie im 20. Jahrhundert, Band 2. Wissenschaftstheorie und Analytische Philosophie. Reinbek bei Hamburg 1993.
Ryle, Gilbert: Der Begriff des Geistes. Stuttgart 1969.
Salmon, Wesley C.: Logik, Stuttgart. 1983.
Savigny, Eike von: Die Philosophie der normalen Sprache. Eine kritische Einführung in die «ordinary language philosophy». Frankfurt 1993.
Seiffert, Helmut: Einführung in die Wissenschaftstheorie, Band 1. Sprachanalyse. Deduktion. Induktion in Natur- und Sozialwissenschaften. München 1991.
Stegmüller, Wolfgang: Hauptströmungen der Gegenwartsphilosophie. Eine kritische Einführung. Band 1. Stuttgart 1989.
Tugendhat, Ernst / Wolf, Ursula: Logisch-semantische Propädeutik. Stuttgart 1983.

Namenregister

Sachregister

6.8.97 [illegible]

[illegible]